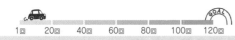

標準レベル

1 整数と小数

算数①

時間	得点
20分	
合格 40点	/50点

1 次の□にあてはまる数を答えなさい。（1点×5）

(1) 10.578＝1×①□＋0.1×②□＋0.01×③□＋0.001×④□

(2) □＝1×7＋0.1×7＋0.001×4

2 次の計算をして、整数または小数で答えなさい。（1点×8）

(1) 0.3 の 10 倍　(2) 5.4 の 1000 倍　(3) 0.57×10

(4) 7.035×100　(5) 1.5 の$\frac{1}{10}$　(6) 27 の$\frac{1}{100}$

(7) 12.8÷10　(8) 12.56÷100

3 次の□にあてはまる数を答えなさい。（1点×9）

(1) 8 dL＝□L　(2) 7500 g＝□kg

(3) 2600 m＝□km　(4) 56000 m^2＝□ha

(5) 23 kg＝□t　(6) 6800 mL＝□L

(7) 10 m＝□km　(8) 483 m^2＝□a

(9) 240 mg＝□g

4 次の計算をしなさい。（1点×6）

(1) 4.78＋2.21　(2) 7.56＋8.87　(3) [illegible].92

(4) 10.86－6.42　(5) 3.18－2.89　(6) [illegible]

5 0、1、2、3、4の5まいのカードがあります。このカードをならべてできる5けたの整数について、次の問いに答えなさい。（2点×5）

(1) 最も大きい偶数《ぐうすう》と奇数《きすう》をそれぞれ答えなさい。

偶数（　　　）　奇数（　　　）

(2) 最も小さい偶数と奇数をそれぞれ答えなさい。

偶数（　　　）　奇数（　　　）

(3) 2 番目に大きい偶数を答えなさい。

（　　　）

6 次の計算の結果は、偶数になるか奇数になるか答えなさい。（2点×6）

(1) 偶数＋偶数（　　　）　(2) 奇数＋奇数（　　　）　(3) 奇数＋奇数＋奇数（　　　）

(4) 偶数×奇数（　　　）　(5) 奇数×奇数（　　　）　(6) 奇数×奇数×偶数（　　　）

算数

上級レベル 2 整数と小数

算数②

時間	得点
25分	
合格 35点	50点

1 次の計算をしなさい。（3点×4）

(1) 4.15−(1.25+2.75)　　(2) 3.8−1.785+0.488

(3) 8.05+5.12−12.335　　(4) 8.02−4.456−1.734

2 0、1、2、3、4の5個《こ》の数字を、下のア、イ、ウ、エ、オに入れて、小数をつくります。ただし、アとオに0は入りません。**次の問いに答えなさい。**（3点×4）

ア イ . ウ エ オ

(1) 最も大きい小数はいくつですか。

（　　　　　）

(2) 最も小さい小数はいくつですか。

（　　　　　）

(3) 12.8 に最も近い小数はいくつですか。

（　　　　　）

(4) アが1で、イが0のときにできる小数すべての和はいくつですか。

（　　　　　）

3 次の□にあてはまる数を答えなさい。（3点×3）

(1) 360 m+84500 cm−□ km=150000 mm

(2) □ L+25 dL−8600 mL=0.0036 kL

(3) 0.0056 t−3800000 mg+□ kg=2400 g

4 1から100までの整数について、次の問いに答えなさい。（3点×3）

(1) 偶数《ぐうすう》は全部で何個ありますか。

（　　　　　）

(2) 奇数《きすう》は全部で何個ありますか。

（　　　　　）

(3) すべての偶数の和とすべての奇数の和の差はいくつですか。

（　　　　　）

5 次の規則《きそく》ア、イにしたがって、数を書くことにします。**次の問いに答えなさい。**（4点×2）

ア 偶数の次には、その半分の数を書く。

イ 奇数の次には、それに1を加えた数を書く。

(1) 1番目の数が2002のとき、12番目の数を答えなさい。

（　　　　　）

(2) 5番目の数が1のとき、最初の数として考えられるものをすべて求め、小さいものから順に書きなさい。

（　　　　　）

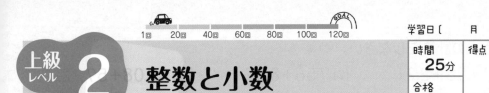

学習日［　　月　　日］

時間 25分	得点
合格 40点	/50点

標準レベル 3 倍数と約数

算数③

1 1から50までの整数について、次の問いに答えなさい。（2点×3）

(1) 6の倍数をすべて答えなさい。

（　　　　　　　　）

(2) 8の倍数をすべて答えなさい。

（　　　　　　　　）

(3) 6と8の公倍数をすべて答えなさい。

（　　　　　　　　）

2 次の（　　）の中の数の最小公倍数を求めなさい。（2点×7）

(1) (3、4)　(2) (8、12)　(3) (12、18)　(4) (9、15)

(5) (6、8、12)　(6) (10、15、20)　(7) (36、90、108)

3 たて18cm、横24cmの長方形の紙を同じ向きにすきまなくならべて、できるだけ小さい正方形をつくります。**このとき、1辺の長さは何cmになりますか。**（3点）

（　　　　）

4 1から100までの整数のうちで、4でも6でもわり切れない整数は何個ありますか。（3点）

（　　　　）

5 2つの整数36と60について、次の問いに答えなさい。（2点×3）

(1) 36の約数をすべて答えなさい。

（　　　　　　　　）

(2) 60の約数をすべて答えなさい。

（　　　　　　　　）

(3) 36と60の公約数をすべて答えなさい。

（　　　　　　　　）

6 次の（　　）の中の数の最大公約数を求めなさい。（2点×6）

(1) (14、28)　(2) (12、18)　(3) (24、30)

(4) (12、18、24)　(5) (12、18、30)　(6) (36、54、90)

7 たて48cm、横60cmの長方形の紙からできるだけ大きな同じ正方形のカードを、余《あま》りの出ないように切り取ります。**このとき、切り取る正方形の1辺の長さは何cmですか。**（3点）

（　　　　）

8 77をわると余りが13になる整数をすべて求めなさい。（3点）

（　　　　　　　　）

1回　20回　40回　60回　80回　100回　120回　GOAL

学習日〔　　月　　日〕

時間	得点
25分	
合格 35点	50点

上級レベル 4 算数④

倍数と約数

1 **6でわっても8でわっても10でわっても、3余《あま》る整数のうち、3けたのものは全部で何個《こ》ありますか。**（5点）

（　　　　）

2 2でわれば1余り、3でわれば2余り、4でわれば3余り、5でわれば4余る整数があります。**次の問いに答えなさい。**（5点×2）

(1) 最も小さい数を求めなさい。

（　　　　）

(2) 450に最も近い数を求めなさい。

（　　　　）

3 たて18 cm、横42 cmの長方形の紙が800枚《まい》あります。このうちの何枚かを同じ向きにならべて、面積の最も大きい正方形をつくろうと思います。**この長方形の紙は何枚必要ですか。**（5点）

（　　　　）

4 **100から200までの整数のうち、2でわっても3でわっても1余る数の和を求めなさい。**（5点）

（　　　　）

5 **63をわると3余り、100をわると4余る整数は、全部で何個ありますか。**（5点）

（　　　　）

6 たて48 m、横72 mの長方形の土地があります。そのまわりに同じ間かくをあけて木を植えます。**植える木の本数をできるだけ少なくするとき、木は何本必要ですか。**ただし、四すみには木を植えます。（5点）

（　　　　）

7 ノート70さつ、消しゴム180個、えん筆268本を何人かの子どもに同じ数ずつ分けたところ、ノートは2さつ不足し、消しゴムは12個余り、えんぴつは4本余りました。**子どもは何人いましたか。**（5点）

（　　　　）

8 2つの2けたの整数があります。この2つの整数の最大公約数は6で、最小公倍数は216です。**この2つの整数を求めなさい。**（5点）

（　　　　）

9 168、233、311をある整数でわったところ、3つともわり切れませんでしたが、余りは3つとも同じでした。**わった数と余りを求めなさい。**（5点）

（わった数　　　　、余り　　　　）

学習日〔　月　日〕

標準レベル 5 算数⑤

分数のたし算とひき算

時間	得点
25分	
合格 40点	50点

1 次の計算をしなさい。（2点×6）

(1) $\frac{3}{4}+\frac{5}{6}$　(2) $\frac{5}{6}+\frac{5}{9}$　(3) $3\frac{1}{6}+4\frac{9}{10}$

(4) $\frac{2}{3}+\frac{3}{4}+\frac{1}{12}$　(5) $2\frac{1}{2}+1\frac{2}{3}+3\frac{5}{8}$　(6) $1\frac{5}{6}+4\frac{3}{5}+3\frac{3}{4}$

2 次の計算をしなさい。（2点×6）

(1) $\frac{3}{5}-\frac{1}{6}$　(2) $\frac{5}{8}-\frac{5}{12}$　(3) $1\frac{1}{6}-\frac{4}{5}$

(4) $3\frac{1}{2}-\frac{7}{9}-1\frac{5}{12}$　(5) $4-3\frac{2}{7}+\frac{4}{5}$　(6) $2\frac{5}{6}-\left(\frac{1}{3}+1\frac{3}{4}\right)$

3 次の□にあてはまる数を答えなさい。（3点×2）

(1) $\frac{1}{2}+\frac{1}{3}+\frac{1}{4}+\square=2$　(2) $5\frac{2}{5}-\frac{2}{3}-2\frac{3}{4}-\square=\frac{5}{6}$

4 $4\frac{2}{3}$mのテープと$2\frac{3}{4}$mの2本のテープをのりしろを$\frac{2}{5}$mにしてつなぎました。**つないでできたテープの長さは何mですか。**（4点）

（　　　）

5 4 LのジュースをA、B、Cの3人に分けました。Aには$1\frac{1}{6}$L、Bには$\frac{3}{4}$L、Cには$\frac{4}{5}$Lを分けました。**残ったジュースは何Lですか。**（4点）

（　　　）

6 $6\frac{7}{12}$からある数をひき、その差に$2\frac{5}{8}$をたしたら、$7\frac{1}{3}$になりました。**ある数を求めなさい。**（4点）

（　　　）

7 右の図のような長方形の花だんがあります。**これについて、次の問いに答えなさい。**（4点×2）

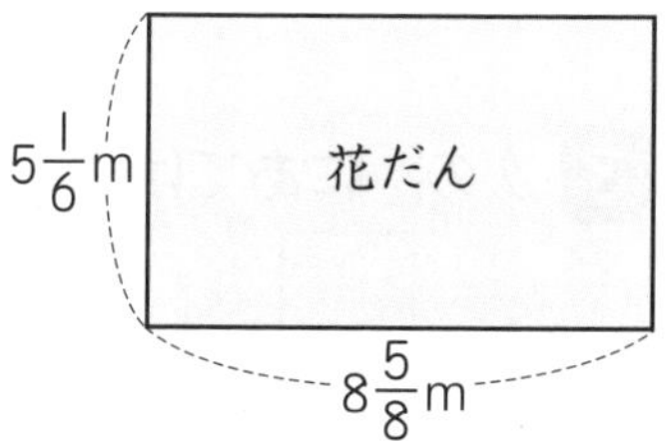

(1) たてと横の長さの差は何 m ですか。

（　　　）

(2) この花だんのまわりの長さは何 m ですか。

（　　　）

算数

上級レベル 6 分数のたし算とひき算

算数⑥

時間	得点
30分	
合格 35点	50点

1 次の計算をしなさい。（3点×4）

(1) $5\frac{2}{3}+4\frac{3}{4}-3\frac{4}{5}-4\frac{5}{6}$

(2) $\frac{1}{3}+\frac{1}{6}+\frac{1}{9}+\frac{1}{12}+\frac{1}{18}$

(3) $1\frac{1}{2}+2\frac{1}{4}+4\frac{1}{8}+8\frac{1}{16}+16\frac{1}{32}$

(4) $7\frac{1}{8}-4\frac{2}{3}+\frac{7}{16}-2\frac{1}{12}$

2 $\frac{1}{2\times3}=\frac{1}{2}-\frac{1}{3}$であることを利用して、次の計算をしなさい。（3点×2）

(1) $\frac{1}{2\times3}+\frac{1}{3\times4}+\frac{1}{4\times5}$

(2) $\frac{1}{20}+\frac{1}{30}+\frac{1}{42}+\frac{1}{56}+\frac{1}{72}+\frac{1}{90}$

3 次の□にあてはまる整数を答えなさい。（3点×6）

(1) $\frac{1}{6}<\frac{\square}{12}<\frac{1}{3}$

(2) $\frac{1}{6}<\frac{\square}{60}<\frac{1}{5}$

(3) $0.7<\frac{\square}{100}<\frac{18}{25}$

(4) $\frac{24}{35+\square}=\frac{3}{5}$

(5) $\frac{15+\square}{63}=\frac{3}{7}$

(6) $\frac{23-\square}{44-\square}=\frac{2}{5}$

（□には同じ数が入ります。）

4 $\frac{1}{\boxed{A}}+\frac{1}{\boxed{B}}+\frac{1}{\boxed{C}}=\frac{31}{30}$のとき、A、B、Cにあてはまる整数を答えなさい。ただし、A<B<Cとします。（3点）

（A　　、B　　、C　　）

5 次の問いに答えなさい。（3点×3）

(1) 分母と分子の和が114で、約分すると$\frac{6}{13}$になる分数を答えなさい。

（　　）

(2) 分母と分子の差が112で、約分すると$\frac{11}{27}$になる分数を答えなさい。

（　　）

(3) $\frac{20}{17}$と$\frac{5}{2}$の間にある分数で、分子が5であるものをすべて求めなさい。

（　　）

6 長さが$7\frac{5}{8}$cm、$5\frac{7}{12}$cm、$9\frac{5}{6}$cmの3本のテープを、のりしろを$1\frac{5}{9}$cmにしてつなぎました。つないでできたテープの長さは何cmですか。（2点）

（　　）

標準レベル 7 算数⑦

小数のかけ算とわり算

時間	得点
25分	
合格 40点	50点

1 次の計算をしなさい。（1点×6）

(1) 8.2×0.3　(2) 5.1×0.09　(3) 4.3×5.6

(4) 8.6×9.9　(5) 3.72×0.78　(6) 0.85×12.2

2 次のわり算をわり切れるまでしなさい。（2点×6）

(1) 55.2÷2.3　(2) 82.8÷4.6　(3) 114÷7.6

(4) 4.2÷1.2　(5) 40.8÷4.8　(6) 90÷7.2

3 次のわり算の商を、小数第二位まで求め、余《あま》りも出しなさい。（2点×6）

(1) 5.2÷3　(2) 14÷7.6　(3) 10.8÷5.2

(4) 4.09÷1.2　(5) 50.2÷4.08　(6) 89.9÷7.2

4 次のわり算の商を、小数第二位までのがい数で求めなさい。（2点×3）

(1) 6.23÷2.3　(2) 131.45÷17.3　(3) 68.9÷5.6

5 次の□にあてはまる数を求めなさい。（2点×2）

(1) 2.5×□＝16.8　(2) 1.6＋□×3.5＝3.77

6 ひろしさんの所持金は800円です。兄はひろしさんの所持金の1.6倍、弟はひろしさんの所持金の0.75倍のお金を持っています。3人の持っているお金の合計は何円ですか。（2点）

（　　　）

7 父、母、弟の3人の身長をはかりました。父の身長は176 cmで最も高く、最も身長が低いのは弟でした。父と弟の身長の差は12.3 cmで、母と弟の差の1.5倍でした。母の身長は何cmですか。（2点）

（　　　）

8 まさおさんのお父さんの体重は67.34 kgで、まさおさんの体重の1.85倍です。お母さんの体重は、まさおさんの体重の1.25倍だそうです。これについて、次の問いに答えなさい。（3点×2）

(1) まさおさんの体重は何 kg ですか。

（　　　）

(2) お母さんの体重は何 kg ですか。

（　　　）

算数

学習日〔　　月　　日〕

上級レベル 8 小数のかけ算とわり算

算数⑧

時間	得点
30分	
合格 35点	50点

1 次の計算をしなさい。（2点×6）

(1) 70.2×0.56　(2) 1.28×5.24　(3) 0.365×1.03

(4) 10.78×3.04　(5) 0.025×2.88　(6) 9.78×40.05

2 次の計算をしなさい。ただし、わり切れないときは、商は小数第二位まで求め、余《あま》りも求めなさい。（2点×6）

(1) 2.688÷0.48　(2) 6.732÷19.8　(3) 0.465÷1.86

(4) 94.39÷3.8　(5) 3.621÷8.72　(6) 0.295÷0.23

3 次の計算をしなさい。（2点×6）

(1) 10.9−0.4×0.5+0.63÷0.3　(2) 1.5−1.17÷2.6×1.2

(3) (4.23÷0.9+5.3)×2.25　(4) (6.3−5.5)×(9.2−4.7)÷0.18

(5) 5.3×2.9+67.64×3.7÷7.6　(6) 0.0128×0.045÷0.03÷0.024

4 次の□にあてはまる数を求めなさい。（2点×3）

(1) 356.7=□×10.8+0.3　(2) 591.8÷(□−8.2)=53.8

(3) {(8.79+6.6)÷□−3.75}×0.4=0.3

5 右の図のような直方体の表面全体に色紙をはろうと思います。必要な色紙の面積は全部で何cm^2ですか。（2点）

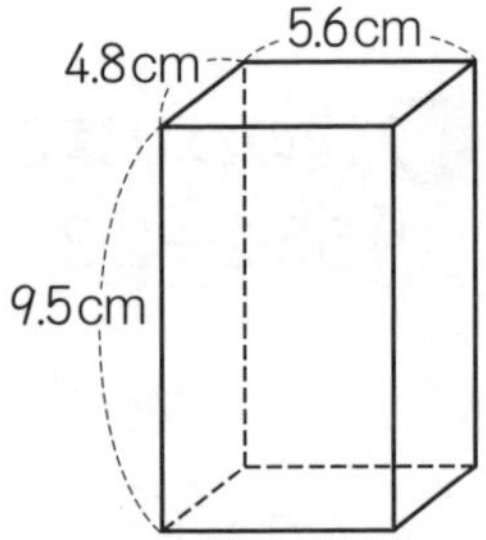

(　　　　)

6 あるボールは、落とした高さの0.4倍はね返ります。ある高さから落としたとき、3度目にはね上がった高さが32 cmありました。はじめにボールを何mの高さから落としましたか。（3点）

(　　　　)

7 ある小数の小数点を打ちわすれたため、もとの小数よりも74.7だけ大きくなりました。もとの小数を求めなさい。（3点）

(　　　　)

標準レベル 9 算数⑨

合同な図形

時間	得点
20分	
合格 40点	50点

1 次の三角形の中から合同な三角形の組み合わせを記号で答えなさい。また、その合同条件《じょうけん》も答えなさい。（3点×6）

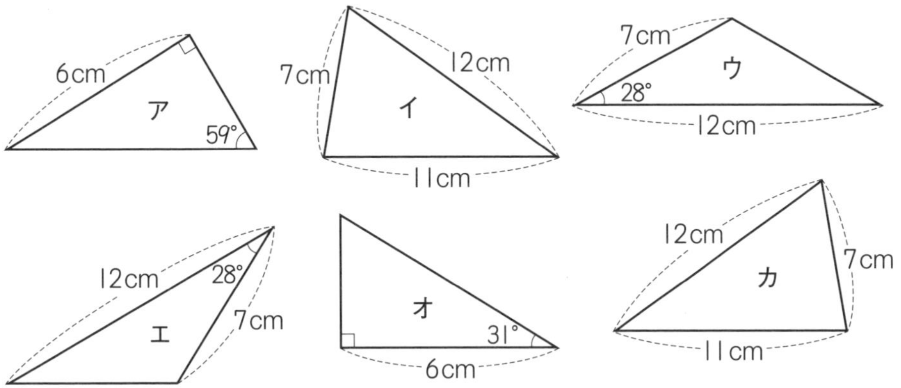

合同な組（　　と　　）　合同条件（　　　　　　　　　）

合同な組（　　と　　）　合同条件（　　　　　　　　　）

合同な組（　　と　　）　合同条件（　　　　　　　　　）

2 右の図の2つの四角形は合同です。次の問いに答えなさい。（2点×2）

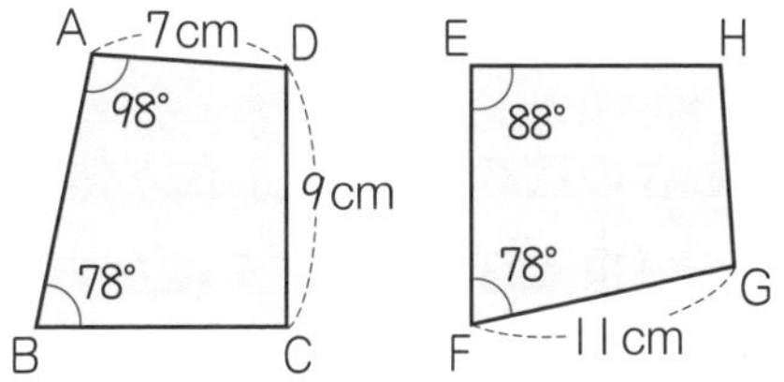

(1) 辺 AB の長さは何 cm ですか。

（　　　　　）

(2) 角 H の大きさを求めなさい。

（　　　　　）

3 次のア～ケで、いつでも合同な図形がかけるのはどれですか。すべて選び、記号で答えなさい。（4点）

ア 半径が 4 cm の円

イ 2 辺の長さが 3 cm、4 cm の長方形

ウ 1 辺の長さが 6 cm のひし形

エ 1 辺の長さが 3 cm の正五角形

オ 2 辺の長さが 4 cm、6 cm で、1 つの角が 60° の三角形

カ 3 つの辺の長さが 4 cm、5 cm、6 cm の三角形

キ 3 つの角が 45°、45°、90° の直角二等辺三角形

ク 4 つの辺の長さが 4 cm、5 cm、6 cm、7 cm の四角形

ケ 2 つの角が 60° と 120° の平行四辺形

（　　　　　　　　　　　）

4 右の図のような2つの三角形ABCとDEFがあります。次の(1)～(3)のそれぞれの場合について、あと1つ条件があれば、この三角形ABCと三角形DEFが常《つね》に合同になります。その条件をすべて答えなさい。（3点×8）

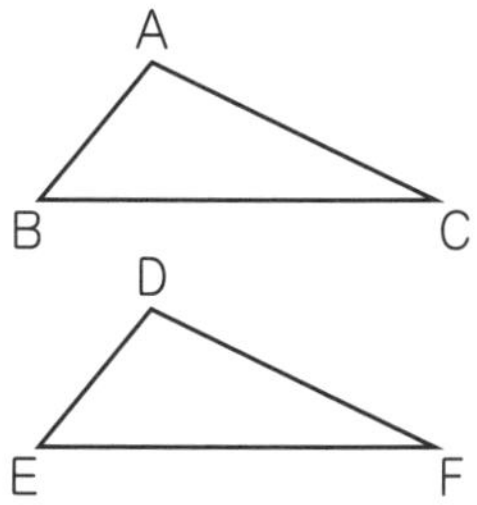

(1) AB=DE、BC=EF

（　　　　）（　　　　）

(2) AB=DE、角 A ＝角 D

（　　　　）（　　　　）（　　　　）

(3) 角 A ＝角 D、角 B ＝角 E

（　　　　）（　　　　）（　　　　）

算数

上級レベル 10 合同な図形

算数⑩

時間 25分	得点
合格 35点	50点

1 右の図のように、平行四辺形ABCDの辺AB上に点Pがあります。Pを通る直線で、この平行四辺形を合同な2つの図形に分けなさい。（7点）
（答えは、右の図にかきこむこと）

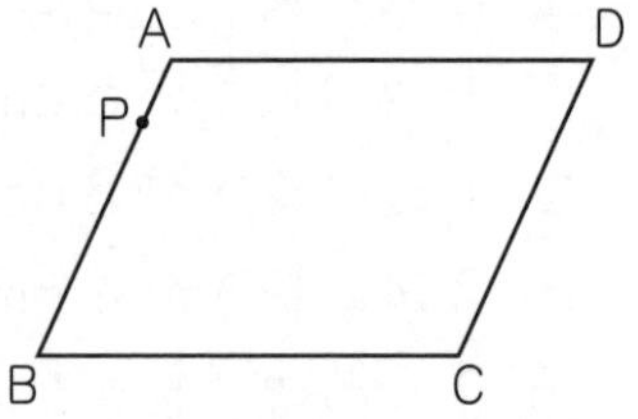

2 右の図のように、ABを１辺とする正三角形DABと、BCを１辺とする正三角形EBCがあります。㋐の角度を求めなさい。（7点）

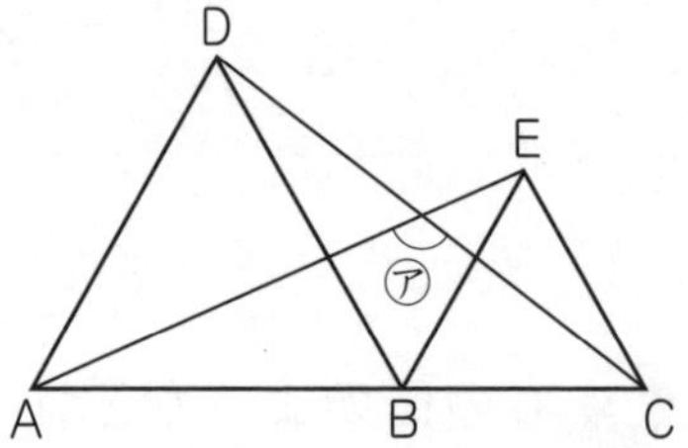

（　　　　）

3 右の図のように、三角形ABCのまわりに、AB、BC、CAをそれぞれ１辺とする正三角形DAB、EBC、FCAをかきました。次の問いに答えなさい。（6点×2）

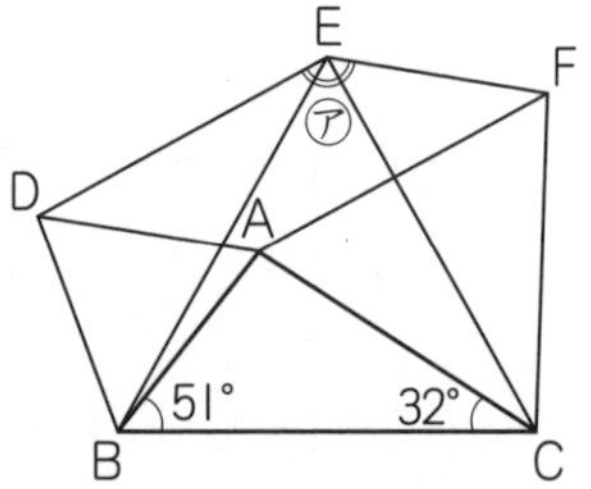

(1) 三角形ABCと合同な三角形を、すべて答えなさい。

（　　　　）

(2) ㋐の角度を求めなさい。

（　　　　）

4 右の図のように、１辺の長さが14 cmの正方形と、１辺の長さが10 cmの正方形が重なっています。色のついた部分の面積は何cm^2ですか。（6点）

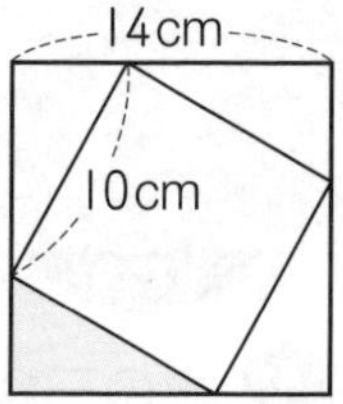

（　　　　）

5 右の図の2つの四角形ABCD、EFGHはともに１辺の長さが8 cmの正方形です。この2つの正方形が重なった部分の面積は何cm^2ですか。（6点）

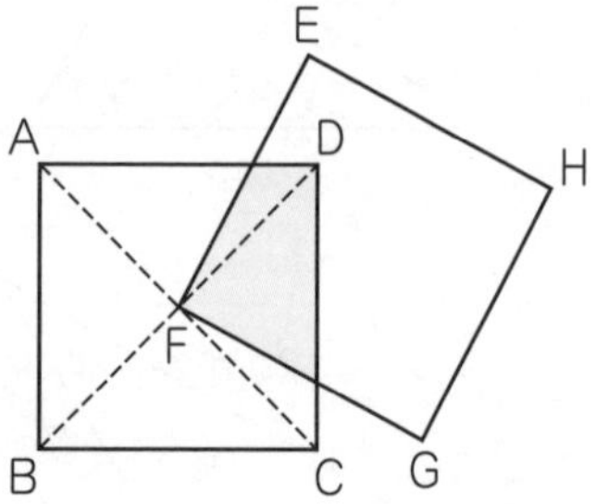

（　　　　）

6 合同な6つの正方形を右の図のようにならべます。㋐と㋑の角度の和は何度ですか。（6点）

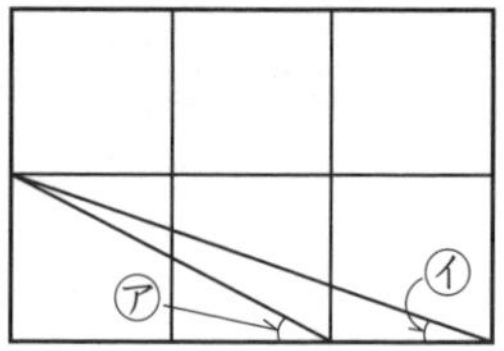

（　　　　）

7 右の図のように、立方体ABCD-EFGHの3つの頂点《ちょうてん》B、D、Gを結びます。このとき、㋐の角度を求めなさい。（6点）

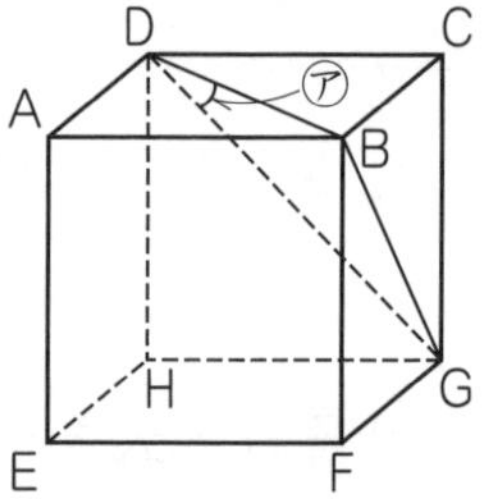

（　　　　）

標準レベル 11 算数⑪

図形と角

学習日〔　月　日〕

時間	得点
20分	
合格 40点	50点

1 次の三角形で、㋐の角度を求めなさい。（4点×2）

(1)

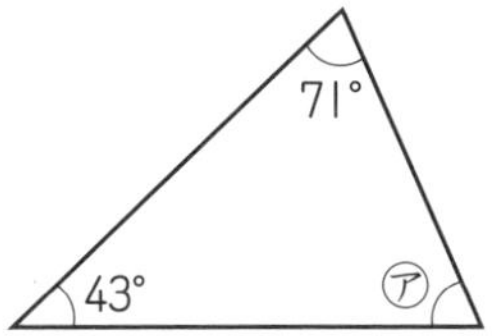

(　　　)

(2) 二等辺三角形

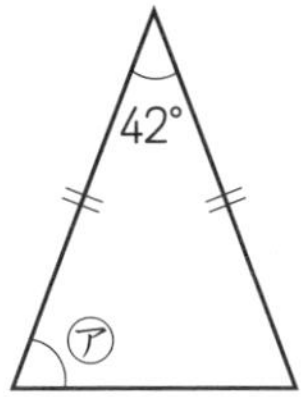

(　　　)

2 次の四角形で、㋐の角度を求めなさい。（4点×2）

(1)

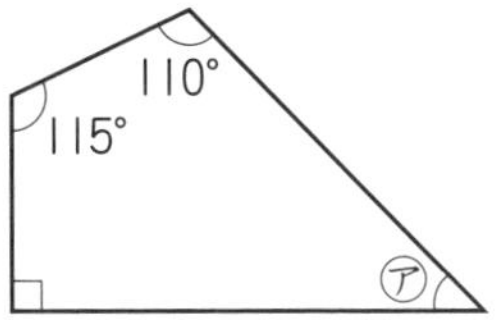

(　　　)

(2) 平行四辺形

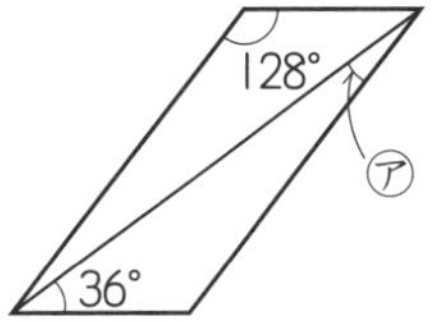

(　　　)

3 次の図は(1)正五角形、(2)正八角形です。㋐の角度を求めなさい。（4点×2）

(1)

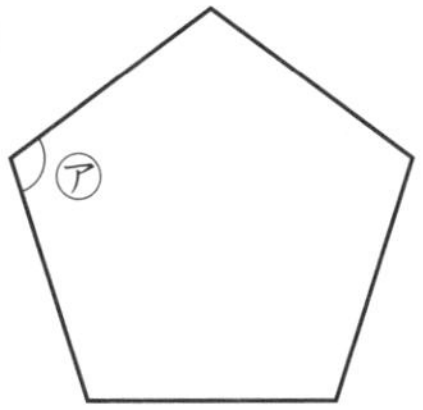

(　　　)

(2)

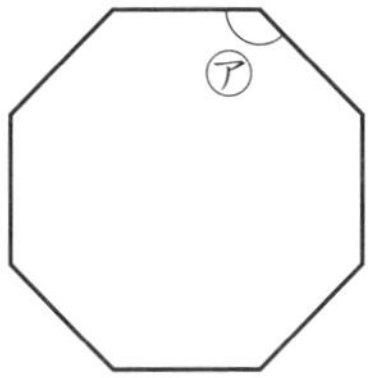

(　　　)

4 次の図で、㋐の角度を求めなさい。（5点×4）

(1)

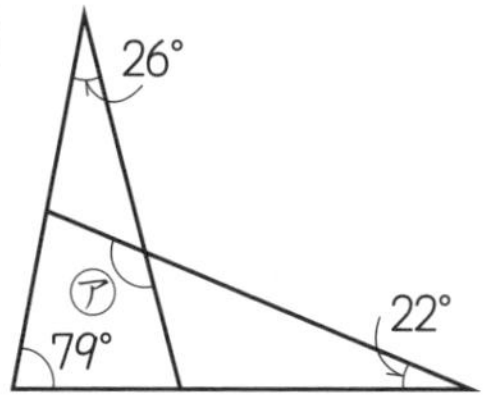

(　　　)

(2)

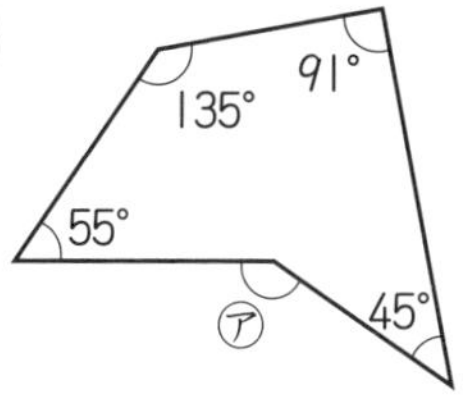

(　　　)

(3) OA＝OB＝OC

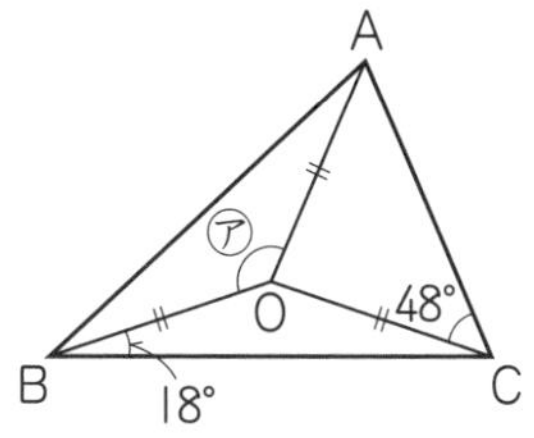

(　　　)

(4)

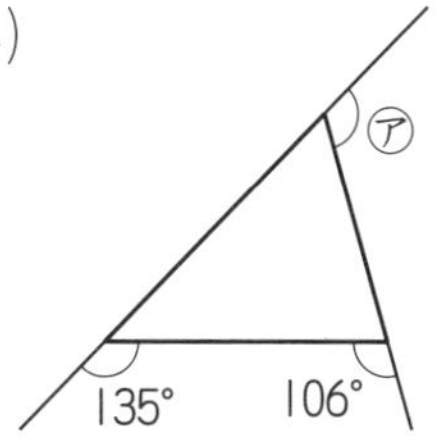

(　　　)

5 右の図のように、直線ア上に3点A、B、Cがあります。直線イ上に3点D、E、FをとるとAD=DB＝BE＝ECとなり、角CEFの角度が90°、角ECBが79°になりました。角ADBの角度を求めなさい。（6点）

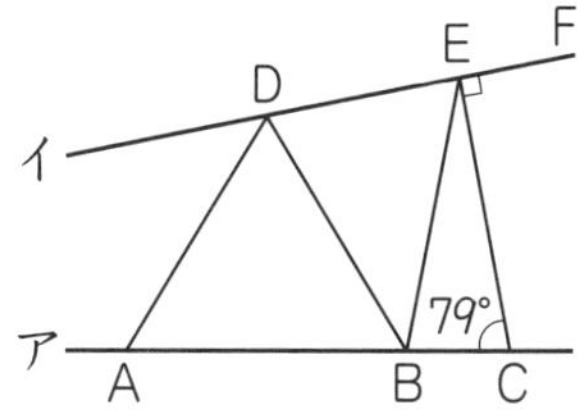

(　　　)

算数

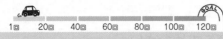

学習日〔　　月　　日〕

時間 25分	得点
合格 35点	50点

上級レベル 12 図形と角

算数⑫

1 次の図で、㋐～㋒の角度をそれぞれ求めなさい。（3点×3）

(1) 正方形と正三角形

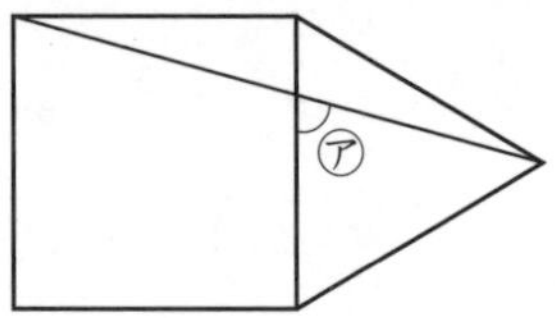

㋐（　　　　）

(2) 正方形と正三角形

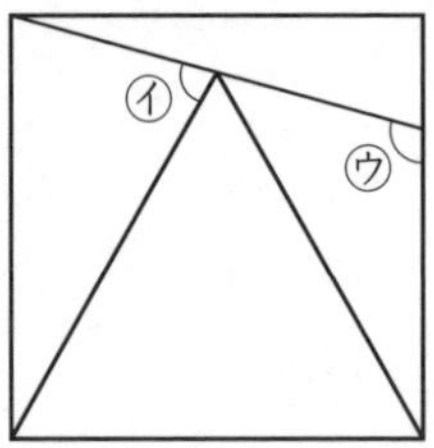

㋑（　　　　）

㋒（　　　　）

2 右の図の四角形ABCDは正方形、三角形BCEは正三角形、三角形CEFは直角二等辺三角形です。DとFを結んだとき、㋐と㋑の角度をそれぞれ求めなさい。（4点×2）

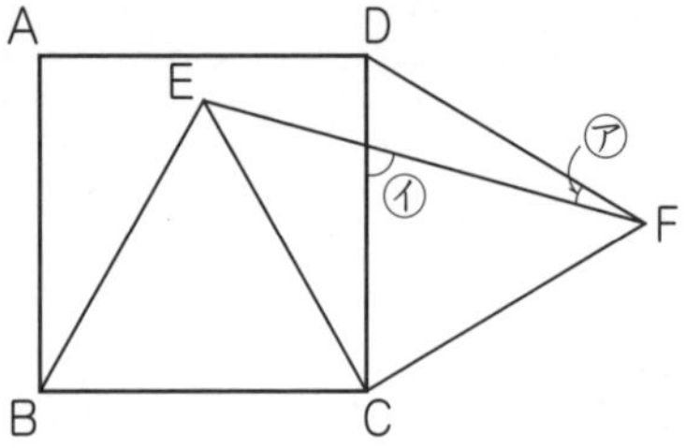

㋐（　　　　）　㋑（　　　　）

3 右の図は、三角形ABCをACに平行な直線DEを折り目として、点BがAC上にくるように折り返したものです。㋐と㋑の角度をそれぞれ求めなさい。（4点×2）

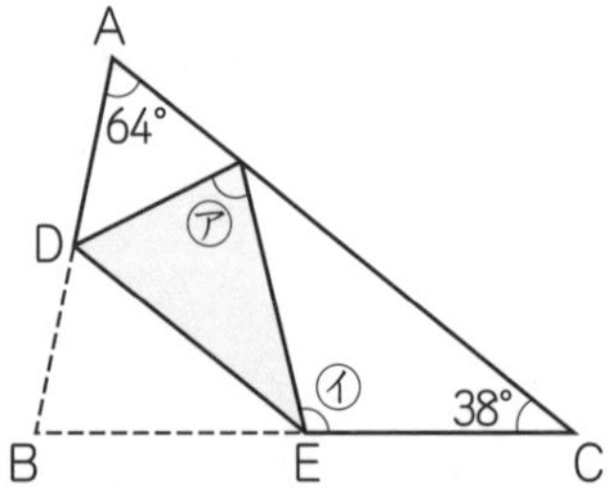

㋐（　　　　）　㋑（　　　　）

4 下の図のように、直線AX、AY上にAB=BC=CD=DE=EF=FGとなる点をとると、角GFXが90°になりました。㋐の角度を求めなさい。（5点）

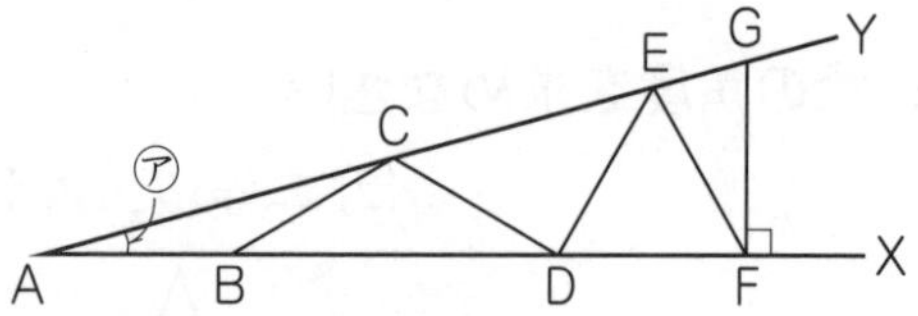

（　　　　）

5 下の図で、㋐の角度を求めなさい。（5点）

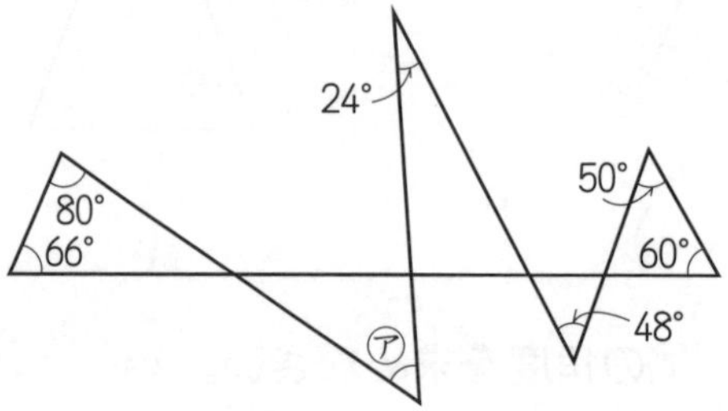

（　　　　）

6 下の図で、印のついた角の和を求めなさい。（5点×2）

(1)

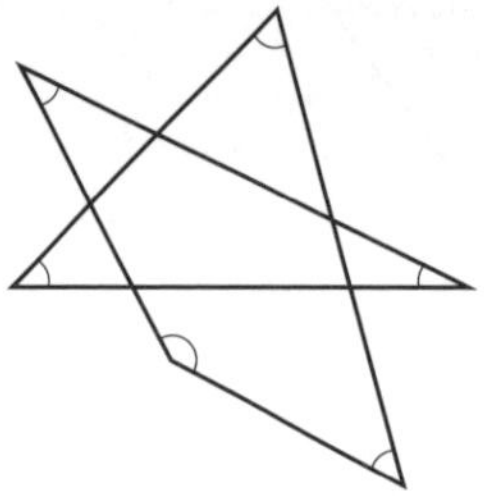

（　　　　）

(2)

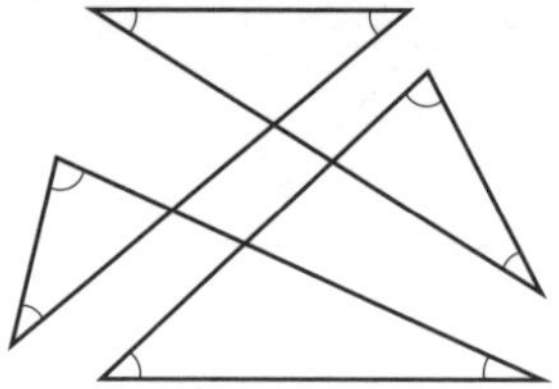

（　　　　）

7 右の図は、正方形ABCDをAEを折り目として三角形ADEを折り返したものです。Fは折り返したときにDが移《うつ》る位置です。角BAEが64°のとき、㋐の角度を求めなさい。（5点）

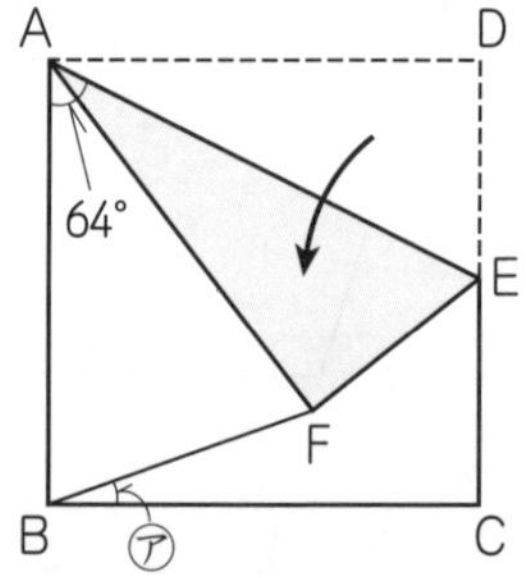

（　　　　）

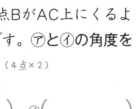

1回 20回 40回 60回 80回 100回 120回 GOAL

学習日〔　　月　　日〕

標準レベル 13 三角形・四角形の面積

算数⑬

時間 20分	得点
合格 40点	50点

1 次の三角形の面積を求めなさい。（4点×4）

(1)

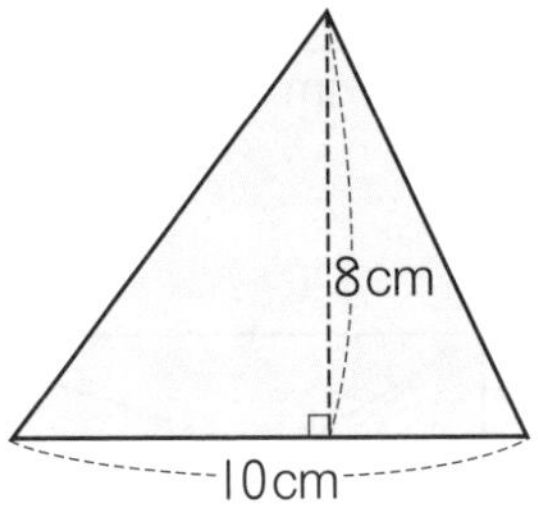

（　　　　）

(2)

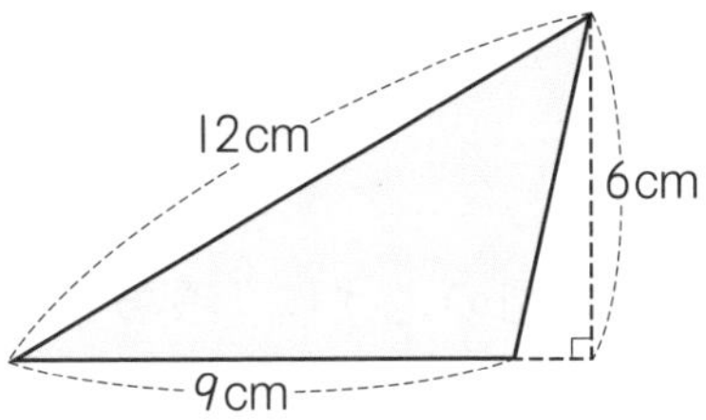

（　　　　）

(3)

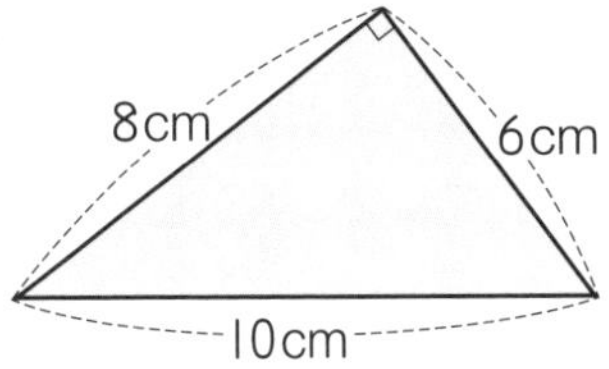

（　　　　）

(4)

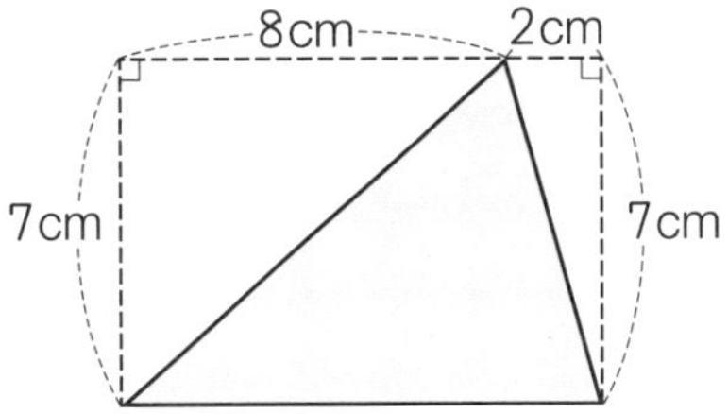

（　　　　）

2 次の図の色のついた部分の面積を求めなさい。（3点×2）

(1)

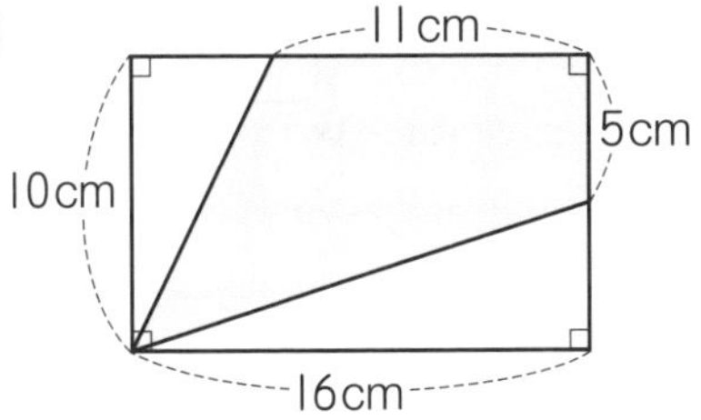

（　　　　）

(2)

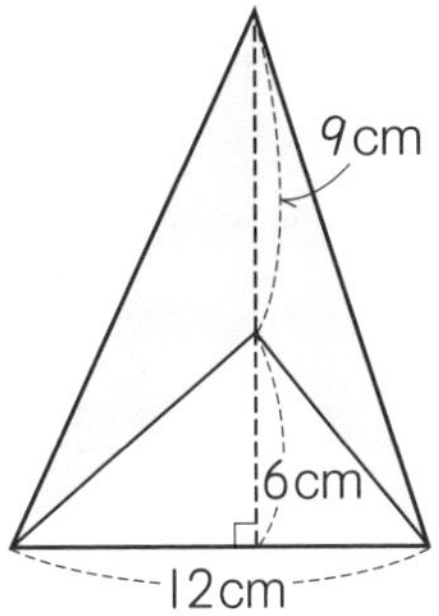

（　　　　）

3 次の四角形の面積を求めなさい。（4点×6）

(1) 平行四辺形

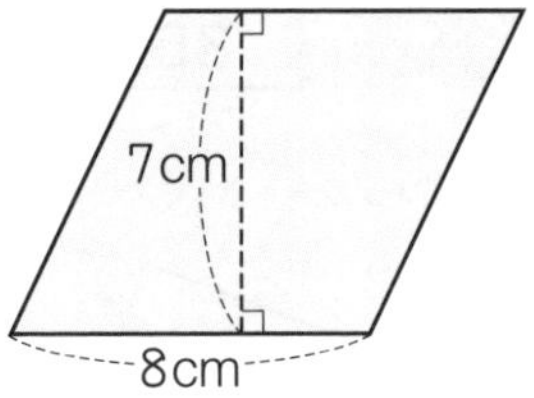

（　　　　）

(2) 平行四辺形

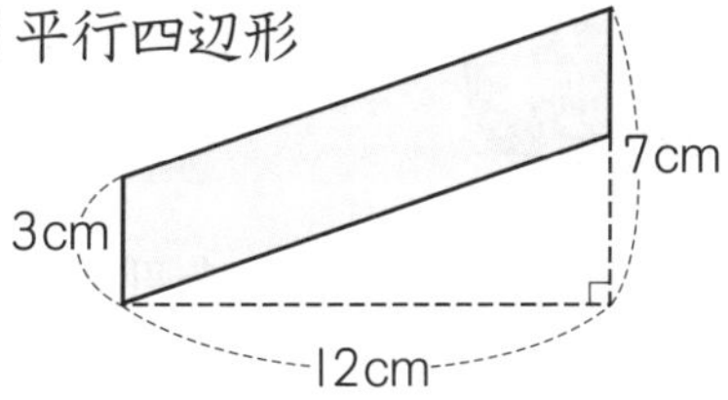

（　　　　）

(3) 台形

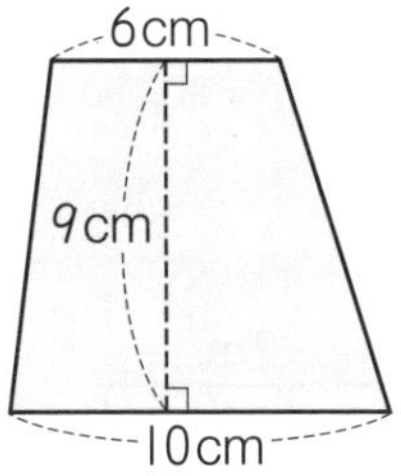

（　　　　）

(4) 台形

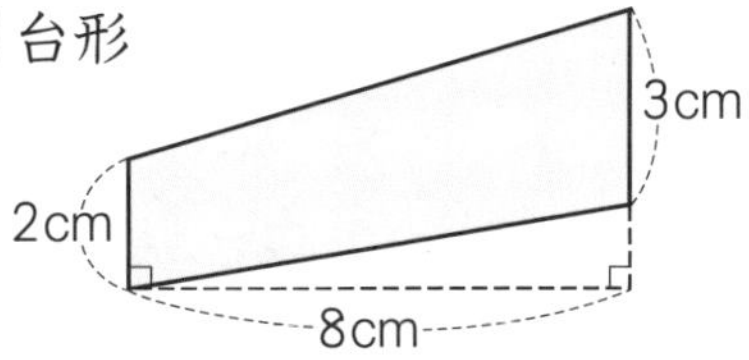

（　　　　）

(5) ひし形

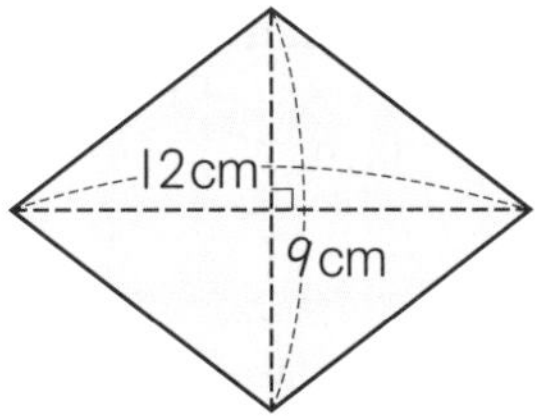

（　　　　）

(6) 四角形

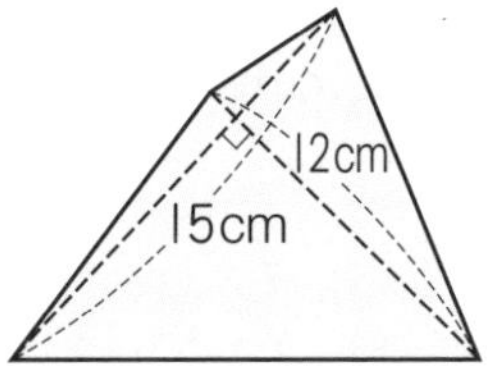

（　　　　）

4 右の図の台形の面積は51 cm^2です。□にあてはまる数を求めなさい。（4点）

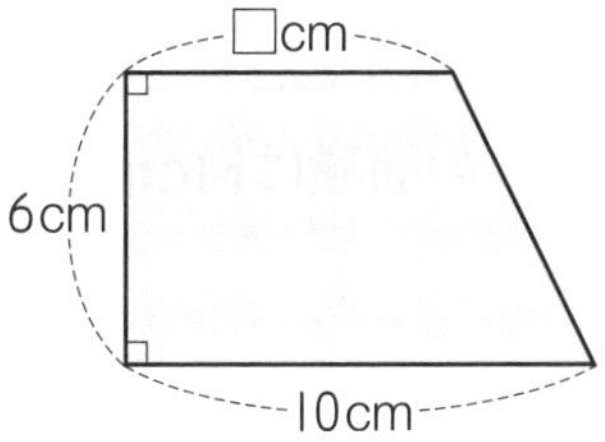

（　　　　）

算数

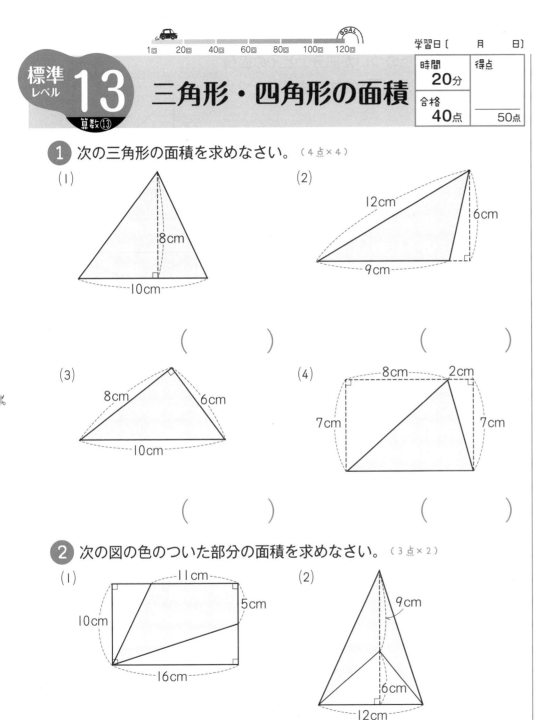

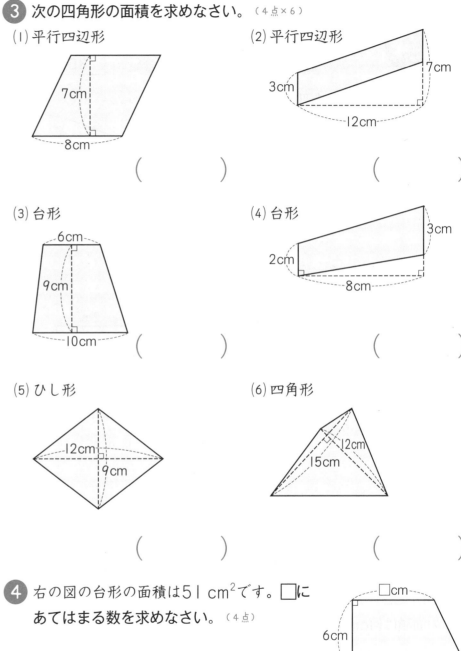

1回 20回 40回 60回 80回 100回 120回 GOAL

学習日〔　　月　　日〕

上級レベル 14 三角形・四角形の面積

算数⑭

時間	得点
25分	
合格 35点	50点

1 次の図の色のついた部分の面積を求めなさい。（5点×4）

(1)

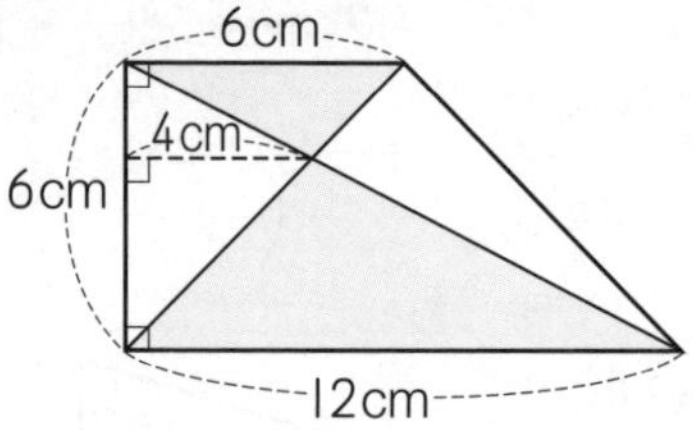

(2)

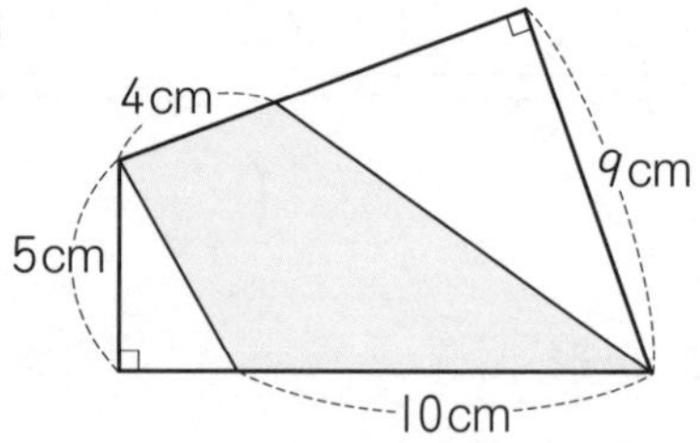

（　　　）　（　　　）

(3)

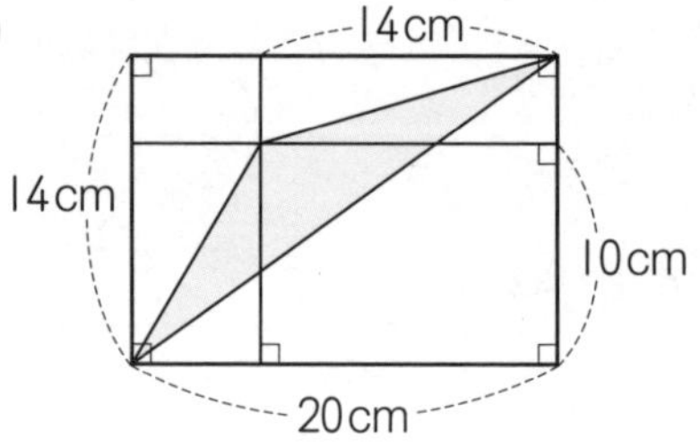

(4)

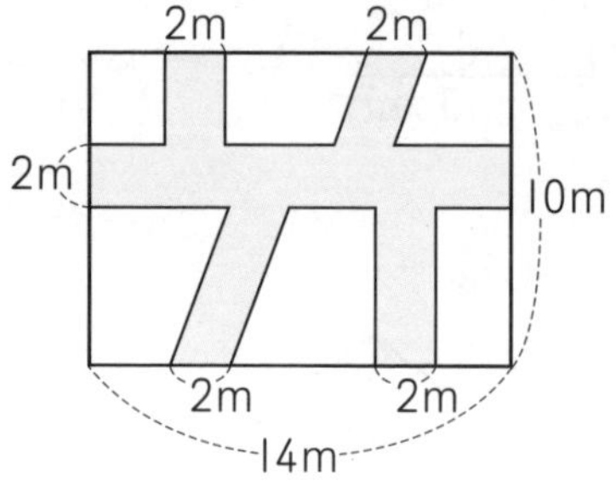

（　　　）　（　　　）

2 右の図の三角形ABCは直角三角形です。この直角三角形のまわりに図のように台形DBCEをかきました。**この台形DBCEの面積は何cm^2ですか。**（6点）

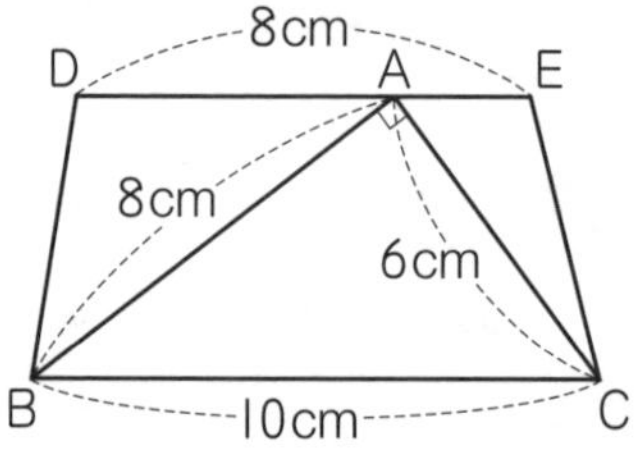

（　　　）

3 右の図で、色のついた部分㋐と㋑の面積が等しいとき、□にあてはまる数を求めなさい。（6点）

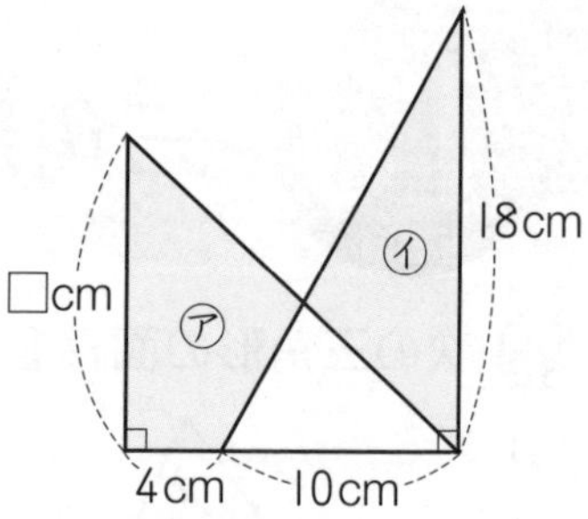

（　　　）

4 右の図のように、長方形ABCDの内部に点Pをとり、PとA、B、C、Dをそれぞれ結びます。**三角形APBと三角形CPDの面積の和は何cm^2ですか。**（6点）

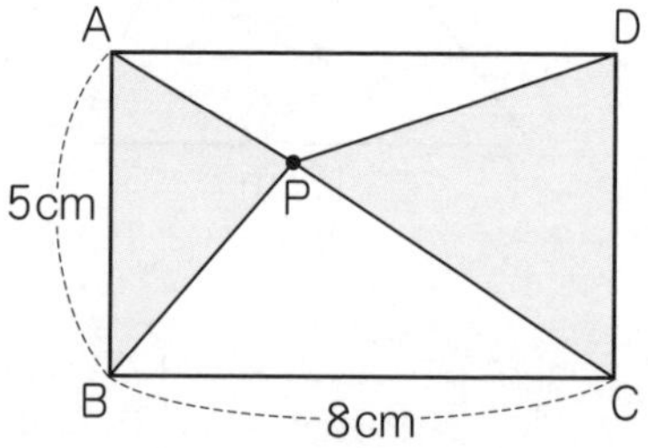

（　　　）

5 右の図のように、長方形ABCDと三角形EADがあります。このとき、色のついた三角形EFDの面積が16 cm^2でした。**次の問いに答えなさい。**（6点×2）

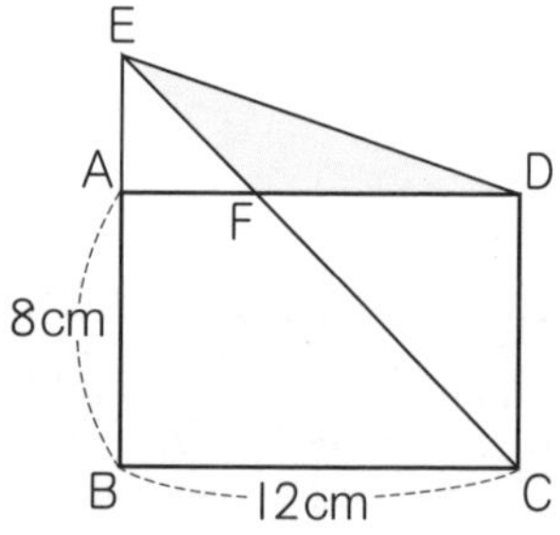

(1) FDの長さは何cmですか。

（　　　）

(2) 三角形EBCの面積は何cm^2ですか。

（　　　）

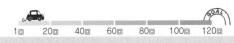

標準レベル 15 正多角形と円★

時間 25分	得点
合格 40点	50点

★印は発展的な問題が入っていることを示しています。

1 円を使って、次の正多角形を作図します。**1つの中心角はそれぞれ何度にすればよいですか。**（2点×4）

(1) 正三角形　（　　　）

(2) 正方形　（　　　）

(3) 正五角形　（　　　）

(4) 正八角形　（　　　）

2 **右の図の正六角形について、次の問いに答えなさい。**（2点×4）

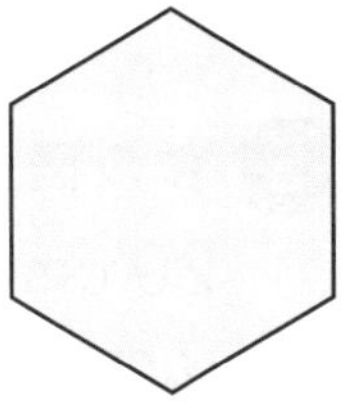

(1) 平行な辺の組は、何組ありますか。

（　　　）

(2) 1つの頂点《ちょうてん》から対角線を何本ひくことができますか。また、それを利用して、正六角形の6つの角の和を求め、1つの角の大きさも求めなさい。

対角線の本数（　　　）

6つの角の和（　　　）　1つの角の大きさ（　　　）

3 **次の円の円周の長さと面積を求めなさい。**ただし、円周率《えんしゅうりつ》は3.14とします。（2点×4）

(1)

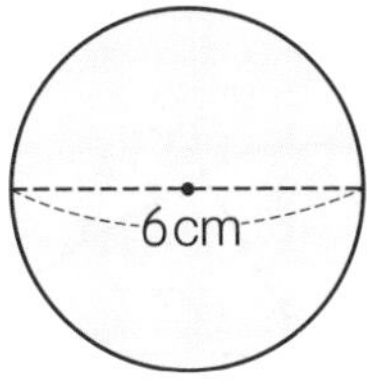

円周（　　　）

面積（　　　）

(2)

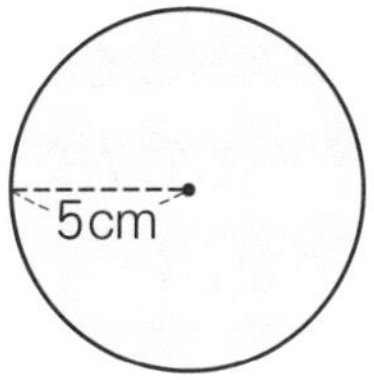

円周（　　　）

面積（　　　）

4 **次の図のおうぎ形のまわりの長さと面積を求めなさい。**ただし、円周率は3.14とします。（3点×4）

(1)

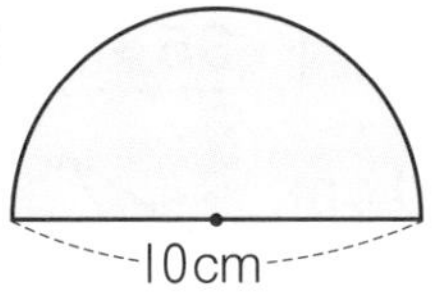

まわりの長さ（　　　）

面積（　　　）

(2)

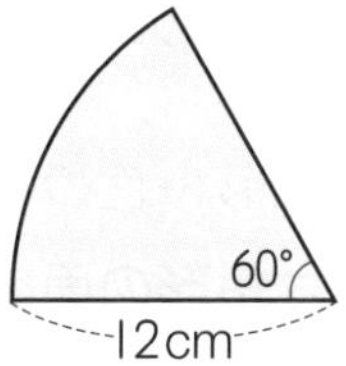

まわりの長さ（　　　）

面積（　　　）

5 **次の問いに答えなさい。**ただし、円周率は3.14とします。（3点×2）

(1) 円周の長さが25.12 cmの円の半径は何cmですか。

（　　　）

(2) 面積が78.5 cm^2 の円の半径は何cmですか。

（　　　）

6 半径が5 cmと15 cmの2つの円があります。**これについて、次の問いに答えなさい。**ただし、円周率は3.14とします。（4点×2）

(1) この2つの円の、円周の長さの和は何cmですか。

（　　　）

(2) 円周が(1)で求めた長さの円をかきます。この円の半径は何cmですか。

（　　　）

算数

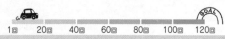

学習日〔　　月　　日〕

時間	得点
25分	
合格 35点	50点

上級レベル 16 正多角形と円★

算数⑯

1 右の図の正六角形の色のついた部分の面積は20 cm^2 です。**この正六角形の面積は何 cm^2 ですか。**（4点）

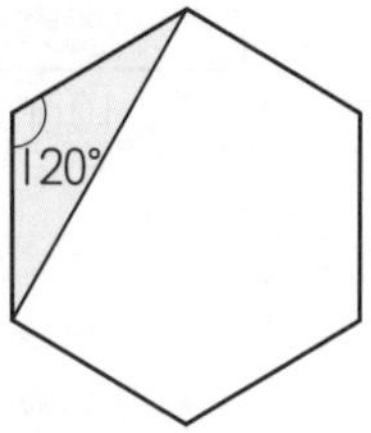

（　　　　　）

2 右の図は、円の円周を12等分したものです。**㋐の角度を求めなさい。**（4点）

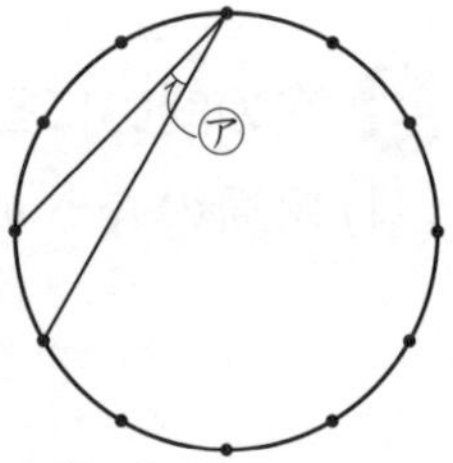

（　　　　　）

3 右の図のように、半径1 cmの円が長方形と正三角形の辺上を回転しながらちょうど1周しました。**次の問いに答えなさい。**ただし、円周率《えんしゅうりつ》は3.14とします。（4点×4）

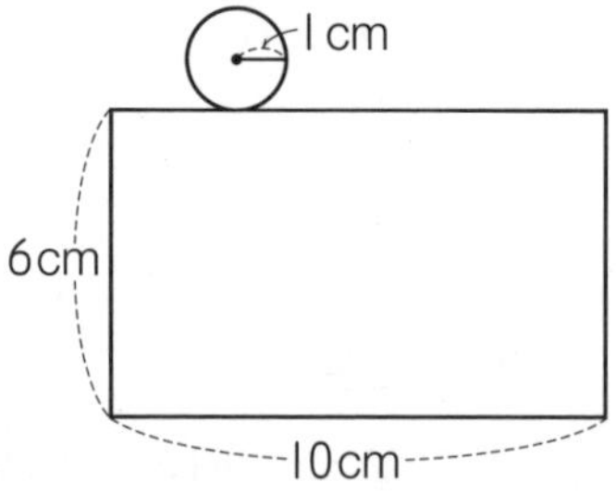

(1) 円の中心が通ったあとの線の長さはそれぞれ何 cm ですか。

長方形（　　　　　）　正三角形（　　　　　）

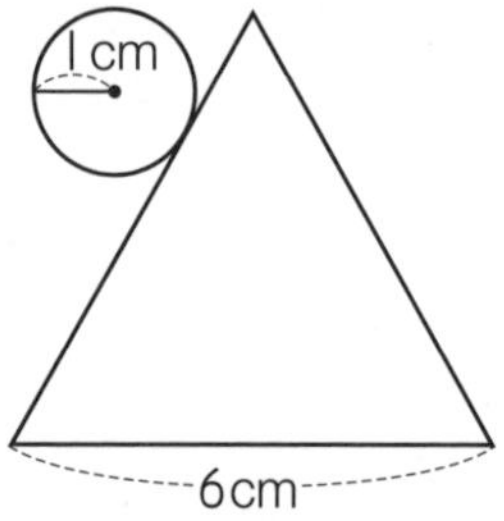

(2) 円が通ったあとにできる図形の面積をそれぞれ求めなさい。

長方形（　　　　　）　正三角形（　　　　　）

4 次の図の色のついた部分のまわりの長さと面積をそれぞれ求めなさい。ただし、円周率は3.14とします。（4点×4）

(1)

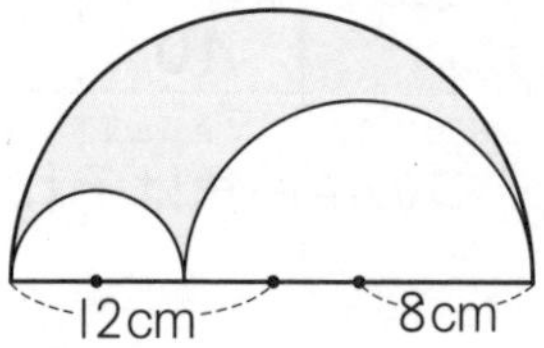

(2)

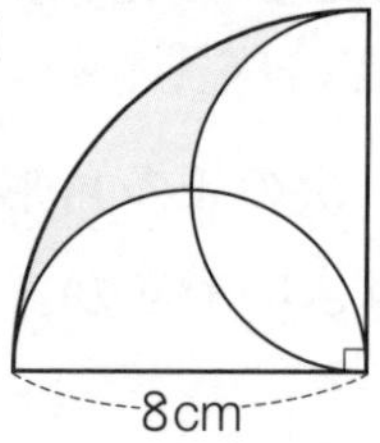

(1) まわりの長さ（　　　　　）　面積（　　　　　）

(2) まわりの長さ（　　　　　）　面積（　　　　　）

5 右の図は半径が10 cmの半円と半径が20 cmのおうぎ形を重ねたものです。**㋐と㋑の部分のまわりの長さの和と面積の和をそれぞれ求めなさい。**ただし、円周率は3.14とします。（3点×2）

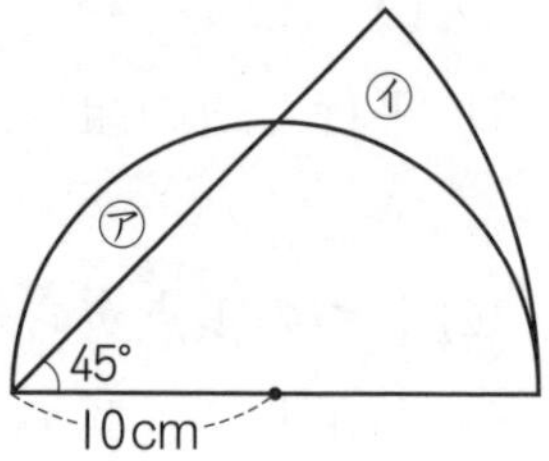

まわりの長さ（　　　　　）　面積（　　　　　）

6 右の図のように、AC＝6 cm、BC＝3 cmの三角形ABCを、点Cを中心に120° 回転させました。**色のついた部分の面積を求めなさい。**ただし、円周率は3.14とします。（4点）

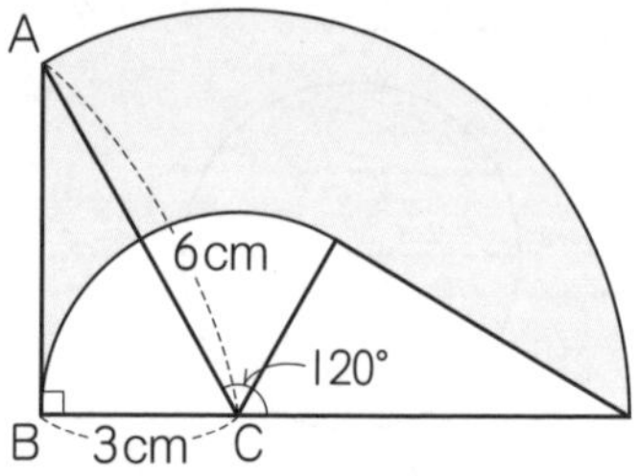

（　　　　　）

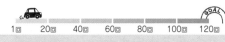

学習日〔　　月　　日〕

時間	得点
20分	
合格 40点	50点

標準レベル 17

体積と容積

算数⑰

1 次の立体の体積を求めなさい。（4点×7）

(1) 1辺の長さが3cmの立方体　(2) 1辺の長さが4mの立方体

（　　　）　（　　　）

(3) たて4cm、横5cm、高さ3cmの直方体

（　　　）

(4)

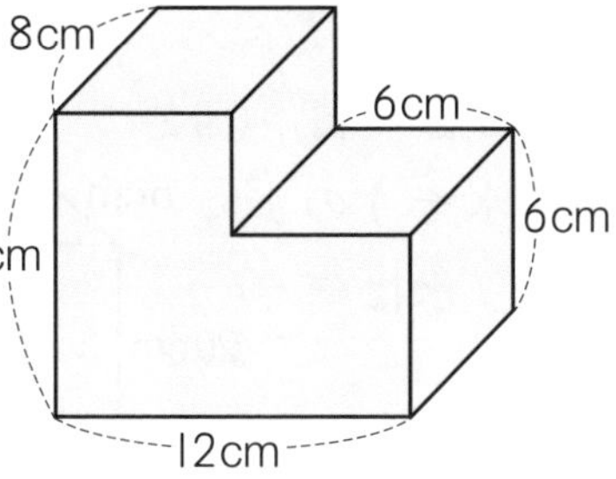

(5)

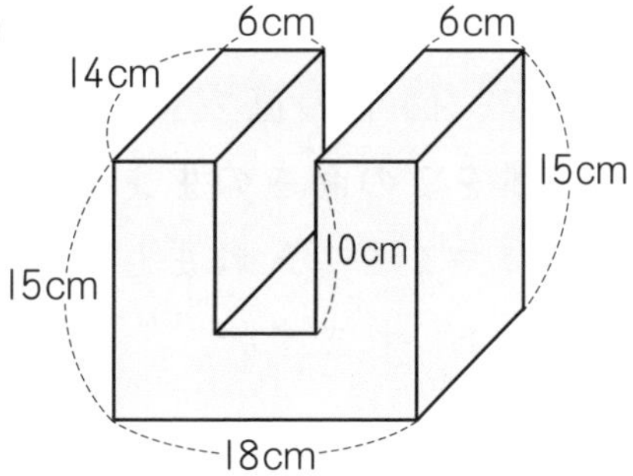

（　　　）　（　　　）

(6)

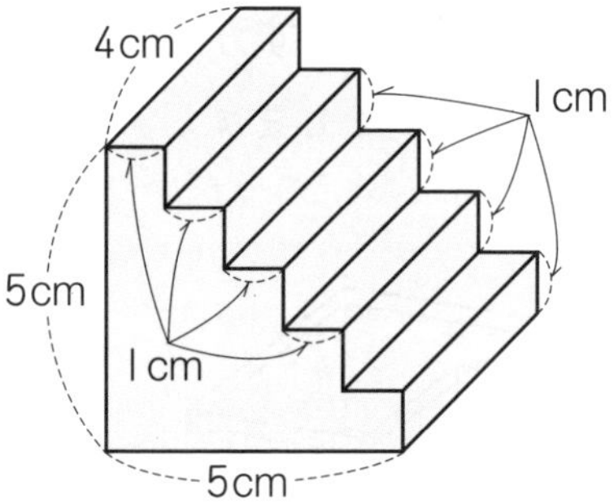

(7)

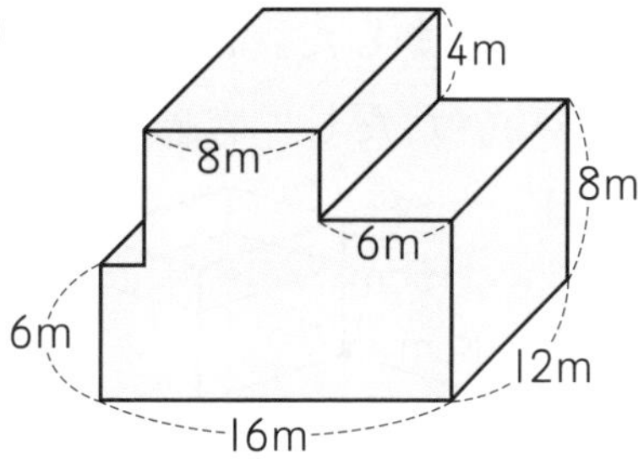

（　　　）　（　　　）

2 内のりのたてが10cm、横が15cm、深さが18cmの容器《ようき》があります。この容器の容積《ようせき》は何cm^3ですか。また、それは何Lですか。（4点）

（　　　cm^3、　　　L）

3 右の図のように、厚《あつ》さが1cmの板で直方体の形をした容器をつくりました。この容器の容積と体積をそれぞれ求めなさい。（3点×2）

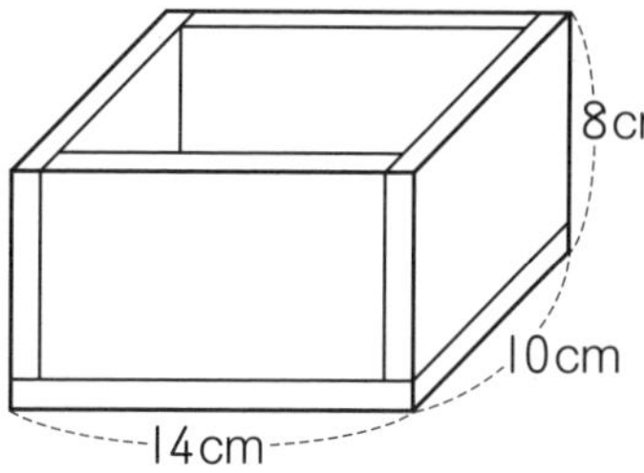

容積（　　　）　体積（　　　）

4 右の図のような、内のりのたてが10cm、横が15cm、深さが30cmの直方体の容器があり、水が深さ4cmまで入っています。次の問いに答えなさい。（4点×3）

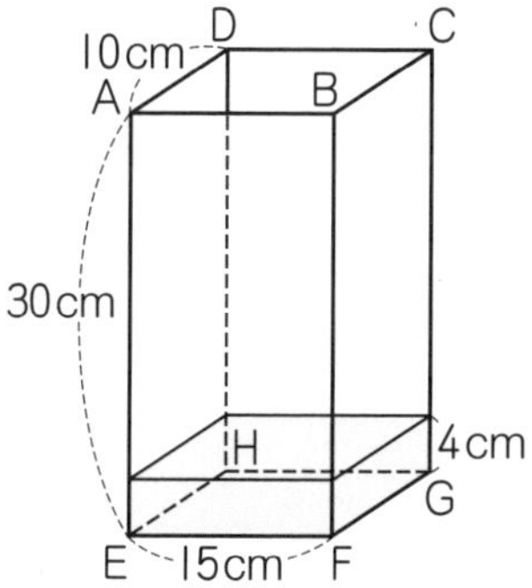

(1) 容器に入っている水の量は何cm^3ですか。

（　　　）

(2) この状態《じょうたい》から水を3L入れました。

①水の深さは何cmになりましたか。

（　　　）

②容器にふたをして、水がこぼれないようにしてから、長方形AEHDを底面にしたとき、水の深さは何cmになりますか。

（　　　）

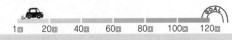

学習日〔　月　日〕

時間 20分	得点
合格 35点	50点

上級レベル 18 体積と容積

1 右の図は、直方体のてん開図です。**次の問いに答えなさい。**（6点×2）

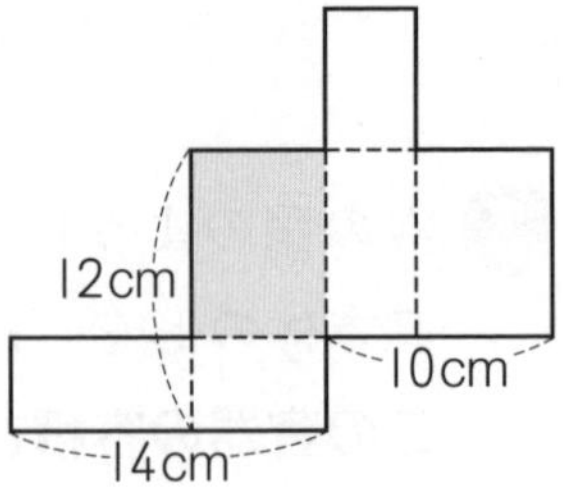

(1) 直方体のたてと横と高さの和は何 cm ですか。

（　　　　）

(2) この直方体の体積は何 cm^3 ですか。

（　　　　）

2 右の図のように、長方形の紙から四すみを切り取って下の図のような箱をつくりました。**次の問いに答えなさい。**（6点×2）

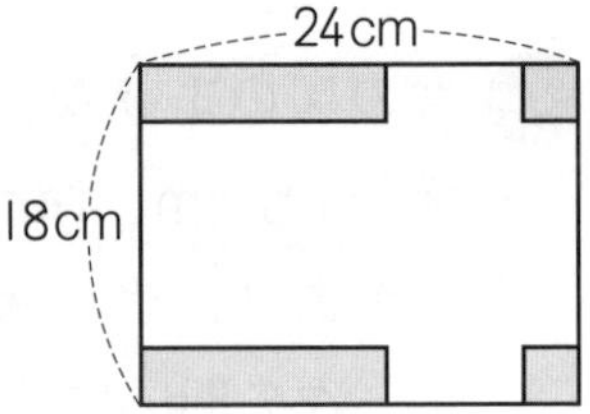

(1) でき上がった箱の横の長さ(図の AB の長さ)は何 cm ですか。

（　　　　）

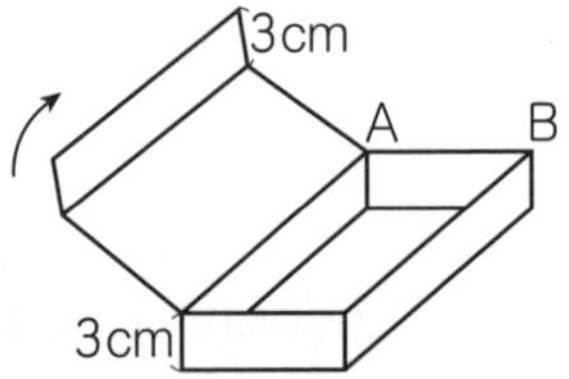

(2) でき上がった箱の容積《ようせき》は何 cm^3 ですか。

（　　　　）

3 右の図は立方体をななめに切ってできた立体です。**この立体の体積は何cm^3ですか。**（6点）

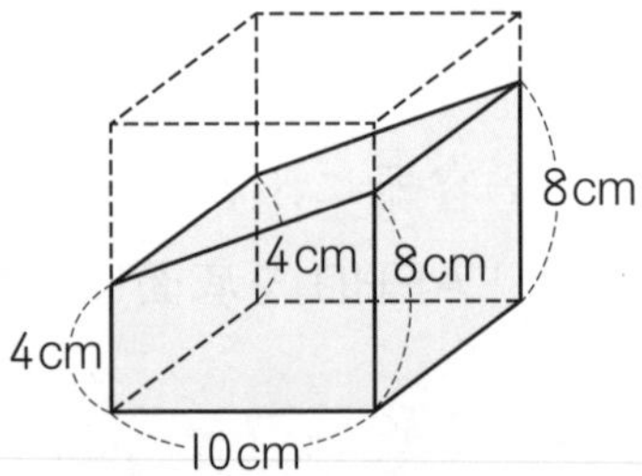

（　　　　）

4 内のりが右の図のような直方体の水そうに、水を1.8 L入れました。**次の問いに答えなさい。**（5点×3）

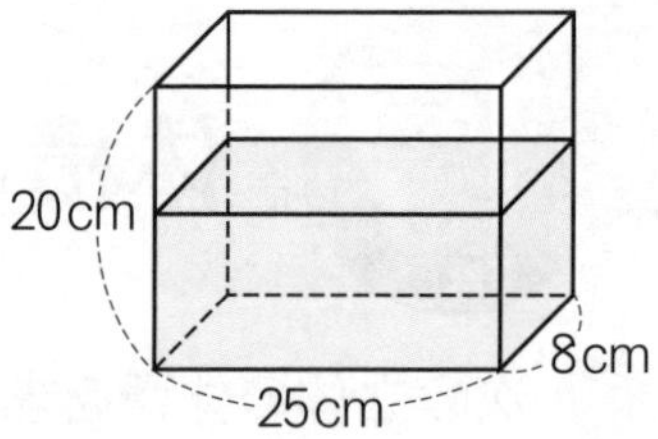

(1) 水の深さは何 cm ですか。

（　　　　）

(2) この水そうに図１の直方体を、この向きのままかたむけずに水そうの底につくまで入れました。このとき、水面の高さは底から何 cm になりますか。

(図１)

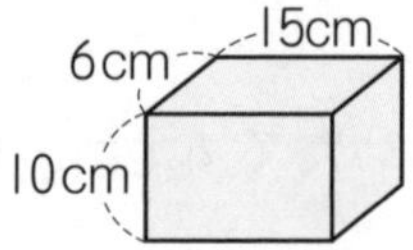

（　　　　）

(3) 次に、図１の直方体を取り出し、図２の直方体をこの向きのままかたむけずに水そうの底につくまで入れました。このとき、水は何 cm^3 あふれますか。

(図２)

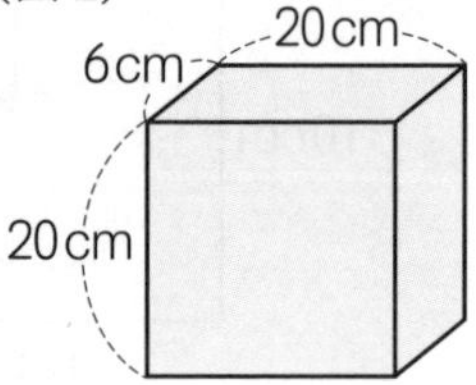

（　　　　）

5 下の図１のような直方体を組み合わせた容器に、深さ30 cmまで水を入れて、ふたをしました。この容器を横にたおしたら、図２のようになりました。**このとき、水の深さは何cmですか。**分数で答えなさい。ただし、容器の厚《あつ》さは考えないものとします。（5点）

(図１)

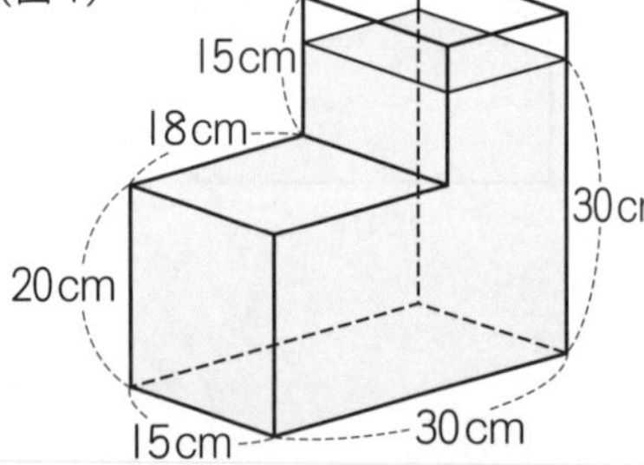

(図２)

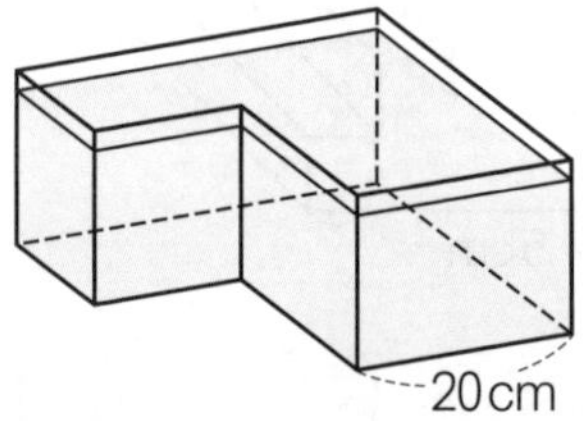

（　　　　）

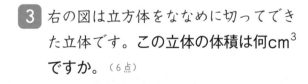

学習日〔　　月　　日〕

時間	得点
25分	
合格 40点	50点

標準レベル 19 角柱と円柱★

算数⑲

1 **次の立体の体積を求めなさい。**ただし、円周率《えんしゅうりつ》は3.14とします。（4点×3）

(1) 底面の四角形の面積が 12 cm^2 で、高さが 5 cm の四角柱

（　　　　　）

(2) 底面の円の半径が 2 cm で、高さが 5 cm の円柱

（　　　　　）

(3) 底面の台形の上底が 3 cm、下底が 7 cm、高さが 4 cm で、高さが 10 cm の四角柱

（　　　　　）

2 **次の立体の体積と表面積を求めなさい。**ただし、円周率は3.14とします。（3点×6）

(1)
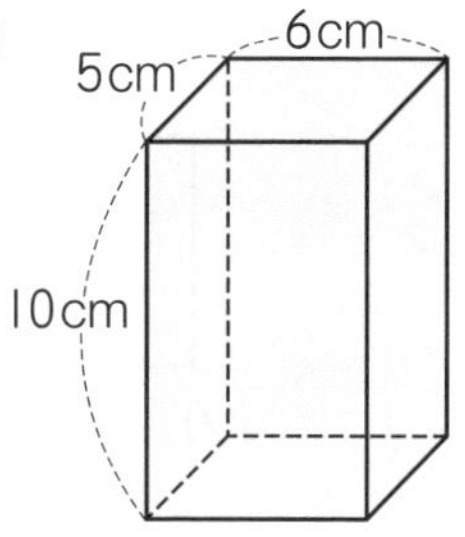

体積（　　　　　）

表面積（　　　　　）

(2)
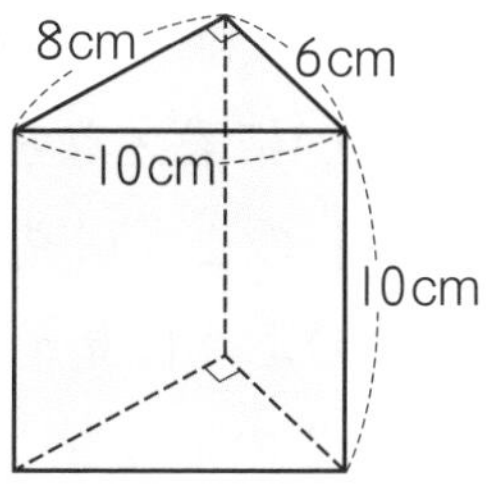

体積（　　　　　）

表面積（　　　　　）

(3)
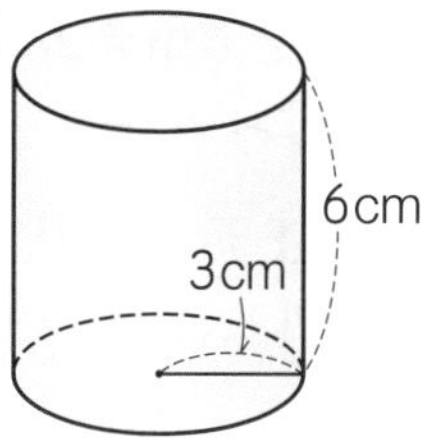

体積（　　　　　）

表面積（　　　　　）

3 右の容器《ようき》Aは三角柱の容器で、その容器に水が16 cmの深さまで入っています。**次の問いに答えなさい。**ただし、容器の厚《あつ》さは考えないものとします。（4点×2）

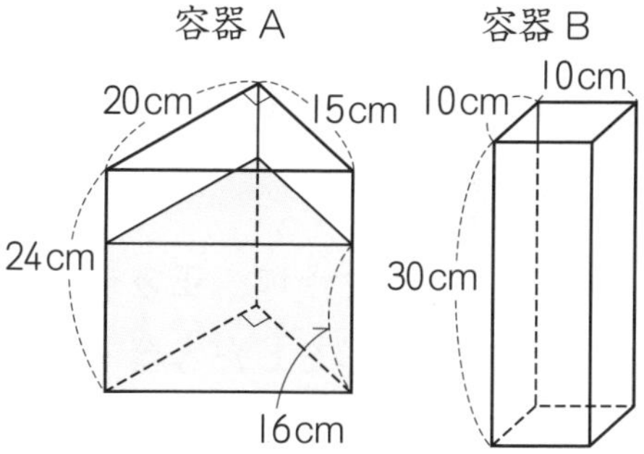

(1) 入っている水の量は何 L ですか。

（　　　　　）

(2) 容器 A に入っている水を、四角柱の容器 B に移《うつ》しかえると、その深さは何 cm になりますか。

（　　　　　）

4 右の図は、ある立体を真正面と真上から見た図です。**次の問いに答えなさい。**ただし、円周率は3.14とします。（3点×2）

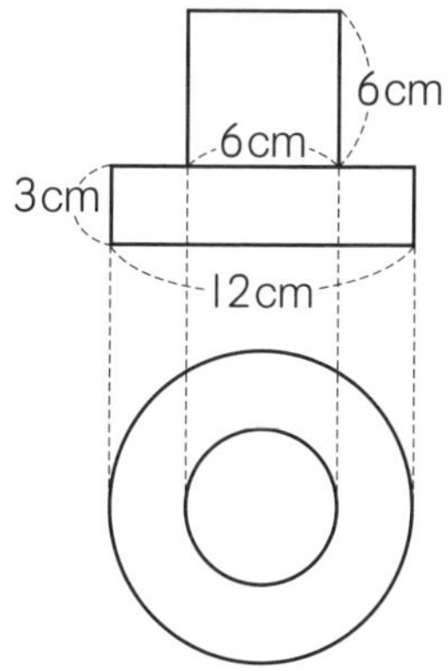

(1) この立体の体積を求めなさい。

（　　　　　）

(2) この立体の表面積を求めなさい。

（　　　　　）

5 **右の図のような立体の体積と表面積を求めなさい。**ただし、円周率は3.14とします。（3点×2）

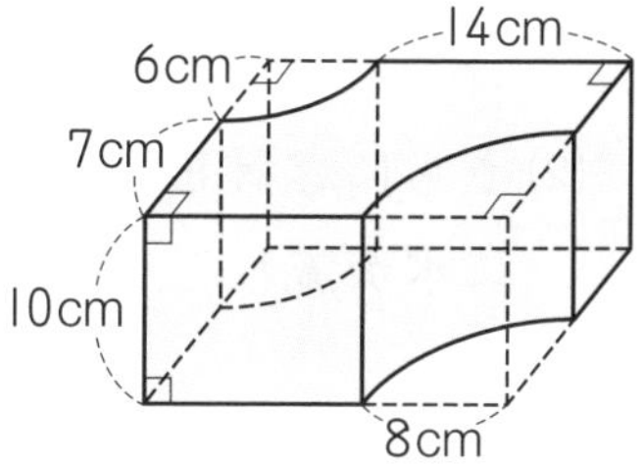

体積（　　　　　）　表面積（　　　　　）

算数

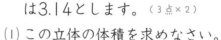

学習日［　　月　　日］

時間 25分	得点
合格 35点	50点

上級レベル 20 角柱と円柱★

1 下の図のように、正方形の厚紙《あつがみ》の四すみから正方形を切り取って、直方体の形をした容器《ようき》をつくります。**容器の容積をそれぞれ求めなさい。**（6点×2）

(1)

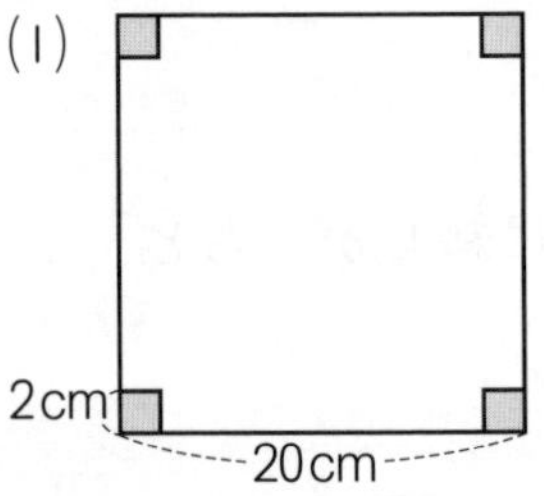

（　　　　）

(2)

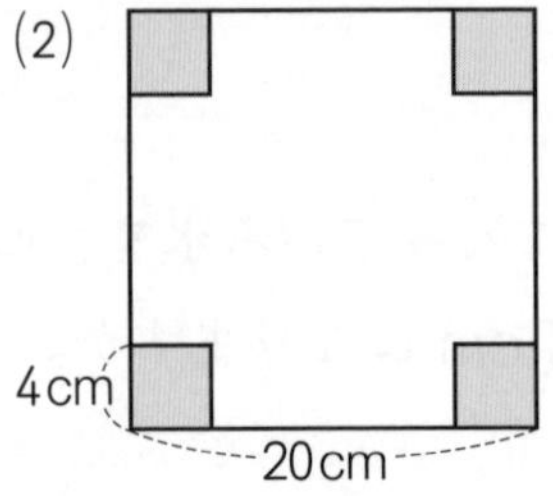

（　　　　）

2 右の図のように、水がいっぱい入っている容器Aにからの容器Bをまっすぐにしずめていきます。**次の問いに答えなさい。**答えが小数になるときは、小数第2位を四捨五入《ししゃごにゅう》しなさい。また、容器の厚《あつ》さは考えないものとします。（7点×2）

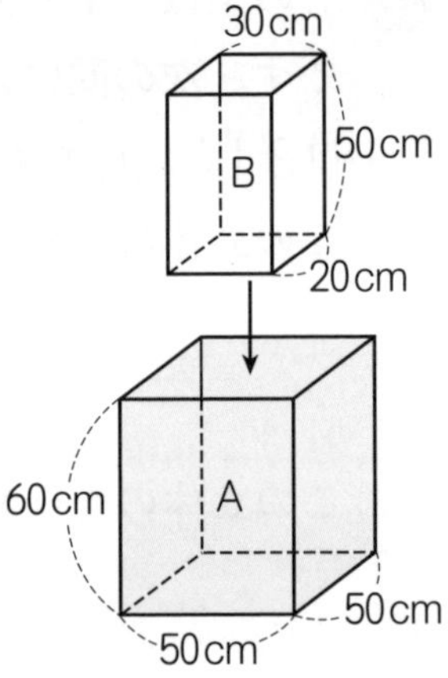

(1) 容器BをAの底面から10cm上までしずめました。Aからあふれ出た水の量は何cm^3ですか。

（　　　　）

(2) さらに容器BをAの底面までしずめました。そのとき容器Bの中に水が流れこんできました。容器Bの水の深さを求めなさい。

（　　　　）

3 次の図の立体の体積を求めなさい。ただし、円周率《えんしゅうりつ》は3.14とします。（6点×2）

(1) 直方体をななめに切った立体

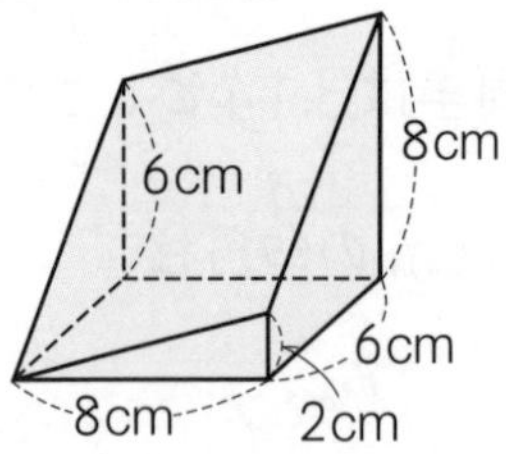

（　　　　）

(2) 円柱をななめに切った立体

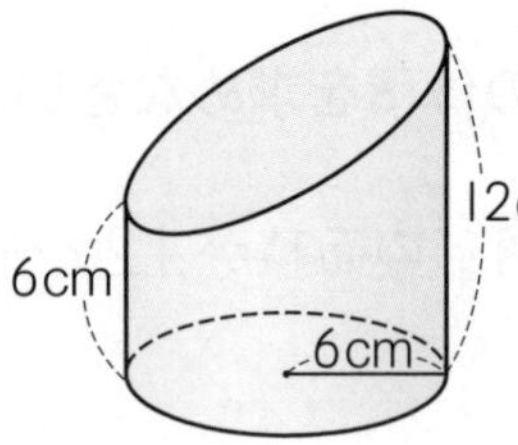

（　　　　）

4 右の図は、ある立体を真正面、真上、真横からみた図です。**この立体の体積を求めなさい。**ただし、円周率は3.14とします。（6点）

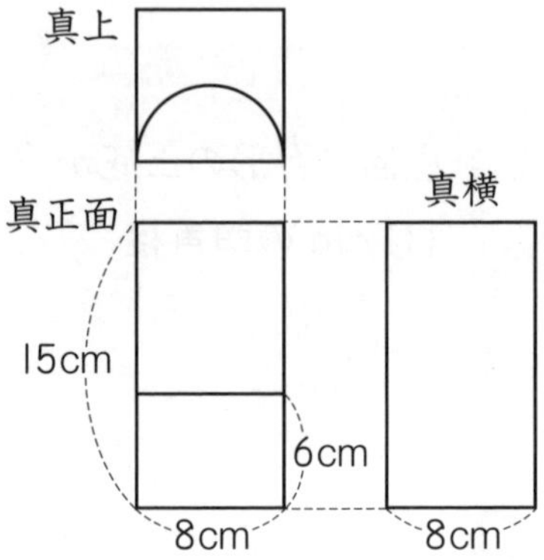

（　　　　）

5 1辺が2cmの立方体を積み上げて、次のような立体をつくります。**次の問いに答えなさい。**

ア 真正面から見ると、図1のように見えます。

イ 真上から見ると、図2のように見えます。

最も少ない数の積み木で、このような立体をつくりました。この立体の体積は何cm^3ですか。（6点）

(図1)

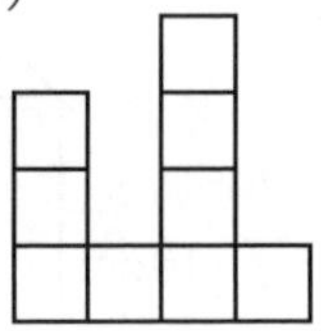

(図2)

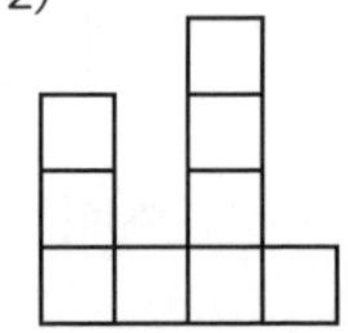

（　　　　）

学習日〔　　月　　日〕

標準レベル 21 平均、単位量あたりの大きさ

算数㉑

時間	得点
20分	
合格 40点	50点

1 右の表は、みさきさんの5回の算数のテストの結果を示しています。**次の問いに答えなさい。**（4点×3）

回	1回	2回	3回	4回	5回
得点	85	75	92	84	64

(1) この5回のテストの平均点《へいきんてん》を求めなさい。

(2) この5回のテストの仮《かり》の平均を75点として、平均点を求める式を答えなさい。

(3) 6回のテストの平均点を 82点にするには、6回目のテストで何点をとればよいですか。

2 次の問いに答えなさい。（4点×3）

(1) 2 kg が 620 円のみかんと、5 kg が 1500 円のみかんとでは、どちらのみかんが安いですか。

(2) 1.2 L のペンキで 9.6 m^2 のかべをぬることができます。20 m^2 のかべをぬるために必要なペンキは何 L ですか。

(3) ある県の人口は 3783000 人で、面積は 6500 km^2 です。この県の人口密度《みつど》を求めなさい。

3 次の問いに答えなさい。（5点×4）

(1) 3人の身長の平均が 142 cm、5人の身長の平均が 156 cm のとき、この8人の身長の平均は何 cm ですか。

(2) 算数、国語、理科、社会の4教科のテストの平均点は 86 点でした。算数、国語、理科の3教科のテストの平均点は 88 点でした。社会は何点でしたか。

(3) A、B、C、D の4人のうち、B、C、D の3人の体重の平均は 38.6 kg です。A、C、D の3人の体重の平均は 36.4 kg です。B の体重は A より何 kg 重いですか。

(4) A は 10 分で 140 個《こ》、B は 15 分で 240 個の製品《せいひん》をつくります。A と B を同時に使って 1650 個の製品をつくるのにかかる時間は何分ですか。

4 算数のテストを6回受けました。はじめの4回の平均点は82点で、6回全部の平均点は86点でした。**あとの2回のテストの平均点は何点でしたか。**（6点）

算数

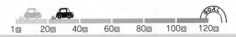

学習日〔　　月　　日〕

時間 25分	得点
合格 35点	50点

上級レベル 22 平均、単位量あたりの大きさ★

算数㉒

1 右の表は、ある県のA～Cの町の面積と人口を表したものです。A～Cの町のうち、もっとも人口密度が高いのはどの町ですか。（5点）

町	面積(km^2)	人口(人)
A	232	19473
B	862	25861
C	603	16718

（　　　　）

2 3分間に165 L給水できるポンプA、5分間に450 L給水できるポンプB、1分間に80 L排水《はいすい》できるポンプCがあります。**次の問いに答えなさい。**（5点×3）

(1) ポンプAとポンプBで1分間あたりどちらが何L多く給水できますか。

（　　　　）

(2) 給水できるポンプA、Bと、排水できるポンプCを同時に使うと、4分間で水は何Lたまりますか。

（　　　　）

(3) ポンプAで10分間水を入れてから、ポンプAとCを同時に使うと、ポンプCを使い始めてから何分で水はなくなりますか。

（　　　　）

3 次の問いに答えなさい。（6点×3）

(1) 前回までの算数のテストの平均点《へいきんてん》は80点でしたが、今回のテストで94点をとったので、平均点は82点になりました。今回までのテストの回数は何回でしたか。

（　　　　）

(2) ある中学校の受験者700人のうち、合格《ごうかく》者数は210人でした。合格者の平均点と不合格者の平均点との差は70点で、全受験者の平均点は110点でした。合格者の平均点は何点ですか。

（　　　　）

(3) 32人のクラスをAグループとBグループに分けて行った算数のテストの全体の平均点は63点でした。Aグループの平均点が60点で、Bグループの平均点が64点でした。Bグループの人数は何人ですか。

（　　　　）

4 Aさんは算数、国語、理科、社会の4教科のテストを受けました。4教科の平均点は69点、算数、国語、理科の3教科の平均点は63点、算数、国語の2教科の平均点は55点で、理科の点数は、算数と社会の平均点に等しかったといいます。**次の問いに答えなさい。**（6点×2）

(1) 社会の点数は何点でしたか。

（　　　　）

(2) 算数の点数は何点でしたか。

（　　　　）

学習日〔　　月　　日〕

時間 20分	得点
合格 40点	50点

標準レベル 23 速さ

算数㉓

1 Aさんは100 m走るのに20秒かかります。Bさんは100 m走るのに16秒かかります。**次の問いに答えなさい。**（6点×2）

(1) Bさんは1秒間に何m進みますか。

（　　　　）

(2) AさんとBさんが100 m競走をしました。Bさんがゴールしたときに、Aさんはゴールの何m手前にいましたか。

（　　　　）

2 A、Bの2人が同じ地点から同時に反対の方向に向かって出発しました。Aは分速55 m、Bは分速65 mの速さで歩きます。**2人の間のきょりが1.5 kmになるのは出発してから何分後ですか。**（6点）

（　　　　）

3 400 mを走るのにAは80秒、Bは100秒かかります。**2人が同じ地点から同じ方向に同時にスタートすると、2人の差が30 mになるのは、スタートしてから何分後ですか。**（6点）

（　　　　）

4 A、Bの2人が12 kmはなれたところから向かいあって進みます。午前9時にAは時速5 km、Bは時速3 kmの速さで同時に出発しました。**2人が出会う時刻《じこく》を求めなさい。**（7点）

（　　　　）

5 長さ180 m、秒速12 mの上り列車と、長さ200 mの下り列車がすれちがい始めてからすれちがい終わるのに20秒かかりました。**このとき、下り列車の速さを求めなさい。**（7点）

（　　　　）

6 ある川を船が80 km上るのに5時間かかり、同じところを下るのに4時間かかりました。**次の問いに答えなさい。**（6点×2）

(1) この川の流れの速さを求めなさい。

（　　　　）

(2) この船の静水時の速さを求めなさい。

（　　　　）

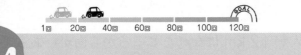

上級レベル 24 速さ

時間 20分	得点
合格 35点	50点

1 **次の問いに答えなさい。**（4点×3）

(1) 分速 60 m で 1 時間 30 分歩くと、何 km 進みますか。

（　　　　）

(2) 秒速 12 m で 1.8 km 走りました。何分何秒かかりましたか。

（　　　　）

(3) 30 km を 2 時間 30 分で進むためには時速何 km で走ればいいですか。

（　　　　）

2 妹が1.5 kmはなれた駅に向かって家を出ました。妹が忘《わす》れ物をしたので、妹が出発してから6分後に、姉が自転車で同じ道を追いかけました。妹の歩く速さは分速100 m、姉の自転車の速さは分速250 mとして、**次の問いに答えなさい。**（6点×2）

(1) 姉は妹が出発してから何分後に妹に追いつくか求めなさい。

（　　　　）

(2) 忘れ物をわたした後、姉は家へ、妹は駅へ向かいました。姉が家に着くのと、妹が駅に着くのとではどちらがどれだけはやいか求めなさい。

（　　　　）

3 Aさんとお父さんはおじさんの家に車で行くのに時速45 kmの速さで行くと、予定の時刻《じこく》より5分おくれるので、時速60 kmの速さで行ったところ、予定の時刻より15分早く着きました。**Aさんの家からおじさんの家までの道のりを求めなさい。**（6点）

（　　　　）

4 長さ210 mの急行列車がある鉄橋をわたり始めてからわたり終わるまでに48秒かかりました。また、長さ360 mの貨物列車が急行列車の$\frac{1}{2}$の速さで同じ鉄橋をわたり始めてからわたり終わるまでに120秒かかりました。**この鉄橋の長さを求めなさい。**（6点）

（　　　　）

5 時速72 kmの列車Aが時速54 kmの列車Bに追いついてから追いこすのに72秒かかります。また、あるトンネルに入り始めてから完全に出てしまうまでに列車Aは30秒、列車Bは36秒かかります。**このトンネルの長さを求めなさい。**（7点）

（　　　　）

6 ある川の上流にあるP町と下流にあるQ町を船で往復すると、上りに3時間、下りに2時間かかりました。川の流れの速さは時速2 kmです。**P町とQ町の間の道のりを求めなさい。**（7点）

（　　　　）

学習日〔　　月　　日〕

時間 20分	得点
合格 40点	50点

標準レベル 25 変わり方

算数㉕

1 右の図のように、マッチぼうを使って、正方形を横につくっていきます。**次の問いに答えなさい。**（2点×6）

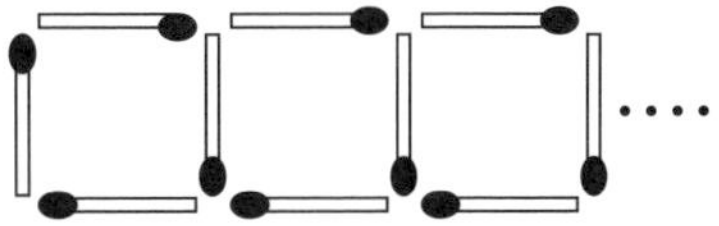

(1) 次の表のア～ウにあてはまる数を答えなさい。

正方形の数(個《こ》)	1	2	3	4	5
マッチぼうの本数(本)	4	7	ア	イ	ウ

ア(　　　　) イ(　　　　) ウ(　　　　)

(2) 正方形を10個つくるのに必要なマッチぼうは何本ですか。

(　　　　)

(3) マッチぼうが100本あります。正方形は何個できますか。

(　　　　)

(4) 正方形の数を□個として、マッチぼうの本数を表す式をつくりなさい。

(　　　　)

2 下の表は100gが350円の肉の重さと代金の表です。**次の問いに答えなさい。**（2点×4）

肉の重さ(g)	100	200	300	400	ウ
代金(円)	350	700	ア	イ	2450

(1) 上の表のア～ウにあてはまる数を答えなさい。

ア(　　　　) イ(　　　　) ウ(　　　　)

(2) 肉を□g買ったときの代金を表す式を答えなさい。

(　　　　)

3 まきさんは家から800mはなれたおばさんの家に行きます。**次の問いに答えなさい。**ただし、まきさんは1分間に100m歩くものとします。

(1) 次の表のア～カにあてはまる数を答えなさい。（2点×6）

歩いた時間(分)	0	1	2	3	…	オ
歩いた道のり(m)	0	100	ア	ウ	…	カ
残りの道のり(m)	800	700	イ	エ	…	0

ア(　　　　) イ(　　　　) ウ(　　　　)

エ(　　　　) オ(　　　　) カ(　　　　)

(2) 歩いた時間を□分として、歩いた道のり△m、残りの道のり○mを表す式をつくりなさい。（3点×2）

△＝(　　　　) ○＝(　　　　)

4 右の図のように、たてが2cm、横が3cmの長方形を1だん目には1個、2だん目には2個、3だん目には3個、……と積んでいきます。**次の問いに答えなさい。**（4点×3）

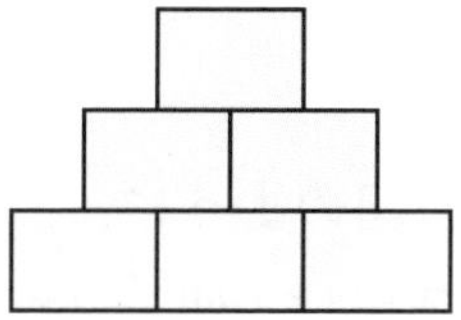

(1) 5だん積んだときの、まわりの長さは何cmですか。

(　　　　)

(2) まわりの長さが120cmになるのは、何だん積んだときですか。

(　　　　)

(3) 10だん積んだときの、図形の面積は何cm^2ですか。

(　　　　)

上級レベル 26 変わり方

算数㉖

時間 25分	得点
合格 35点	50点

1 右の図のように、1辺が1cmの正三角形を1だん目には1個《こ》、2だん目には3個、3だん目には5個、……となるようにならべました。**次の問いに答えなさい。**（5点×2）

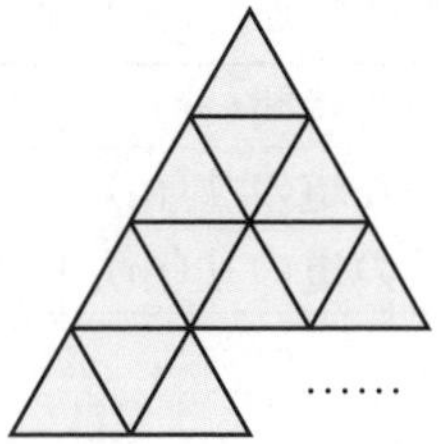

1だん目
2だん目
3だん目
……　4だん目

(1) 10だん目までならべたときにできる正三角形のまわりの長さは何cmですか。

（　　　　）

(2) 10だん目までならべたとき、1辺が1cmの正三角形は何個使われていますか。

（　　　　）

2 右の図のように、1辺が1cmの立方体を1だん目には1個、2だん目には2個、3だん目には3個、……となるように積んでいきます。**次の問いに答えなさい。**（5点×3）

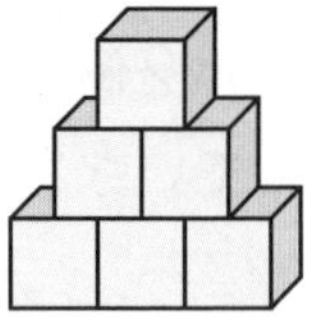

1だん目
2だん目
3だん目

(1) 10だん目まで積むのに必要な立方体は何個ですか。

（　　　　）

(2) 10だん積んだときの表面積は何cm^2ですか。

（　　　　）

(3) 1辺が1cmの立方体を120個積むと、何だんになりますか。

（　　　　）

3 右の図のように、平面上に何本かの直線をひいて、交点の数を調べます。ただし、どの2本も平行でなく、どの3本も1点で交わらないようにします。図1のように、2本の直線をひいたときにできる交点の数は1個、図2のように3本の直線をひいたときにできる交点の数は3個です。**次の問いに答えなさい。**（5点×2）

（図1）

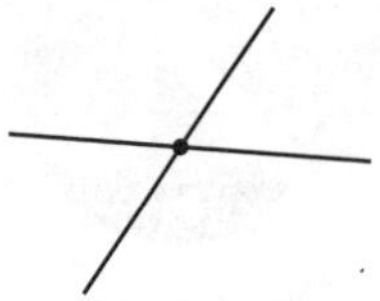

（図2）

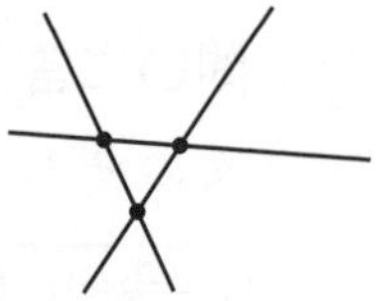

(1) 直線を6本ひいたときにできる交点の数を求めなさい。

（　　　　）

(2) 直線を10本ひいたときにできる交点の数を求めなさい。

（　　　　）

4 右の図1のような、1辺が1cmの正六角形を2個つないだ図形Aがたくさんあります。図2は図形Aを横に2列、たてに3列ならべた図です。太線の部分が図のまわりの長さです。**次の問いに答えなさい。**（5点×3）

（図1）

図形A 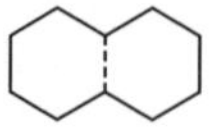

（図2）

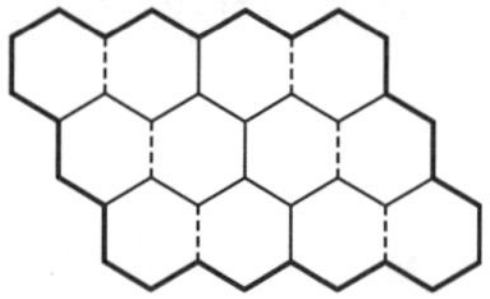

(1) 図形Aを2個横にならべたときの図のまわりの長さは何cmですか。

（　　　　）

(2) 図形Aを2個たてにならべたときの図のまわりの長さは何cmですか。

（　　　　）

(3) 図形Aを横に□個、たてに○個ならべたときの図のまわりの長さを、□と○を使った式で答えなさい。

（　　　　）

学習日〔　　月　　日〕

標準レベル 27 割合(1)

時間 20分	得点
合格 40点	50点

1 次の(1)〜(3)について、□にあてはまる割合《わりあい》、百分率《ひゃくぶんりつ》、歩合《ぶあい》をそれぞれ求めなさい。（2点×9）

(1) 600円は2400円の□です。 (2) 100gは800gの□です。

(3) 108Lは90Lの□です。

(1) 割合（　　　）　百分率（　　　）　歩合（　　　）

(2) 割合（　　　）　百分率（　　　）　歩合（　　　）

(3) 割合（　　　）　百分率（　　　）　歩合（　　　）

2 次の□にあてはまる数を求めなさい。（2点×8）

(1) 500円の20%は□円です。

(2) 6kmは16kmの□%です。

(3) □kgの40%は50kgです。

(4) 8人は□人の4%です。

(5) 250円の2割は□円です。

(6) 3.69 m^2 は4.5 m^2 の□割□分《ぶ》です。

(7) 8dLは□Lの3割2分です。

(8) □円の5割5分が1100円です。

3 次の問いに答えなさい。（3点×4）

(1) 兄と弟の2人で1200円を分けます。兄に65%を分けると、弟は何円もらえますか。

（　　　）

(2) 持っていた本の81ページを読みました。これは本全体の4割5分にあたります。この本は何ページありますか。

（　　　）

(3) Aさんは所持金の1割2分で本を買いました。残りのお金が4576円のとき、Aさんのはじめの所持金はいくらでしたか。

（　　　）

(4) 1本のテープから80cmを切り取りました。残りのテープの長さは、切り取る前のテープの長さの75%でした。はじめテープの長さは何mでしたか。

（　　　）

4 ある島の人口は、50才以上の人が全体の58%で、50才未満の人より80人多いそうです。次の問いに答えなさい。（2点×2）

(1) この島の人口は何人ですか。

（　　　）

(2) 50才未満の人は何人ですか。

（　　　）

学習日〔　　月　　日〕

上級レベル 28 割　合 (1)

算数㉘

時間 25分	得点
合格 35点	50点

1 次の問いに答えなさい。（4点×5）

(1) 500円で仕入れてきた商品に2割《わり》の利益《りえき》をみこんで定価《ていか》をつけました。この商品の定価は何円ですか。

（　　　　）

(2) ある店では、定価が4000円のシャツが定価の3割5分《ぶ》引きで売っていました。このシャツの売りねは何円ですか。

（　　　　）

(3) 308gの水に食塩を42g混《ま》ぜると何%の食塩水ができますか。

（　　　　）

(4) 8%の食塩水250gにふくまれている食塩と水の重さは、それぞれ何gですか。

（食塩　　　　、水　　　　）

(5) 15%の食塩水が200gあります。この食塩水のこさを12%にするには、水を何g加えればいいですか。

（　　　　）

2 2500円で仕入れた品物に4割の利益をみこんで定価をつけましたが、売れなかったので定価の2割5分引きで売りました。**この品物の売りねと、利益はそれぞれ何円ですか。**（3点×2）

売りね（　　　　）　利益（　　　　）

3 仕入れねの25%の利益をみこんで定価をつけました。この品物を定価の12%引きで売ったときの売りねは7920円でした。**次の問いに答えなさい。**（4点×2）

(1) この品物の定価は何円ですか。

（　　　　）

(2) この品物の仕入れねは何円ですか。

（　　　　）

4 **12%の食塩水150gから水を何gじょう発させると、18%の食塩水になりますか。**（4点）

（　　　　）

5 2つの容器《ようき》A、Bがあって、Aには12%の食塩水が200g、Bには8%の食塩水が300g入っています。いま、Aの容器からBの容器へ100g移《うつ》し、次にBの容器からAの容器へ100g移しました。**次の問いに答えなさい。**（4点×3）

(1) はじめにAの容器からBの容器に移した食塩の量は何gですか。

（　　　　）

(2) 次にBの容器からAの容器に移した食塩の量は何gですか。

（　　　　）

(3) この作業が終わったときの、Aの容器の食塩水のこさは何%ですか。

（　　　　）

学習日〔　　月　　日〕

時間 20分	得点
合格 40点	50点

標準レベル 29 割　合 (2)

算数㉙

1 右の表は、ある歩道橋の下を30分間に通った自動車の台数を調べたものです。**次の問いに答えなさい。**（3点×9）

【自動車の台数調べ】

車の種類	数(台)
乗用車	125
バス	50
トラック	45
その他	30

(1) この表を帯グラフで表すと下のようになります。それぞれの割合《わりあい》を百分率《ひゃくぶんりつ》で答えなさい。

【自動車の台数調べ】

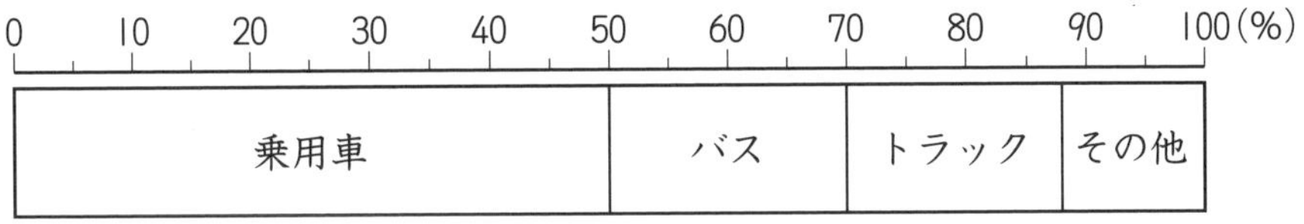

乗用車(　　　) バス(　　　) トラック(　　　) その他(　　　)

(2) 全体の帯の長さを15 cmにすると、トラックを表す部分は何cmになりますか。

(　　　)

(3) この表を円グラフで表すと右のようになります。それぞれのおうぎ形の中心角を答えなさい。

【自動車の台数調べ】

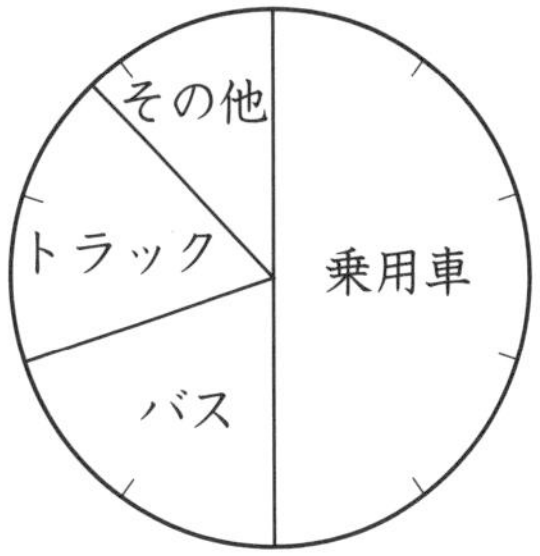

乗用車(　　　) バス(　　　)

トラック(　　　) その他(　　　)

2 右の帯グラフは、ある自治体の主食の季節ごとの割合を表したものです。この自治体の人口は、150万人です。**次の問いに答えなさい。**（5点×3）

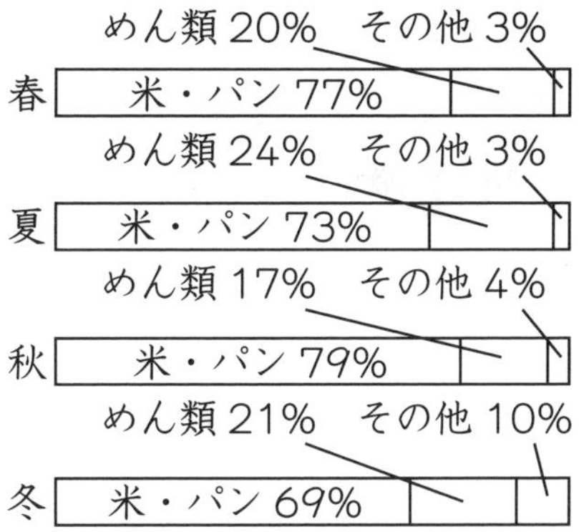

(1) めん類を主食とする人の割合がもっとも高いのは、どの季節ですか。

(　　　)

(2) 春の主食の割合を円グラフに表したとき、めん類を表すおうぎ形の中心角は何度になりますか。

(　　　)

(3) この自治体では、夏に米・パンを主食とする人は、何人ですか。

(　　　)

3 右の帯グラフは、Aさん、Bさん、Cさんの3人の所持金の割合を表したものです。Cさんの所持金は2400円です。3人でお金を出し合い5400円の品物を買うことにしました。Aさんは所持金の4割を出し、Cさんは960円を出しました。**次の問いに答えなさい。**（4点×2）

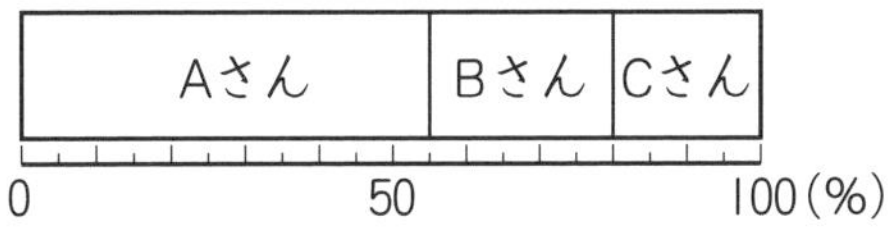

(1) 3人の所持金の合計金額《きんがく》は何円ですか。

(　　　)

(2) 3人の出した金額の割合を円グラフに表すと、Bさんの出した金額を表すおうぎ形の中心角は何度になりますか。

(　　　)

算数

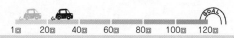

学習日〔　　月　　日〕

上級レベル 30 割合(2)

算数30

時間	得点
20分	
合格 35点	50点

1 右の図は、A町、B町、C町の人口を百の位までのがい数で表したものを、12等分した円グラフにかいたものです。**次の問いに答えなさい。**（5点×3）

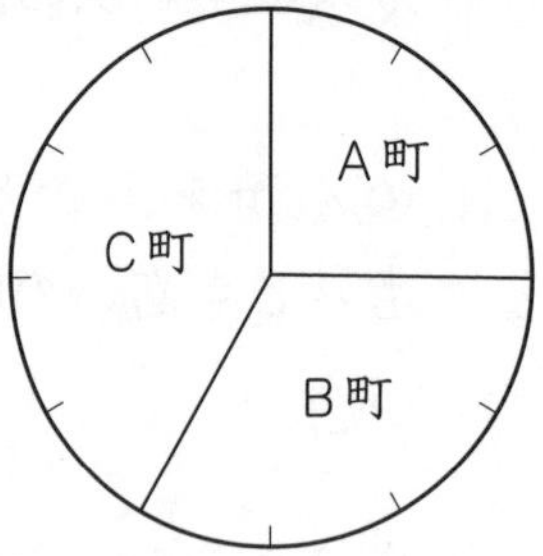

(1) A町の人口は12600人です。B町、C町の人口はそれぞれ何人ですか。

B町（　　　　）　C町（　　　　）

(2) A町、B町、C町からそれぞれ4200人ずつとなり町までボランティアに出かけました。A町、B町、C町、それぞれの町に残っている人数を18 cmの帯グラフに表すと、B町に残っている人数を表す部分は何cmになりますか。

（　　　　）

2 ある町の面積は24.2 km^2で、その土地の使われ方は右の表のようになっています。森林と農地を合わせた面積は6.05 km^2です。**次の問いに答えなさい。**（5点×3）

土地の種類	割合(%)
森林	14
住たく地	43
工業用地	24
農地	ア
その他	イ

(1) 農地の面積は何 km^2 ですか。

（　　　　）

(2) ア、イにあてはまる数を求めなさい。

ア（　　　　）　イ（　　　　）

3 右の帯グラフは、ある野菜の成分を表したものです。**次の問いに答えなさい。**（5点×2）

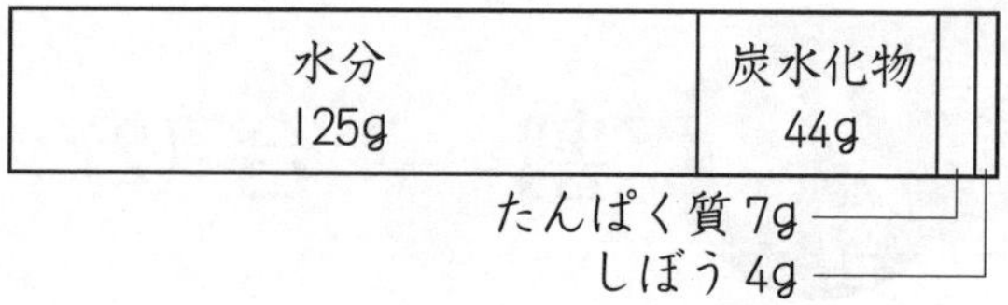

(1) この帯グラフを円グラフで表すと、水分を表すおうぎ形の中心角は何度になりますか。

（　　　　）

(2) この野菜の重さを数日後に調べたところ、水分のみがじょう発して60g軽くなっていました。このとき、たんぱく質の重さは全体の何%ですか。四捨五入《ししゃごにゅう》して0.1%の位まで求めなさい。

（　　　　）

4 右の図のように、長さの等しい2本のまっすぐなぼうを使って、AとBの2か所で池の深さをはかりました。A地点ではぼう全体の長さの85%、B地点ではぼう全体の長さの74%が水中に入ったので、水面上に出たぼうの長さの差は55 cmになりました。**次の問いに答えなさい。**（5点×2）

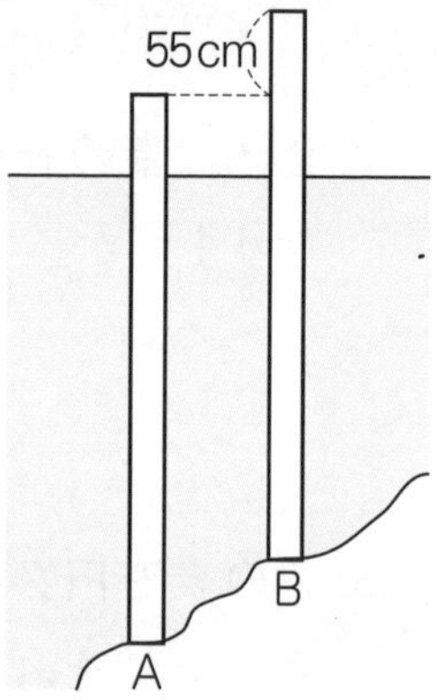

(1) ぼうの長さは何mですか。

（　　　　）

(2) B地点の池の深さは何mですか。

（　　　　）

時間 30分	得点
合格 40点	50点

標準レベル 31 文章題特訓（1）

算数㉛

1 2つの整数AとBがあります。AはBより大きく、AとBの和は80で、AとBの差は16です。**AとBはそれぞれいくつですか。**（5点）

（A　　　　　、B　　　　　）

2 2つの数のひき算をするところを、まちがえてたし算にしたので結果は102になりました。これは正しい答えの17倍です。**この2つの数の積を求めなさい。**（5点）

（　　　　　）

3 水そうに水をいっぱいになるまで入れます。1分間に3Lずつ水を入れると、1分間に5Lずつ水を入れるより5分多く時間がかかります。**この水そうに入る水の量は何Lですか。**（5点）

（　　　　　）

4 40円のみかんと90円のりんごをあわせて12個《こ》買って、830円はらいました。**40円のみかんは何個買いましたか。**（5点）

（　　　　　）

5 ひろこさんのクラスの児童数は36人です。このクラスをAグループとBグループに分け、算数のテストをしたところ、全体の平均点《へいきんてん》は75点でした。Aグループの平均点は71点で、Bグループの平均点は80点でした。**Aグループの児童数は何人ですか。**（5点）

（　　　　　）

6 **次の問いに答えなさい。**（5点×2）

(1) 長さが6cmのひもがあります。このひもを結び目の長さが2本分で2cmになるように結びます。このようにして50本のひもを結んだとき、全体の長さは何cmになりますか。

（　　　　　）

(2) 公園の道路のかた側に、20mおきに木が15本植えてあります。その木と木の間に5mおきにくいをうちます。必要なくいの数は何本ですか。

（　　　　　）

7 **ご石を中まで正方形にならべる場合（中実方陣《ほうじん》）について、次の問いに答えなさい。**（5点×2）

(1) 1辺のご石の数が10個《こ》の正方形をつくるとき、ご石は何個必要ですか。

（　　　　　）

(2) まわりのご石の数が28個のとき、ご石は何個必要ですか。

（　　　　　）

8 ご石をならべた中実方陣が2つあります。それぞれの外側のまわりのご石の数を数えて、それらをたすと84個になりました。また、外側のまわりのご石の数の差は28個になりました。**2つの中実方陣のご石の数の和は全部で何個ですか。**（5点）

（　　　　　）

算数

学習日〔　　月　　日〕

上級レベル 32 文章題特訓（1）

算数㉜

時間 30分	得点
合格 35点	50点

1 AとBの大きさのちがう2つの容器《ようき》に水が入っています。水の量の合計は6800 mLです。このAとBの容器にそれぞれ同じ量の水を入れると、Aは5600 mL、Bは2000 mLになりました。**はじめにA、Bの容器に入っていた水の量はそれぞれ何mLでしたか。**（5点）

（A　　　、B　　　）

2 ある果物《くだもの》屋でかきとみかんを4個《こ》ずつ買うと1320円、かきを3個、みかんを5個買うと1150円です。**かきとみかんの1個のねだんはそれぞれ何円ですか。**（5点）

（かき　　　、みかん　　　）

3 1個250円のケーキと、1個300円のケーキを何個か買う予定で、2800円を持って買い物に行きました。ところが、買う個数をとりちがえたので100円余《あま》りました。**はじめに1個250円のケーキを何個買う予定でしたか。**（5点）

（　　　）

4 AとBの2人がジャンケンをして、勝てば前に3歩進み、負けると後ろに1歩下がるというルールでゲームをしました。10回ジャンケンをした結果、Aはスタート地点から18歩前へ進みました。**Bはスタート地点から何歩前、または後ろに移動《いどう》しましたか。**ただし、あいこは回数に入れないものとします。（5点）

（　　　）

5 次の問いに答えなさい。（5点×3）

(1) 10階建てのビルに1階から10階までの各階で止まるエレベーターがあります。このエレベーターは各階で10秒止まり、1階上がるのに5秒かかります。このエレベーターで1階から10階まで行くのに、何分何秒かかりますか。

（　　　）

(2) 1周が240 mの公園のまわりに、木と木の間かくが12 mになるように、木が植えてあります。これらの木を植えかえて、木と木の間かくを8 mにするためには、あと何本の木が必要ですか。また、植えかえなくてよい木は何本あるか求めなさい。

必要な木（　　　）　植えかえなくてよい木（　　　）

6 ご石が240個あります。このご石で4列の中空方陣をつくります。**いちばん外側のまわりにならんだご石は何個ですか。**（5点）

（　　　）

7 横のご石の数が、たてのご石の数の2倍になるように、ご石を1列の長方形にならべます。**次の問いに答えなさい。**（5点×2）

(1) たてに8個のご石をならべて、長方形をつくると、全部で何個のご石が必要ですか。

（　　　）

(2) 146個のご石を使って、長方形をつくります。たてにご石は何個ならべればいいですか。

（　　　）

1回　20回　40回　60回　80回　100回　120回　GOAL

学習日〔　　月　　日〕

標準レベル 33 文章題特訓 (2)

算数33

時間	得点
30分	
合格	
40点	50点

1 現在《げんざい》、母は32才で、子は8才です。**母の年れいが子の年れいの3倍になるのは、今から何年後ですか。**（5点）

（　　　　）

2 ちひろさんは、いまから5年後には、いまから4年前の年れいの2倍になります。**いま、ちひろさんは何才ですか。**（5点）

（　　　　）

3 Aさんの所持金は5800円、Bさんの所持金は2500円です。2人で買い物に行き、2人で同じ金額《きんがく》を出しあって、ケーキを買いました。Aさんの残りの所持金はBさんの残りの所持金の4倍です。**ケーキのねだんは何円でしたか。**（6点）

（　　　　）

4 ちえさんの家族は両親と兄の4人家族です。兄はちえさんより4才年上で、現在、4人の年れいの平均《へいきん》は35才です。5年前、両親の年れいの和は、ちえさんと兄の年れいの和のちょうど3倍でした。**現在、ちえさんは何才ですか。**（6点）

（　　　　）

5 Aさんの所持金は1500円、Bさんの所持金は860円です。この2人が同じねだんの参考書を買ったので、Aさんの残りの所持金はBさんの残りの所持金の3倍になりました。**参考書のねだんは何円ですか。**（5点）

（　　　　）

6 80からある数をひいた差は、44から同じ数をひいた差の4倍になりました。**ある数はいくらですか。**（5点）

（　　　　）

7 姉は2500円、妹は1000円持っています。お父さんから2人とも同じ額《がく》のお金をもらったので、妹の持っているお金は姉の持っているお金の$\frac{2}{3}$になりました。**2人はお父さんから何円ずつもらいましたか。**（6点）

（　　　　）

8 からの水そうを満水にするのに、給水管Aでは30分、給水管Bでは40分、給水管Cでは24分かかります。**次の問いに答えなさい。**

（6点×2）

(1) 給水管A、B、Cを同時に使うと、何分でからの水そうを満水にできますか。

（　　　　）

(2) からの水そうに、はじめ給水管BとCを同時に使って8分間水を入れました。次に、給水管Aだけで水を入れます。水そうが満水になるまでにあと何分かかりますか。

（　　　　）

算数

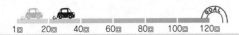

学習日〔　　月　　日〕

時間 30分	得点
合格 35点	50点

上級レベル 34 文章題特訓 (2)

算数㉞

1 現在《げんざい》、父は43才で、子どもは10才と7才です。**父の年れいが2人の子どもの年れいの和の2倍になるのは、今から何年後ですか。**（5点）

（　　　　）

2 兄は弟より3才年上で、現在、兄と弟の年れいの和は父の年れいと同じです。10年後に、父と弟の年れいの和は兄の年れいの2倍より19才多くなります。**現在の弟の年れいは何才ですか。**（5点）

（　　　　）

3 現在、父は60才、母は58才で、3人の子どもの年れいは28才、23才、21才です。**父と母の年れいの和が、子どもの年れいの和の1.5倍になるのは、今から何年後ですか。**（5点）

（　　　　）

4 AはBの5倍の貯金をしていましたが、Aは3000円を使い、Bは3000円をさらに貯金したので、Bの貯金がAの貯金の2倍になりました。**はじめのA、Bの貯金額《ちょきんがく》はそれぞれ何円でしたか。**（5点）

（A　　　　、B　　　　）

5 兄の所持金は弟の5倍でしたが、おじさんから兄は2400円もらい、弟は200円もらったので、兄の所持金は弟の7倍になりました。**はじめの兄と弟の所持金は、それぞれ何円でしたか。**（5点）

（兄　　　　、弟　　　　）

6 兄と姉と妹の3人のきょうだいがいます。兄はおはじきを56個《こ》、姉はおはじきを80個持っていましたが、兄と姉は妹に同じ数のおはじきをあげたので、妹のおはじきの個数は兄の3倍、姉のおはじきの個数は兄の2倍になりました。**次の問いに答えなさい。**（5点×2）

(1) 兄と姉は妹におはじきを何個ずつあげましたか。

（　　　　）

(2) 妹は、はじめおはじきを何個持っていましたか。

（　　　　）

7 AさんはBさんの2倍の個数のりんごを持っています。AさんがBさんに4個あげると、Bさんのりんごの個数はAさんのりんごの個数の0.75倍になりました。**2人の持っているりんごは合わせて何個ですか。**（5点）

（　　　　）

8 ある仕事を仕上げるのに、AとBの2人では24日、BとCの2人では20日、CとAの2人では40日かかります。この仕事をするのに、はじめはAとBの2人で6日間働き、そのあと、BとCの2人で5日間働きました。**次の問いに答えなさい。**（5点×2）

(1) 残りの仕事をAとCの2人ですると、あと何日で仕上げることができますか。

（　　　　）

(2) 残りの仕事をAだけで仕上げるには何日かかりますか。

（　　　　）

学習日〔　　月　　日〕

時間 30分	得点
合格 35点	50点

35 最上級レベル 1

算数㉟

1 次の計算をしなさい。（4点×4）

(1) $7.85 \div 0.25 + 3.6 \times 78.5$　(2) $1.001 \times 0.39 \times 0.3 - 0.481 \div 0.5 \times 0.03$

(3) $7253 \times 84.9 - 7243 \times 84.9$　(4) $(3.78 - 0.463 \times 7.5) \div 1.5$

2 $\left[\frac{A}{B}\right]$はAをBでわったときの商の整数部分を表すとします。たとえば、$\left[\frac{7}{4}\right]=1$、$\left[\frac{13}{6}\right]+\left[\frac{25}{9}\right]=2+2=4$ になります。次の問いに答えなさい。（4点×2）

(1) $\left[\frac{23}{7}\right]+\left[\frac{23}{8}\right]$を計算しなさい。

（　　　　）

(2) $\left[\frac{17}{8}\right]+\left[\frac{C}{17}\right]=10$になる整数Cは、全部で何個《こ》ありますか。また、そのような整数Cのうち、いちばん大きい数はいくらですか。

（　　　、　　　）

3 分母と分子の和が228で、約分すると$\frac{7}{12}$になる分数を求めなさい。（4点）

（　　　　）

4 3つの整数A、B、Cがあります。AとBの積は52、BとCの積は221、CとAの積は68です。3つの整数A、B、Cの値《あたい》をそれぞれ求めなさい。（4点）

（A　　　、B　　　、C　　　）

5 ある店で1本100円のジュースA、1本120円のジュースB、1本300円のジュースCが売られています。次の問いに答えなさい。（4点×2）

(1) ある日、この店でAが8本、BとCは合わせて18本売れて、売り上げは4940円でした。BとCは、それぞれ何本売れましたか。

（B　　　、C　　　）

(2) ある日、この店でA、B、Cが全部で20本売れ、総《そう》売り上げが3580円、Aの売れた本数の2倍に1を加えるとBの売れた本数になりました。この日、Aは何本売れましたか。

（　　　　）

6 次の図の色のついた部分の面積を求めなさい。ただし、円周率《えんしゅうりつ》は3.14とします。（5点×2）

(1)

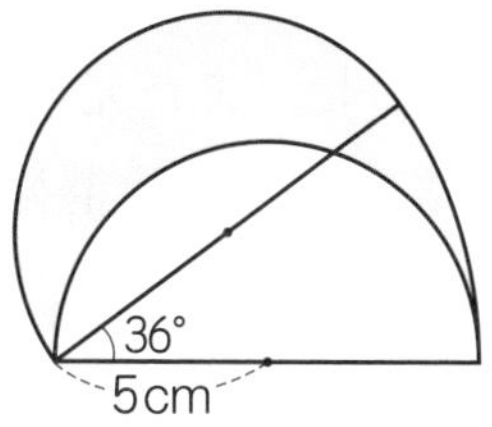

(2)

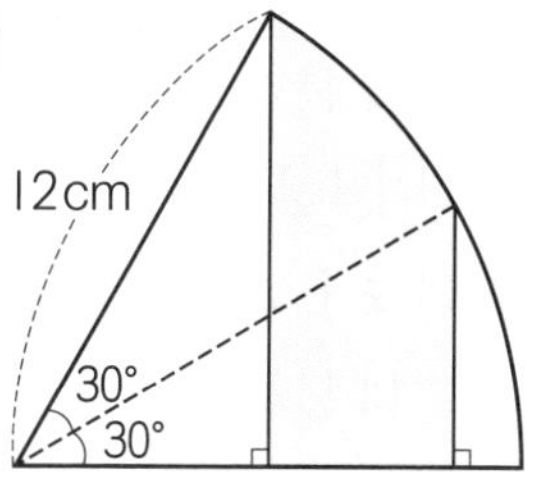

（　　　　）　（　　　　）

算数

学習日〔　　月　　日〕

時間 30分	得点
合格 35点	50点

36 最上級レベル ②

算数㊱

1 次の計算をしなさい。（5点×2）

(1) $15.8-26\times0.72\div24$

(2) $754.07-124.93\times6+17.5\times28\div2.5$

2 下のように、あるきまりにしたがって数がならんでいます。**次の問いに答えなさい。**（5点×2）

1、5、9、13、17、……

(1) 117は左から数えて何番目にならんでいますか。

（　　　　）

(2) 左から順に20番目までの数をすべて加えると、その和はいくつになりますか。

（　　　　）

3 兄が自分の所持金の2割《わり》を弟にあげました。しかし、まだ兄の所持金が弟より1120円多かったので、さらに兄は残りの所持金の2割を弟にあげました。すると、兄と弟の所持金は同じ額《がく》になりました。**兄と弟の、はじめの所持金はそれぞれ何円でしたか。**（6点）

（兄　　　　、弟　　　　）

4 けんたさんは50 mを7.2秒で走り、弟のまさひろさんは50 mを9.0秒で走ります。**次の問いに答えなさい。**ただし、スタートからゴールまで同じ速さで走るものします。（6点×2）

(1) 2人が同時にスタートして、50 mを走るとすると、けんたさんがゴールに着いたとき、まさひろさんはゴールの何m手前にいますか。

（　　　　）

(2) まさひろさんが50 mを走って、2人が同時にゴールするには、けんたさんのスタート地点は、まさひろさんの何m後ろになりますか。

（　　　　）

5 右の図1のような直方体の水そうに1分間に900 cm^3ずつ水を入れていきます。**次の問いに答えなさい。**（6点×2）

（図1）

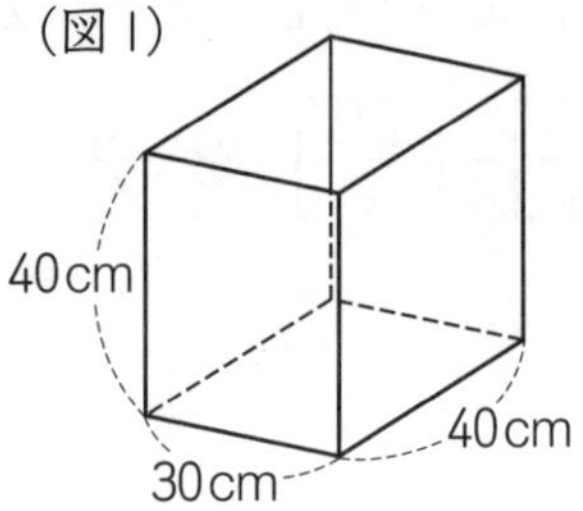

（図2）

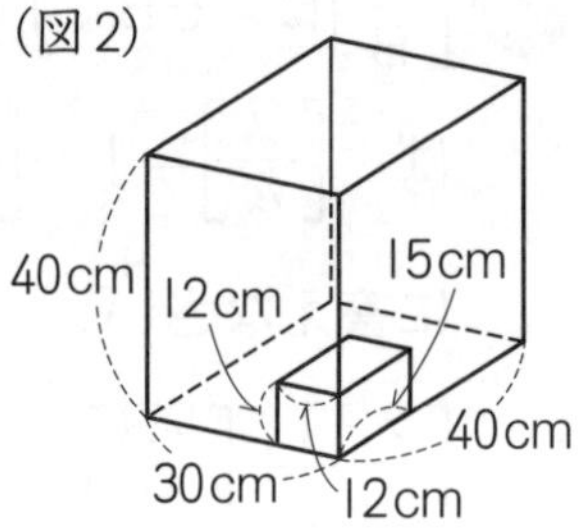

(1) 水を入れ始めてから4分後の水の深さを求めなさい。

（　　　　）

(2) 水を入れ始めてから10分後に水を止めて、上の図2のように、たて15 cm、横12 cm、高さ12 cmの直方体の鉄のおもりを水そうにしずめました。このときの水の深さを求めなさい。

（　　　　）

1回 20回 40回 60回 80回 100回 120回 GOAL

標準レベル 37 理科①

植物の発芽と成長

学習日〔　月　日〕

時間 15分	得点
合格 40点	50点

1 右の図は、インゲンマメとトウモロコシの種子のつくりを表しています。**これについて、次の問いに答えなさい。**（3点×10）

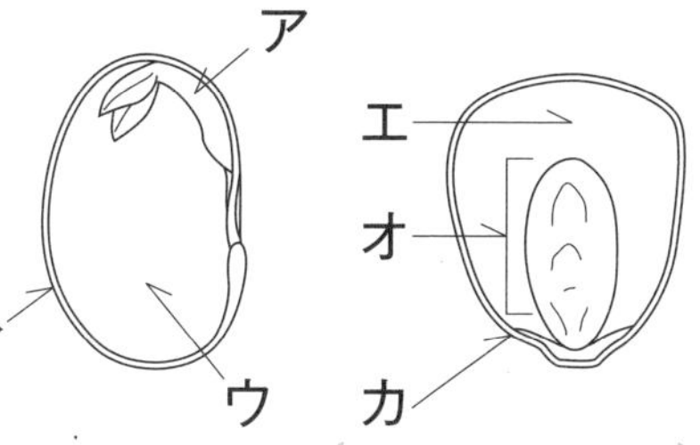

(1) インゲンマメの種子が発芽に必要な栄養分をたくわえているところを**ア～ウ**から選び、記号で答えなさい。（　　）

(2) (1)で答えた部分の名まえを答えなさい。（　　）

(3) トウモロコシの種子が発芽に必要な栄養分をたくわえているところを**エ～カ**から選び、記号で答えなさい。（　　）

(4) (3)で答えた部分の名まえを答えなさい。（　　）

(5) (1)・(3)で答えた部分にある栄養分は何ですか。（　　）

(6) トウモロコシの種子の**オ**の部分を何といいますか。（　　）

(7) インゲンマメの種子が発芽するとき、子葉《しよう》は何まい出ますか。（　　）

(8) トウモロコシの種子が発芽するとき、子葉は何まい出ますか。（　　）

(9) インゲンマメの種子の発芽のようすを右の**ア～エ**から選びなさい。（　　）

(10) 種子のつくりや発芽のようすが、トウモロコシと似《に》ている植物を、次の**ア～エ**から選びなさい。（　　）

ア アサガオ　**イ** ヘチマ　**ウ** イ　ネ　**エ** ヒマワリ

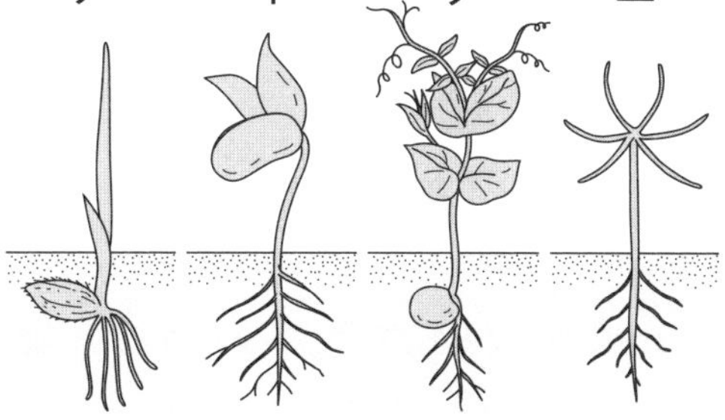

2 葉が出た後のインゲンマメを使って、水や肥料《ひりょう》のあたえ方と光の当て方を変えて、その後の成長のようすを調べました。**これについて、あとの問いに答えなさい。**（4点×5）

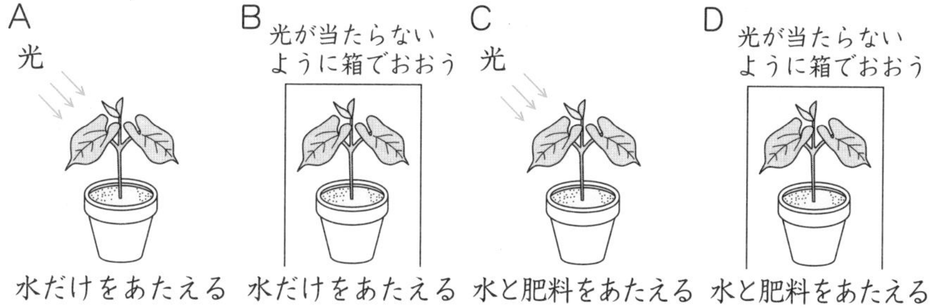

(1) インゲンマメが最もよく成長するものを上の**A～D**から選び、記号で答えなさい。（　　）

(2) インゲンマメの成長と光の関係を調べるためには、どれとどれを比《くら》べればよいですか。次の**ア～エ**から選び、記号で答えなさい。

ア AとC　**イ** AとD　**ウ** BとC　**エ** CとD（　　）

(3) インゲンマメの成長と肥料の関係を調べるためには、どれとどれを比べればよいですか。次の**ア～エ**から選び、記号で答えなさい。

ア AとC　**イ** AとD　**ウ** BとC　**エ** CとD（　　）

(4) 次の**ア～オ**から、植物の成長について正しく書かれたものをすべて選び、記号で答えなさい。

ア 植物は、光が当たれば肥料がなくてもよく育つ。

イ 植物は、光が当たらなければ肥料があってもよく育たない。

ウ 植物は、肥料があれば光が当たらなくてもよく育つ。

エ 植物は、肥料がなければ光が当たってもよく育たない。

オ 植物は、光も肥料もなくてもよく育つ。（　　）

(5) 種子が発芽するためにはなくてもよいが、その後成長していくためには必要な条件《じょうけん》を、次の**ア～カ**から２つ選び、記号で答えなさい。

ア 水　**イ** 肥　料　**ウ** 空　気　**エ** 適当《てきとう》な温度

オ 光　**カ** 土（　　・　　）

理科

学習日〔　　月　　日〕

時間 15分	得点
合格 35点	50点

上級レベル 38 植物の発芽と成長

理科②

1 図のようにダイズの種子をまき、**ア**〜**エ**はまどぎわの明るいところに置き、**オ**は光が入らないように箱をかぶせ、**カ**は冷ぞう庫に入れて、数日間観察しました。この結果から、発芽するために必要なことは何か考えました。ただし、**ア**・**イ**は種子に光がとどくものとし、冷ぞう庫内には光が入らないものとします。**これについて、あとの問いに答えなさい。**

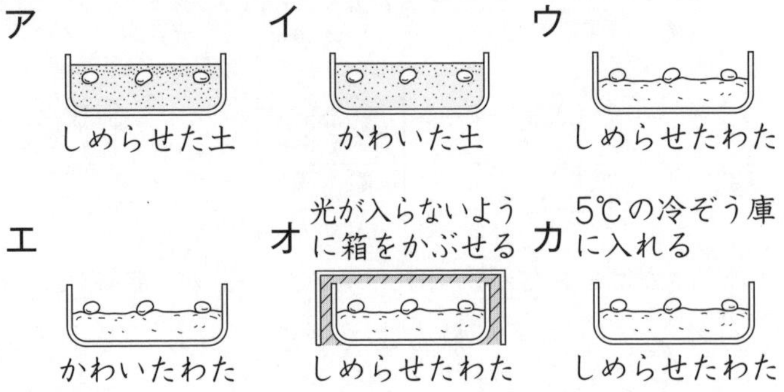

（5点×5）〔関西大第一中一改〕

(1) 発芽するものをすべて選び、**ア**〜**カ**の記号で答えなさい。
（　　　　　　　）

(2) 次の①〜④のように、それぞれの結果を比《くら》べることにより、発芽するための条件《じょうけん》としてどのようなことがわかりますか。わかることをそれぞれあとの**A**〜**E**から１つずつ選び、記号で答えなさい。

①**ア**と**ウ**を比べる。（　　　）　②**ウ**と**エ**を比べる。（　　　）

③**オ**と**カ**を比べる。（　　　）　④**ウ**と**オ**を比べる。（　　　）

A 発芽には水が必要である。

B 発芽には適当《てきとう》な温度が必要である。

C 発芽には適当な温度が必要ではない。

D 発芽には土は必要ではない。

E 発芽には光は必要ではない。

2 次の問いに答えなさい。（5点×5）〔芝中一改・立教女学院中一改〕

(1) 次の図は、カキ・ダイズ・イネの種子の切り口を表したものです。①〜③のそれぞれにあてはまる部分の組み合わせを、下の表の**ア**〜**ケ**から１つずつ選びなさい。なお、表中の「なし」は相当する部分がないことを表します。

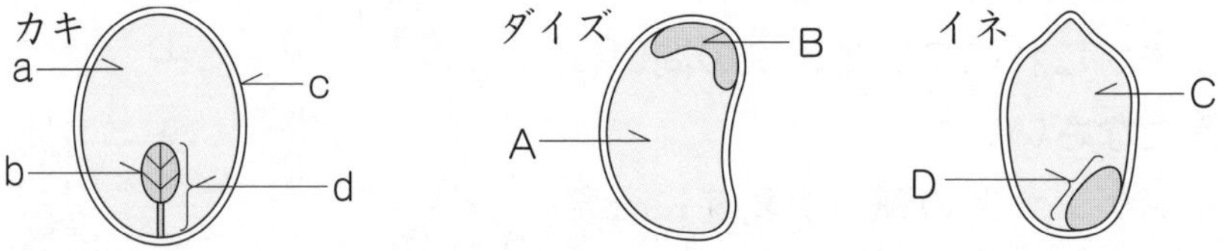

①カキの種子のaの部分に相当するダイズおよびイネの部分。
（　　　）

②カキの種子のbの部分に相当するダイズおよびイネの部分。
（　　　）

③カキの種子のdの部分に相当するダイズおよびイネの部分。
（　　　）

	ア	イ	ウ	エ	オ	カ	キ	ク	ケ
ダイズ	A	A	A	B	B	B	なし	なし	なし
イネ	C	D	なし	C	D	なし	C	D	なし

(2) 発芽した植物は、どのように成長しますか。次の図**ア**〜**オ**から正しいものを２つ選びなさい。（　　・　　）

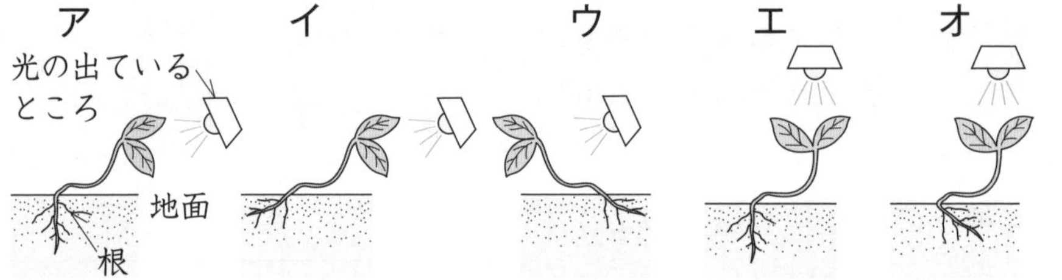

(3) 植物の根が成長する方向を、次の**ア**〜**オ**から２つ選びなさい。

ア 光の来る方向　**イ** 地球が引っぱる方向　（　　・　　）

ウ 空気のない方向　**エ** 水のある方向　**オ** 温度のより高い方向

標準レベル 39 理科③

動物のたんじょう

時間 15分	得点
合格 40点	50点

1 次のア～オの動物について、あとの問いに答えなさい。

ア ネコ　イ ペンギン　ウ カメ　エ カエル　オ メダカ

(1) 体外で受精《じゅせい》し、卵《たまご》を産む動物をすべて選び、ア～オの記号で答えなさい。(5点)（　　）

(2) 体内で受精し、卵を産む動物をすべて選び、ア～オの記号で答えなさい。(5点)（　　）

(3) 体内で受精し、親と似《に》た子を産む動物をすべて選び、ア～オの記号で答えなさい。(3点)（　　）

(4) 親が、生まれた子の世話をする動物をすべて選び、ア～オの記号で答えなさい。(3点)（　　）

(5) (4)で答えた動物のうち、生まれた子に乳《ちち》をあたえて育てる動物をア～オの記号で答えなさい。(3点)（　　）

(6) 卵からかえった子が、親とまったくちがう形の動物を１つ選び、ア～オの記号で答えなさい。(3点)（　　）

(7) 右の図は、ニワトリの卵の内部のようすを表したものです。(2点×3)

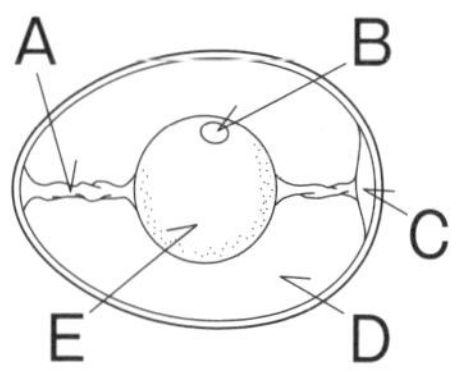

①成長してひなになる部分をA～Eから選び、記号で答えなさい。（　　）

②①の部分を何といいますか。（　　）

③ひなが成長するために必要な栄養分がたくわえられている部分をA～Eからすべて選び、記号で答えなさい。（　　）

2 人のたんじょうについて、次の問いに答えなさい。(2点×11)

(1) 図１は、人の卵《らん》と精子《せいし》が出合ったときのようすを表しています。

〔図１〕

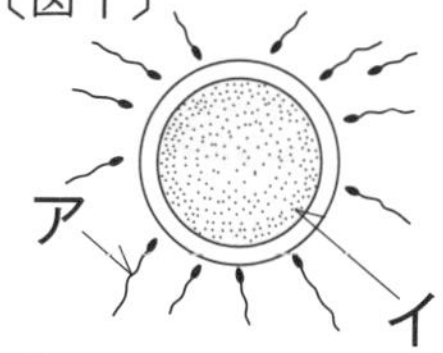

①卵はどちらですか。アまたはイの記号で答えなさい。（　　）

②アの長さはおよそどれくらいですか。（　　）

③イの直径はおよそどれくらいですか。（　　）

④卵と精子が結びつくことを何といいますか。（　　）

⑤卵と精子が出合って④が行われるのは、女性《じょせい》の体内のどこですか。次のア～ウから１つ選び、記号で答えなさい。（　　）

ア 子《し》宮《きゅう》　イ 卵《らん》管《かん》　ウ 卵《らん》巣《そう》

(2) 図２は、母親の体内で胎児《たいじ》が育っているようすを表しています。

〔図２〕

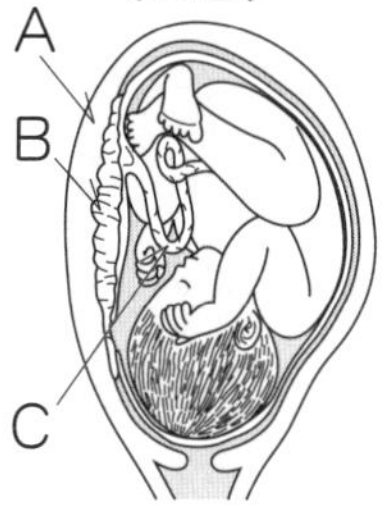

①Aは、胎児が育っている部屋《へや》のような部分です。この部分を何といいますか。（　　）

②Aの内部の液体《えきたい》を何といいますか。（　　）

③Bの部分を何といいますか。（　　）

④Cのひものような部分を何といいますか。（　　）

⑤胎児は、成長に必要な栄養分を、どこからどのようにしてとり入れていますか。次のア～エから１つ選びなさい。（　　）

ア 母親のBからCを通してとり入れている。
イ 母親のAからCを通してとり入れている。
ウ Cを通ってきた母親の血液からとり入れている。
エ Cを通ってきた食べ物からとり入れている。

⑥赤ちゃんが生まれてくるのは(1)の④からおよそ何週間後ですか。次のア～ウから１つ選びなさい。（　　）

ア 約28週間後　イ 約38週間後　ウ 約48週間後

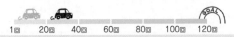

上級レベル 40 動物のたんじょう

理科④

時間 15分	得点
合格 35点	50点

1 **動物の子孫のふやし方について、次の問いに答えなさい。**〔大阪女学院中ー改〕

(1) 次の動物の中で、子孫のふやし方がちがうものが１つあります。それはどれですか。ア～キの記号で答えなさい。（2点）（　　　）

ア アゲハチョウ　イ シオカラトンボ　ウ トノサマバッタ
エ メダカ　オ イルカ　カ ウミガメ　キ トノサマガエル

(2) (1)で答えた動物の子孫のふやし方をア～エから選びなさい。（2点）（　　　）

ア 卵《たまご》の中から、母親と同じすがたで生まれる
イ 母親の体の中から、母親と同じすがたで生まれる
ウ １つの卵の中から、何びきも生まれる
エ 母親の体の中から、栄養分のかたまりをもったすがたで生まれる

(3) (1)の動物の中で、ゼリー状《じょう》のまくのある卵を産む動物はどれですか。(1)のア～キから選びなさい。（2点）（　　　）

(4) 次の①～⑦の場所で子孫を産む動物は(1)のア～キのどれですか。それぞれ選びなさい。あてはまるものがない場合は×で答えなさい。ただし、解答《かいとう》は１つとは限《かぎ》りません。（2点×7）

① 海岸のすなの中　② 土の中　③ キャベツの葉
④ ミカンの葉　⑤ たん水《すい》の中　⑥ 海の中　⑦ 木の枝《えだ》

①（　　）②（　　）③（　　）④（　　）
⑤（　　）⑥（　　）⑦（　　）

(5) カマキリが卵からかえるようすを正しく表した図を次のア～エから選び、記号で答えなさい。（3点）（　　　）

2 **メダカと人のたんじょうのちがいを調べるために、水草に卵が産みつけられた日から毎日観察してスケッチしたのが次の図です。このことについて、あとの問いに答えなさい。**〔大阪星光学院中ー改・大阪女学院中ー改〕

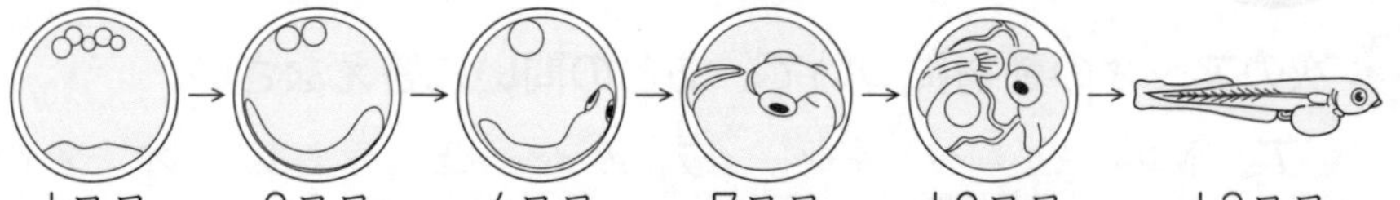

(1) ７日目の卵で、赤い血管が取り囲んでいるとう明のふくろには栄養分が入っています。その栄養分は何ですか。（3点）（　　　）

(2) メダカは５月から６月ごろから活発に産卵《さんらん》し、温度が高いほどはやく卵からかえるといわれています。

①メダカが自然界で温度の高い時期に産卵数を増やすのには、卵からかえるはやさ以外にどのような理由がありますか。（6点）
（　　　　　　　　　　　　）

②人では季節に関係なく約１０か月後に出産します。それを可能《かのう》にする人のからだの特ちょうとは何ですか。（6点）
（　　　　　　　　　　　　）

(3) メダカのからだの構造《こうぞう》で発達するのが最もおそいと考えられるのはア～オのうちどの器官ですか。１つ選びなさい。（3点）（　　　）

ア 尾《お》びれ　イ 心《しん》臓《ぞう》　ウ 目　エ 腸《ちょう》　オ えら

(4) 人の場合、卵《らん》と精子《せいし》が結びつき、手や足の形がはっきりし、目や耳ができてくるのは何週目ぐらいですか。（3点）（　　　）

ア ４週目　イ ８週目　ウ １２週目　エ １６週目

(5) 母親のからだから生まれるとき、ふつう人の赤ちゃんはからだのどの部分から生まれてきますか。（3点）（　　　）

ア 手　イ 足　ウ 頭　エ おしり

(6) 母親のからだとつながっていた管のあとは、生まれた後も残りますが、そのあとを何といいますか。（3点）（　　　）

標準レベル **41** 理科⑤

花から実へ

時間	得点
15分	
合格 40点	50点

1 実と種子のでき方について、次の問いに答えなさい。

(1) 右の図は、カボチャの花のつくりを表したものです。

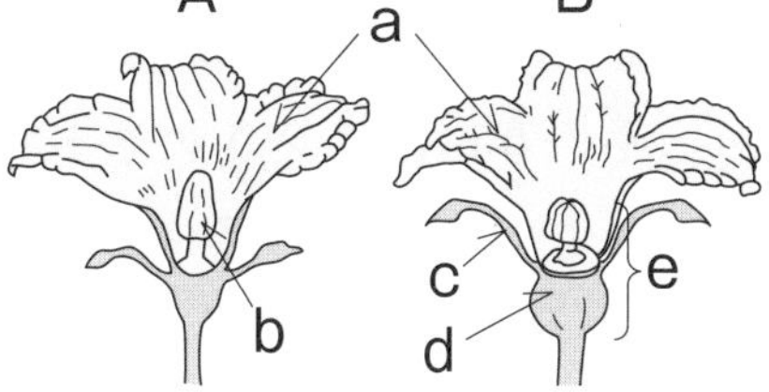

①どちらがめ花ですか。AまたはBの記号で答えなさい。（2点）
（　　　）

②図中のa・b・eの名まえをそれぞれ答えなさい。（2点×3）
a（　　　）　b（　　　）　e（　　　）

③花粉《かふん》が作られるところをa～eから選びなさい。（2点）（　　　）

④成長し実になるところをa～eから選びなさい。（2点）（　　　）

(2) 次の文中の①～⑥にあてはまる言葉をそれぞれ答えなさい。ただし、同じ番号には同じ言葉が入ります。（2点×6）

おしべで作られた花粉がめしべの先の（①　　　）につくことを（②　　　）という。（②）すると、めしべのもとの（③　　　）が成長していく。カボチャの花粉は、花に集まる（④　　　）のからだについて運ばれる。マツやトウモロコシなどの花粉は（⑤　　　）によって運ばれる。リンゴなどの果物《くだもの》は、人の手によって（②）させることがある。このような（②）のしかたを（⑥　　　）という。

2 次のA～Hの花について、あとの問いに答えなさい。

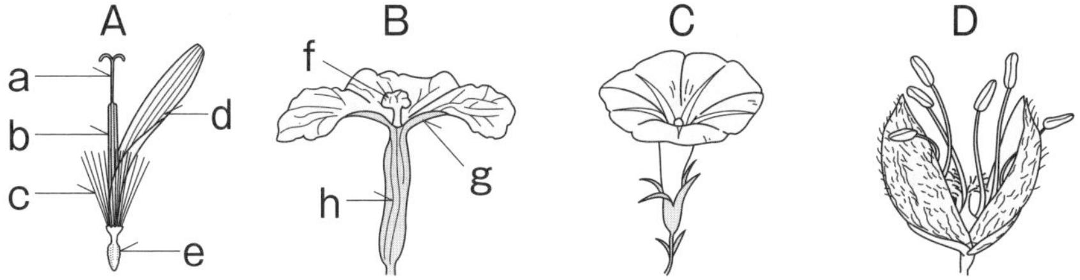

(1) A～Hの花の名まえを、それぞれ答えなさい。（1点×8）
A（　　　）　B（　　　）　C（　　　）
D（　　　）　E（　　　）　F（　　　）
G（　　　）　H（　　　）

(2) A、Hの花の花びらは、それぞれ何まいですか。（1点×2）
A（　　　）　H（　　　）

(3) A、Bの花で、実になるところを、それぞれ図中のa～hから選びなさい。（1点×2）
A（　　　）　B（　　　）

(4) (3)で選んだ部分の内部には、やがて種子になるつくりがあります。そのつくりの名まえを答えなさい。（2点）（　　　）

(5) D、Gの花のめしべを、それぞれ右の図のア～エから選びなさい。（2点×2）
D（　　　）　G（　　　）

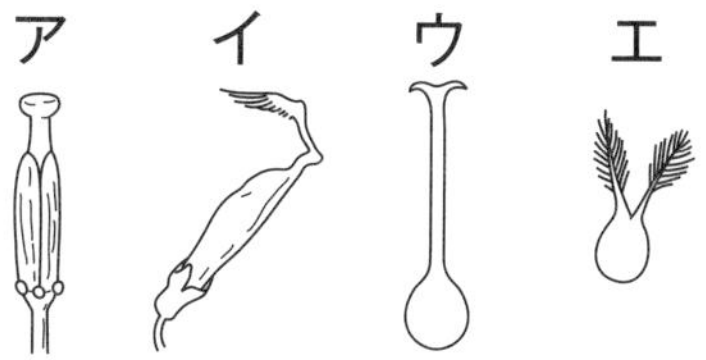

(6) 1つの花の中に、花びら・がく・めしべ・おしべのすべてがそろっているものを、A～Hからすべて選びなさい。（2点）
（　　　）

(7) お花とめ花の2種類の花をさかせるものを、A～Hからすべて選びなさい。（2点）
（　　　）

(8) たくさんの花が集まって1つの花のように見えるものを、A～Hから1つ選びなさい。（2点）（　　　）

(9) B～Hのうち、自家《じか》受粉するものを、3つ選びなさい。（2点）
（　　・　　・　　）

理科

学習日〔　月　日〕

時間 15分	得点
合格 35点	50点

上級レベル 42 花から実へ

理科⑥

1 **アブラナについて、次の問いに答えなさい。**（5点×10）〔立教新座中－改〕

(1) アブラナの、①花びら、②おしべはそれぞれいくつありますか。ア～オからそれぞれ選びなさい。　①（　　）②（　　）

ア 3　イ 4　ウ 5　エ 6　オ 8

(2) 花はおしべ・めしべ・花びら・がくの4つで構成《こうせい》されています。それらを花の外側からならべたとき、3番目にあたるのはどれですか。ア～エから選びなさい。（　　）

ア おしべ　イ めしべ　ウ 花びら　エ がく

(3) アブラナの花びらの形として適当《てきとう》なものを、ア～エから選びなさい。（　　）

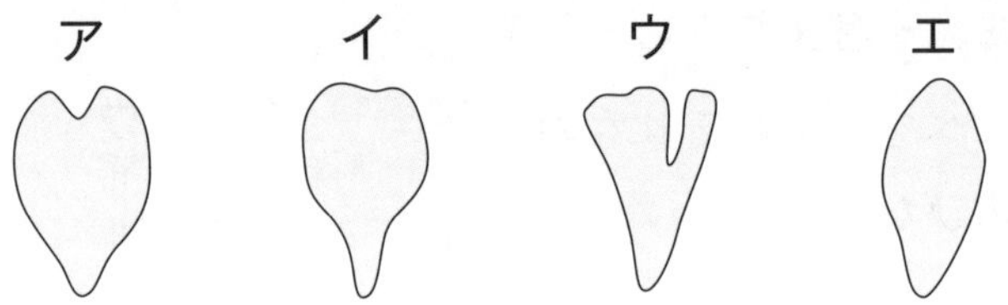

(4) アブラナの花びらと子《し》ぼうの位置関係として適当なものを、ア～カから選びなさい。（　　）

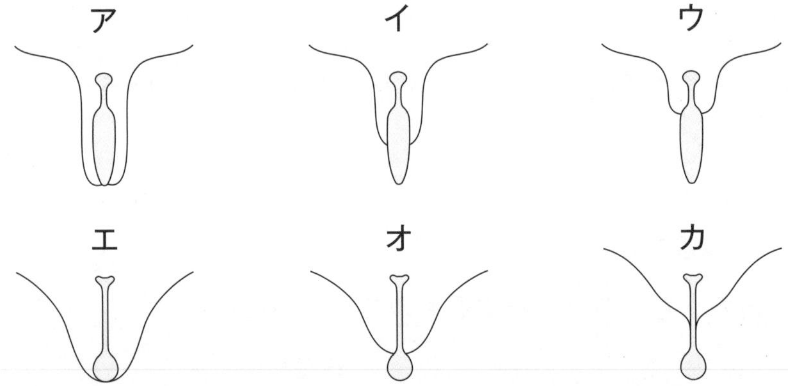

(5) アブラナの1つの果実《かじつ》から種子が16個《こ》生じたとき、種子を作るために使われた花粉の数の説明として適当なものを、ア～オから選びなさい。（　　）

ア 果実の数と同じ　イ めしべの数と同じ　ウ 子ぼうの数と同じ

エ 種子の数と同じ　オ おしべの数と同じ

(6) アブラナは春に花がさいて秋には種子ができます。その種子はよく年《ねん》の春には花をさかせます。アブラナの冬ごしのようすとして適当なものを、次のア～オから選びなさい。（　　）

ア 種子のままで冬ごしをする。

イ 種子から葉が出た状態《じょうたい》で冬ごしをする。

ウ 地下けいで冬ごしをする。

エ くきの冬芽《とうが》で冬ごしをする。

オ ロゼット葉《よう》で冬ごしをする。

(7) アブラナではほとんどの花に果実ができます。しかし、ヘチマやカボチャでは一部の花にしか果実ができません。その理由として適当なものを、ア～エから選びなさい。（　　）

ア 風《ふう》ばい花なので受粉しなかった花があるから。

イ 虫《ちゅう》ばい花なので受粉しなかった花があるから。

ウ 人工的につくられた品種なので、受粉がうまくいかないことがあるから。

エ め花だけに果実ができるから。

(8) カブ・ハクサイ・コマツナなどはアブラナのなかまです。その共通点として適当なものを、ア～エから選びなさい。（　　）

ア 花の数　イ 花の色　ウ 花の大きさ　エ 花びらのつき方

(9) アブラナの果実を右のア～エから選びなさい。（　　）

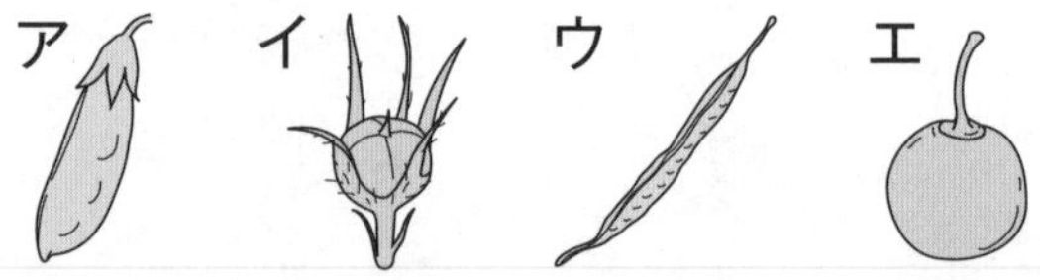

学習日〔　　月　　日〕

標準レベル 43 理科⑦

天気の変化

時間 15分	得点
合格 40点	50点

1 右のグラフは、よく晴れた日に東京ではかった太陽高度、気温、地温の変化を示《しめ》したものです。**これについて、次の問いに答えなさい。**（1点×3）

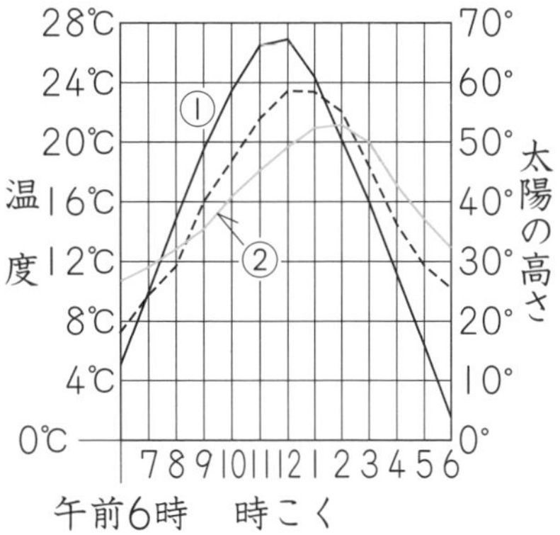

(1) ①、②のグラフが示しているものをそれぞれ次のア〜ウから選び、記号で答えなさい。

ア 気　温　　イ 地　温

ウ 太陽高度　　①（　　　）　②（　　　）

(2) この観測《かんそく》を行ったと考えられる時期をア〜エから選びなさい。（　　　）

ア 2月下じゅん　　イ 4月下じゅん

ウ 6月下じゅん　　エ 8月下じゅん

2 **次の文の①〜⑩にあてはまる語句《ごく》を、それぞれあとのア〜ソから選びなさい。**ただし、同じ記号を何度使ってもかまいません。（2点×10）

日本付近では夏になると、太平洋上よりもアジア大陸の温度のほうが（①　　　）くなるので、アジア大陸では（②　　　）気流が生じ、（③　　　）が発生します。そのため、日本では（④　　　）の季節風がふき、気温やしつ度が（⑤　　　）くなります。

また、冬になると、太平洋上よりもアジア大陸の温度のほうが（⑥　　　）くなるので、アジア大陸では（⑦　　　）気流が生じ、（⑧　　　）が発生します。そのため、日本では（⑨　　　）の季節風がふき、気温やしつ度が（⑩　　　）くなります。

ア 上しょう　イ 下《か》こう　ウ 高気圧《きあつ》　エ 低気圧　オ 北　東

カ 北　西　キ 南　東　ク 南　西　ケ 高　コ 低

サ 強　シ 弱　ス 海《かい》　風《ふう》　セ 陸《りく》　風《ふう》　ソ 季節風

3 右の図は、ある日、日本の気象衛星《きしょうえいせい》がとった写真です。**これについて、次の問いに答えなさい。**（3点×9）

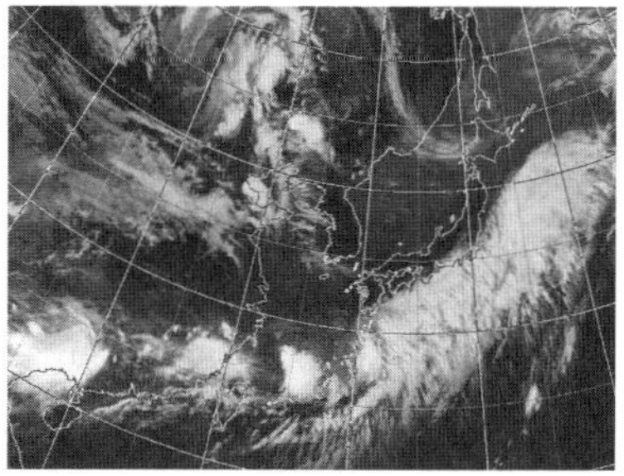

(1) この写真をとった気象衛星の名まえを答えなさい。（　　　）

(2) この写真で、白く写っているものは何ですか。（　　　）

(3) この写真が示している天気として適当《てきとう》なものを次のア〜ウから選び、記号で答えなさい。（　　　）

ア 梅雨前線《ばいうぜんせん》の停《てい》たい　イ 台風の通過《つうか》　ウ 日本海側に大雪

(4) この日の天気図をア〜エから選びなさい。（　　　）

ア　イ　ウ　エ

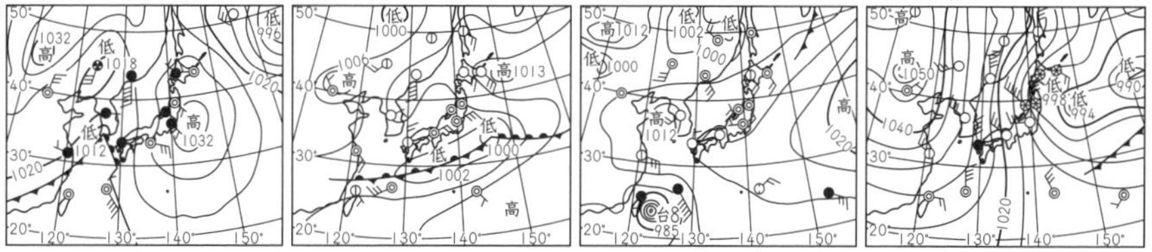

(5) この写真のような天気になる原因《げんいん》となっている気《き》団《だん》を、右の図のア〜エから2つ選びなさい。（　　・　　）

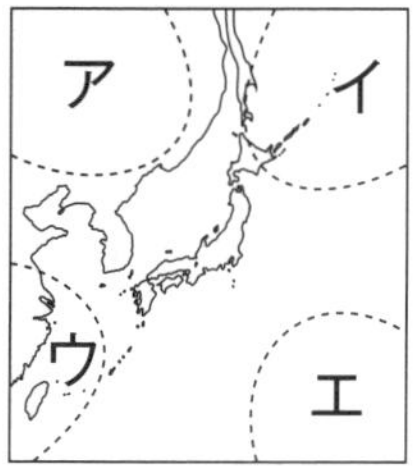

(6) 冬の天気図を(4)のア〜エから選びなさい。（　　　）

(7) (6)のときの気圧《きあつ》配置を漢字4字で答えなさい。（　　　）

(8) 夏の天気図を(4)のア〜エから選びなさい。（　　　）

(9) (8)のときの気圧配置を漢字4字で答えなさい。（　　　）

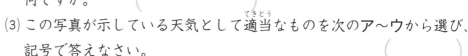

上級レベル 44 天気の変化

理科⑧

時間 15分	得点
合格 35点	50点

1 次の問いに答えなさい。（5点×10）　〔慶應義塾普通部一改・駒場東邦中一改〕

(1) 上空から見た台風にともなう風のふき方を正しく表している図を次のア～エから１つ選びなさい。（　　　）

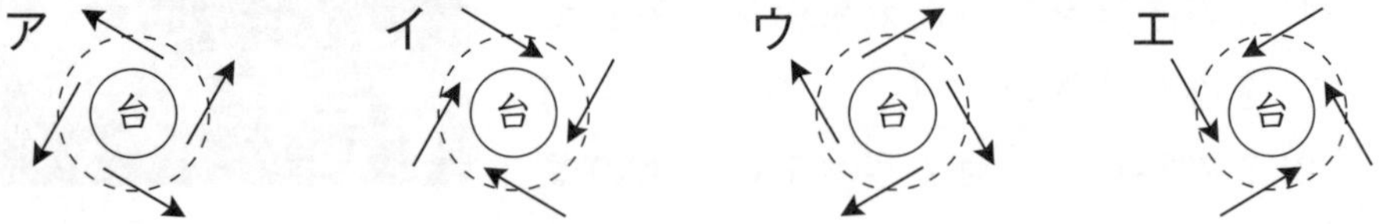

(2) 右図は秋に日本列島を通る台風のいっぱん的な進路です。A、B地点に台風があるとき東京でふく風向きをそれぞれア～エから１つずつ選びなさい。

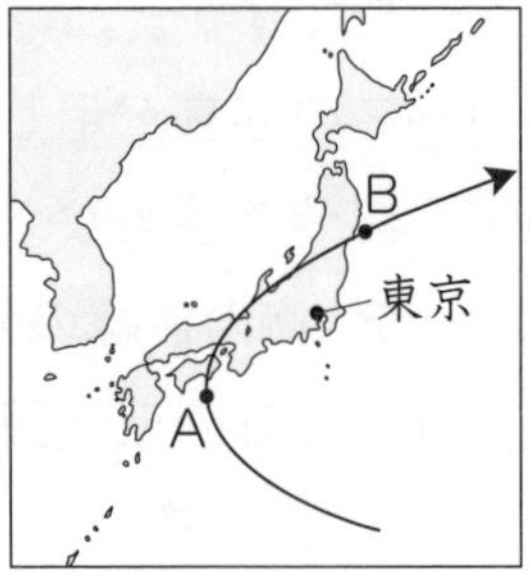

A（　　　）　B（　　　）

ア 北　東　　イ 北　西
ウ 南　東　　エ 南　西

(3) 右上の図のように、台風は南の海上で発生し、その後日本列島に近づくにつれて東よりに進路を変えます。台風が東よりに進路を変えることと同じ理由で起こることがらをア～エから１つ選びなさい。また、その原因《げんいん》となっているものの名まえを答えなさい。

記号（　　　）　名まえ（　　　）

ア 梅雨《つゆ》は南から早く明ける。
イ 台風が来ると、太平洋側の山のしゃ面で強い雨がふる。
ウ 春や秋に関西で雨がふると、１～２日後に関東でも雨になる。
エ 冬は太平洋側より日本海側で雪が多い。

(4) 台風では、風速 30 m の強い風がふくことがあります。「風速 30 m の風」の正しい説明文をア～エから１つ選びなさい。（　　　）

ア 空気が１秒間に 30 m 移動《いどう》する風
イ 空気が 10 秒間に 30 m 移動する風
ウ 空気が１分間に 30 m 移動する風
エ 空気が 10 分間に 30 m 移動する風

(5) 気象衛星《えいせい》の写真を見ると、台風の中心付近に雲が写っていないところがあります。ここを何とよびますか。また、ここではどのようなようすが観察できますか。ア～エから最も適当《てきとう》なものを１つ選びなさい。　名まえ（　　　）　記号（　　　）

ア 天気がよく、あまり強い風を感じない。
イ 天気がよく、すべての方向から強い風がふいてくる。
ウ 雨の中、周囲《しゅうい》にいなづまが走るのを見ることができる。
エ 海水が空中高くすい上げられていくようすを見ることができる。

(6) 台風の移動を右図のように表します。台風の中心が動いてくると考えられるはん囲は円で示《しめ》され、この円のことを予報円《よほうえん》といいます。右図では予報円は点線の円で示されています。24 時間後の予報円の大きさは、12 時間後に比《くら》べてどうなっていますか。ア～ウから１つ選びなさい。（　　　）

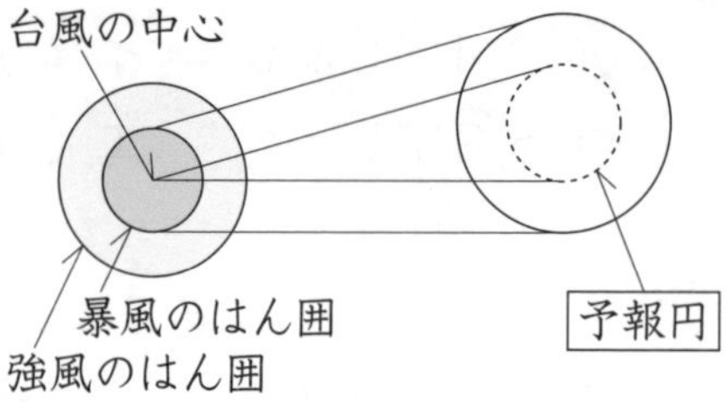

ア 小さくなっている　イ 大きくなっている　ウ 変化しない

(7) 海上で船を止めていたら、風は最初、北東から南西にふいていました。しだいに北よりの風に変わっていき、北から南へふくようになりました。風はどんどん強くなってきました。この船は、台風の中心が移動していく方向に対して、どこにいたと考えられますか。右図のア～エから１つ選びなさい。（　　　）

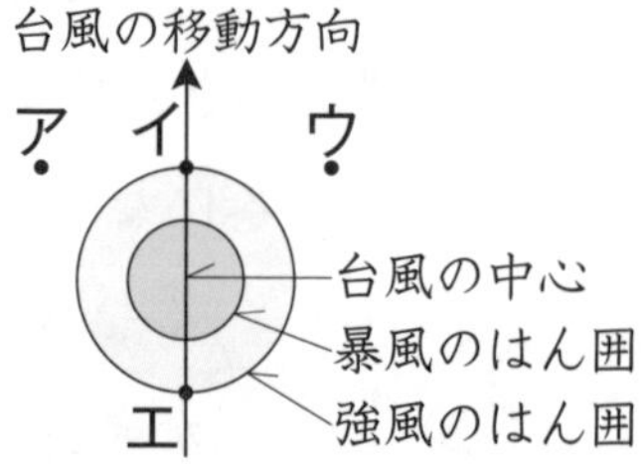

標準レベル **45** 理科⑨

流れる水のはたらき

学習日〔　　月　　日〕

時間	得点
15分	
合格 40点	50点

1 **川の流れとそのはたらきについて、次の問いに答えなさい。**（4点×10）

(1) 図１は、３つの川Ａ、Ｂ、Ｃの、ａの地点からのきょりと海面からの高さの関係を表したものです。３つの川のうち、最も急流であると考えられるのはどの川ですか。Ａ～Ｃから選びなさい。（　　　）

〔図１〕

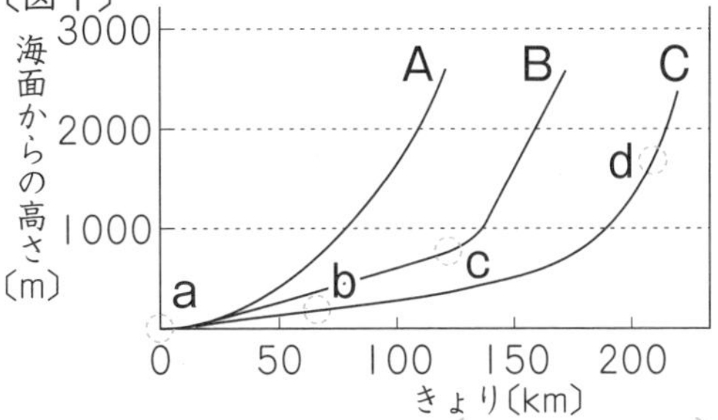

(2) 図１のａの地点はどんなところですか。（　　　）

(3) 次の**ア**～**カ**は、図１のｂの地点またはｄの地点で見られる川の特ちょうです。これらのうち、ｂの地点で見られる特ちょうをすべて選びなさい。（　　　）

ア　土がつもり土地ができる。

イ　小石やすなが多い。

ウ　石は大きく、ごつごつしている。

エ　土地がけずられ、深い谷ができる。

オ　水の量は少ないが、流れは速い。

カ　水の量は多いが、流れはおそい。

(4) 図１のａ～ｄの地点のうちで、川底に水がしみこんで川の表面に流れが見られないようすが見られることがあるのはどこですか。ａ～ｄから選びなさい。（　　　）

(5) 図１のａ～ｄの地点のうちで、水の流れが川の両岸などをけずりとる作用が最も強い地点はどこですか。ａ～ｄから選びなさい。（　　　）

(6) 図１のａの地点付近およびｄの地点付近で見られる地形をそれぞれ次の**ア**～**オ**から選びなさい。

ア　Ｖ字谷　**イ**　三日月湖　**ウ**　三角州《さんかくす》　**エ**　せん状地《じょうち》
オ　天井川《てんじょうがわ》　ａの地点（　　　）　ｄの地点（　　　）

(7) 図２のように流れている川のⅠの場所で、ｖの部分とｗの部分では、どちらの流れが速いですか。（　　　）

〔図２〕

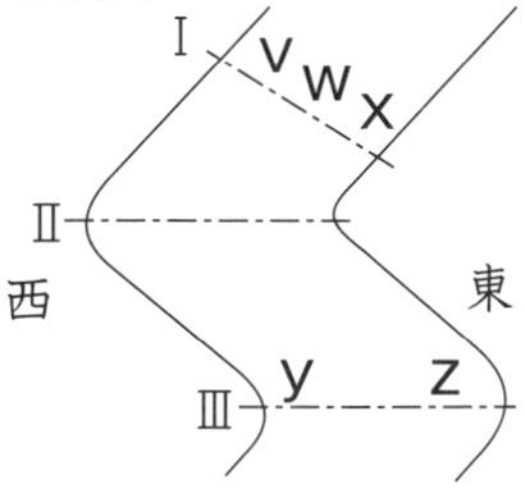

(8) 図２のⅡの場所の断面《だんめん》を、南側から見たときのようすを、次の**ア**～**カ**から選びなさい。（　　　）

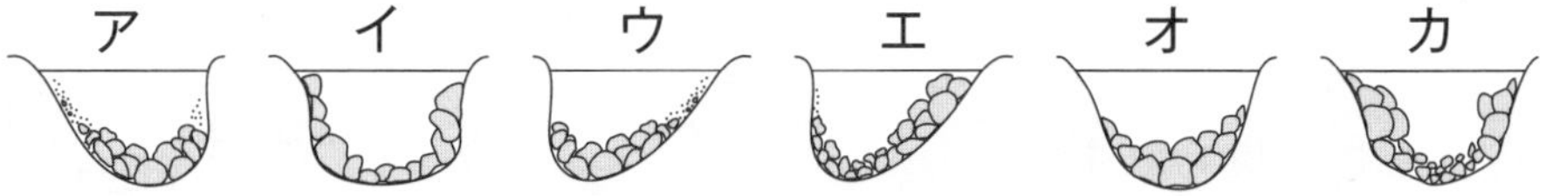

(9) 図２のⅢの場所で、ｙの部分ではどのようなようすが見られますか。次の**ア**～**ウ**から最も適当《てきとう》なものを選びなさい。（　　　）

ア　川の中に島のような小石やすなのもりあがりができる。

イ　水の流れにけずられて、川岸に急ながけができる。

ウ　小石やあらいすなで小さな川原《かわら》のようなものができる。

2 川の河口《かこう》付近で、海底に積もっている小石・すな・ねん土のようすを調べると、右の図のようになっていました。**これについて、次の問いに答えなさい。**（5点×2）

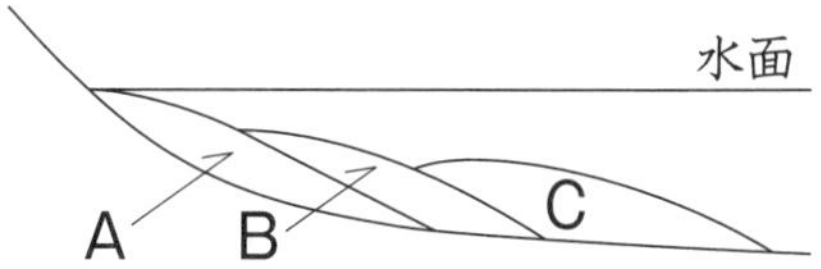

(1) 図のＡは何ですか。小石・すな・ねん土から選びなさい。（　　　）

(2) 川の水量が増《ふ》えて流れが速くなったとき、現在《げんざい》Ｂの位置に積もっていたものはどこに積もるようになりますか。Ａ～Ｃから選びなさい。（　　　）

学習日〔　月　日〕

上級レベル 46 理科⑩

流れる水のはたらき

時間 15分	得点
合格 35点	50点

1 次の問いに答えなさい。　〔四天王寺中－改〕

(1) 川を流れる水には３つのはたらきがあります。「運ぱん」、「たい積」ともう１つは何ですか。（6点）（　　　）

図１は、川の水のはたらきについて、１秒間あたりの川の流れの速さと土《ど》しゃのつぶの大きさとの関係を示《しめ》したグラフです。土しゃはつぶの大きさによって、どろ・すな・れきに分けられます。

〔図１〕

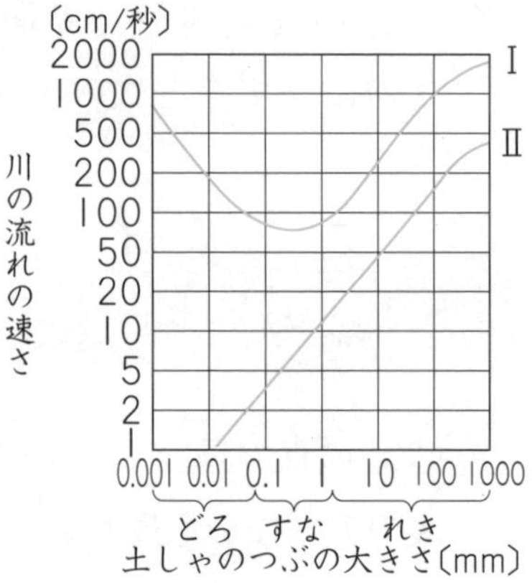

曲線Ⅰは、川底にたい積している土しゃが、川の流れがどれくらいの速さになったら動き始めるかを示し、曲線Ⅱは、運ぱんされている土しゃが、川の流れがどれくらいの速さになったらたい積し始めるかを示しています。

(2) 川の流れが速くなっていくとき、最初に動き始めるものはどれですか。れき・すな・どろから１つ選びなさい。（6点）（　　　）

(3) 川の流れがおそくなっていくとき、最初にたい積し始めるものは、れき・すな・どろのどれですか。（6点）（　　　）

(4) 川の流れの速さが秒速100cmの場所で、水にうかんでいる場合はそのまま動き続け、たい積している場合はたい積したままの状態《じょうたい》であるもののつぶの大きさを次のア～オからすべて選びなさい。（10点）（　　　）

ア 0.01mm　イ 0.1mm　ウ 1mm
エ 10mm　オ 100mm

(5) 川の流れの速さが秒速100cmの地点の川底には、どのような土しゃが見られると考えられますか。次のア～エから最も適当《てきとう》なものを選びなさい。（10点）（　　　）

ア 大小さまざまなれきが見られるが、どろやすなはほとんどない。
イ 大小さまざまなれきとすなが見られるが、どろはほとんどない。
ウ 大小さまざまなれきとどろが見られるが、すなはほとんどない。
エ 大きなれきはほとんどないが、中くらい以下の大きさのれきとすな、どろが見られる。

図２は、ある川の河口《かこう》付近に運ばれてきた土しゃがたい積するようすを表したものです。また、図３は、図２のＰ地点の地下の土しゃの重なりを表しています。

〔図２〕

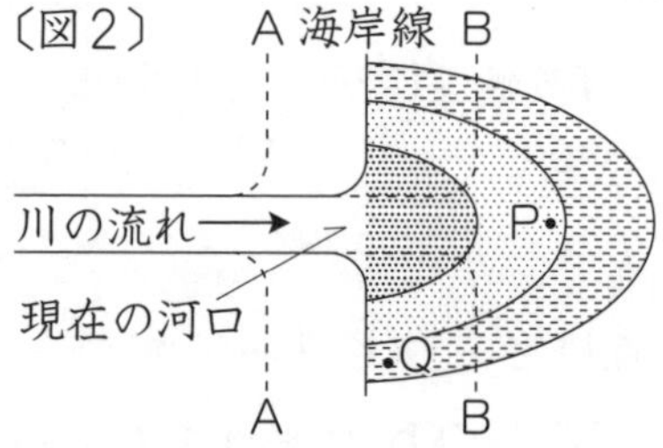

〔図３〕

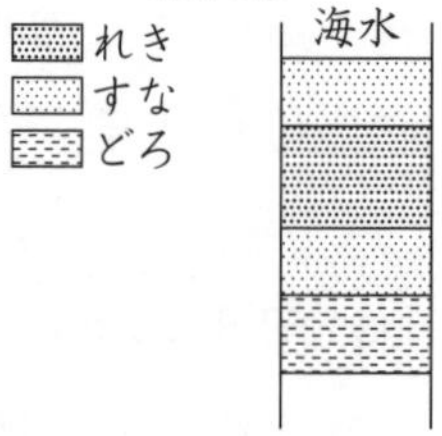

(6) 図２のように、どろ・すな・れきが分かれてたい積するのは、土しゃのつぶの大きさによってしずむ速さがちがうからです。１mmの大きさのつぶは４秒で60cmしずむのに対し、２mmの大きさのつぶは２秒で60cmしずみます。大きさが１mmのつぶと２mmのつぶを、川の同じ地点の水面に同時に静かに落としたら、水面から120cmの川底にしずんだとき、２つのつぶは何cmはなれますか。ただし、どちらのつぶも川の流れによって、秒速10cmで流されるものとします。（6点）（　　　）

(7) 図３のれきのそうがたい積したとき、川の流れる速さは現在《げんざい》と同じでした。このとき、海岸線はどの位置にあったと考えられますか。次のア～ウから選びなさい。（6点）（　　　）

ア 図２のＡの位置　イ 図２のＢの位置　ウ 現在と同じ位置

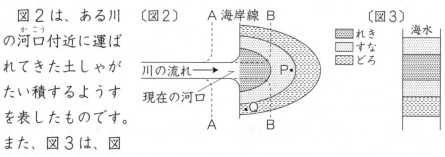

標準レベル 47 もののとけ方

理科⑪

時間 15分	得点
合格 40点	50点

1 次の(1)～(6)の各文は、水に対するもののとけ方について書かれたものです。**それぞれについて、正しい場合には「○」、まちがっている場合には「×」で答えなさい。**（2点×6）

(1) 水の温度を上げると、ものがとける量は必ず多くなる。（　　）

(2) とかす水の量を多くすれば、ものがとける量は必ず多くなる。（　　）

(3) 水《すい》よう液《えき》をかき混《ま》ぜると、ものがとける量は多くなる。（　　）

(4) 固体の物質《ぶっしつ》をとかすとき、細かくくだくととける量は多くなる。（　　）

(5) ほう和《わ》食塩水から水をじょう発させると、必ず食塩がとけきれなくなって出てくる。（　　）

(6) ホウ酸水《さんすい》と食塩水のそれぞれからとけていたものを取り出す場合、水温を下げる方法が適《てき》しているのは、食塩水である。（　　）

2 右のグラフは、A～Eの物質が水温により100gの水に何gまでとけるかを表しています。**問いに答えなさい。**

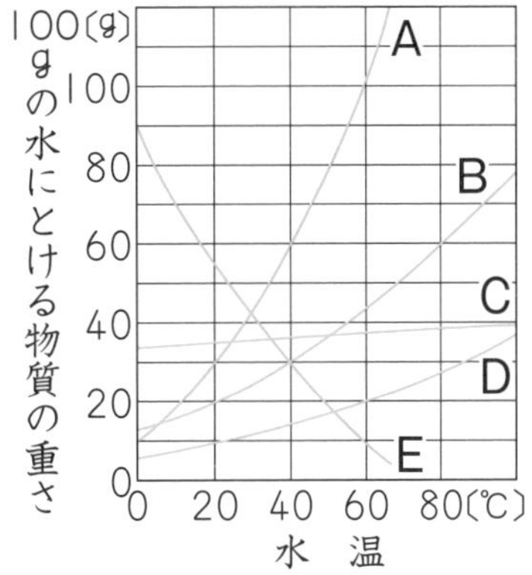

(1) 各物質をそれぞれ60℃の水100gにとけるだけとかし、そのよう液を20℃に冷やしたとき、出てくる固体の重さが最も重いものをA～Eの記号で答えなさい。（3点）（　　）

(2) (1)で答えた固体の重さは、何gですか。（3点）（　　）

(3) 物質Aの40℃でのほう和水よう液のこさと、物質Bの80℃でのほう和水よう液のこさではどちらがこいですか。次のア～ウから選びなさい。（3点）（　　）

ア Aのほうがこい　イ Bのほうがこい　ウ 同じこさである

(4) 物質Dを20℃の水200gにとけるだけとかし、その後60℃にすると、さらに物質Dは何gとけますか。（3点）（　　）

(5) 物質Aを40℃の水にとけるだけとかしたよう液160gを20℃に冷やすと、出てくる固体の重さは何gですか。（3点）（　　）

(6) 物質Bを80℃の水100gにとけるだけとかしたよう液のこさは、何%ですか。（4点）（　　）

(7) 物質E 28.5gが水95gにとけ残らずにすべてとけてほう和するのは水温が何℃のときですか。（4点）（　　）

3 右の表で、いろいろな温度の水100gにとける物質の最大の量を示《しめ》しました。**次の問いに答えなさい。**（5点×3）

水温〔℃〕	20	40	60	80
ホウ酸〔g〕	5.0	8.8	14.8	23.6
食塩〔g〕	35.8	36.3	37.0	38.0
ミョウバン〔g〕	12.0	24.0	38.0	71.0

(1) ホウ酸、食塩、ミョウバンを次の**ア～ウ**のように加えて、とけるかどうか調べる実験をしました。**ア～ウ**のうち、いちばんうすいよう液を選びなさい。（　　）

ア 60℃の水150gに食塩30.0gを加える。

イ 40℃の水50gにホウ酸5.0gを加える。

ウ 20℃の水200gにミョウバン20.0gを加える。

(2) (1)の**ア**のよう液を20℃まで冷やしたとき、とけきれなくなって出てくる食塩は何gですか。ただし、出てこないときは0gと答えなさい。（　　）

(3) (1)の**ウ**のよう液を60℃まであたためたとき、さらにとかすことのできるミョウバンは何gですか。ただし、さらにとかすことができないときは0gと答えなさい。（　　）

上級レベル 48 理科⑫

もののとけ方

時間	得点
15分	
合格 35点	50点

1 食塩、ホウ酸《さん》、大理石《だいりせき》の粉末があります。次の表は、食塩とホウ酸がいろいろな温度の水100gに最大どのくらいとけるかを表しています。ただし、食塩とホウ酸をいっしょにとかしても、それぞれがとける量は変わらないものとします。**問いに答えなさい。**なお、計算がわり切れない場合は、小数第2位を四捨五入《ししゃごにゅう》して答えなさい。（5点×6）　〔青山学院中一改〕

水　温〔℃〕	0	10	20	30	40	50	60
食　塩〔g〕	35.6	35.7	35.8	36.0	36.3	36.7	37.1
ホウ酸〔g〕	2.8	3.6	4.9	6.8	8.9	11.4	14.9

(1) 30℃の水200gに食塩をとけるだけとかしました。この食塩水のこさは何%ですか。（　　　）

(2) 20℃のほう和ホウ酸水200gの温度を60℃にすると、さらに何gのホウ酸をとかすことができますか。（　　　）

(3) 食塩15g、ホウ酸15g、大理石の粉末15gで混合粉末《こんごうふんまつ》をつくりました。これを50℃の水100gに入れてよくかきまぜ、50℃を保《たも》ちながら、ろ過《か》をしました。このとき、ろ紙の上に残った物質《ぶっしつ》は何gですか。（　　　）

(4) (3)でろ紙の上に残った物質に水100gを加えてよく混《ま》ぜたところ、とけ残った物質は1種類になりました。このとき、加えた水の温度は、少なくとも何℃以上だったと考えられますか。（　　　）

(5) ろ過をするときの注意点について正しく述《の》べたものを次のア～オからすべて選びなさい。（　　　）

ア　ろ紙は、ろうとに入れたとき、ろうととちょうど同じ大きさのものを使う。

イ　液体《えきたい》を注ぐときは、液がはねないようにするため、ガラスぼうに伝わらせて注ぐ。

ウ　ガラスぼうをろ紙にあてるときは、ろ紙が重なり合っている部分にあてる。

エ　ろうとに液体を注ぎたすときは、ろうとの中の液体がすべてろ過されてから、次の液体を注ぐ。

オ　ろ液がはねないようにするため、またゆっくりろ過を進めるため、ろうとの先はとがっているほうをビーカーの内側にあてる。

(6) (3)の後、ろ液を加熱して水を50gじょう発させ、これを冷やして20℃にしました。20℃を保ちながら、再度《さいど》ろ過をしたとき、ろ紙の上に残る物質の重さは何gですか。（　　　）

2 **水よう液について、次の問いに答えなさい。**（5点×4）　〔開明中一改〕

(1) こさのちがう食塩水A、Bがあります。右の表は食塩水A、Bの重さとそれにふくまれる水の重さを表したものです。

	A	B
食塩水の重さ〔g〕	125	150
水の重さ〔g〕	100	a

①食塩水Aのこさは何%ですか。（　　　）

②食塩水Bのこさを調べると28%でした。表の「a」に入る数を答えなさい。（　　　）

(2) 次の2種類の水酸化《すいさんか》ナトリウム水よう液A、Bがあります。

	1 cm^3 あたりの重さ〔g〕	体積〔cm^3〕	こさ〔%〕
水酸化ナトリウム水よう液A	1.2	150	10
水酸化ナトリウム水よう液B	1.4	b	40

① 水酸化ナトリウム水よう液Aにとけている水酸化ナトリウムは何gですか。（　　　）

② 水酸化ナトリウム水よう液Bにとけている水酸化ナトリウムは112gです。表の「b」に入る数を答えなさい。（　　　）

標準レベル 49 理科⑬

ふりこの運動

時間 15分	得点
合格 40点	50点

1 図1のようなA～Eのふりこを作りました。おもりの大きさはすべて同じで、CとDは糸の長さが同じです。**これについて、次の問いに答えなさい。**（5点×7）

〔図1〕

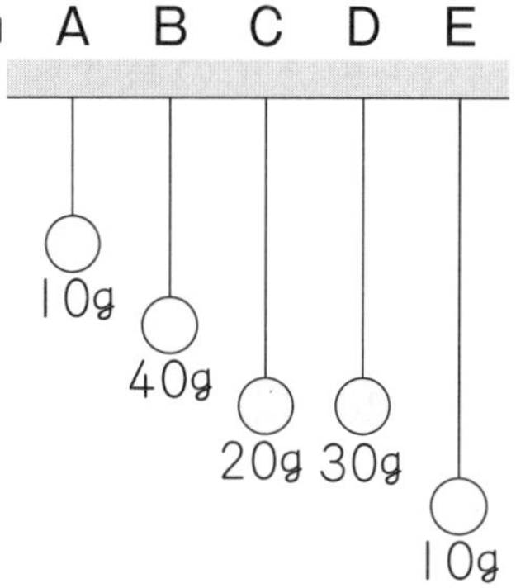

(1) ふりこが1往復《おうふく》する時間をはかる方法として、最も正しいものを次のア～ウから選びなさい。（　　）

ア 手をはなした地点に再《ふたた》びもどって来るまでの時間をはかる。

イ 10往復する時間をはかり、それを10でわって求める。

ウ 手をはなした地点と反対側で同じ高さになるまでの時間をはかる。

(2) おもりの重さと1往復する時間との関係を調べるためには、どのふりことどのふりこを比《くら》べればよいですか。図1のA～Eから2つ選びなさい。（　　・　　）

(3) ふりこの長さと1往復する時間との関係を調べるためには、どのふりことどのふりこを比べればよいですか。図1のA～Eから2つ選びなさい。（　　・　　）

(4) ふりこの長さとは、支点《してん》からどこまでの長さですか。図2のア～ウから選びなさい。（　　）

〔図2〕

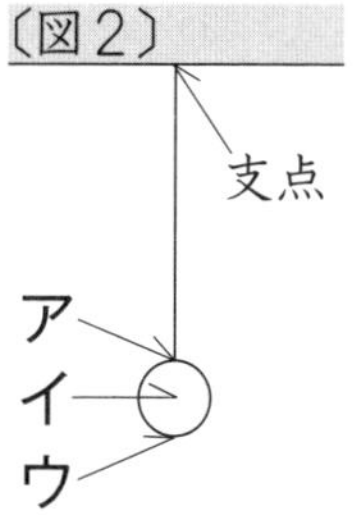

(5) 1往復する時間が最も長いふりこを図1のA～Eから選びなさい。（　　）

(6) 1往復する時間が最も短いふりこを図1のA～Eから選びなさい。（　　）

(7) 1往復する時間が等しいと考えられるふりこを図1のA～Eからすべて選びなさい。（　　）

2 ふりこを使った実験を行いました。**これについて、次の問いに答えなさい。**（5点×3）

〔図1〕

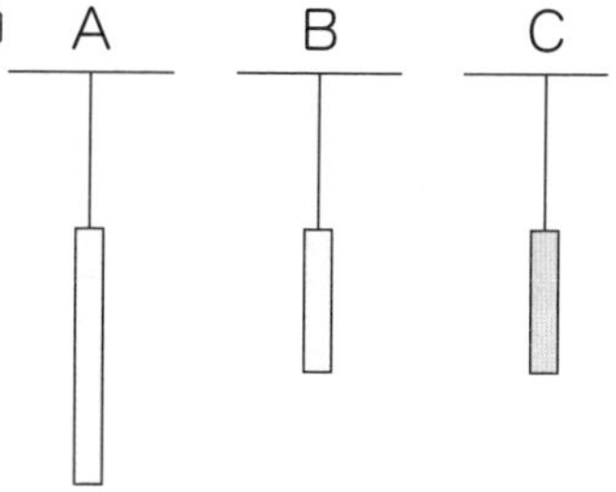

(1) 図1のように、3種類のぼうをおもりにしたふりこA、B、Cがあります。Aのおもりと Bのおもりは同じ材質《ざいしつ》で、Cのおもりだけ材質がちがいます。また、AのおもりとCのおもりは重さが同じで、BのおもりとCのおもりは長さが同じです。ただし、太さはすべて一様《いちよう》です。この3種類のふりこが1往復する時間について、正しいものを次のア～オから選びなさい。（　　）

ア AとBは同じ長さで、Cはそれより長い。

イ AとCは同じ長さで、Bはそれより短い。

ウ BとCは同じ長さで、Aはそれより長い。

エ A、B、Cはすべて同じ長さである。

オ A、B、Cはすべてちがう長さである。

(2) 図2のように、ふりこのおもりが最下点にきたしゅん間にカミソリで糸を切りました。このときのおもりの落下するようすを次のア～エから選びなさい。（　　）

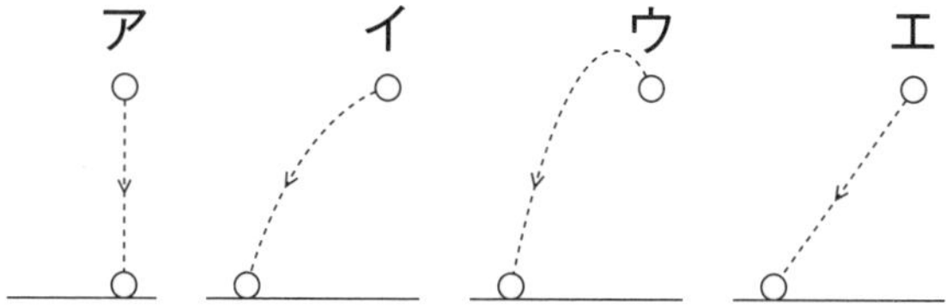

〔図2〕

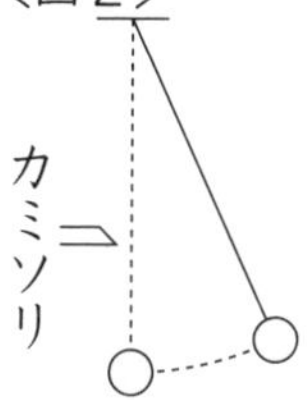

(3) ふりこの長さをかえると1往復する時間も変わることを利用しているものを次のア～カから選びなさい。（　　）

ア ブランコ　イ 上皿《うわざら》てんびん　ウ かっ車《しゃ》

エ せん風機　オ メトロノーム　カ エレベーター

上級レベル 50 理科⑭

ふりこの運動

時間	得点
15分	
合格 35点	50点

1 長さが25 cmと100 cmのふりこを用意し、1往復《おうふく》する時間をはかると、100 cmのふりこでは2.0秒でした。そこで、2つの同じおもりがそれぞれの真横で接《せつ》するようにして、図のように、右のふりこを静止させておき、左のふりこをずらして手をはなしたところ、2つのふりこは次のように動きました。

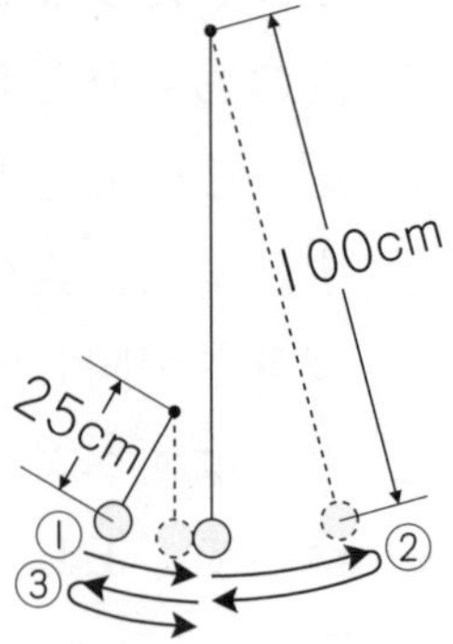

① 左のふりこがふれ始め、右のおもりにしょうとつする。
② 左のおもりが静止し、右のふりこがふれる。その後、もどってきた右のふりこが左のおもりにしょうとつする。
③ 右のおもりが静止し、左のふりこがふれる。その後、もどってきた左のふりこが右のおもりにしょうとつする。
(以後、②〜③を同じ時間をかけてくり返す)

次の問いに答えなさい。（6点×5）　〔早稲田大高等学院中ー改〕

(1) ②〜③をくり返す間に、ふれる角度が大きいのは、左・右どちらのふりこですか。「左」または「右」で答えなさい。（　　）
(2) ①にかかる時間は何秒ですか。（　　）
(3) ②、③にかかる時間は合わせて何秒ですか。（　　）
(4) おもりどうしが4回目にしょうとつするのは、左のふりこから手をはなしてから何秒後ですか。（　　）
(5) ふりこの長さを変えて同じ実験を行いました。左のふりこの長さを100 cmにしたとき、おもりどうしが4回目にしょうとつしたのは、左のふりこから手をはなしてから4.5秒後でした。このとき、右のふりこの長さは何cmでしたか。（　　）

2 図1のようなふりこをつくり、Aからおもりを静かにはなしました。おもりの重さ、糸の長さ、最下点BからAまでの高さを変えて、ふりこが10往復にかかる時間をはかりました。次に、図2のようにおもりをBで木《もく》へんにしょうとつさせて、木へんが動くきょりをはかりました。次の表は、これらの実験の結果です。

〔図1〕
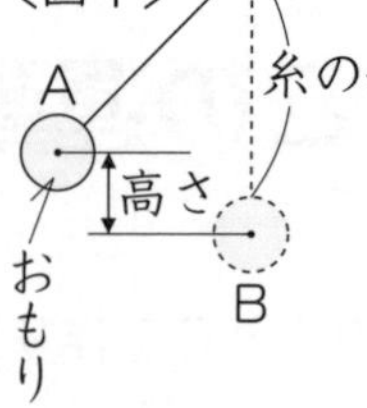

〔図2〕
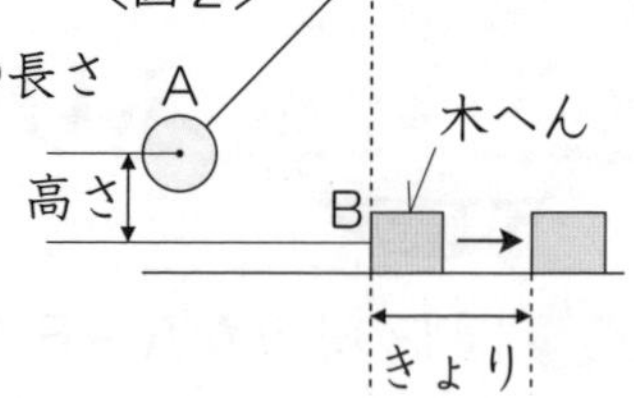

次の問いに答えなさい。（5点×4）　〔東洋英和女学院中ー改〕

実　験	1	2	3	4	5	6
おもりの重さ　〔g〕	50	50	50	50	50	100
糸の長さ　〔cm〕	40	60	60	60	80	60
BからAまでの高さ　〔cm〕	15	10	15	20	15	15
10往復にかかった時間　〔秒〕	12.8	15.6	15.6	15.6	17.6	15.6
木へんの動いたきょり　〔cm〕	9.0	6.0	9.0	12.0	a	18.0

(1)「おもりの重さ」と「10往復にかかった時間」との関係を調べるには何番と何番の実験を比《くら》べればよいですか。実験1〜6より選びなさい。（　　と　　）
(2) 実験5の結果aのあたいを求めなさい。（　　）
(3) おもりが木へんにしょうとつする直前の速さには関係しないが、木へんの動いたきょりには関係するものを次のア〜ウからすべて選びなさい。（　　）
ア おもりの重さ　**イ** 糸の長さ　**ウ** BからAまでの高さ
(4) おもりの重さは同じで長さのちがう2つのふりこを同じふれはばでふらせたとき、最下点での速さはどうなりますか。次のア〜ウから選びなさい。（　　）
ア 長いほうが速い　**イ** 短いほうが速い　**ウ** どちらも同じ

標準レベル 51

電流のはたらき

理科⑮

時間	得点
15分	
合格 40点	50点

1 次の文中の{　}について、それぞれアまたはイから正しいものを選びなさい。（2点×5）

(1) 導線《どうせん》に電流を流すと、導線のまわりに①{ア 磁《じ》石《しゃく》　イ てこ}の力がはたらく②{ア 磁《じ》界《かい》　イ 引《いん》力《りょく》}が発生する。

①(　　　)　②(　　　)

(2) 電磁石《でんじしゃく》の磁力《じりょく》を強くするには、電池の数を増《ふ》やして、①{ア 直列　イ へい列}につなぎ、鉄しんの太さは②{ア 太い　イ 細い}ほうがよい。また、電流を流すのをやめたあとに磁力が残らないようにするには、鉄しんの材質《ざいしつ》に③{ア こう鉄　イ なん鉄}を使用するのがよい。　①(　　　)　②(　　　)　③(　　　)

2 次のA～Dの回路で、スイッチを入れたときの方位じしんのふれについて調べました。方位じしんは、AとBの回路では導線の下に、CとDの回路では導線の上にあります。次の問いに答えなさい。ただし、図では上が北です。（4点×4）

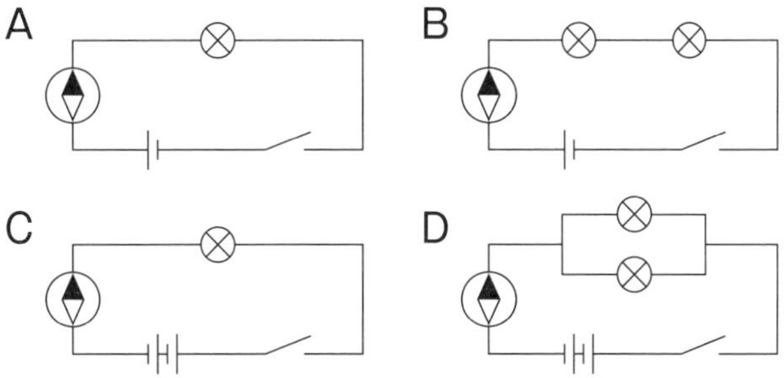

(1) A、Cの回路で、方位じしんのN極はどちらにふれますか。それぞれ東または西で答えなさい。　A(　　　)　C(　　　)

(2) A～Dの回路で、方位じしんのふれが最も大きい回路と最も小さい回路を選び、それぞれ記号で答えなさい。

最も大きい回路(　　　)　最も小さい回路(　　　)

3 図のようにコイルA～Eをつないだ回路があります。これについて、次の問いに答えなさい。（4点×3）

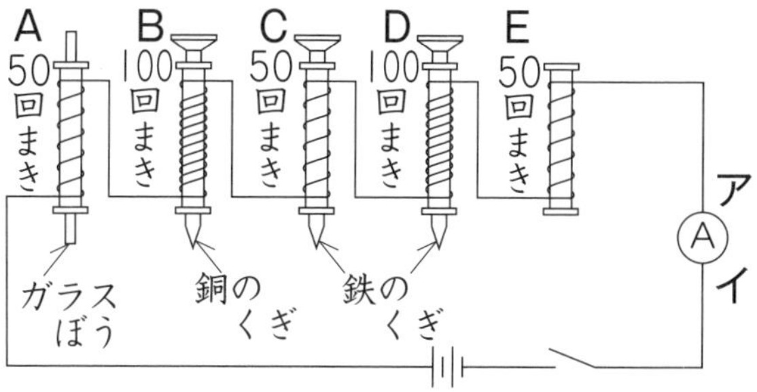

(1) 電流計の＋たん子はア、イのどちらですか。記号で答えなさい。

(　　　)

(2) Eのコイルで、N極ができるのは上のはしまたは下のはしのどちらですか。上または下で答えなさい。(　　　)

(3) スイッチを入れたとき最も強い電磁石になるものをA～Eから選び、記号で答えなさい。

(　　　)

4 右図は、モーターのつくりをかんたんに示《しめ》したものです。次の問いに答えなさい。（2点×6）

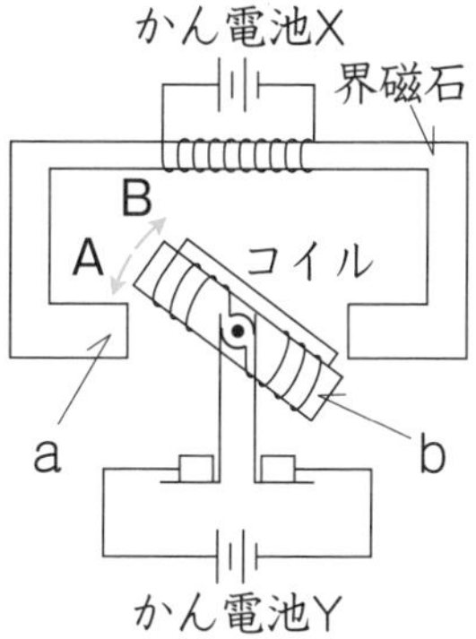

(1) aおよびbの部分はそれぞれ何極になりますか。　a(　　　)　b(　　　)

(2) コイルはA、Bどちらの向きに回転しますか。

(　　　)

(3) コイルのまき数を多くすると、コイルの回転数はどうなりますか。次のア～ウから正しいものを選びなさい。

(　　　)

ア 多くなる　イ 少なくなる　ウ 変わらない

(4) かん電池Xを1個《こ》にすると、コイルの回転数はどうなりますか。(3)のア～ウから正しいものを選びなさい。

(　　　)

(5) かん電池XとYの両方を、右上図とは反対向きにつなぎ変えました。コイルの回転の向きはどうなりますか。次のア～ウから正しいものを選びなさい。

(　　　)

ア (2)とは逆《ぎゃく》に回る　イ (2)と同じ向きに回る　ウ 回らなくなる

理科

学習日〔　　月　　日〕

上級レベル 52 電流のはたらき

理科⑯

時間 15分	得点
合格 35点	50点

1 図１のように、鉄しんのまわりにエナメル線をまいて作ったコイルに、電池をつないで電流を流しました。その先《せん》たんに方位じしんを近づけると、N極が引きよせられました。**次の問いに答えなさい。**〔桜蔭中－改〕

〔図１〕

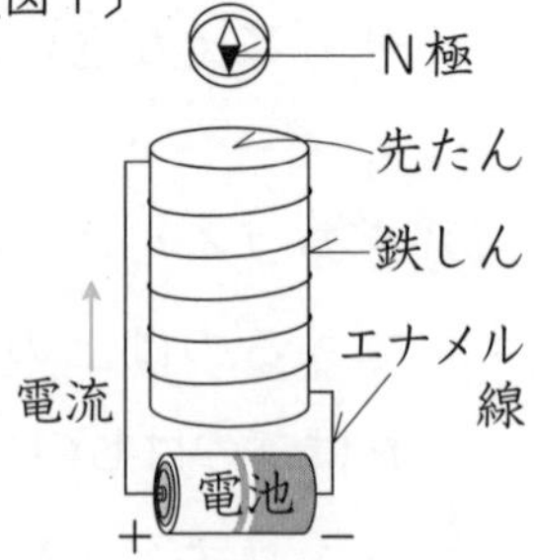

(1) 図１の電池の＋極と－極を入れかえてつないだとき、コイルの先たんはN極、S極のどちらになりますか。（4点）（　　　）

図２は、３つのコイルを利用したモーターの内側のようすです。図３は図２のしくみを簡単《かんたん》に表した図です。３つのコイルａ～ｃと、金属製《きんぞくせい》の部品ｘ～ｚがつながれ、これらが一体となってじくのまわりを回転します。ｘ～ｚをはさんでいる２まいの金属板Ａ、Ｂは、それぞれ電池の＋極と－極につながっています。

〔図２〕

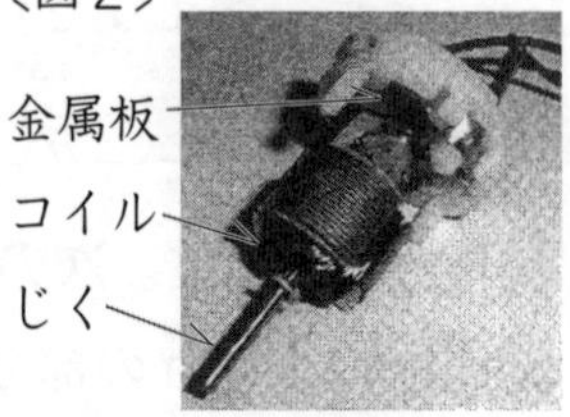

〔図３〕

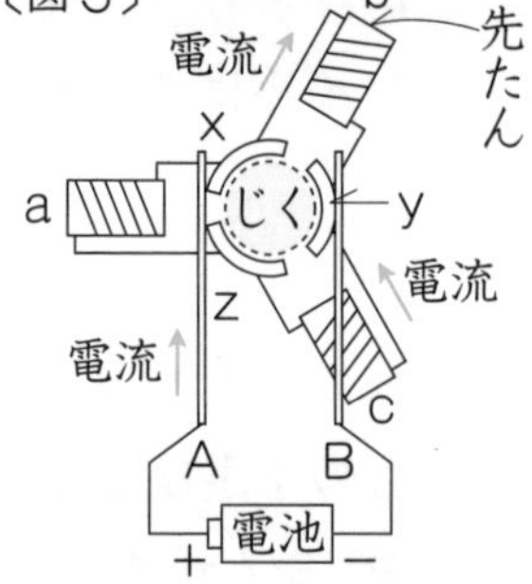

(2) 図３について説明した以下の文の、①と②にNまたはSで答えなさい。（4点×2）

・図３のコイルａのエナメル線の両たんは、ともに電池の＋極へとつながっているため、コイルａの先たんは磁石《じしゃく》の性質《せいしつ》をもたない。

・コイルｂを流れる電流は、電池の＋極→金属板Ａ→部品ｘ→コイルｂ→部品ｙ→金属板Ｂ→電池の－極　と流れるため、コイルｂの先たんは（①　　　）極となる。

・コイルｃを流れる電流は、電池の＋極→金属板Ａ→部品ｚ→コイルｃ→部品ｙ→金属板Ｂ→電池の－極　と流れるため、コイルｃの先たんは（②　　　）極となる。

〔図４〕

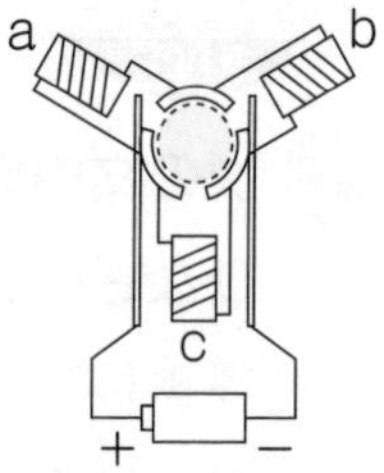

(3) コイルａ～ｃが図４の位置にあるとき、コイルａ～ｃの先たんはそれぞれN極、S極のどちらの極になっていると考えられますか。どちらの極にもなっていないものには×で答えなさい。（5点×3）

ａ（　　　）　ｂ（　　　）　ｃ（　　　）

〔図５〕

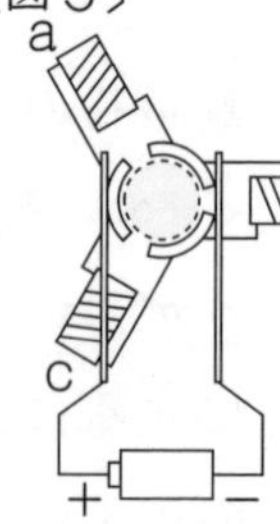

(4) コイルａ～ｃが図５の位置にあるとき、コイルａ～ｃの先たんはそれぞれN極、S極のどちらの極になっていると考えられますか。どちらの極にもなっていないものには×で答えなさい。（5点×3）

ａ（　　　）　ｂ（　　　）　ｃ（　　　）

(5) コイルのまわりに磁石を置くと、コイルは回り続けます。コイルａ～ｃを時計回りに回し続けるには、どのように磁石を置けばよいですか。ア～エから１つ選びなさい。（4点）（　　　）

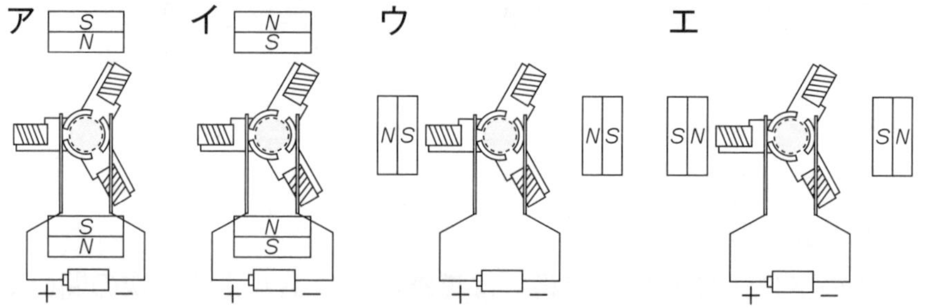

(6) このモーターをより速く回転させる方法として正しいものを、ア～エからすべて選びなさい。（4点）（　　　）

ア　電池の数を増《ふ》やし、すべて直列《ちょくれつ》につなぐ

イ　電池の数を増やし、すべてへい列《れつ》につなぐ

ウ　コイルのエナメル線のまき数を増やす

エ　コイルのエナメル線のまき数を減《へ》らす

53 最上級レベル ①

理科⑰

時間	得点
20分	
合格 40点	50点

1 次の問いに答えなさい。〔洛星中一改〕

(1) 地上のある地点Aから上空 500 m、1000 m だけ真上のところを点B、点Cとします。点Aから真上にある点では、その高さに比《ひ》例《れい》した温度差の分だけ気温が点Aよりも低くなっていました。点Aの気温が 26.0 ℃ のとき、点Cでの気温は 16.4 ℃ でした。このとき、点Aから真上にある点Dの気温は 14.0 ℃ でした。

①点Bの気温は何 ℃ ですか。（5点）　（　　　）

②点Dは、点Aから真上に何mのところにありますか。（5点）　（　　　）

(2) 京都市内で見られる次の表のそれぞれの水の形態《けいたい》に対して、水のすがたとして適当《てきとう》なものをそれぞれあとのア～エより1つずつ選びなさい。ただし、同じものを2度以上選んでもかまいません。（4点×5）

水の形態	きり	ひょう	みぞれ	雪	湯気
水のすがた	（①）	（②）	（③）	（④）	（⑤）

ア 固　体　　イ 固体と液体《えきたい》がまじっている　　ウ 液　体
エ 気　体

①（　　）②（　　）③（　　）
④（　　）⑤（　　）

(3) 空気中で水はいくらでも水蒸気《すいじょうき》に変わっていくことができるのではなく、水蒸気としていることのできる量には限《かぎ》りがあります。ある気温で実際《じっさい》に空気 $1 m^3$ 中にふくまれる水蒸気の重さを、同じ気温の空気 $1 m^3$ が最大限《さいだいげん》ふくむことのできる水蒸気の重さ（これをほう和《わ》水蒸気量といいます）でわったあたいを 100 倍したものをしつ度《ど》（単位は%）といい、空気のしめり具合を表すのに用いられます。27 ℃ のときのほう和水蒸気量は 26.0 g で、7 ℃ のときのほう和水蒸気量は 7.5 g です。これについて、次の①・②に答えなさい。

① 27 ℃ のとき、200 m^3 の空気中に 2500 g の水蒸気がふくまれていました。このときのしつ度は何 % ですか。小数第1位を四捨五入《ししゃごにゅう》して整数で答えなさい。（5点）　（　　　）

② 27 ℃ でしつ度 80.0 % の空気 500 m^3 を 7 ℃ まで冷やしたら、467 m^3 になりました。ふくむことのできる水蒸気の量を上回る分はすべて液体《えきたい》の水になるものとすると、何 kg の液体の水が生じますか。小数第1位を四捨五入して整数で答えなさい。（5点）　（　　　）

(4) 空気中でできる水てき（液体の水のつぶ）は、その大きさによってその落ちる速さが変わります。次の図は、空気中でできる水てきの大きさ（直径）と水てきの落ちる速さ（1秒間に落ちるきょり）との関係を示《しめ》したものです。これについて、次の①・②に答えなさい。ただし、水てきが落ちてくる間は、その大きさや落ちる速さは変わらないものとします。（5点×2）

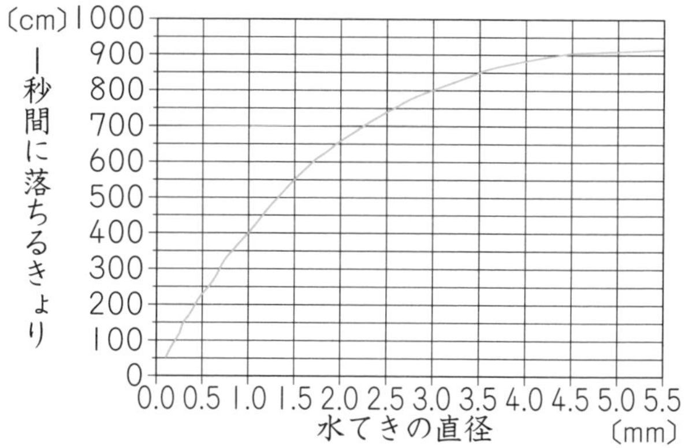

①水てきの直径が 1.5 mm で一定のとき、1000 m 落下するのに何秒かかりますか。小数第1位を四捨五入して整数で答えなさい。　（　　　）

②水てきの直径が 3.0 mm のときに落下する速さと比《くら》べて、落下する速さが 0.5 倍になるような水てきの直径は何 mm ですか。　（　　　）

54 最上級レベル ２

理科⑱

時間 20分	得点
合格 40点	50点

1 ふりこに関する次の問いに答えなさい。 〔六甲中－改〕

(1) 図１のように、ふりこのおもりを糸がたるまないように位置Aまで持ち上げてそっとはなしました。すると、おもりは、位置Aと位置Eの間の往復《おうふく》をくり返しました。初めてB、C、D、Eの位置を通るときのおもりの速さを比《くら》べた場合に最も速いのはどの位置ですか。（5点）（　　　）

〔図１〕

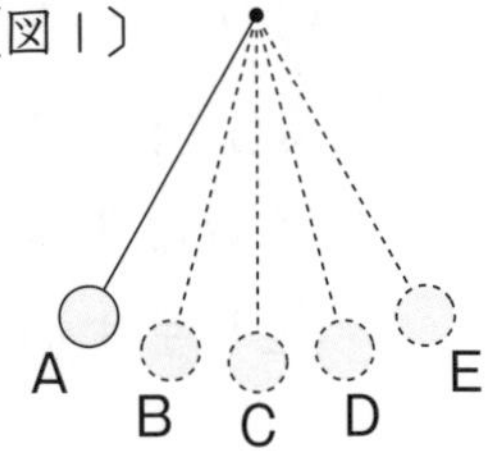

(2) ストップウォッチを使ってふりこが１往復する時間を求めます。正確《せいかく》なあたいを求めるためにはどのようにすればよいでしょうか。50字程度《ていど》で説明しなさい。（9点）

（　　　　　　　　　　　　　　　　　　）

(3) さまざまに条件《じょうけん》を変えて、ふりこが１往復する時間を調べました。条件を変えても１往復の時間が変わらないのはどの場合ですか。次のア～ウからすべて選びなさい。（9点）（　　　）

ア おもりの重さを 30g、50g、70g と変えてはかる。

イ おもりを鉄の玉、ビー玉、銅《どう》の玉の３種類に変えてはかる。

ウ ふれはばを、糸の長さの 0.05 倍、0.07 倍、0.09 倍と変えてはかる。

(4) 糸の長さを変えて、ふりこが１往復する時間を調べました。結果は右の表のようになりました。糸の長さを 44 cm にすると１往復の時間は何秒になると考えられますか。わり切れない場合は、分数で答えなさい。（9点）（　　　）

糸の長さ〔cm〕	11	$\frac{99}{4}$	99	396
１往復の時間〔秒〕	$\frac{2}{3}$	1	2	4

(5) 糸の長さを変えて、ふりこが１分間に往復する回数を調整しようと思います。１分間に 180 往復するように調整するには、糸の長さを何 cm にすればよいと考えられますか。わり切れない場合は、分数で答えなさい。（9点）（　　　）

(6) 図２のように２本のくぎaとbを打った板にもう１まいの板を固定して平らなゆかに置きました。くぎaに糸をつけ、糸のもう一方のはしにおもりをつけてふりこをつくりました。ふりこの糸の長さは 99 cm で、くぎbはくぎaの真下 88 cm のところにあります。

〔図２〕

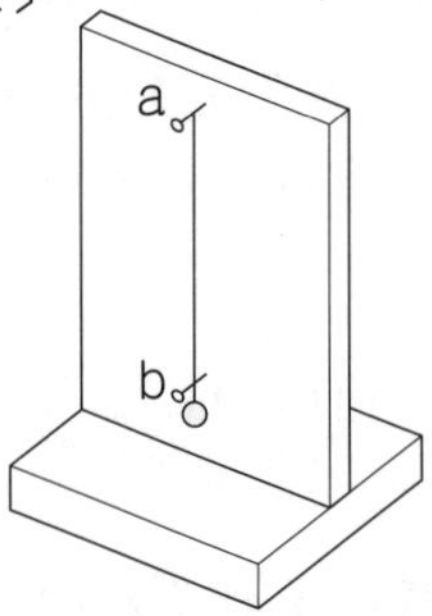

〔図３〕

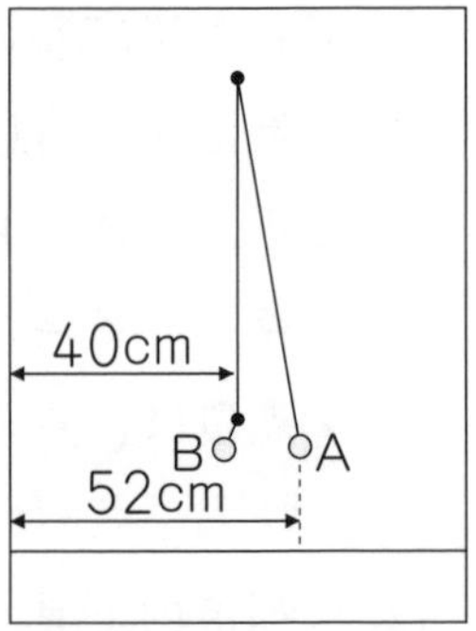

図３のようにおもりが板のはしから 52 cm になる位置Aまで糸がたるまないように持ち上げてそっとはなすと、おもりがくぎaの真下に来た位置で糸がくぎbに接《せっ》しょくし、その後おもりはくぎbを中心とする円周上を動いて位置Bまで来てもどり始めました。

図４はおもりをはなしてからの時間とおもりの位置の関係を表したグラフです。おもりの位置は板のはしとおもりとのきょりで表しています。図４に 0.5 秒から後のおもりの運動のようすをかきくわえなさい。（9点）

〔図４〕

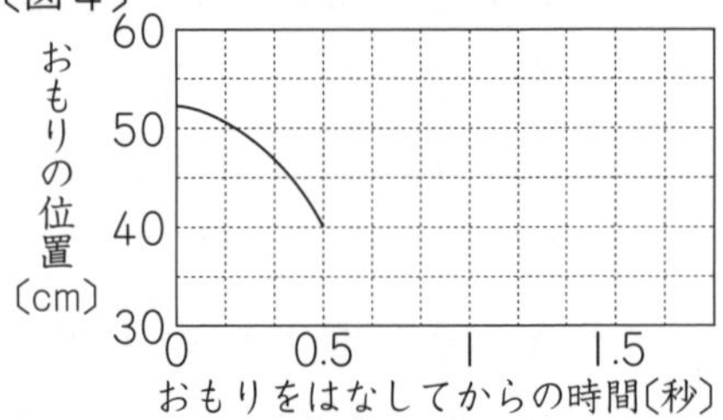

学習日〔　　月　　日〕

時間 15分	得点
合格 35点	50点

標準レベル 55 日本の国土と気候

社会①

1 日本の国土について、次の問いに答えなさい。（2点×10）

(1) 日本の西側に位置する世界で最も広い大陸を何といいますか。

（　　　　）

(2) 日本列島が面している世界で最も広い海の名を漢字で答えなさい。

（　　　　）

(3) 次の日本の4つの大きな島を面積の広い順に並《なら》べかえ、記号で答えなさい。（　→　→　→　）

ア 九《きゅう》　州《しゅう》　イ 北海道《ほっかいどう》　ウ 本《ほん》　州《しゅう》　エ 四《し》　国《こく》

(4) 日本の端《はし》の島を次のア～エから選び、それぞれ記号で答えなさい。

北（　　）南（　　）東（　　）西（　　）

ア 与那国島《よなぐにじま》　イ 択捉島《えとろふとう》　ウ 沖ノ鳥島《おきのとりしま》　エ 南鳥島《みなみとりしま》

(5) 日本の北の端の島を現在《げんざい》(2023年11月)も占領《せんりょう》している国の国旗を次のア～エから選び、記号で答えなさい。（　　）

ア

イ

ウ

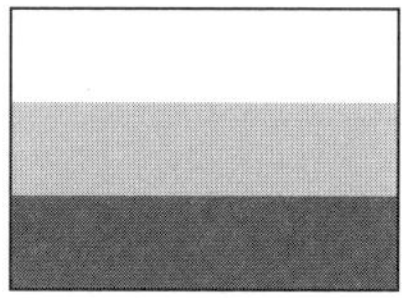

エ

(6) 国土にしめる山地の割合《わりあい》として最も適当《てきとう》なものを次のア～エから選び、記号で答えなさい。（　　）

ア 約3分の1　イ 約2分の1

ウ 約5分の2　エ 約4分の3

(7) 世界の主な川と比《くら》べたときの、日本の川の特色を説明しなさい。

（　　　　　　　　）

2 地図を見て、次の問いに答えなさい。（2点×15）

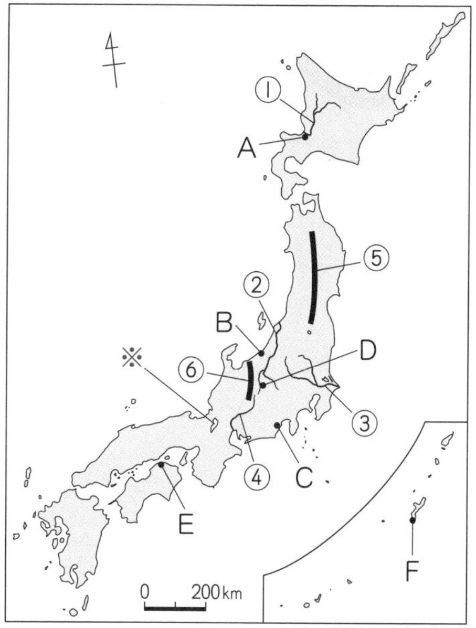

(1) 地図中の①～⑥の地形名を次のア～クから選び、それぞれ記号で答えなさい。

①（　　）②（　　）

③（　　）④（　　）

⑤（　　）⑥（　　）

ア 信濃川《しなの》　イ 利根川《とね》

ウ 木曽川《きそ》　エ 淀《よど》　川

オ 石狩川《いしかり》　カ 奥羽山脈《おうう》

キ 飛騨山脈《ひだ》　ク 越後山脈《えちご》

(2) 地図中の②・③の下流にできた平野の名を次のア～エから選び、それぞれ記号で答えなさい。　②（　　）③（　　）

ア 越後平野　イ 濃尾《のうび》平野　ウ 庄内《しょうない》平野　エ 関東《かんとう》平野

(3) 日本で最も大きい地図中の※の湖の名を答えなさい。

（　　　　）

(4) 地図中A～Fの都市が位置する地域《ちいき》の気候の特色を次のア～カから選び、それぞれ記号で答えなさい。

A（　　）B（　　）C（　　）

D（　　）E（　　）F（　　）

ア　冬に雪が多い。

イ　一年を通して雨が少なく、温暖《おんだん》である。

ウ　一年を通して雨が少なく、夏と冬の気温の差が大きい。

エ　一年を通して雨が少なく、冬が長く、寒さがきびしい。

オ　他の気候に比べて雨が多く、特に夏に多い。

カ　亜熱帯《あねったい》に位置し、冬も非常《ひじょう》に暖《あたた》かい。

社会

上級レベル 56 日本の国土と気候

社会②

時間 15分	得点
合格 35点	50点

1 地図を見て、次の問いに答えなさい。（5点×5）

(1) 地図中のAとBの国にあてはまる文を次のア〜ウから選び、それぞれ記号で答えなさい。

A(　　　) B(　　　)

ア　急速に経済《けいざい》が発展《はってん》している国で、人口がとても多く、一人っ子政策《せいさく》をとっていた。

イ　工業がさかんで、首都ソウルでオリンピックが開催《かいさい》されたことがある。

ウ　世界一面積が広い国で、石油や天然ガスなどの地下資源《しげん》開発がさかんである。

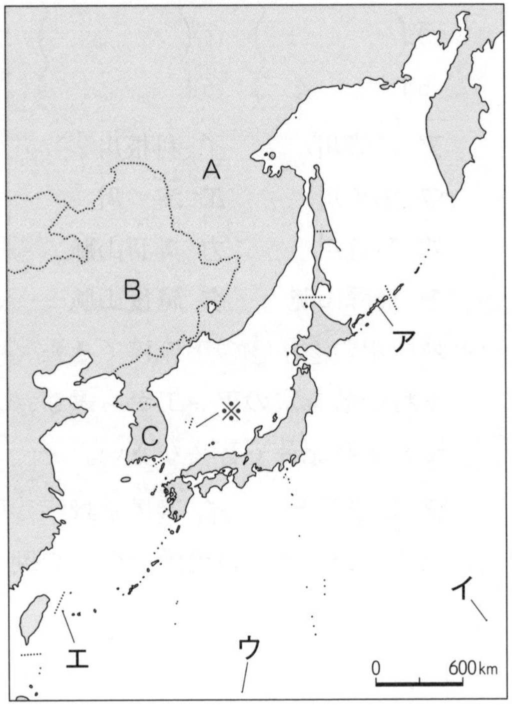

(2) 地図中の※の島は、島根《しまね》県に属《ぞく》していますが、現在《げんざい》、地図中のCの国が占拠《せんきょ》しています。この島の名を次のア〜エから選び、記号で答えなさい。(　　　)

ア 尖閣諸島《せんかくしょとう》　イ 竹《たけ》　島《しま》　ウ 隠岐《おき》諸島　エ 対《つ》　馬《しま》

(3) 次の文の島について、①島の名を答え、②その位置を地図中のア〜エから選び、記号で答えなさい。

①(　　　　) ②(　　　)

さんご礁《しょう》の島で、満潮《まんちょう》になると2つの小さな島以外は海面下に沈《しず》んでしまう。島が沈んでしまわないように、政府《せいふ》は大規《だいき》模《ぼ》な工事を行って、島を保護《ほご》している。

2 気候や地形について、次の問いに答えなさい。（5点×5）

(1) 夏と冬で吹《ふ》く方向が異《こと》なる、日本の気候に影響《えいきょう》を与《あた》える風について、次の問いに答えなさい。

①この風の名を漢字3字で答えなさい。(　　　)

②この風は冬にはどの方角から吹いてきますか。8方位で答えなさい。(　　　)

(2) 次の気候グラフはあとのア〜オのどの都市のものですか。それぞれ記号で答えなさい。①(　　　) ②(　　　)

①

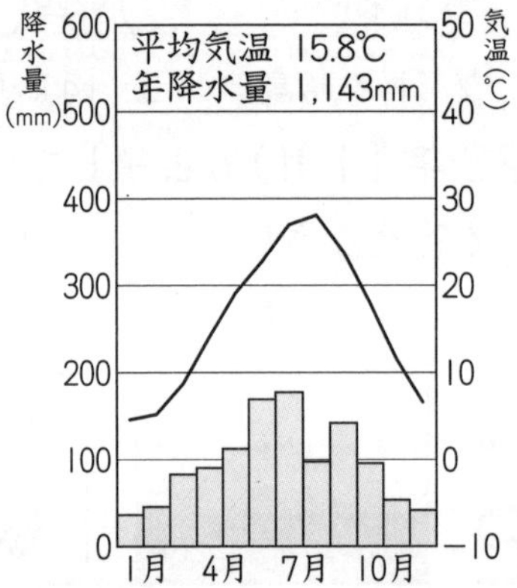

②

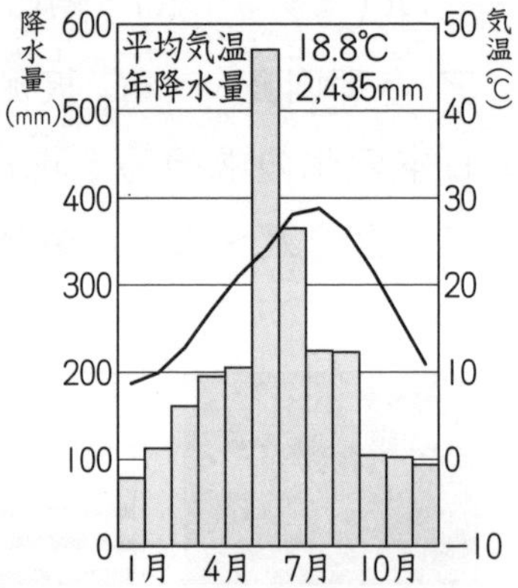

（令和5年版「理科年表」）

ア 那覇《なは》(沖縄《おきなわ》県)　イ 松本《まつもと》(長野《ながの》県)　ウ 鹿児島《かごしま》(鹿児島県)
エ 札幌《さっぽろ》(北海道《ほっかいどう》)　オ 岡山《おかやま》(岡山県)

(3) 川と平野の組み合わせとして正しいものを次のア〜エから選び、記号で答えなさい。(　　　)

ア 北上《きたかみ》川—北上平野　イ 最上《もがみ》川—庄内《しょうない》平野
ウ 吉野《よしの》川—讃岐《さぬき》平野　エ 天竜《てんりゅう》川—濃尾《のうび》平野

学習日〔　　月　　日〕

標準レベル 57 社会③

地域の人々とくらし

時間	得点
15分	
合格 35点	/50点

1 地図を見て、次の問いに答えなさい。（5点×10）

(1) Aの地域《ちいき》について、次の問いに答えなさい。

①この地域で昔から生活を営《いとな》んでいた人々を何といいますか。解答欄《かいとうらん》に合うようにカタカナ3字で答えなさい。

（　　　　の人々）

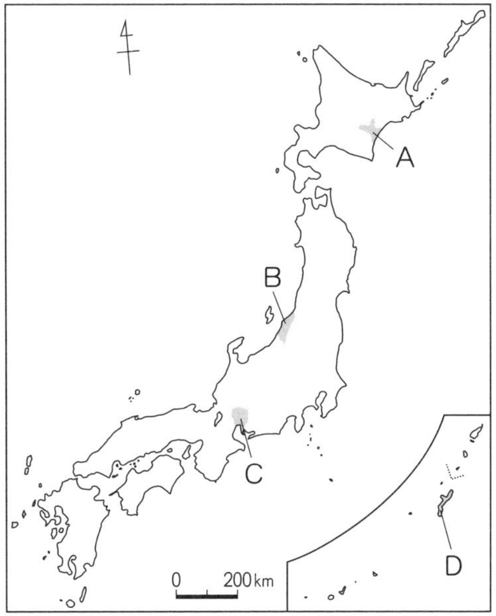

②この地域のすずしい気候を利用して栽培《さいばい》されている農作物として適当《てきとう》でないものを次のア～エから選び、記号で答えなさい。（　　）

ア じゃがいも　　イ 小　麦

ウ てんさい　　エ き　く

(2) Bの地域で、雪を捨《す》てるためにつくられている右の図のようなしくみを何といいますか。次のア～エから選び、記号で答えなさい。（　　）

ア 消雪パイプ　　イ がんぎ　　ウ 雪おろし　　エ 流雪溝《りゅうせつこう》

(3) Cの地域について、次の問いに答えなさい。

①この地域に流れている川として正しくないものを次のア～エから選び、記号で答えなさい。（　　）

ア 長良《ながら》川　　イ 木曽《きそ》川　　ウ 利根《とね》川　　エ 揖斐《いび》川

②大きな川が集中して流れこんでくるために、この地域は水害が起こりやすい地域でした。人々はくらしを守るために、協力して堤《てい》防《ぼう》で土地を囲《かこ》みました。このような土地を何といいますか。漢字2字で答えなさい。（　　）

(4) Dの地域について、次の問いに答えなさい。

①この地域は、太平洋戦争後も長く他の国に占領《せんりょう》され、1972年にようやく日本に返還《へんかん》されました。この地域を占領していた国を次のア～エから選び、記号で答えなさい。（　　）

ア ロシア連邦《れんぽう》　　イ 中国(中華人民共和国《ちゅうかじんみんきょうわこく》)

ウ アメリカ合衆国《がっしゅうこく》　　エ イギリス

②この地域の気候の特色をいかして栽培されている、さとうの原料となる農作物の名を答えなさい。（　　）

(5) 次の写真は、地図中A～Dの地域で見られる特徴《とくちょう》的な家のつくりです。B～Dの地域の家として最も適当なものを次のア～エから選び、それぞれ記号で答えなさい。

B（　　）　C（　　）　D（　　）

ア

イ

ウ

エ

社会

上級レベル 58 地域の人々とくらし

社会④

時間 15分	得点
合格 35点	50点

1 次の文を読んで、あとの問いに答えなさい。

Aさん…わたしの住む村は浅間山《あさまやま》のふもとにあります。①夏でもすずしい気候を利用して、野菜の栽培《さいばい》がさかんです。

Bくん…ぼくの住む町は台風の被害《ひがい》にあうことが多いので、昔から、家に②台風に対するくふうがされています。長くアメリカ合衆国《がっしゅうこく》に占領《せんりょう》されていましたが、③現在《げんざい》でもアメリカ軍の基地《きち》は残っています。

Cさん…わたしの住む地方の農家は、他の県の農家に比《くら》べて数十倍の農地を持っている家が多く、④大型《おおがた》機械を使って大規模《だいきぼ》に農業をしています。

Dくん…ぼくの住む町は⑤３つの大きな川の下流にあり、⑥昔から水害が多かったそうです。ぼくの学校も堤防《ていぼう》のそばにあります。

(1) 下線①について、この農業について説明した文として最も適当《てきとう》なものを次のア～エから選び、記号で答えなさい。（５点）（　　）

ア　ビニールハウスでトマトやきゅうりの栽培を行っている。

イ　他の地方の出荷《しゅっか》時期より遅《おく》らせて、キャベツを出荷している。

ウ　他の地方の出荷時期より早めて、レタスを出荷している。

エ　他の地方と出荷時期は同じだが、すずしいため、高品質《こうひんしつ》の野菜ができる。

(2) 下線②について、このくふうについて説明した文として正しくないものを次のア～エから選び、記号で答えなさい。（５点）（　　）

ア　窓《まど》ガラスを二重にしている。

イ　家の周りに防風林《ぼうふうりん》を植えている。

ウ　屋根がわらをしっくいでぬりかためている。

エ　家の周りをさんごを積んだ石垣《いしがき》で囲《かこ》っている。

(3) 下線③について、日本にあるアメリカ軍基地のうち、沖縄《おきなわ》県に位置する割合《わりあい》を次のア～エから選びなさい。（５点）（　　）

ア 約10%　　イ 約20%　　ウ 約50%　　エ 約75%

(4) 下線④について、広い農地では、病気などを防《ふせ》ぐために、畑ごとに前年とは異《こと》なる農作物を順番に栽培しています。このような方法を何というか、漢字２字で答えなさい。（５点）（　　）

(5) 下線⑤について、この３つの川によって形づくられた平野の名を答えなさい。（５点）（　　）

(6) 下線⑥について、この地域《ちいき》について説明した文として正しくないものを次のア～ウから選び、記号で答えなさい。（５点）（　　）

ア　川は周囲《しゅうい》の土地よりも高いところを流れる天井《てんじょう》川になっている。

イ　洪水《こうずい》が起こったときの避難《ひなん》小屋である水屋《みずや》を見ることができる。

ウ　安全のために堤防が次々につくられ、輪中《わじゅう》は増《ふ》えている。

(7) 次の気候グラフは４人の住む都道府県の都道府県庁所在都市《けんちょうしょざいとし》のいずれかのものです。だれの住む都道府県のグラフかをあとのア～エから選び、記号で答えなさい。（５点×２）①（　　）②（　　）

①
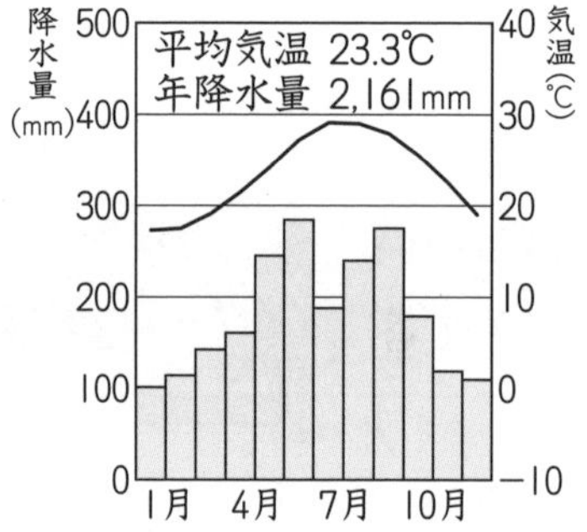

②
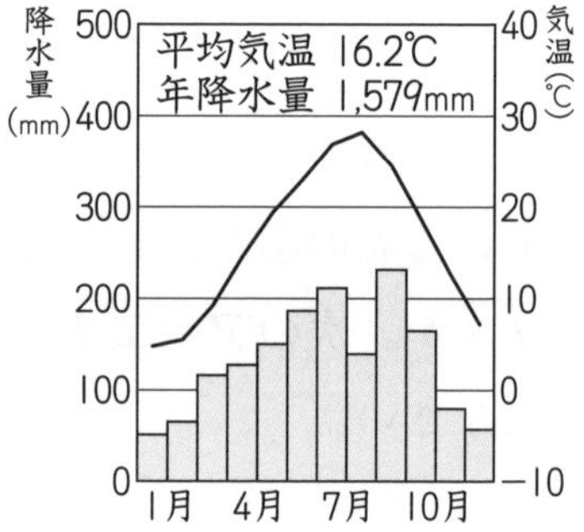

（令和５年版「理科年表」）

ア Aさん　　イ Bくん　　ウ Cさん　　エ Dくん

(8) ４人の住む都道府県を北から順に並《なら》べかえ、A～Dの記号で答えなさい。（10点）（　　→　　→　　→　　）

学習日〔　　月　　日〕

標準レベル **59** 社会⑤

日本の農業

時間 15分	得点
合格 35点	50点

1 米づくりについて、次の問いに答えなさい。（５点×７）

(1) 次のア～エの農作業を行う順に並《なら》べかえ、記号で答えなさい。

（　　→　　→　　→　　→稲刈《いねか》り）

ア　農薬をまく。　　イ　田おこしをする。

ウ　田植えをする。　エ　代《しろ》かきをする。

(2) 農薬をまくときに利用されている機材として最も適当《てきとう》なものを次のア～エから選び、記号で答えなさい。（　　）

ア 人型《ひとがた》ロボット　イ ベルトコンベア

ウ コンバイン　エ ヘリコプター

(3) 収穫《しゅうかく》した米を共同で保存《ほぞん》・管理する右の倉庫を何といいますか。カタカナ１１字で答えなさい。

（　　　　　）

(4) 山形《やまがた》県の米づくりについて、次の問いに答えなさい。

①山形県の米づくりの中心となっている平野と川の組み合わせとして正しいものを次のア～エから選び、記号で答えなさい。（　　）

ア 仙台《せんだい》平野―北上《きたかみ》川　イ 越後《えちご》平野―信濃《しなの》川

ウ 庄内《しょうない》平野―最上《もがみ》川　エ 能代《のしろ》平野―米代《よねしろ》川

②山形県で最も多く栽培《さいばい》されている米の品種を次のア～エから選び、記号で答えなさい。（　　）

ア コシヒカリ　イ はえぬき

ウ ひとめぼれ　エ ササニシキ

(5) 右のグラフは、米の生産量と消費《しょうひ》量の変化を表しています。生産量にあたるものをグラフ中のア・イから選び、記号で答えなさい。（　　）

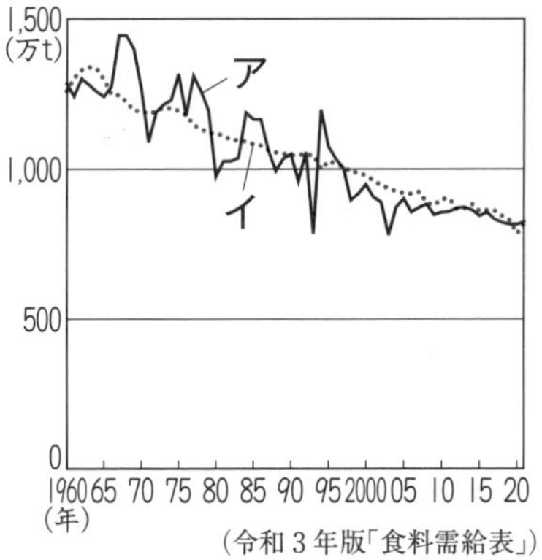

（令和３年版「食料需給表」）

(6) 米の消費量を増《ふ》やすための努力として適当でないものを次のア～エから選び、記号で答えなさい。

（　　）

ア　生産調整を行い、転作を進める。

イ　ぶたなどの家畜《かちく》のえさにする米をつくる。

ウ　品種改良によって味の良い品種をつくる。

エ　米でできたパンなどの食品を開発する。

2 日本の農業について、次の問いに答えなさい。（５点×３）

(1) 地域《ちいき》の農業指導《しどう》や、農機具・肥料《ひりょう》の販売《はんばい》などを行う組織《そしき》である農業協同組合の略称《りゃくしょう》として正しいものを次のア～エから選び、記号で答えなさい。（　　）

ア ＪＰ《ジェイピー》　イ ＪＴ《ジェイティー》　ウ ＪＡ《ジェイエー》　エ ＪＲ《ジェイアール》

(2) 情報《じょうほう》通信技術（ＩＣＴ《アイシーティー》）やロボットの技術《ぎじゅつ》など進んだ技術を利用することで、これまで人手をかけないといけなかった農作業を省力化することができていますが、このような新しい農業を何といいますか。答えなさい。（　　　　）

(3) 日本の農業の問題点について説明した文として正しくないものを次のア～エから選び、記号で答えなさい。（　　）

ア　食料自給率《じきゅうりつ》が下がっている。

イ　農業で働く若《わか》い人が少なく、高齢化《こうれいか》が進んでいる。

ウ　農薬の使用量が増え続けている。

エ　宅地《たくち》面積が増え、田畑は減《へ》り続けている。

社会

上級レベル 60 日本の農業

社会⑥

時間 15分	得点
合格 35点	50点

1 日本の農業について、あとの問いに答えなさい。（5点×10）

(1) 右のグラフは、大豆《だいず》・肉類・野菜・小麦の食料自給率《じきゅうりつ》を表しています。①大豆、②肉類にあたるものをグラフ中のア～エから選び、それぞれ記号で答えなさい。

①（　　　）②（　　　）

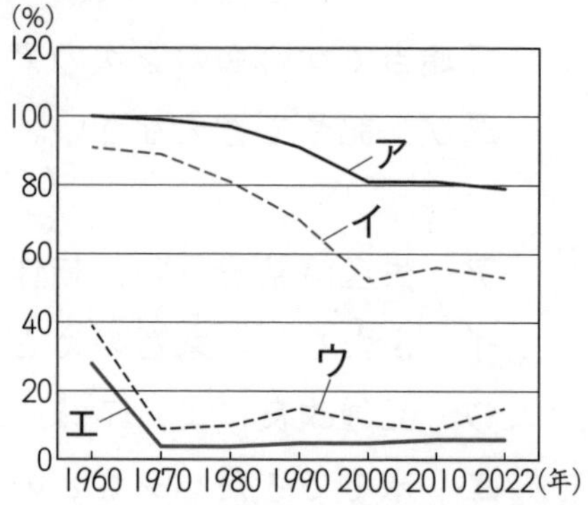

（令和4年版「食料需給表」など）

(2) 米の生産と流通について説明した文として正しいものを次のア～エから選び、記号で答えなさい。（　　　）

ア　農家の生産した米は、すべて国によって買い取られている。

イ　届《とど》け出を行えば、米の売買は自由にできる。

ウ　米の価格《かかく》は政府《せいふ》によって決定されている。

エ　政府の指示《しじ》によって生産調整が行われている。

(3) 各地の特色ある野菜の生産について説明した文として正しくないものを次のア～エから選び、記号で答えなさい。（　　　）

ア　冬の温暖《おんだん》な気候を利用して、高知《こうち》県や宮崎《みやざき》県では、なすやきゅうりなどの早づくりがさかんである。

イ　夏のすずしい気候を利用して、長野《ながの》県や群馬《ぐんま》県ではレタスやキャベツなどのおそづくりがさかんである。

ウ　大消費地《しょうひち》である東京《とうきょう》に近いことを利用して、岐阜《ぎふ》県や滋賀《しが》県では季節の野菜づくりがさかんである。

エ　年中暖《あたた》かい気候を利用して、沖縄《おきなわ》県では、さとうきびやパイナップルなど特色ある農作物の栽培《さいばい》がさかんである。

(4) 野菜などを消費地まで、一定の低い温度で運び、新鮮《しんせん》な状態《じょうたい》を保《たも》つしくみを何といいますか。次のア～エから選び、記号で答えなさい。

（　　　）

ア　コールドチェーン　　イ　トレーサビリティ

ウ　モーダルシフト　　エ　バイオテクノロジー

(5) 次の表は、くだものの生産量上位都道府県名と生産量を表しています。表中①～③にあてはまる都道府県を答えなさい。なお、同じ番号は同じ都道府県です。

①（　　　県）②（　　　県）③（　　　県）

みかん		りんご		ぶどう		もも	
①	1,478	青森《あおもり》	4,157	③	406	③	346
愛媛《えひめ》	1,278	②	1,103	②	288	福島《ふくしま》	243
静岡《しずおか》	997	岩手《いわて》	424	岡山《おかやま》	151	②	106
熊本《くまもと》	900	山形《やまがた》	323	山形	146	山形	89

（2021年、単位：百t）　（2023/24年版「日本国勢図会」）

(6) 右の地図中の※は、畜産《ちくさん》のさかんな地域《ちいき》です。この地域について説明した文として、正しいものを次のア～エから選び、記号で答えなさい。（　　　）

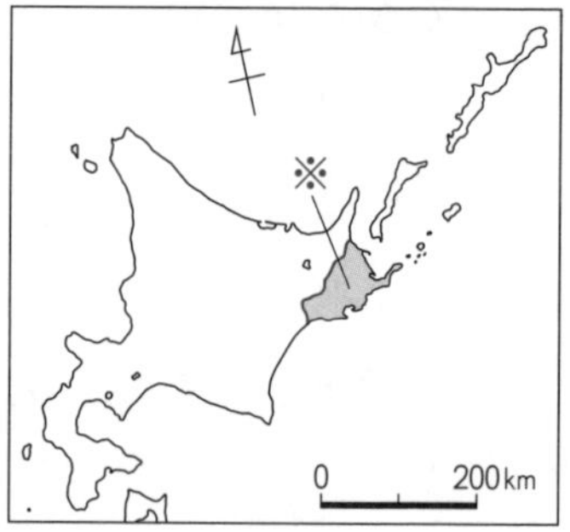

ア　※の地域は釧路湿原《くしろしつげん》である。

イ　※の地域に、戦後、国によってパイロットファームがつくられた。

ウ　※の地域は泥炭土《でいたんど》だったため、客土《きゃくど》などの土地改良が行われた。

エ　※の地域で主に育てられているのは、ぶたと肉牛である。

(7) なるべく地元の農作物を消費することが、環境《かんきょう》にもやさしく、地元の産業を育てることにもつながるという考え方を何といいますか。漢字4字で答えなさい。（　　　）

学習日〔　　月　　日〕

時間	得点
15分	
合格 35点	50点

標準レベル 61 日本の水産業

社会⑦

1 右下の漁業別生産量の変化のグラフについて、次の問いに答えなさい。（5点×7）

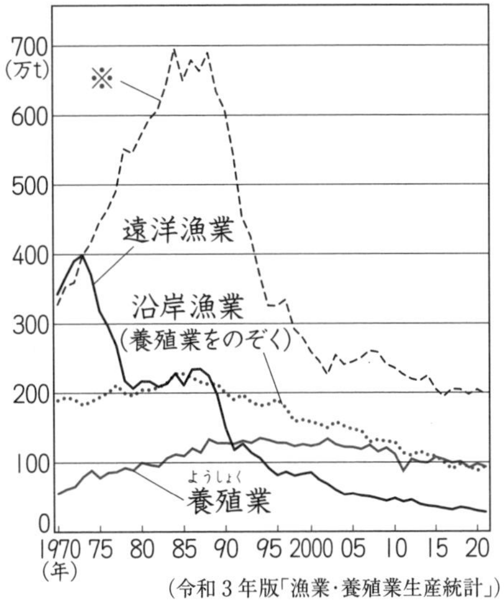

(令和3年版「漁業・養殖業生産統計」)

(1) グラフ中の※にあたる漁業名を何といいますか。

（　　　　　　）

(2) グラフ中の※にあたる漁業の説明として正しいものを次のア～ウから選び、記号で答えなさい。

（　　　　）

ア　大きな漁業会社が所有する大型《おおがた》漁船で、数か月がかりで遠くの海で行う漁業。

イ　10t以上100t未満の大型・中型漁船で、数日がかりで行う漁業。

ウ　10t未満の漁船で、日帰りで行う漁業。地引き網《あみ》漁業や定置網漁業もふくまれる。

(3) 1970年に最も漁獲《ぎょかく》量が多かったのは遠洋漁業ですが、現在《げんざい》では漁獲量は最も少なくなっています。大きく漁獲量を減《へ》らした時期を次のア～エから選び、記号で答えなさい。（　　　　）

ア 1974～1978年　　イ 1982～1986年

ウ 1990～1994年　　エ 1998～2002年

(4) 遠洋漁業が大きく漁獲量を減らしたのは、国際《こくさい》的に漁業制限《せいげん》が行われるようになったことが大きな理由の一つです。漁業制限が行われた範囲《はんい》は、沿岸《えんがん》から何海里ですか。（　　　　）

(5) (4)の範囲をkmで表すとおよそ何kmになりますか。正しいものを次のア～エから選び、記号で答えなさい。（　　　　）

ア 12km　　イ 200km　　ウ 370km　　エ 750km

(6) 漁業のうち、たまごをかえして稚魚《ちぎょ》まで育て、海に放流する漁業を特に何といいますか。（　　　　　　）

(7) 漁獲量が減少《げんしょう》していることに対する対策《たいさく》を述《の》べた文として正しくないものを次のア～エから選び、記号で答えなさい。（　　　　）

ア　海に面した土地に木を植える。

イ　コンクリートに海草の種を植えて、海にしずめる。

ウ　魚より肉を食べるように、宣伝《せんでん》活動を行う。

エ　養殖池で、魚を効率《こうりつ》よく育てる。

2 漁法や魚の流通について、次の問いに答えなさい。（5点×3）

(1) 右の漁法の写真を見て、次の問いに答えなさい。

①この漁法を何といいますか。

（　　　　　　）

②この漁法でとる魚として最も適当《てきとう》なものを次のア～エから選び、記号で答えなさい。

（　　　　）

ア いわし　　イ かに　　ウ たこ　　エ かつお

(2) 水あげされた魚は各地の魚市場で売り買いされ、小売店に運ばれます。右の写真のように、仲買人が値段《ねだん》を示《しめ》しあって、魚に値段をつけていく方法を何といいますか。

（　　　　）

社会

学習日［　　月　　日］

上級レベル 62 日本の水産業

社会⑧

時間 15分	得点
合格 35点	50点

1 日本の漁業について、次の問いに答えなさい。（5点×10）

(1) 日本の漁獲《ぎょかく》量が世界有数である理由を説明した文として正しいものを次のア～ウから選び、記号で答えなさい。（　　）

ア　日本は島国で、太平洋・日本海・東シナ海・ベーリング海に囲《かこ》まれている。

イ　暖流《だんりゅう》の親潮《おやしお》(千島《ちしま》海流)と寒流の黒潮《くろしお》(日本海流)の出合う潮目《しおめ》が三陸沖《さんりくおき》にあり、多くの魚が集まる。

ウ　東シナ海は浅い大陸棚《たいりくだな》が広がっており、好漁場となっている。

(2) 次の表は、いか類・かつお類・かに類・さけ類の県別漁獲量上位5都道県と漁獲量を表しています。①かつお類、②かに類にあたるものを表中ア～エから選び、記号で答えなさい。

①（　　）②（　　）

	漁獲量上位5都道県
ア	静岡《しずおか》(589)・東京《とうきょう》(291)・宮城《みやぎ》(249)・高知《こうち》(136)・三重《みえ》(114)
イ	北海道《ほっかいどう》(518)・青森《あおもり》(15)・岩手《いわて》(13)・宮城(4)・秋田《あきた》(3)
ウ	北海道(47)・鳥取《とっとり》(30)・兵庫《ひょうご》(27)・新潟《にいがた》(18)・島根《しまね》(16)
エ	青森(185)・北海道(110)・長崎《ながさき》(66)・石川《いしかわ》(57)・兵庫(51)

(2020年、単位：百t)　　(2023年版「データでみる県勢」)

(3) (2)の表中の上位都道県と最も水あげ量が多い漁港の組み合わせとして正しくないものを次のア～エから選び、記号で答えなさい。（　　）

ア 静岡県—焼津《やいづ》港　　イ 北海道—釧路《くしろ》港

ウ 島根県—境《さかい》港　　エ 青森県—八戸《はちのへ》港

(4) 次の図は、さまざまな漁法を表しています。①群《む》れになって回遊するいわし類、②海の底に住むひらめ類の漁法として、最も適当《てきとう》なものを次のア～エから選び、それぞれ記号で答えなさい。

①（　　）②（　　）

ア
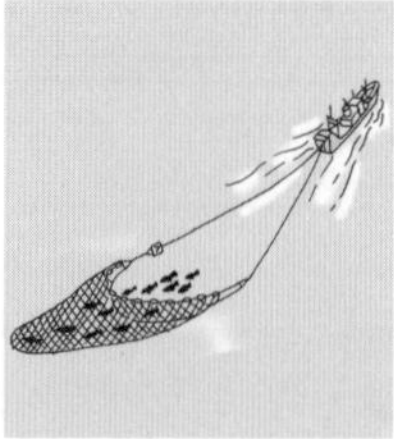

イ

ウ
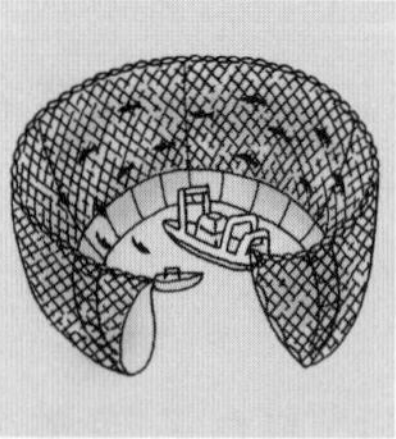

エ

(5) 日本の漁獲量は、近年、減少傾向《げんしょうけいこう》にあり、その分、輸入《ゆにゅう》量は増加《ぞうか》しています。これについて、次の問いに答えなさい。

①日本の魚介《ぎょかい》類最大輸入相手国は、世界一の漁獲量を誇《ほこ》る国です。この国を次のア～エから選び、記号で答えなさい。（　　）

ア アメリカ合衆国《がっしゅうこく》　　イ オーストラリア

ウ 中　国　　エ ブラジル

②日本への輸出用えびの養殖《ようしょく》池をつくるために、東南アジアの広い範囲《はんい》で伐採《ばっさい》され、環境破壊《かんきょうはかい》が問題となっている林を何といいますか。カタカナ6字で答えなさい。（　　）

(6) 右の地図中のA～Eは、養殖業のさかんな地域《ちいき》を表しています。①地図中のAとB、②地図中のC～Eで共通して養殖がさかんな水産物を次のア～オから選び、それぞれ記号で答えなさい。

①（　　）②（　　）

ア かき　　イ ほたてがい

ウ のり　　エ うなぎ

オ しんじゅ

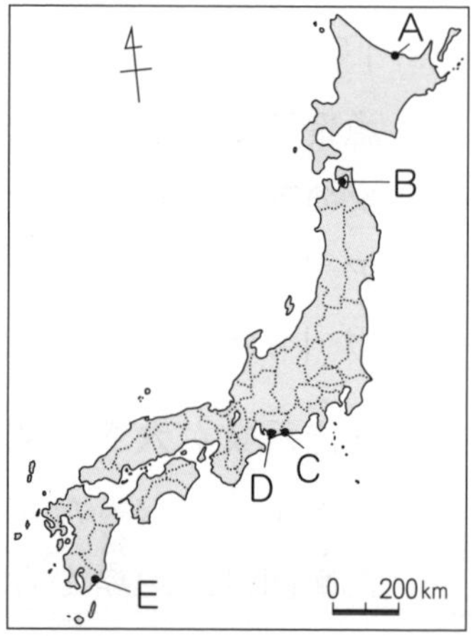

標準レベル 63 いろいろな工業

社会⑨

時間	得点
15分	
合格 35点	50点

1 自動車工業について、次の問いに答えなさい。（5点×5）

(1) 次の自動車生産の作業を工程《こうてい》順に並《なら》べかえなさい。

（　　→　　→　　→　　→　　）

ア とそう　イ 組み立て　ウ 溶接《ようせつ》　エ 検査《けんさ》　オ プレス

(2) 自動車は約３万個《こ》の部品からできています。それらの部品を組み立て工場におさめる下請《したう》けの工場のことを何といいますか。漢字４字で答えなさい。（　　）

(3) 自動車生産のくふうについて説明した文として正しくないものを次のア～ウから選び、記号で答えなさい。（　　）

ア　溶接やプレスなどの危険《きけん》な作業は、産業用ロボットを使って行っている。

イ　部品が足りなくならないよう、いつも大量に組み立て工場に保《ほ》管《かん》している。

ウ　重い車体をベルトコンベアにのせて、流れ作業で分担《ぶんたん》して組み立て作業を行っている。

(4) 環境《かんきょう》にやさしい自動車として開発された、電気モーターとガソリンエンジンを組み合わせた自動車を何といいますか。カタカナで答えなさい。（　　）

(5) 右のグラフは、都道府県別の輸送《ゆそう》用機械生産額割合《せいさんがくわりあい》を表しています。豊《とよ》田《た》市が位置する※県の名を漢字で答えなさい。

（　　県）

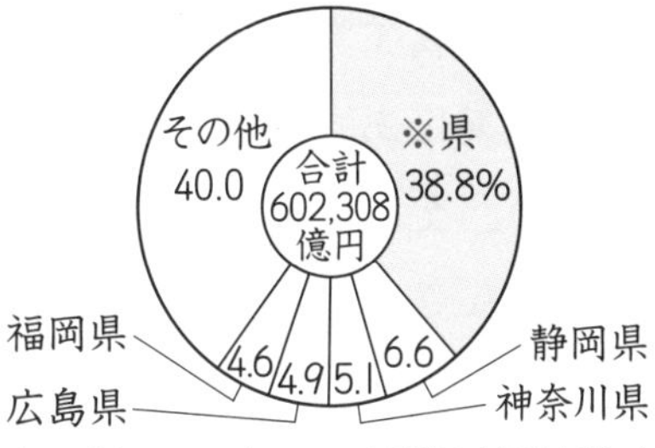

(2020年)　(2023/24年版「日本国勢図会」)

2 工業について、次の問いに答えなさい。（5点×5）

(1) 鉄の原料となる鉄鉱石《てっこうせき》や石炭を、日本が最も多く輸入している相手国を次のア～エから選び、その国の位置を下の地図中のA～Dから選んで、それぞれ記号で答えなさい。（　　・　　）

ア アメリカ合衆国《がっしゅうこく》　イ ロシア連邦《れんぼう》

ウ ブラジル　エ オーストラリア

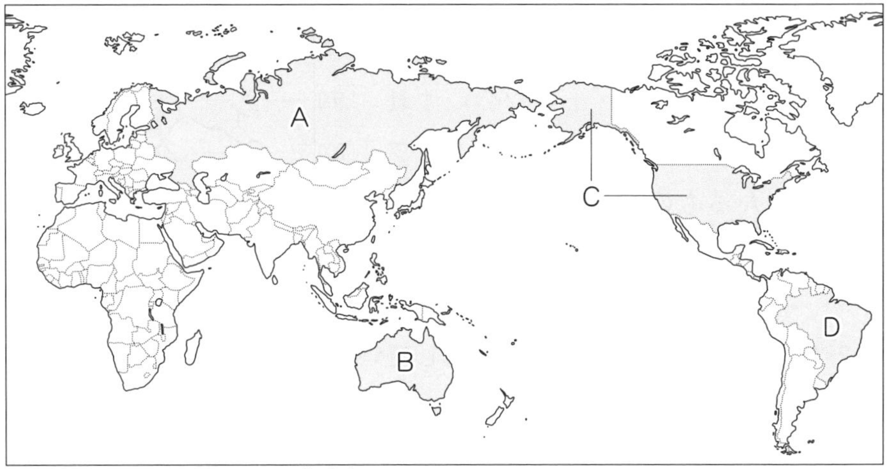

(2) 石油を原料とする工業製品《せいひん》として正しくないものを次のア～エから選び、記号で答えなさい。（　　）

ア タイヤ　イ ペンキ　ウ アルミサッシ　エ プラスチック

(3) 石油工場を中心に、石油製品を原料や燃料《ねんりょう》にする工場がパイプラインによって結びついているところを何といいますか。

（　　）

(4) 大豆《だいず》を原料とする食料品として正しくないものを次のア～エから選び、記号で答えなさい。（　　）

ア しょうゆ　イ うどん　ウ 食用油　エ み　そ

(5) 衣類に使用する生地の生産をはじめ、近年では、電磁波防止《でんじはぼうし》のシートなどの特殊《とくしゅ》加工したシート開発なども行っている工業を何といいますか。（　　）

社会

上級レベル 64 いろいろな工業

社会⑩

時間	得点
15分	
合格 35点	50点

1 自動車工業について、次の問いに答えなさい。（5点×5）

(1) 右のグラフは、主要国の自動車生産台数の移《うつ》り変わりを表しており、グラフ中のア～エは、日本・中国・アメリカ合衆国《がっしゅうこく》・ドイツのいずれかです。①日本と②中国のグラフにあたるものを選び、それぞれ記号で答えなさい。

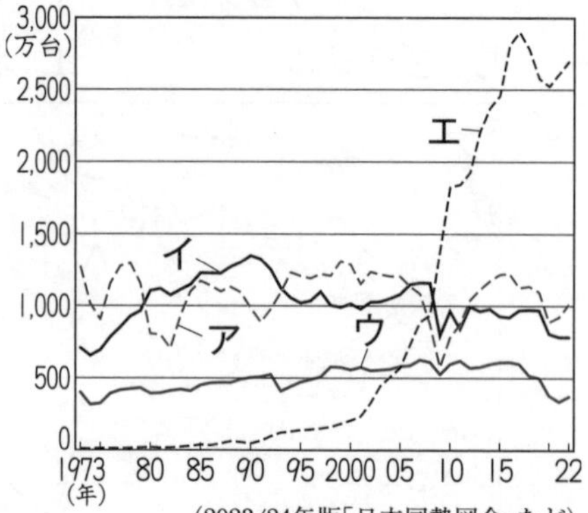

（2023/24年版「日本国勢図会」など）

①（　　　）②（　　　）

(2) 日本が最も多く自動車を輸出《ゆしゅつ》している国を次のア～エから選び、記号で答えなさい。（　　　）

ア 中　国　　イ ドイツ　　ウ ブラジル　　エ アメリカ合衆国

(3) 必要な部品が必要なときに必要なだけ、関連工場から組み立て工場に運びこまれるしくみを何といいますか。カタカナで答えなさい。

（　　　　　　　）

(4) 重大な事故《じこ》を防《ふせ》ぐためのくふうについて説明した文として、正しくないものを次のア～ウから選び、記号で答えなさい。

（　　　）

ア　事故が起きたときのしょうげきをやわらげるために、エアバッグが開発された。

イ　事故が起きても大きなけがにつながらないように、シートベルトの着用が義務化《ぎむか》されている。

ウ　しょうとつしたときにけがをしないように、ボディの鉄板を厚《あつ》くし、こわれない自動車づくりを目ざしている。

2 工業について、次の問いに答えなさい。（5点×5）

(1) 次の地図ア～エは、製鉄所《せいてつじょ》・石油コンビナート・自動車組み立て工場・造船所《ぞうせんじょ》の分布《ぶんぷ》のいずれかです。①製鉄所と②石油コンビナートにあたるものを選びなさい。　①（　　　）②（　　　）

ア

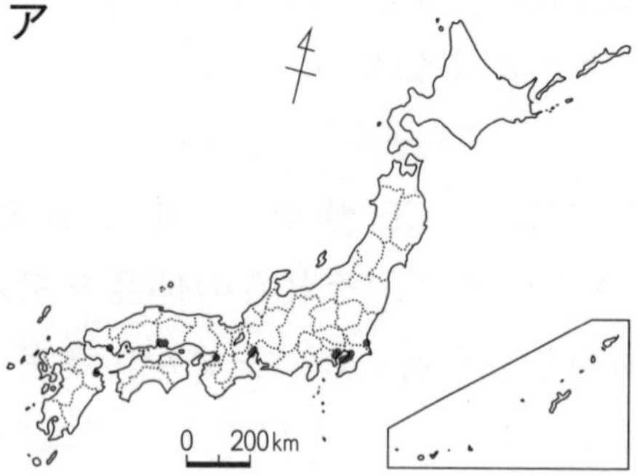

イ

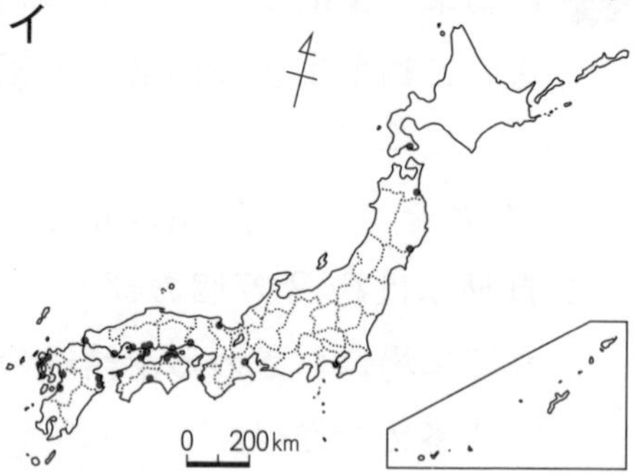

ウ

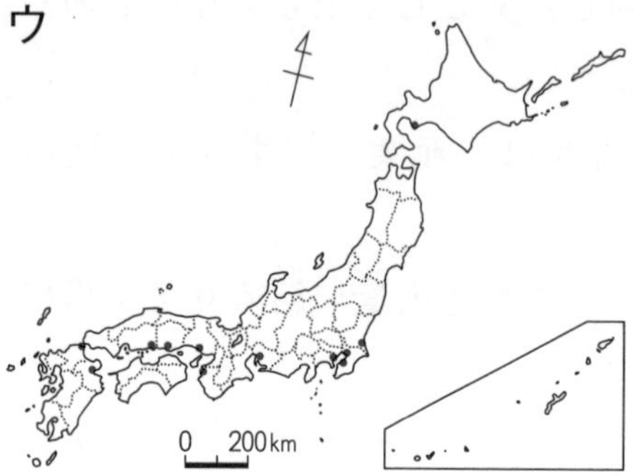

エ

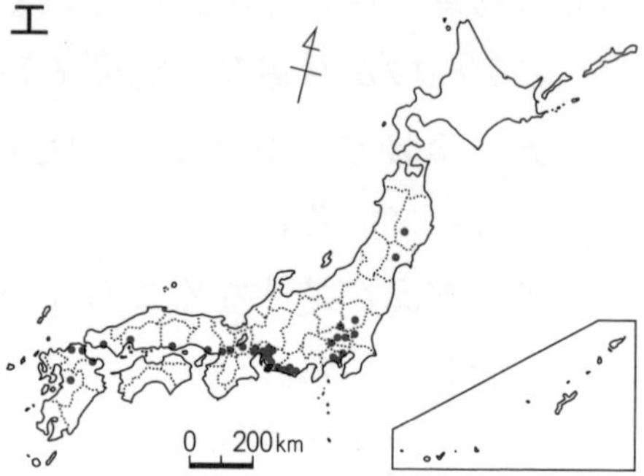

(2) 福岡《ふくおか》県北九州《きたきゅうしゅう》市に建設《けんせつ》され、1901年に操業《そうぎょう》を開始した、日本初の近代的な製鉄所の名を漢字で答えなさい。（　　　　　）

(3) 次のグラフは、各工業の工業生産額《せいさんがく》の割合《わりあい》を表しており、グラフ中のア～オは金属《きんぞく》・せんい・機械・化学・食料品工業のいずれかです。①金属工業と②せんい工業にあたるものを選び、それぞれ記号で答えなさい。

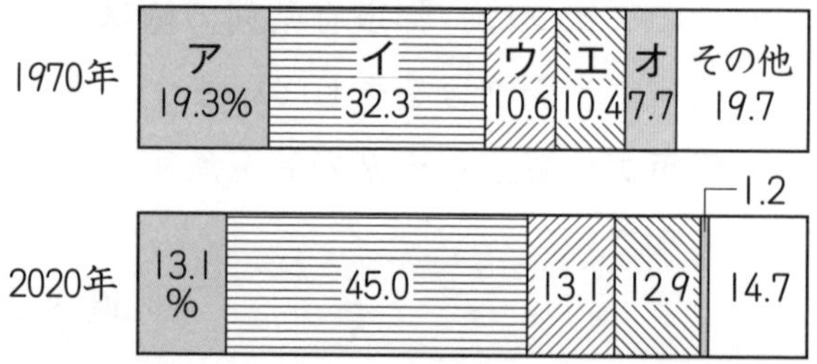

（2023/24年版「日本国勢図会」など）

①（　　　）
②（　　　）

時間 15分	得点
合格 35点	50点

標準レベル 65 工業地域と貿易

社会⑪

1 地図を見て、次の問いに答えなさい。（5点×5）

(1) 次の説明文にあたる工業地帯・地《ち》域《いき》の位置を、右の地図中のア～キから選び、記号で答えなさい。また、その工業地帯・地域の名を漢字で答えなさい。

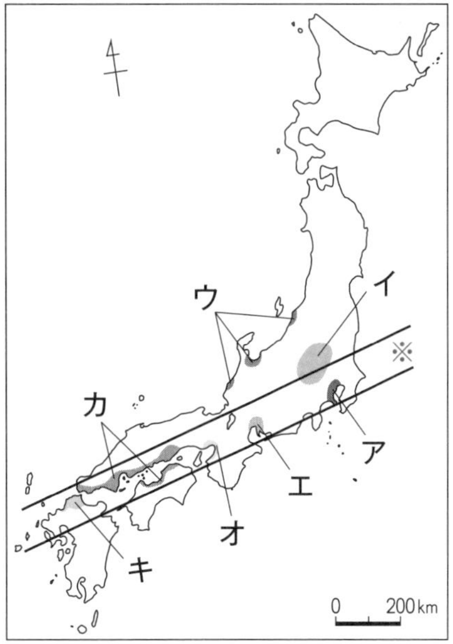

①日本で最も工業生産額《がく》が多い工業地帯で、豊田《とよた》市を中心として、特に自動車生産がさかんである。

（　　　・　　　　工業地帯）

②首都に位置するため、豊富《ほうふ》な情報《じょうほう》を全国に伝える印刷業などに特色がある。また、大田《おおた》区にはすぐれた技術《ぎじゅつ》で有名な中小工場が集まっている。

（　　　・　　　　工業地帯）

③戦後に開発された工業地域で、おだやかな瀬戸内海《せとないかい》に面しており、広い工業用地があるため、倉敷《くらしき》市などを中心に鉄鋼《てっこう》業や石油化学工業などの重化学工業が発達している。

（　　　・　　　　工業地域）

④日本海に面した工業地域で、昔から伝わる技術を受けついだ工業がさかんで、鯖江《さばえ》市のめがねわくなどの特色ある工業が発達している。

（　　　・　　　　工業地域）

(2) 工業地帯や工業地域が集中している、地図中の※の帯状《おびじょう》の地域を何とよんでいますか。6字で答えなさい。（　　　）

2 貿易《ぼうえき》について、次の問いに答えなさい。（5点×5）

(1) 日本は工業原料や燃料《ねんりょう》となる資源《しげん》が少ないため、それらを輸入《ゆにゅう》し、すぐれた技術で製品《せいひん》につくりあげて輸出することで経済《けいざい》を発展《はってん》させました。このような貿易の形を何といいますか。漢字4字で答えなさい。

（　　　）

(2) 次のグラフは、日本の貿易相手国のうちわけを表しています。グラフ中のA・Bにあてはまる国をあとのア～オから選び、記号で答えなさい。

A（　　　）　B（　　　）

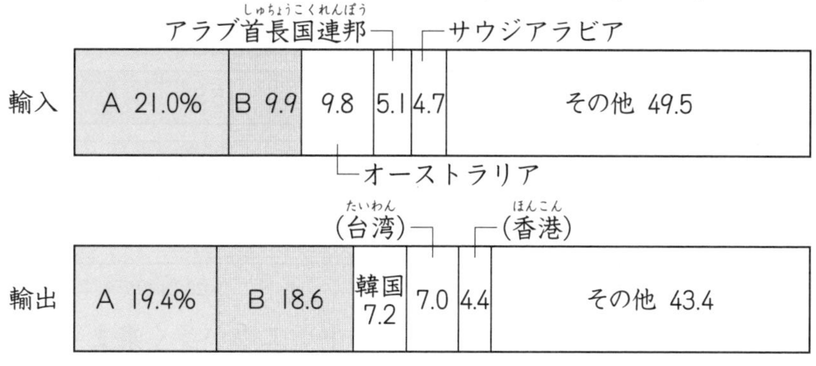

(2022年)　(2023/24年版「日本国勢図会」)

ア ロシア連邦《れんぽう》　イ アメリカ合衆国《がっしゅうこく》　ウ ブラジル

エ 中　国　オ インド

(3) 現在《げんざい》(2017年)の日本の主な輸出品として最も適当《てきとう》なものを次のア～エから選び、記号で答えなさい。（　　　）

ア せんい製品　イ 鉄　鋼

ウ 機械類　エ 食料品

(4) 右の写真のような、さまざまな製品を一度に大量に運ぶための箱のような容器《ようき》を何といいますか。（　　　）

社会

学習日〔　　月　　日〕

上級レベル 66 工業地域と貿易

社会⑫

時間 15分	得点
合格 35点	50点

1 工業地帯・地域《ちいき》に関する次の問いに答えなさい。（5点×5）

(1) 次のグラフは、中京《ちゅうきょう》工業地帯・阪神《はんしん》工業地帯・関東《かんとう》内陸工業地域・瀬戸内《せとうち》工業地域の工業別工業生産額《せいさんがく》の割合《わりあい》を表しています。①中京工業地帯と②瀬戸内工業地域のグラフにあたるものを選び、それぞれ記号で答えなさい。

①（　　　）②（　　　）

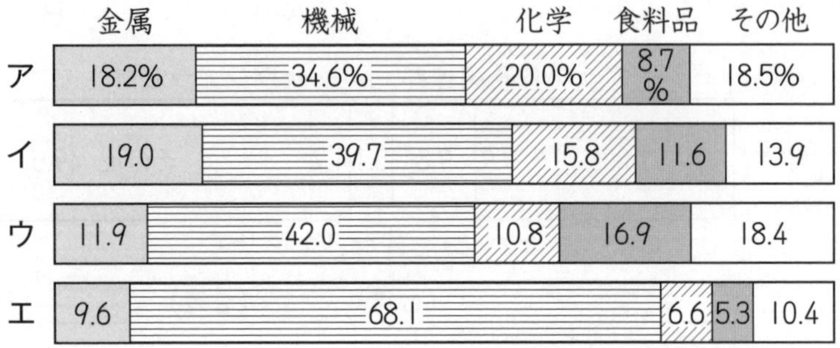

(2020年)　(2023/24年版「日本国勢図会」)

(2) 阪神工業地帯や京浜《けいひん》工業地帯には中小工場が多く集まっています。次のグラフは大工場と中小工場を比較《ひかく》したグラフで、働く人の数・出荷額・工場数を表しています。①働く人の数、②出荷額にあたるものを選び、それぞれ記号で答えなさい。

①（　　　）②（　　　）

（※大工場は従業員数300人以上。）

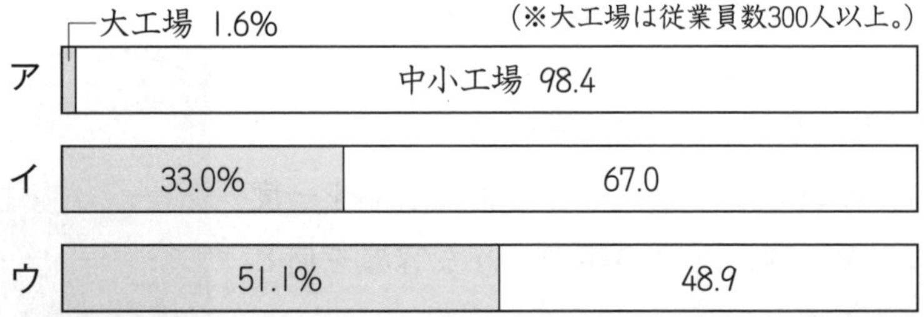

(2020年)　(2023/24年版「日本国勢図会」)

(3) 関東内陸工業地域が発展《はってん》した理由として、正しくないものを次のア～ウから選び、記号で答えなさい。（　　　）

ア　高速道路網《もう》が整備された。　イ　工業団地《だんち》がつくられた。

ウ　石油化学コンビナートがつくられた。

2 貿易《ぼうえき》について、次の問いに答えなさい。（5点×5）

(1) 次の表は、オーストラリア・サウジアラビア・アメリカ合衆国《がっしゅうこく》・中国からの日本の輸入《ゆにゅう》品目とその金額を表しています。①オーストラリア、②サウジアラビアにあたるものを選び、それぞれ記号で答えなさい。

①（　　　）②（　　　）

ア

輸入品目	金額
原油	2,768,380
石油製品	112,845
有機化合物	45,069
アルミニウム	35,753
銅くず	14,658
合計	3,019,351

イ

輸入品目	金額
機械類	2,027,461
医薬品	864,541
液化石油ガス	502,057
液化天然ガス	472,346
肉類	452,411
科学光学機器	423,139
合計	8,915,629

ウ

輸入品目	金額
機械類	9,984,345
衣類	1,582,318
金属製品	732,057
織物類	594,284
家具	531,427
有機化合物	463,267
合計	20,381,814

エ

輸入品目	金額
石炭	1,881,312
液化天然ガス	1,540,057
鉄鉱石	1,082,620
銅鉱	259,850
肉類	203,777
アルミニウム	112,259
合計	5,753,335

(2021年、単位：百万円)　(2023/24年版「日本国勢図会」)

(2) 島国の日本では、輸送は船か航空機《こうくうき》によって行われます。航空機輸送に適《てき》さないものを次のア～エから選びなさい。（　　　）

ア 草　花　イ 集積回路　ウ 鉄《てっ》鋼《こう》　エ 医薬品

(3) 貿易によって、一方の国が大きな利益《りえき》を得《え》、相手の国の経済《けいざい》をおびやかすことから生じる対立を何といいますか。（　　　　　）

(4) 1980年代後半から1990年代前半、自動車をめぐって日本とアメリカ合衆国の間で(3)の対立が起きたとき、日本がとった方法を説明した文として正しくないものを次のア～ウから選び、記号で答えなさい。（　　　）

ア　自動車会社が自動車の輸出について自主規制《きせい》を行った。

イ　貿易黒字を減《へ》らすために、政府《せいふ》は農作物の市場開放を行った。

ウ　アメリカ合衆国にあった日本企業《きぎょう》の自動車工場を閉鎖《へいさ》した。

学習日〔　月　日〕

時間 15分	得点
合格 40点	50点

標準レベル 67 くらしと情報

社会⑬

1 通信手段《しゅだん》について、次の問いに答えなさい。（4点×8）

(1) 次の①～⑦はそれぞれどの通信手段について説明したものか、あとのア～キから選び、それぞれ記号で答えなさい。

①個人《こじん》にあてて文書で情報《じょうほう》を伝える手段で、日本では1871年に始まった。（　　）

②音声だけで情報を伝える。持ち運びやすく、災害《さいがい》時の情報を得《え》る手段として重視《じゅうし》されている。（　　）

③個人にあてて音声で情報を伝える。近年は移動《いどう》式のものが急速に普及《ふきゅう》し、固定式のものは契約《けいやく》数が減少《げんしょう》している。（　　）

④文字や写真などでくわしい情報を伝える。切り抜《ぬ》いて保存《ほぞん》することもでき、日本では各家庭に配達することで普及したが、近年、発行部数は減少している。（　　）

⑤世界中のコンピューターを結び、ほしい情報を好きな時間に検索《けんさく》することができるが、信用度の低い情報もある。（　　）

⑥映像《えいぞう》と音声で情報を伝える。情報を伝える速度が速く、映像があるのでわかりやすいために、利用者が多い。（　　）

⑦文字や写真などで情報を伝える。他の手段に比《くら》べて情報が伝わるのは速くないが、持ち運びに適《てき》しており、じっくりと楽しむことができる。（　　）

ア 新聞　イ ラジオ　ウ インターネット
エ 郵《ゆう》便《びん》　オ テレビ　カ 電話　キ 雑《ざっ》誌《し》

(2) 情報を不特定多数の人に対し一度に伝える手段のことを何といいますか。カタカナ6字で答えなさい。

（　　　　）

2 テレビについて、次の問いに答えなさい。（4点×2）

(1) コマーシャルを流す広告《こうこく》料によって運営《うんえい》される民間放送に対し、受信料によって運営されている公共放送を何といいますか。アルファベット3字で答えなさい。（　　）

(2) 放送局で働く人が、情報を伝えるときに気をつけることとして、最も適当《てきとう》なものを次のア～エから選び、記号で答えなさい。

（　　）

ア　情報はくわしいほうがいいので、手に入れた情報はすべて伝えるようにする。

イ　情報はわかりやすくなければならないので、難《むずか》しい内容《ないよう》は伝えないようにする。

ウ　情報は正確《せいかく》さが大切なので、報道《ほうどう》する前に十分に取材をしなければならない。

エ　情報は速さが大切なので、手に入れた情報から順にとりあえず伝えていく。

3 くらしと情報について、次の問いに答えなさい。（5点×2）

(1) インターネットを利用することで可能《かのう》になったこととして正しくないものを次のア～エから選び、記号で答えなさい。

（　　）

ア　カメラ機能《きのう》がついているので、気軽に写真がとれる。

イ　新幹線《しんかんせん》や飛行機のチケットの予約ができる。

ウ　患者《かんじゃ》の情報を伝えることで、遠く離《はな》れた医師《いし》が診療《しんりょう》することができる。

エ　電子メールを利用して、文書のやりとりができる。

(2) 郵便などを使って、個人にあてて送られてくる宣伝《せんでん》広告を何といいますか。カタカナで答えなさい。

（　　　　）

社会

上級レベル 68 くらしと情報

社会⑭

時間 15分	得点
合格 35点	50点

1 テレビ放送と新聞について、次の問いに答えなさい。（5点×3）

(1) 2011年に日本のテレビ放送はアナログ放送が終了《しゅうりょう》し、デジタル放送に移行《いこう》しました。デジタル放送のみでできることとして、正しくないものを次のア～エから選び、記号で答えなさい。（　　　）

ア　テレビを見ている人がクイズに参加したりできる双方向《そうほうこう》の発信ができるようになった。

イ　耳の不自由な人に対し、手話による放送ができるようになった。

ウ　アナログ放送よりきれいな映像《えいぞう》で番組を楽しめるようになった。

エ　番組を見ながら、天気予報《よほう》などのさまざまな情報《じょうほう》をデータとして見ることができるようになった。

(2) 右のグラフは、通信手段《しゅだん》別の広告費《こうこくひ》の移《うつ》り変わりを表しており、ア～エは新聞・インターネット・テレビ・ラジオのいずれかです。新聞にあたるものを選び、記号で答えなさい。（　　　）

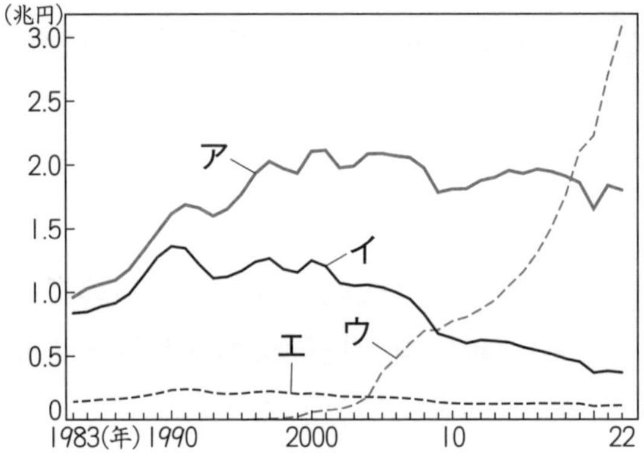

※2005年よりインターネットに広告制作費をふくめる。

(2023/24年版「日本国勢図会」など)

(3) 事実ではなかったり大げさだったりする報道《ほうどう》がきっかけで、報じられた人が人間関係や社会生活に重大な損害《そんがい》を受けることを何といいますか。答えなさい　（　　　）

2 インターネットを利用するときに、わたしたちが注意すべきことについて説明した文として、正しくないものを次のア～ウから選び、記号で答えなさい。（5点）（　　　）

ア　インターネットに情報を発信するときは、人を傷《きず》つけるようなことを書かないように気をつける。

イ　インターネットに情報を発信するときは、自分の発言に責任《せきにん》を持つために、住所や名まえを明らかにする。

ウ　インターネットの情報の中には、間違《まちが》ったものがふくまれていることがあるので気をつける。

3 次の文①～⑤はそれぞれどの産業への情報の活用について説明したものか、あとのア～オから選び、それぞれ記号で答えなさい。

（5点×5）

① コンビニエンスストアでは売り上げの情報を分析《ぶんせき》して、商品開発をしている。（　　　）

② アプリケーションに登録すれば、近くにいるタクシーを短時間でよべるようになった。（　　　）

③ 地方自治体が情報を集め、ホームページで行きたい動物園を選ぶとおすすめの寄《よ》り道スポットが案内される。（　　　）

④ 病院では、カルテがコンピューターで共有され、はなれた場所でも見られるようになっている。（　　　）

⑤ 保育園《ほいくえん》に子どもを預《あず》ける情報をインターネットで検索《けんさく》すると、保育園の利用のしかたがわかる。（　　　）

ア　医療《いりょう》　イ　運輸《うんゆ》　ウ　観光　エ　販売《はんばい》　オ　福祉《ふくし》

4 情報通信技術が発達したことで、人間に代わって知的な情報処理をコンピュータープログラムが行うようになってきたが、このプログラムを何といいますか。答えなさい。（5点）（　　　）

学習日〔　月　日〕

環境問題

時間	得点
15分	
合格 40点	50点

1 森林について、次の問いに答えなさい。（3点×2）

(1) 森林のはたらきを説明したものとして、正しくないものを次のア〜エから選び、記号で答えなさい。（　　）

ア　木材を生み出す。　イ　動物たちのすみかとなる。

ウ　雨水を短時間で川に流し出す。　エ　空気をきれいにする。

(2) 次のア〜エを林業の作業順に並《なら》べかえなさい。

（　→　→　→　）

ア　苗木《なえぎ》の生長をさまたげる雑草《ざっそう》を刈《か》り取る。

イ　日光がよく届《とど》き、木を大きく育てるために、まわりの木を切る。

ウ　畑で育てた苗木を山に植えかえる。

エ　ふしのない、質《しつ》の良い木に育てるため、下の方の枝《えだ》を切り落とす。

2 自然災害《さいがい》について、次の問いに答えなさい。（4点×3）

(1) 次の自然災害が起こりやすい地域《ちいき》を地図中のア〜エから選び、それぞれ記号で答えなさい。

①水害（　　）

②雪害（　　）

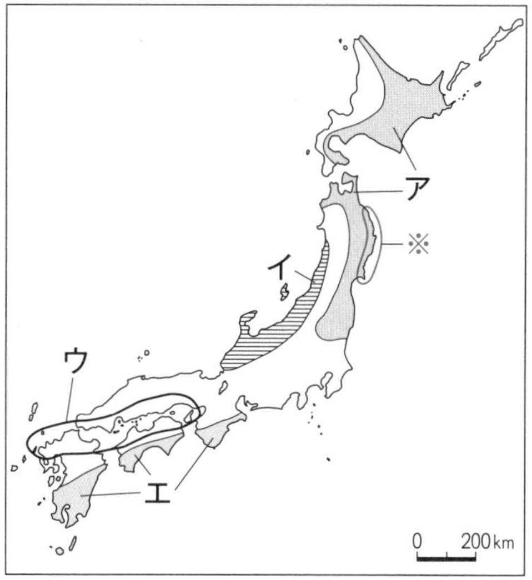

(2) 2011年の東日本大震災《ひがしにほんだいしんさい》で、地図中※の地域に大きな被害《ひがい》をもたらした、地震《じしん》後に発生した現象《げんしょう》を漢字2字で答えなさい。（　　）

3 四大公害病についての次の表の空欄《くうらん》①〜⑧にあてはまる語句《ごく》をあとのア〜シから選び、それぞれ記号で答えなさい。（3点×8）

病　名	地　域	説　明
（　①　）	熊本県《くまもと》 鹿児島県《かごしま》	化学工場から出された（　②　）が原因《げんいん》で、手足のしびれなどの症状《しょうじょう》が出た。
新潟《にいがた》（　①　）	新潟県	化学工場から出された（　②　）が原因で、（　③　）流域で（　①　）と同じ症状が出た。
（　④　）	富山県《とやま》	（　⑤　）の上流の鉱山《こうざん》から流出した（　⑥　）が原因で、骨《ほね》がもろくなる症状が出た。
四日市《よっかいち》ぜんそく	（　⑦　）	（　⑧　）工場から出されたけむりが原因でぜんそくの発作《ほっさ》が出た。

①（　　）　②（　　）　③（　　）　④（　　）
⑤（　　）　⑥（　　）　⑦（　　）　⑧（　　）

ア　イタイイタイ病　イ　水俣病《みなまたびょう》　ウ　愛知《あいち》県　エ　三重《みえ》県
オ　亜硫酸《ありゅうさん》ガス　カ　カドミウム　キ　信濃《しなの》川　ク　神通《じんづう》川
ケ　阿賀野《あがの》川　コ　有機《ゆうき》水銀　サ　石油化学　シ　製《せい》　鉄《てつ》

4 環境保護《かんきょうほご》について、次の問いに答えなさい。（4点×2）

(1) 国際《こくさい》機関であるユネスコによって、世界で大切にすべき場所として登録されている自然や文化財《ぶんかざい》、遺跡《いせき》などを何といいますか。漢字4字で答えなさい。（　　）

(2) 2015年に国際連合《こくさいれんごう》で決められた、2030年まで世界各国が「持続可能な社会」を実現するために取り組む17の目標の略称を何といいますか。アルファベット4字で答えなさい。（　　）

学習日〔　　月　　日〕

上級レベル 70 環境問題

社会⑯

時間 15分	得点
合格 35点	50点

1 **世界自然遺産《いさん》と環境保護《かんきょうほご》について、次の問いに答えなさい。**

(1) 世界自然遺産に登録されている知床《しれとこ》の位置を右の地図中のア～ウから選び、記号で答えなさい。（5点）

（　　　）

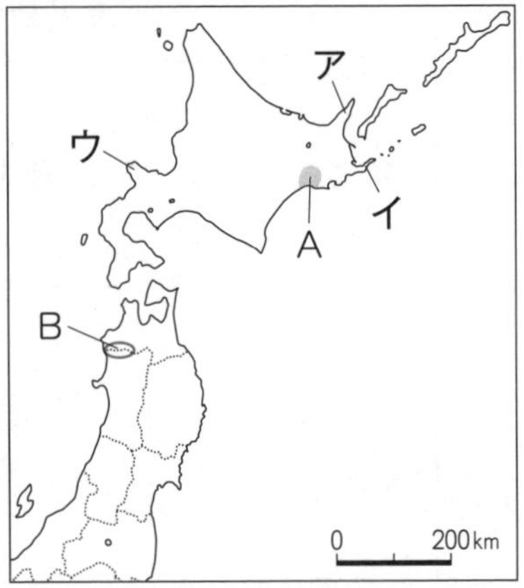

(2) 地図中のAについて、次の問いに答えなさい。（5点×2）

①この地域《ちいき》は、水鳥の生息地である重要な湿地《しっち》を保護するためのラムサール条約《じょうやく》に登録されています。この湿地の名を漢字4字で答えなさい。（　　　）

②この地域で保護されている鳥を次のア～エから1つ選び、記号で答えなさい。（　　　）

ア トキ　イ タンチョウ　ウ ライチョウ　エ コウノトリ

(3) 地図中のBについて、次の問いに答えなさい。（5点×2）

①世界遺産に登録されているこの山地を何といいますか。漢字4字で答えなさい。（　　　）

②この山地が世界遺産に登録された理由を説明した文として正しいものを次のア～エから選び、記号で答えなさい。（　　　）

ア　山の高度にしたがって、亜熱帯《あねったい》から冷帯までのさまざまな動植物の生態系《せいたいけい》が見られる。

イ　独自《どくじ》の進化をとげた数多くの固有種が見られ、「東洋のガラパゴス」といわれる。

ウ　海と陸の生態系が深くつながった食物連鎖《れんさ》が見られる。

エ　人の影響《えいきょう》をほとんど受けていない世界最大級のブナの原生林が残っている。

(4) 1997年に世界に向けて発信された「京都議定書《きょうとぎていしょ》」で温室効果《こうか》ガスの削減《さくげん》目標が定められた目的を説明しなさい。（10点）

（　　　　　　　　　　）

2 **自然災害《さいがい》について、次の問いに答えなさい。**（5点×3）

(1) 右のような、災害の起きそうな場所などを示《しめ》した地図を何といいますか。

（　　　）

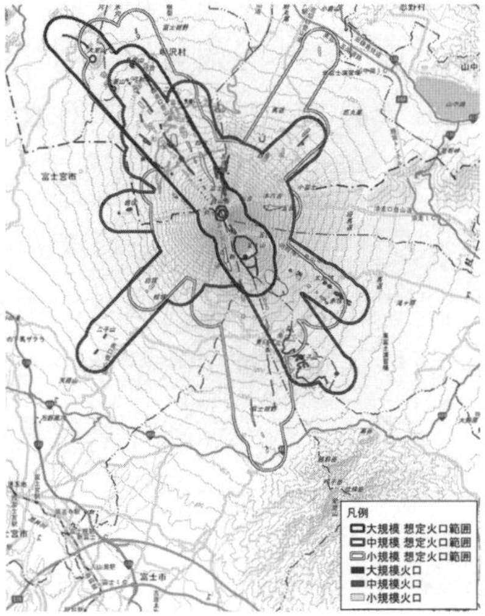

(2) 地震《じしん》が起きたときに緊急《きんきゅう》地震速報《そくほう》を出す機関として正しいものを次のア～エから選び、記号で答えなさい。

（　　　）

ア 気象庁《きしょうちょう》　イ 警察署《けいさつしょ》

ウ 消防署《しょうぼうしょ》　エ 自衛隊《じえいたい》

(3) 自然災害やその対策《たいさく》について述《の》べた文として正しいものを次のア～エから選び、記号で答えなさい。

（　　　）

ア　阪神《はんしん》・淡路大震災《あわじだいしんさい》では、地震の直後に大きな津波《つなみ》が起こり、多数の犠牲《ぎせい》者が出たために、その後、堤防《ていぼう》を高くする工事が行われた。

イ　雲仙普賢岳《うんぜんふげんだけ》の噴火《ふんか》では、巨大《きょだい》な土石流が起こったために、その後、砂防《さぼう》ダムが建設《けんせつ》された。

ウ　巨大地震や風水害によって、電気や水道などのライフラインが断《た》たれることもあるので、各家庭で水や食料の備蓄《びちく》が必要である。

エ　台風は上陸すると勢力《せいりょく》が強まるため、高潮《たかしお》に対する防潮堤《ぼうちょうてい》の建設は、特に東日本や北海道に重点が置かれている。

最上級レベル ①

時間	得点
15分	
合格 40点	50点

1 次の文を読んで、あとの問いに答えなさい。（５点×４）

A　この県は日本一人口が少ない。海に面して日本最大級の砂丘《さきゅう》があり、なしの栽培《さいばい》などがさかんである。

B　この県の南部には①２つの大きな半島があり、シラスにおおわれており、畑作や畜産《ちくさん》がさかんである。

C　この県は海に面しておらず、県庁所在都市《けんちょうしょざいとし》の位置する盆地《ぼんち》は②日本三大急流の一つである富士《ふじ》川によって形づくられた。

(1) 下線①について、この２つの半島を次のア～オから選び、記号で答えなさい。（　・　）

ア 津軽《つがる》半島　イ 薩摩《さつま》半島　ウ 大隅《おおすみ》半島
エ 能登《のと》半島　オ 下北《しもきた》半島

(2) 下線②について、日本三大急流の一つで、庄内《しょうない》平野を形成している河川《かせん》の名を漢字で答えなさい。（　　）

(3) 次の気候グラフは、A～Cの県の県庁所在都市のものです。Aにあたるグラフをア～ウから選び、記号で答えなさい。（　　）

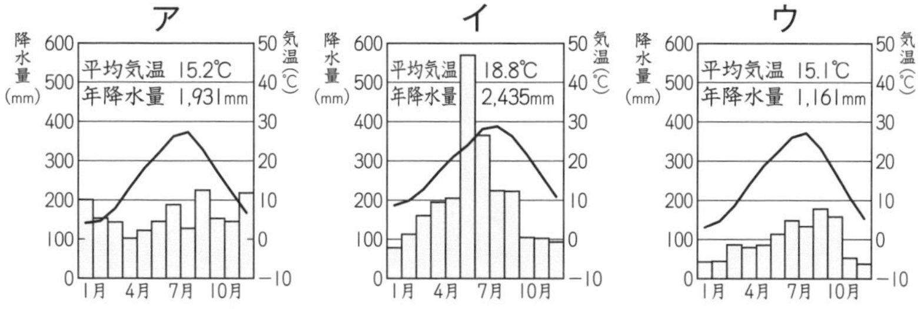

（令和５年版「理科年表」）

(4) A～Cの県には県名と県庁所在都市名が異《こと》なる県が１つあります。その県の記号と県庁所在都市名を答えなさい。（　・　）

2 山陽新幹線《さんようしんかんせん》は新大阪《しんおおさか》―博多《はかた》間を結んでいます。この区間に位置する県について、次の問いに答えなさい。（５点×６）

(1) 岡山《おかやま》県について述《の》べた文として正しくないものを次のア～エから選び、記号で答えなさい。（　　）

ア　倉敷《くらしき》市の水島《みずしま》地区は埋《う》め立てによって造成《ぞうせい》され、石油化学コンビナートや鉄鋼《てっこう》業、自動車工業などが発達している。

イ　岡山市は中国《ちゅうごく》地方最大の人口を有する政令指定都市《せいれいしていとし》である。

ウ　岡山県と香川《かがわ》県を結ぶ瀬戸大橋《せとおおはし》は鉄道と自動車ともに利用できる。

エ　岡山県は果樹《かじゅ》栽培がさかんで、特にマスカット栽培が有名である。

(2) 広島《ひろしま》県には世界文化遺産《いさん》に登録されている文化財《ぶんかざい》が２件《けん》あります。その２件を答えなさい。（　・　）

(3) 広島湾《わん》で養殖《ようしょく》がさかんな水産物として最も適当《てきとう》なものを次のア～エから選び、記号で答えなさい。（　　）

ア ほたて貝　イ うなぎ　ウ かき　エ わかめ

(4) 次の伝統的《でんとうてき》工芸品と県の組み合わせとして正しいものを次のア～エから選び、記号で答えなさい。（　　）

ア 備前《びぜん》焼―岡山県　イ 萩《はぎ》焼―広島県
ウ 久留米《くるめ》がすり―山口県　エ 熊野《くまの》筆―福岡《ふくおか》県

(5) 福岡県の博多《はかた》駅は九州《きゅうしゅう》新幹線の始発駅でもあります。現在、九州新幹線が通っている県を次のア～エから選び、記号で答えなさい。（　　）

ア 佐賀《さが》県　イ 大分《おおいた》県　ウ 長崎《ながさき》県　エ 宮崎《みやざき》県

(6) 福岡県に北九州工業地域《きたきゅうしゅうこうぎょうちいき》が形成されたきっかけとなった近代製鉄所《せいてつじょ》の名を漢字で答えなさい。（　　）

学習日〔　月　日〕

時間 20分	得点
合格 35点	50点

72 最上級レベル ②

社会⑱

1 日本の島々に関するあとの問いに答えなさい。（5点×5）〔洛星中一改〕

(1) 次の①～③の島々の位置を右の地図中のア～キから選び、それぞれ記号で答えなさい。①(　　　)
②(　　　) ③(　　　)

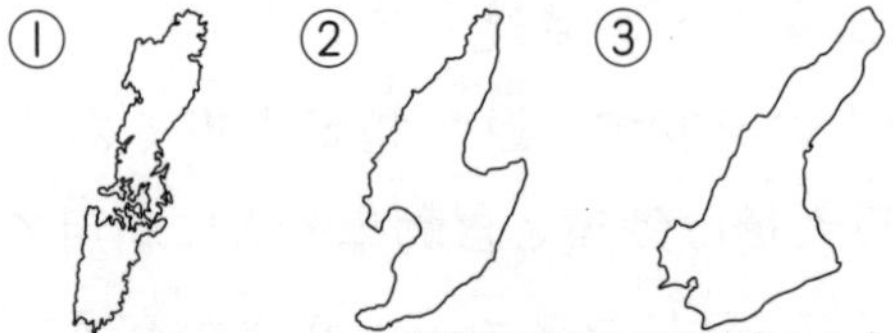

（縮尺は同じではありません。）

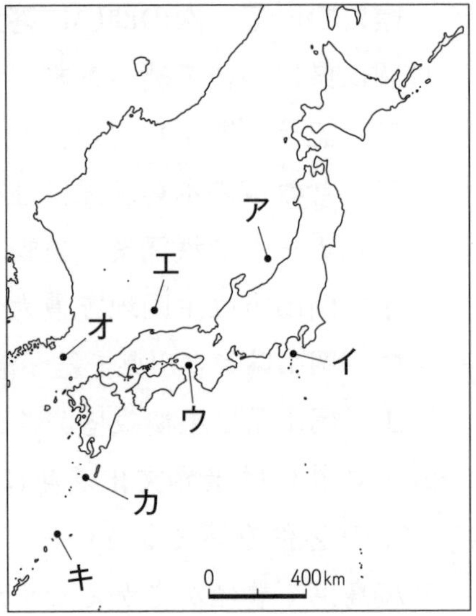

(2) 次の表中のA～Fは、東京都《とうきょうと》・神《か》奈川《ながわ》県・島根《しまね》県・山口《やまぐち》県・福岡《ふくおか》県・長崎《ながさき》県についての統計資料です。地図中のイ・オに位置する島々の属《ぞく》する都県のものを表中のA～Fから選び、それぞれアルファベットで答えなさい。

イ(　　　) オ(　　　)

都県	人口(千人)(2022年)	海面漁業生産量(百t)(2021年)	製造品出荷額等《せいぞうひんしゅっかがくとう》(億円)(2020年)
A	14,038	290	72,029
B	9,232	250	159,161
C	5,116	240	89,950
D	1,313	210	56,275
E	1,283	2,470	16,301
F	658	890	11,711

（2023/24年版「日本国勢図会」）

2 次のいろいろな「日本一」のものをまとめた表を見て、あとの問いに答えなさい。（5点×5）〔横浜雙葉中一改〕

田沢湖《たざわこ》	秋田《あきた》県にある日本一深い湖。
(　X　)	日本一長い中部《ちゅうぶ》地方の川。越後《えちご》平野にはこの川と流域で四大公害病の一つが発生した(　Y　)の河口《かこう》がある。
長野市《ながのし》	長野県。県庁所在都市《けんちょうしょざいとし》として日本一標高が高い。
富士山《ふじさん》	(　Z　)と静岡《しずおか》県の県境《けんざかい》にある日本一高い火山。
猿ヶ森砂丘《さるがもりさきゅう》	鳥取《とっとり》砂丘より大きいといわれる青森《あおもり》県にある砂丘。

(1) 表中の(　X　)～(　Z　)にあてはまる語句《ごく》を答えなさい。

X(　　　) Y(　　　) Z(　　　)

(2) 下線について、青森県は全国でも有数の農業県です。次の地図はある農産物の生産量上位都道府県(2021年産)を左から順に並《なら》べたものです。あとのア～オからそれぞれ選び、記号で答えなさい。

①

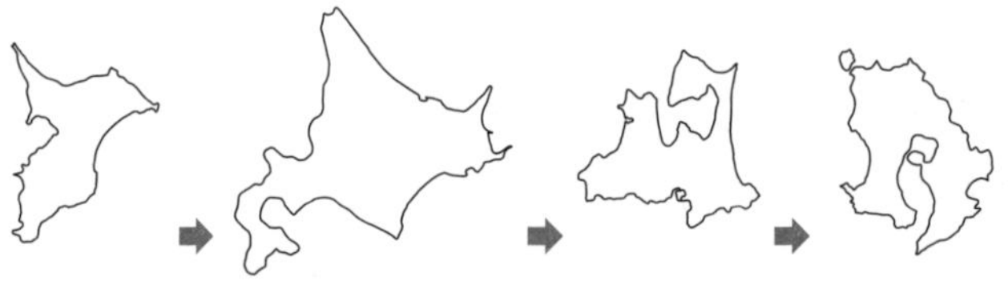

①(　　　)

②(　　　)

②

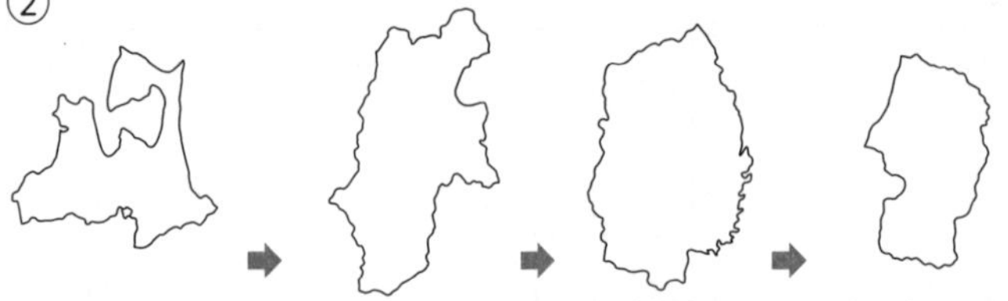

（縮尺は同じではありません。）

ア キャベツ
イ たまねぎ
ウ りんご
エ だいこん
オ ピーマン

標準レベル 73 英語①

アルファベットの練習（大文字と小文字）

時間 20分	得点
合格 40点	50点

1 アルファベットの大文字と小文字がそれぞれA→Zまで順番にならんでいます。抜けているところに正しいアルファベットを書きなさい。（2点×14）

B C D F G H

I K L M O P

Q R S U V W

Y

a c d e f h

i j k m n o

q s t v w x

z

2 風でふうせんが飛んでしまいました。正しい大文字のふうせんと小文字のふうせんの組み合わせを考えて、線で結びなさい。（2点×6）

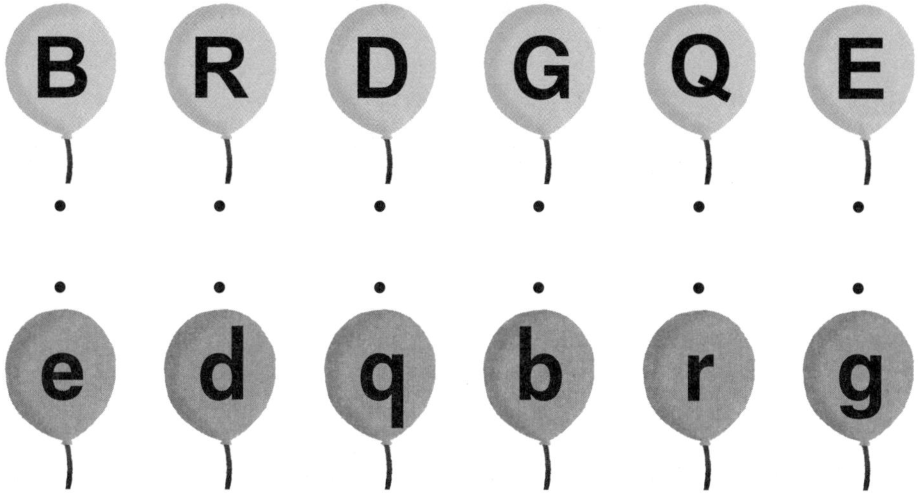

3 同じアルファベットの大文字と小文字を線で結びなさい。何の絵が完成するでしょう？（10点）

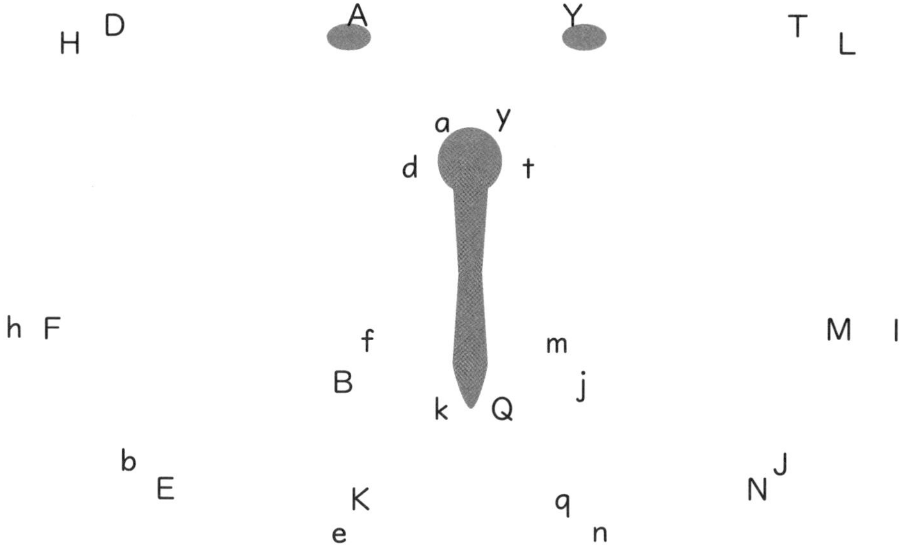

英語

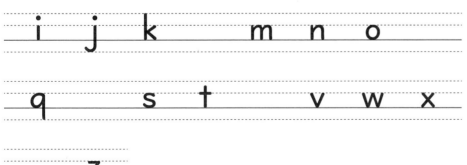

1回　20回　40回　60回　80回　100回　120回　GOAL

学習日〔　　月　　日〕

上級レベル 74 英語②

アルファベットの練習（大文字と小文字）

時間	得点
20分	
合格 40点	50点

1 次のアルファベットの小文字を書きなさい。（1点×9）

A　F　N

T　K　H

P　B　I

2 次のアルファベットの大文字を書きなさい。（1点×9）

d　g　o

r　q　e

y　l　m

3 　にアルファベットの小文字を１文字ずつ書いて、絵に合う単語にしなさい。（(1)～(9) 3点×9、(10)5点）

(1)

ook

(2)

or nge

(3)

arrot

(4)

lower

(5)

occer

(6)

ettuce

(7)

an

(8)

og

(9)

reen

(10)

sh es

学習日〔　　月　　日〕

標準レベル 75 英語③

名前や好きなものを言ってみよう

時間	得点
20分	
合格 40点	/50点

1 それぞれの好きなものに合う絵を線で結びなさい。（2点×9）

(1)

I like onions.

I like chocolate.

I like rice balls.

(2)

I like cats.

I like dogs.

I like rabbits.

(3)

I like table tennis.

I like soccer.

I like baseball.

2 次のカードは、下の4人のだれを紹介《しょうかい》したものでしょう？
名前を＿＿に書きなさい。（8点×4）

(1)

I'm ＿＿＿＿＿＿.
I like red.
I don't like vegetables.

(2)

I'm ＿＿＿＿＿＿.
I like red.
I like vegetables.

(3)

I'm ＿＿＿＿＿＿.
I like yellow.
I don't like sport.

(4)

I'm ＿＿＿＿＿＿.
I like green.
I don't like sport.

Ben
好きな色：赤
好きなもの：スポーツ
きらいなもの：やさい

Jacky
好きな色：緑
好きなもの：やさい
きらいなもの：スポーツ

Kento
好きな色：赤
好きなもの：やさい
きらいなもの：スポーツ

Beth
好きな色：黄色
好きなもの：やさい
きらいなもの：スポーツ

英語

学習日［　月　日］

上級レベル 76 英語④

名前や好きなものを言ってみよう

時間 20分	得点
合格 40点	50点

1 質問に対して、キミ自身の答えを英語で書きなさい。（5点×4）

（例）Do you like red?

Yes, I do.

No, I don't.

(1) Do you like chocolate?

キミ

(2) Do you like blue?

キミ

(3) Do you like soccer?

キミ

(4) Do you like curry?

キミ

2 みんなが自己紹介《しょうかい》をしています。日本語を英語にしなさい。（5点×6）

(1)

ぼくの名前はマイクです。
ぼくは動物が好きです。

Mike.

animals.

(2)

わたしの名前はサクラです。
わたしはお花が好きです。

(3)

ぼくの名前はタクです。
ぼくは魚が好きです。

学習日〔　　月　　日〕

標準レベル 77 英語⑤ 持っているものを言ってみよう

時間	得点
20分	
合格 40点	50点

1 絵と合う単語を線で結びなさい。（3点×4）

 •　　　　• clock

 •　　　　• glue stick

 •　　　　• scissors

 •　　　　• stapler

2 □にアルファベットを1文字ずつ書いて、絵に合う単語にしなさい。（3点×4）

(1)  □ras□r

(2) 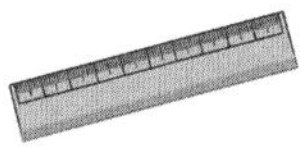 r□l□r

(3)  □en□il

(4)  □alc□lator

3 例にならって、絵に合う英語の会話を完成させなさい。
（(1)(2) 4点×4、(3) 5点×2）

(例) Do you have a stapler? 

 Yes, I do.

(1)

Do you have ＿＿＿＿＿＿＿＿ ?

 Yes, ＿＿＿＿＿＿＿＿ .

(2)

Do you ＿＿＿＿＿＿＿＿ ?

 No, ＿＿＿＿＿＿＿＿ .

(3)

Do ＿＿＿＿＿＿＿＿ ?

 ＿＿＿＿＿＿＿＿ .

英語

学習日［　　月　　日］

時間 20分	得点
合格 40点	/50点

上級レベル 78 持っているものを言ってみよう

英語⑥

1 Kaitoになったつもりで、質問に英語で答えなさい。（（1）4点、（2）～（5）5点×4）

Kaitoが持っているもの

(1) Do you have an eraser?

Yes, ____________

(2) Do you have a pencil?

No, ____________

(3) Do you have a glue stick?

____

(4) Do you have a clock?

____

(5) Do you have a stapler?

____

2 みんなが兄弟姉妹やペットについて紹介《しょうかい》しています。
□の語を使って英文を完成させなさい。（（1）6点×2、（2）7点×2）

(1)

I have ______ sisters.

I have a ____________ , too.

(2)

______ two ____________ .

______ a ____________ , too.

brothers	two	dog	cat	rabbit	I

学習日〔　　月　　日〕

標準レベル **79** 英語⑦

時間や科目について言ってみよう

時間	得点
20分	
合格 40点	50点

1 次の数字を英語（小文字）で書きなさい。（1点×15）

1	＿＿＿＿	2	＿＿＿＿	3	＿＿＿＿
4	＿＿＿＿	5	＿＿＿＿	6	＿＿＿＿
7	＿＿＿＿	8	＿＿＿＿	9	＿＿＿＿
10	＿＿＿＿	11	＿＿＿＿	12	＿＿＿＿
15	＿＿＿＿	20	＿＿＿＿	30	＿＿＿＿

2 次の時間を英語で書きなさい。（3点×3）

(1) 
It's ＿＿＿＿ o'clock.

(2) 
It's ＿＿＿＿ .

(3) 
＿＿＿＿

3 Benになったつもりで、何時に何をするか、英文を完成させなさい。

（(1) 3点、(2) 5点、(3)～(5) 6点×3）

Benの1日

A.M. 7時	8時半	12時	3時半	5時	7時	P.M. 9時
起きる	学校に行く	昼食	家に帰る	宿題をする	夕飯	寝る

(1) What time do you get up?

I get up at ＿＿＿＿ o'clock.

(2) What time do you go to school?

I go to school at ＿＿＿＿ .

(3) What time do you do your homework?

I ＿＿＿＿ .

(4) What time do you have dinner?

＿＿＿＿

(5) What time do you go to bed?

＿＿＿＿

英語

学習日〔　　月　　日〕

時間	得点
20分	
合格 40点	50点

上級レベル 80 英語⑧ 時間や科目について言ってみよう

1 日本語と英語を正しく線で結びなさい。（2点×5）

国語　　算数　　英語　　社会　　体育

P.E.　　Japanese　　math　　social studies　　English

2 下の時間割についての質問に正しく答えているものを、記号で答えなさい。（4点×3）

	月	火	水	木	金
1	国	算	クラス活動	理	英
2	国	社	国	社	国
3	英	クラス活動	算	算	音
4	体	図画工作	体	算	理
5	理	英			算
6		英			社

(1) Do you have P.E. on Mondays?

ア Yes, I do.

イ No, I don't.

(2) Do you have English on Thursdays?

ア Yes, I do.

イ No, I don't.

(3) What do you have on Wednesdays?

ア I have Japanese, science and English.

イ I have Japanese, social studies and P.E.

ウ I have Japanese, math and P.E.

3 友だちが英語でインタビューされています。日本語に合うように答えを書きなさい。（7点×4）

Who are you?

(1)

（ぼくはケンです）

What time do you get up?

(2)

（ぼくは6時に起きます）

What subject do you like?

(3)

（ぼくは理科が好きです）

Do you have math on Mondays?

(4)

（いいえ、ありません）

学習日〔　月　日〕

時間	得点
20分	
合格 40点	50点

標準レベル 81 できることについて言ってみよう

英語⑨

1 絵に合う単語を線で結びなさい。（2点×5）

swim　　run　　play　　ride　　sing

2 日本語に合う単語を書きなさい。（2点×6）

速い ＿＿＿＿＿＿　　彼《かれ》は ＿＿＿＿＿＿

上手に ＿＿＿＿＿＿　　彼女《かのじょ》は ＿＿＿＿＿＿

高い ＿＿＿＿＿＿　　ジャンプする ＿＿＿＿＿＿

3 絵に合う内容になるように、英文を完成させなさい。

（（1）4点、（2）〜（5）6点×4）

(1)

He can ＿＿＿＿＿＿ fast.

(2)

She ＿＿＿ ride a ＿＿＿＿＿＿.

(3)

He ＿＿＿＿＿＿ high.

(4)

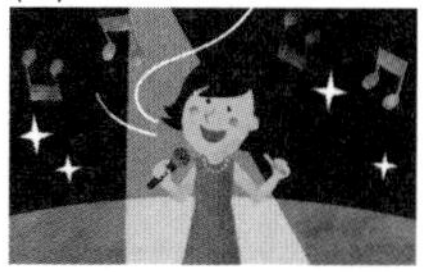

She ＿＿＿＿＿＿ well.

(5)

He ＿＿＿＿＿＿ the piano well.

学習日〔　　月　　日〕

上級レベル 82 できることについて言ってみよう

英語⑩

時間	得点
20分	
合格 40点	50点

1 例にならって、絵に合うように、会話を完成させなさい。（5点×4）

(例)

Can you ride a unicycle?

No, I can't.

(1)

Can you sing well?

(2)

Can you run fast?

(3)

Can you skate well?

(4)

Can you play volleyball?

2 例にならって、カードの人物になって自己紹介《しょうかい》をする英文を完成させなさい。（5点×6）

(例)

名前：Miki
特技：サッカー
苦手：歌

Hello. Nice to meet you.
I'm Miki.
I can play soccer well.
I can't sing well.

(1)

名前：Makoto
特技：一輪車
苦手：速く走ること

Hello. Nice to meet you.
Makoto.
ride a unicycle.
run fast.

(2)

名前：Yuko
特技：スケート
苦手：ピアノ

Hello. Nice to meet you.
Yuko.

1回 20回 40回 60回 80回 100回 120回 GOAL

学習日〔　　月　　日〕

標準レベル 83 したいことを言ってみよう
英語⑪

時間	得点
20分	
合格 40点	50点

1 ぜんぶ国の名前です。絵もヒントにして空らんにアルファベットを1文字ずつ書きなさい。（5点×7）

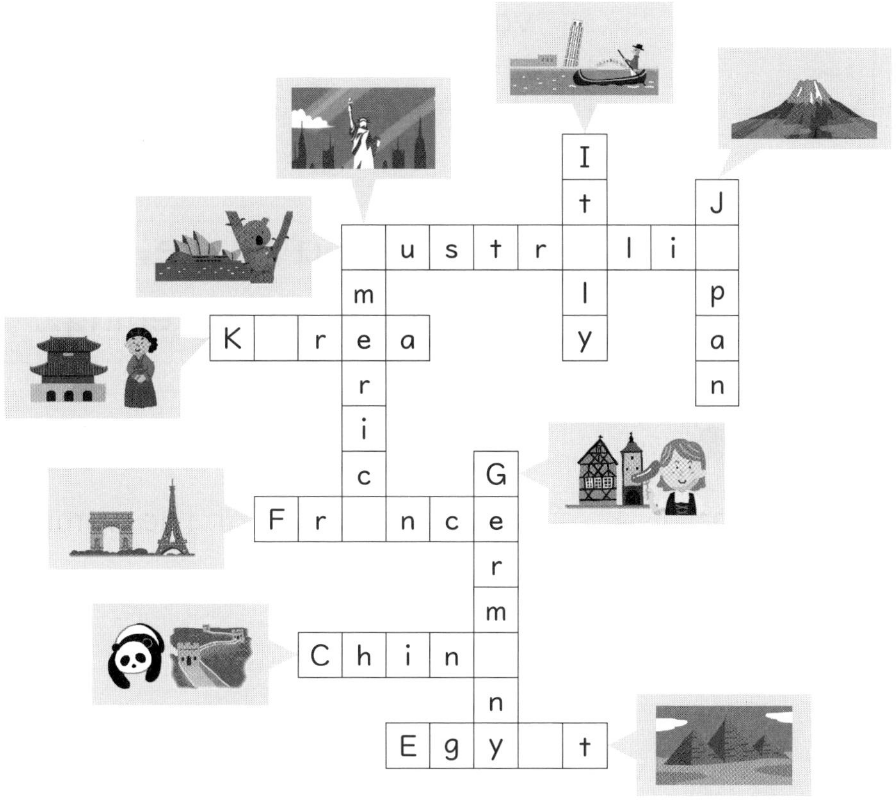

2 絵に合うように、質問に対する答えを一つ選んで記号で答えなさい。（5点×3）

(1) Where do you want to go?

ア I want to go to France.
イ I want to go to the sea.
ウ I want to go to the library.

(2) What do you want to buy?

ア I want to buy a hat.
イ I want to buy a T-shirt.
ウ I want to buy a bag.

(3) What do you want to eat?

ア I want to eat pizza.
イ I want to eat noodles.
ウ I want to eat sushi.

1回 20回 40回 60回 80回 100回 120回 GOAL

学習日〔　月　日〕

上級レベル 84 したいことを言ってみよう

英語⑫

時間 20分	得点
合格 40点	50点

1 絵に合うように、したいことを英語で書きなさい。（4点×5）

(1)

行きたい

I ________ to the park.

(2)
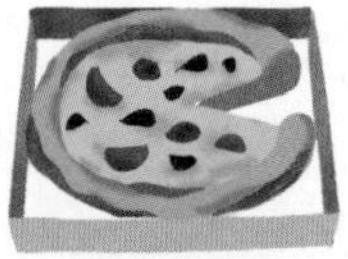
食べたい

I ________ pizza.

(3)

買いたい

I ________ a bag.

(4)

食べたい

I ________ chocolate.

(5)

買いたい

I ________ new shoes.

2 みんなが夏休みに行きたいところについて、英語でスピーチをします。メモを見て、セリフを完成させなさい。（(1)6点×2、(2)9点×2）

(1)

メモ
●夏休みに行きたいところ：
沖縄
●そこでしたいこと：
海で泳ぎたい

Hello.　Today I want to talk about my plan for the summer vacation.

I ________ to Okinawa.

I ________

in the sea there.

Thank you for listening.

(2)

メモ
●夏休みに行きたいところ：
オーストラリア
●そこでしたいこと：
コアラに会いたい

Hello.　Today I want to talk about my plan for the summer vacation.

I ________

I ________

there.

Thank you for listening.

※talk about ～　～について話す　　plan for ～　～についての計画

※Thank you for listening.　聞いてくれてありがとう。

漢字の読み・書き

時間 15分
合格 40点
得点 ／50点
学習日〔　月　日〕

1 次の――線の漢字をひらがなに直しなさい。（1点×20）

① 中国の故事からできた言葉。
② 個性を大事にする。
③ 王女様を護衛する。
④ 特効薬が発明された。
⑤ 新しい設備だ。
⑥ この建物は構造がよい。
⑦ 店内は混雑している。
⑧ 災害から身を守る。
⑨ 虫の採集。
⑩ 実際にあった話だ。
⑪ ぼくは飼育係だ。
⑫ 賛成多数だ。
⑬ 先生の指示にしたがう。
⑭ 志は大きい方がいい。
⑮ 質素な生活。
⑯ 意識ははっきりしている。
⑰ 機械を製作する。
⑱ 順序を守れ。
⑲ 承知いたしました。
⑳ 常にほほえんでいる。

2 次の――線の漢字をひらがなに直しなさい。（1点×5）

① 学問を修める。
② 湯を混ぜる。
③ 意見を述べる。
④ 客を招く。
⑤ 失敗を責める。

3 次の――線のカタカナを漢字に直しなさい。（1点×20）

① 記事のヘンシュウ。
② オウフクで三十分かかる。
③ 大きなソンガイが出た。
④ 母がヒンケツでたおれた。
⑤ 新商品はヒョウバンがいい。
⑥ ヒリキな自分を変えたい。
⑦ ハンガを刷る。
⑧ 会議のシリョウを集める。
⑨ ユウノウな部下。
⑩ コーチのシドウを受ける。
⑪ 旅のニッテイを決める。
⑫ シンチクの家。
⑬ 少年ガッショウダンに入る。
⑭ このキンゾクは重い。
⑮ 休日はフウフで出かける。
⑯ ゾウカをかざる。
⑰ ソフボはまだまだ元気だ。
⑱ おそろしくてキゼツした。
⑲ チョクセツ来てください。
⑳ セイセキが上がった。

4 次の――線のカタカナを漢字と送りがなで書きなさい。（1点×5）

① 体重がフエル。
② 消息をタツ。
③ さそいをコトワル。
④ 仕事をマカセル。
⑤ ユタカに実る。

漢字の読み・書き

学習日〔　月　日〕

時間 15分　合格 40点　得点　/50点

1 次の——線の漢字をひらがなに直しなさい。（1点×20）

① 衛生に気をつける。（　）
② 右往左往する。（　）
③ かれは会社の幹部だ。（　）
④ 歯みがきの習慣。（　）
⑤ 眼下に広がる景色《けしき》。（　）
⑥ 技術を身につける。（　）
⑦ 逆境にも負けない。（　）
⑧ 石油を輸入する。（　）
⑨ 星に興味がある。（　）
⑩ 険悪な空気がただよう。（　）
⑪ おばけが出現した。（　）
⑫ もうがまんの限界だ。（　）
⑬ 容易な問題だ。（　）
⑭ 会議で熱弁をふるう。（　）
⑮ 複雑な関係だ。（　）
⑯ 神に感謝する。（　）
⑰ 反復練習。（　）
⑱ 会社が破産する。（　）
⑲ 貧富の差が開く。（　）
⑳ 記述問題。（　）

2 次の——線の漢字をひらがなに直しなさい。（1点×4）

① 快い風がふいている。（　）
② 銀行にお金を預ける。（　）
③ 光のさす方へ導く。（　）
④ 部下を率いる。（　）

3 次の——線のカタカナを漢字に直しなさい。（1点×20）

① 君だけにデンジュしよう。（　）
② 国のキジュンを満たす。（　）
③ 父はオンコウだ。（　）
④ 母はイマにいる。（　）
⑤ ジョレツを守る。（　）
⑥ ビルをケンセツする。（　）
⑦ セイケツなハンカチ。（　）
⑧ 新しい機械をコウアンする。（　）
⑨ りっぱなモンガマえ。（　）
⑩ ツバメはエキチョウだ。（　）
⑪ 県のジョウレイを守る。（　）
⑫ 説明をショウリャクする。（　）
⑬ あなたにはソシツがある。（　）
⑭ 勝利をカクシンする。（　）
⑮ 土地のカカクが下がる。（　）
⑯ 畑にヒリョウをほどこす。（　）
⑰ サイゲンなく続く。（　）
⑱ 交通がキセイされている。（　）
⑲ お酒はもうケッコウです。（　）
⑳ 商品ができるまでのカテイ。（　）

4 次の□に共通して入る漢字を書きなさい。（2点×3）

① □加　急□　□量　ヒント：つちへん（　）
② □作　□度　□服　ヒント：りっとう（　）
③ □信　□路　低□　ヒント：しんにょう（　）

漢字の音訓・部首

時間 15分
合格 40点
得点 　　50点
学習日（　月　日）

1 次の漢字の音読みと訓読みを、例にならって書きなさい。（1点×6）

例 置→音（チ）訓（おく）

① 営→音（　　）訓（　　）む

② 勢→音（　　）訓（　　）い

③ 居→音（　　）訓（　　）る

2 次の——線の読み方が、両方とも音読みの場合はア、両方とも訓読みの場合はイ、上が音読みで下が訓読みの場合はウ、上が訓読みで下が音読みの場合はエ、と答えなさい。（1点×14）

① 地図で調べる。（　　）

② 細道を通る。（　　）

③ 駅前で待ち合わせる。（　　）

④ 合図とともにスタートする。（　　）

⑤ 手紙を読む。（　　）

⑥ 雨具を用意する。（　　）

⑦ 王様が来られる。（　　）

⑧ 家事を手伝う。（　　）

⑨ 毎朝ジョギングをする。（　　）

⑩ 花火を見に行く。（　　）

⑪ 交通の便がよい。（　　）

⑫ 手順を教わる。（　　）

⑬ 絵本を買う。（　　）

⑭ いい音色だ。（　　）

3 次の部首を持つ漢字をあとから三つずつ選び、書きなさい。（1点×18）

① にんべん（　）（　）（　）

② さんずい（　）（　）（　）

③ おおがい（　）（　）（　）

④ りっとう（　）（　）（　）

⑤ くさかんむり（　）（　）（　）

⑥ しんにょう（　）（　）（　）

過 菜 液 領 価 制
則 仮 預 逆 河 英
額 刊 件 芽 述 演

4 次の漢字の部首名をあとから選び、記号で答えなさい。（1点×12）

① 容（　　）　② 輸（　　）

③ 綿（　　）　④ 迷（　　）

⑤ 保（　　）　⑥ 複（　　）

⑦ 復（　　）　⑧ 婦（　　）

⑨ 貧（　　）　⑩ 許（　　）

⑪ 肥（　　）　⑫ 破（　　）

ア ころもへん　イ しんにょう
ウ くるまへん　エ いしへん
オ おんなへん　カ うかんむり
キ かい　ク にくづき
ケ いとへん　コ ぎょうにんべん
サ ごんべん　シ にんべん

漢字の音訓・部首

1 20 40 60 80 100 120（回）

学習日〔　月　日〕

時間	合格	得点
15分	40点	/50点

1 次の熟語《じゅくご》の音読みと訓読みを、例にならって書きなさい。（1点×6）

例 上下→音（ジョウゲ） 訓（うえした）

① 市場→音（　　） 訓（　　）

② 色紙→音（　　） 訓（　　）

③ 大家→音（　　） 訓（　　）

2 次の——線の読み方が、両方とも音読みの場合はア、両方とも訓読みの場合はイ、上が音読みで下が訓読みの場合はウ、上が訓読みで下が音読みの場合はエ、と答えなさい。（1点×14）

① 花屋でバラを買う。（　　）

② 仕事がいそがしい。（　　）

③ 行列ができる店。（　　）

④ 荷物を運ぶ。（　　）

⑤ 母は台所にいる。（　　）

⑥ 身分が高い。（　　）

⑦ 夜空を見上げる。（　　）

⑧ コーヒーを注文する。（　　）

⑨ 仲間と遊ぶ。（　　）

⑩ 野宿する。（　　）

⑪ 軍手をください。（　　）

⑫ またの機会に。（　　）

⑬ これは君の役割だ。（　　）

⑭ 湯気が上がる。（　　）

3 次の漢字の部首名を、書きなさい。（2点×5）

① 統（　　）

② 適（　　）

③ 築（　　）

④ 断（　　）

⑤ 性（　　）

4 次の——線のカタカナを漢字に直したときの部首名を書きなさい。（2点×10）

① すみやかにイ動する。（　　）

② 原インを調べる。（　　）

③ 今日はカイ晴だ。（　　）

④ きちんと理カイする。（　　）

⑤ ヨり道して帰る。（　　）

⑥ わたしは近ガンです。（　　）

⑦ 国キョウを守る。（　　）

⑧ ケワしい山を登る。（　　）

⑨ 交通事コ。（　　）

⑩ アツ着をしている。（　　）

対義語・類義語・熟語の構成

時間 15分
合格 40点
得点 /50点

学習日〔 月 日〕

1 次の①～⑥の言葉と反対の意味を持つ言葉を、あとのア～カから選び記号で答えなさい。（2点×6）

① 原因《げんいん》（　　）
② 長所（　　）
③ 生産（　　）
④ 成功（　　）
⑤ 幸運（　　）
⑥ 退場《たいじょう》（　　）

ア 短所　イ 不運　ウ 失敗
エ 入場　オ 結果　カ 消費

2 次の①～⑥の言葉によく似《に》た意味を持つ言葉を、あとのア～カから選び記号で答えなさい。（2点×6）

① 永遠《えいえん》（　　）
② 不安（　　）
③ 短所（　　）
④ 賛成《さんせい》（　　）
⑤ 決心（　　）
⑥ 自然（　　）

ア 欠点　イ 天然　ウ 永久《えいきゅう》
エ 同意　オ 心配　カ 決意

3 例にならって□の中の漢字を組み合わせて、上下が反対の意味になる熟語《じゅくご》を三つ作りなさい。（2点×3）

例（苦楽）

（　　）（　　）（　　）

買	楽
敗	公
私	売
苦	勝

4 次の①～⑥の組み立ての熟語を、あとのア～カから選び記号で答えなさい。（2点×6）

① 似《に》た意味の漢字を組み合わせたもの。（　　）
② 反対の意味の漢字を組み合わせたもの。（　　）
③ 上の漢字が下の漢字の主語になっているもの。（　　）
④ 上の漢字が下の漢字を修飾《しゅうしょく》しているもの。（　　）
⑤ 下の漢字から上の漢字へ返って読むと意味がよくわかるもの。（　　）
⑥ 上の漢字が下の漢字を打ち消しているもの。（　　）

ア 良心　イ 決意　ウ 道路
エ 不正　オ 軽重　カ 国立

5 次の□に打ち消しの意味の「不・無・非《ひ》・未」のうち、当てはまるものを書きなさい。（1点×8）

① □完成
② □可能《かのう》
③ □常識《じょうしき》
④ □責任《せきにん》
⑤ □公平
⑥ □日常
⑦ □関心
⑧ □解決《かいけつ》

対義語・類義語・熟語の構成

時間	合格	得点
15分	40点	/50点

学習日〔　月　日〕

1

次の①～⑥の言葉と反対の意味を持つ言葉をあとの□から選び、漢字に直して書きなさい。（2点×6）

① 精神《せいしん》（　　）

② 減少《げんしょう》（　　）

③ 自然（　　）

④ 分解《ぶんかい》（　　）

⑤ 未来（　　）

⑥ 禁止《きんし》（　　）

ゴウセイ	キョカ	ニクタイ
カコ	ジンコウ	ゾウカ

2

①～⑥の言葉とよく似《に》た意味の言葉になるよう、あとの□の中の漢字を組み合わせて熟《じゅく》語《ご》を作りなさい。ただし、同じ漢字は一度しか使えません。（2点×6）

① 向上（　　）

② 安全（　　）

③ 高名（　　）

④ 公平（　　）

⑤ 興味《きょうみ》（　　）

⑥ 宿命（　　）

命	等	名	運	進	事
有	歩	関	無	心	平

3

次の①～⑩の熟語はあとのア～キのどの組み立てになっていますか。記号で答えなさい。（2点×10）

① 市営《しえい》（　　）　② 強化（　　）

③ 円満（　　）　④ 弱点（　　）

⑤ 不便（　　）　⑥ 自他（　　）

⑦ 乗車（　　）　⑧ 回転（　　）

⑨ 利害（　　）　⑩ 非力《ひりき》（　　）

ア 似た意味の漢字を組み合わせたもの。

イ 反対の意味の漢字を組み合わせたもの。

ウ 上の漢字が下の漢字の主語になっているもの。

エ 上の漢字が下の漢字を修飾《しゅうしょく》しているもの。

オ 下の漢字から上の漢字へ返って読むと意味がよくわかるもの。

カ 上の漢字が下の漢字を打ち消しているもの。

キ 意味を強めたりそえたりする漢字が下に付くもの。

4

次の①～③と同じ組み立ての熟語をあとの□から選び、漢字に直して答えなさい。（2点×3）

① 着陸（　　）

② 楽勝（　　）

③ 強弱（　　）

ゼンゴ	ヒツヨウ	ニュウイン

主語・述語・修飾語

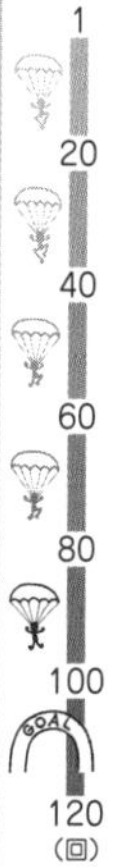

時間 15分
合格 40点
得点 /50点
学習日（　月　日）

1

次の文の主語に――線、述語《じゅつご》に〰〰線を引きなさい。（1点×12）

① さわやかな 風が そよそよと ふく。
② 私《わたし》の 父は 中学校の 先生です。
③ 赤い 花が 雪の 中で さいている。
④ となりの 町には 有名な 博物館が ある。
⑤ とても 美しいなあ、ここから 見える 景色《けしき》は。
⑥ かつて ここには 大きな 城が あった。

2

次の①～⑥の――線は、どの言葉を修飾《しゅうしょく》していますか。修飾している言葉に〰〰線を引きなさい。（2点×6）

① 桜《さくら》の 花が とても 美しく さいている。
② 田んぼでは ゲコゲコと 楽しそうに カエルたちが 鳴いている。
③ たぶん 明日は 雨に なるでしょう。
④ 五年二組の 子どもたちは じっと その 話に 聞き入った。
⑤ かた耳に けがを した ウサギが すばやく 逃《に》げていった。
⑥ 自由研究で ぼくは 世界の 気温の 変化を 調べた。

3

次の各文は、ア 単文、イ 複文《ふくぶん》、ウ 重文のどれですか。記号で答えなさい。（2点×3）

① ぼくが 見つけた 石は きょうりゅうの 化石だった。（　　）
② わたしは 海辺に ある ホテルに とまった。（　　）
③ 父は 音楽を 聞き 姉は 本を 読んでいる。（　　）

4

次の□に言葉を入れて、例のように文図を作りなさい。（――は、主語と述語の関係を表します。）（4点×5）

例 白い ネコが ニャーと 鳴いた。

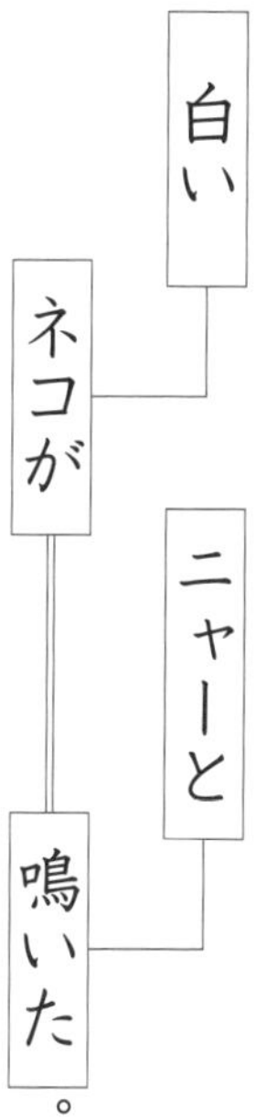

① 黒い 服の 男が こちらを 見ている。（単文）

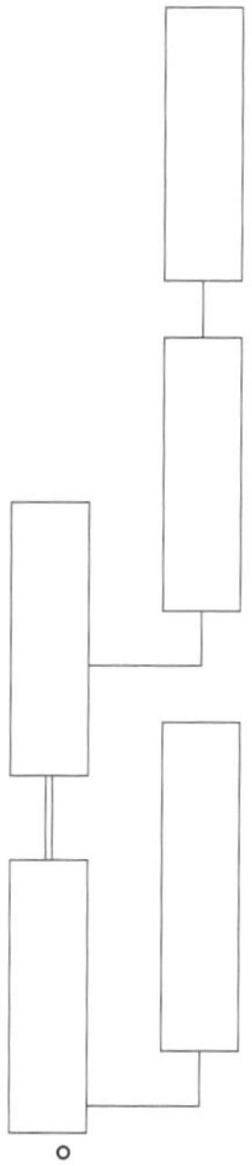

② 白い 大きな 雲が ぽっかりと ういている。（単文）

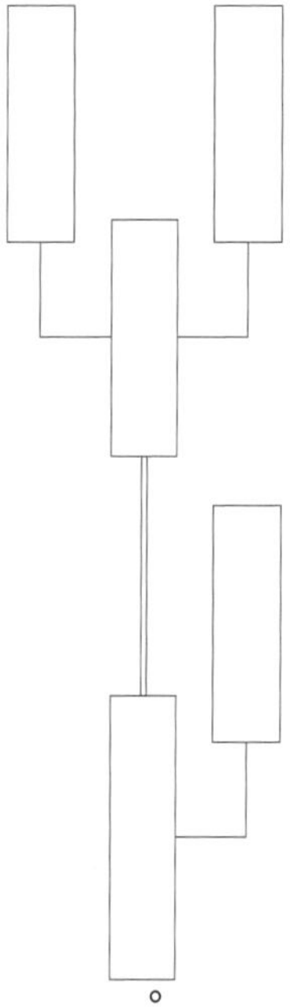

③ この 服は 母が 作ってくれた ものです。（複文）

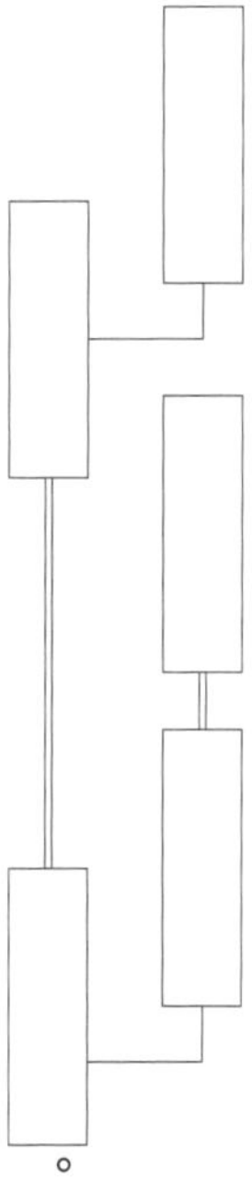

④ ぼくが 飼《か》っている ウサギは とても かわいい。（複文）

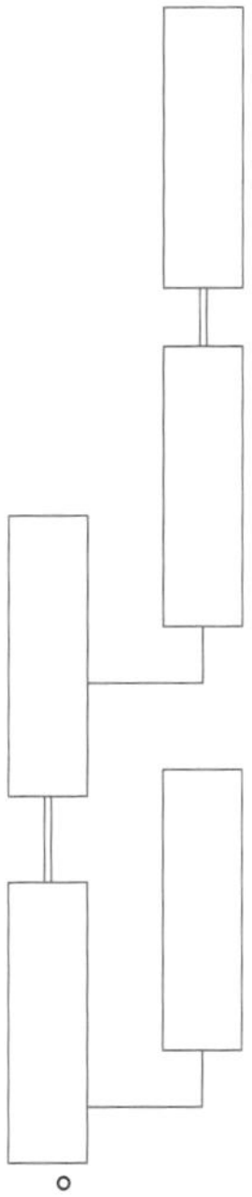

⑤ おじいさんは 山へ 行き、おばあさんは 川へ 行った。（重文）

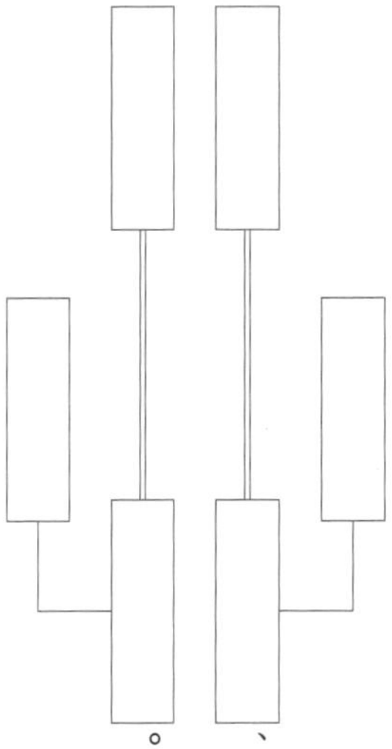

主語・述語・修飾語

時間 15分
合格 40点
得点　　／50点

学習日〔　　月　　日〕

1

次の文の主語と述語《じゅつご》を書きなさい。主語がない場合は×と書きなさい。（1点×12）

① 二台の 救急車《きゅうきゅうしゃ》が 前の 大通りを 通った。
主語（　　　）　述語（　　　）

② 夜空には たくさんの 美しい 星々が かがやいていた。
主語（　　　）　述語（　　　）

③ 昨日 ぼくも となり町に ある デパートへ行った。
主語（　　　）　述語（　　　）

④ 今度の 休みに みんなで バーベキューをしよう。
主語（　　　）　述語（　　　）

⑤ 本当に おもしろかったよ、君から 借りたこの 本は。
主語（　　　）　述語（　　　）

⑥ かれこそ わが 国の 真の 実力者だ。
主語（　　　）　述語（　　　）

2

次の□の言葉を修飾《しゅうしょく》している言葉をすべて見つけ、記号で答えなさい。（2点×6）

① ア毎日 イ父は ウ夜おそくまで エ仕事を ［している］。（　　　）

② ア母に イ買ってもらった ウ赤い ［くつを］ エはこう。（　　　）

③ アまどを イ開けると ウ秋の エさわやかな オ風が カスーと ［入ってきた］。（　　　）

④ ア放課後 イわたしは ウ図書室で エ調べものを ［した］。（　　　）

⑤ アわたしが イ飼《か》っている ウ白い ［ウサギの］ エ名は オノンだ。（　　　）

⑥ ア昨日から イ妹は ウ熱で エ学校を ［休んでいる］。（　　　）

3

次の各文の説明として適切《てきせつ》なものをあとのア～エから選び、記号で答えなさい。（2点×5）

① 父は漁に行き、母は畑へ行った。（　　　）

② 早く宿題をしなさい。（　　　）

③ 姉がくれたペンをぼくはなくした。（　　　）

④ かれは音楽を聞き、絵をかいた。（　　　）

⑤ 庭には美しいユリが一本さいていた。（　　　）

ア 主語が一つ、述語が一つの文。
イ 主語が一つ、述語が二つの文。
ウ 主語が二つ、述語が二つの文。
エ 主語がない文。

4

次の各文の主語・述語・修飾語の関係を正しく表している図をあとのア～エから選び、記号で答えなさい。（4点×4）

① 祖母《そぼ》が 編《あ》んでくれた セーターは とてもあたたかい。（　　　）

② 今 わたしの 兄は ロンドンに いる。（　　　）

③ この 青い 服は 姉からの お下がりだ。（　　　）

④ わが 国は 軍隊を 持たない 国だ。（　　　）

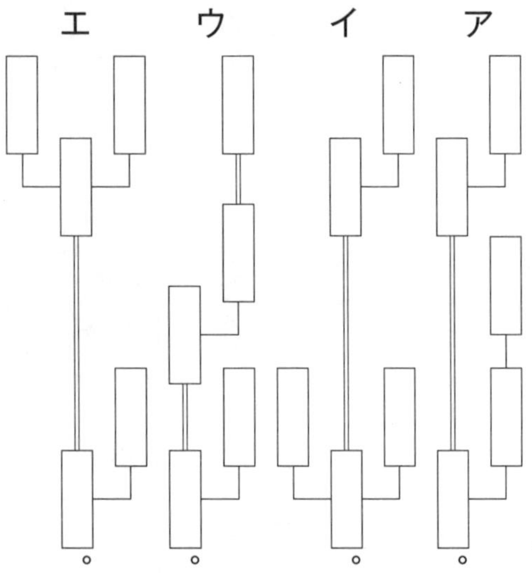

指示語・接続語

時間	15分
合格	40点
得点	/50点

学習日〔　月　日〕

1 次の（　）に適切《てきせつ》なこそあど言葉を入れなさい。（2点×5）

① 駅へ行く道は、右左の（　　）ですか。

② あなたの持っている（　　）は何ですか。

③ 向こうに見えている（　　）ビルに行きたい。

④ ご案内します。どうぞ（　　）へおいでください。

⑤ 君は今、（　　）にいるんだい。

2 次の①〜⑤の――線が指しているものを、指定された字数で答えなさい。（4点×5）

① 昨日青い服を買った。それはとても高かった。（八字）

② 春になると一面にレンゲがさく。それを目当てにミツバチたちがやってくる。（九字）

③ 飛行機から一人の女性《じょせい》がおりてきた。あの人は有名なモデルだ。（十五字）

④ 倉庫から古ぼけた箱が出てきた。その中には地図があった。（十五字）

⑤ とかしたバターとさとうを混《ま》ぜる。そこへといたたまごを少しずつ入れる。（十八字）

3 次の①〜⑥の――線の接続語《せつぞくご》はそれぞれどんな働きをしていますか。あとのア〜カから選び、記号で答えなさい。（2点×6）

① この旅行では、スキーおよび温泉《おんせん》を楽しむことができる。（　　）

② あの人はわたしの母の姉、つまりおばです。（　　）

③ 自転車がパンクした。それで学校におくれた。（　　）

④ ハンバーグそれともからあげ、どちらにしますか。（　　）

⑤ 父母に兄に姉、さらに三才の弟までついてきた。（　　）

⑥ おなかがすいていた。しかし、なにも食べずにがまんした。（　　）

ア 二つ以上ならべる。
イ 付け足す。
ウ 二つ以上から一つだけ選ぶ。
エ 前が原因《げんいん》で後ろが結果を表す。
オ 前と後ろのことがらが逆《ぎゃく》になる。
カ 前のことがらの説明やおぎないを表す。

4 次の（　）に当てはまる接続語をあとの□から選び、入れなさい。（2点×4）

① 体がだるい。（　　）かぜをひいているからだ。

② 毎日かかさず練習をした。（　　）試合で勝つことができた。

③ メインの料理は、魚（　　）肉からお選びください。

④ 雨がはげしくふっている。（　　）風も強まってきた。

または　なぜなら　そのうえ　だから

上級 レベル 94 国語⑩

指示語・接続語

時間 15分　合格 40点　得点 ／50点

学習日〔　月　日〕

1 次の①～⑥の――線が指しているものを、指定された字数で答えなさい。（4点×6）

① おじいさんは、竹林の中で、根元が光りかがやいている一本の竹を見つけた。不思議に思って、その竹を切ってみた。（十六字）

② 竹の中には、光りかがやく女の赤ちゃんがいた。おじいさんはその子を連れて帰り、育てることにした。（十八字）

③ 多くの男性《だんせい》が、かぐやひめを妻《つま》にしたいと思っていた。その中でも特に熱心だったのが、五人の貴公子《きこうし》たちである。（二十四字）

④ かぐやひめは、だれともけっこんしたくなかった。そこで、とてもできそうにない、むずかしい課題を出した。そして、それができた人とけっこんすると言ったのだ。（十八字）

⑤ みかどはこの国の王だ。そのみかどが、自分のそばに仕えるように、と命令された。しかし、かぐやひめはそれを断《ことわ》った。（二十～二十五字）

⑥ かぐやひめは、月を見ては、なげき悲しむようになった。理由を聞いても、はっきりと言わない。しかし、それは、だんだんひどくなるようだった。（十～十五字）

2 次の（　）に当てはまる接続語《せつぞくご》をあとの□から選び、入れなさい。ただし、同じものは一度しか使えません。（2点×5）

① このくつはじょうぶで（　　　）手ごろな価格《かかく》だ。

② かみなりが鳴り始めた。（　　　）、中止になった。

③ 熱でふらふらだった。（　　　）、休まなかった。

④ 夕食はすき焼きにしようか。（　　　）、焼肉にしようか。

⑤ 飛行機が欠航《けっこう》した。（　　　）、台風が近づいているからだ。

しかし　なぜなら　だから
しかも　それとも

3 次の①～④の一文目の内容《ないよう》に合うように、接続語に続けて文を作りなさい。（4点×4）

① 昨日がんばってテスト勉強をした。だから、（　　　　　）

② 今日学校にちこくした。なぜなら、（　　　　　）

③ かれは頭がいい。そのうえ、（　　　　　）

④ 給食にぼくのきらいなピーマンが出た。けれども、（　　　　　）

動詞・形容詞・形容動詞

時間 15分
合格 40点
得点 　　／50点
学習日〔　月　日〕

1 次の――線の言葉と同じ種類のものをあとの例文のア～ウから選び、記号で答えなさい。（2点×5）

① 美しい景色《けしき》を見て、感動した。（　　）
② 山できれいな流れに出会った。（　　）
③ 公園の桜《さくら》の花が開く。（　　）
④ ゆるい坂道を下っていく。（　　）
⑤ 真《ま》っ赤《か》な太陽がしずむ。（　　）

[例文]
ア 新しいグラウンドで思いっきり走る。
イ 中学校の理科室はすばらしい。
ウ 急に鳴りだしたサイレンに驚《おどろ》く。

2 次の例にならって、①～⑦の言葉を、上と下の言葉の関係がアのものとイのものに分けて、記号で答えなさい。（2点×7）

例 ア 立つ ―― 立たない
　 イ 話す ―― 話せない

①（　　）歩く ―― 歩けない
②（　　）読む ―― 読まない
③（　　）打つ ―― 打てない
④（　　）見る ―― 見えない
⑤（　　）乗る ―― 乗れない
⑥（　　）進む ―― 進まない
⑦（　　）開く ―― 開かない

3 次の□にひらがな一字を入れ、意味が通る文にしなさい。（1点×10）

① ようやく目的地に着□ました。
② 一時間前には集合場所に着□う。
③ 雨が強□て、出発がためらわれた。
④ 川の流れが強□□ば、入ってはいけない。
⑤ 昨日対戦したチームはとても強□□た。
⑥ もっと強□力で打ちなさい。
⑦ 教室が静か□□ば、それで十分だ。
⑧ 昨日はあんなに静か□□たのに。
⑨ ふざけていた男子も静か□なってきた。
⑩ 注意したから、もう静か□□う。

4 上下の言葉の関係が例と同じになるように（　）に言葉を入れなさい。（2点×8）

例 流す ―― 流れる
① 建てる ――（　　）
② 出す ――（　　）
③（　　）―― 解《と》ける
④ 育てる ――（　　）
⑤（　　）―― 飛ぶ
⑥ 集める ――（　　）
⑦ 燃《も》やす ――（　　）
⑧（　　）―― 落ちる

動詞・形容詞・形容動詞

1 2 0 4 0 6 0 8 0 1 0 0 1 2 0（回）

時間	15分
合格	40点
得点	／50点

学習日［　月　日］

1 次の――線の言葉と同じ種類のものをあとの例文のア～ウから選び、記号で答えなさい。（2点×5）

海の①深いところにはダイオウイカが②いる。体長十数メートルもの③巨大《きょだい》なもので、これまでは④くわしいことがわからないままだった。しかしその⑤泳ぐ姿《すがた》が、テレビカメラで撮影《さつえい》されるという快挙《かいきょ》がなされた。

［例文］

ア　青い新緑の中をゆっくり歩く。

イ　高いビルの上からの景色は楽しい。

ウ　時間になったので、すみやかに引き上げた。

①（　　）　②（　　）　③（　　）

④（　　）　⑤（　　）

2 次の――線の言葉を正しい形にし、あとの（　）に書きなさい。（2点×5）

森の奥《おく》から①かすかだ小鳥の声が②聞こえるた。あれは幸せの青い鳥の声だ、と思った③多いの娘《むすめ》たちが④喜《よろこ》ぶで走り出すと、足音に⑤おどろくた小鳥は飛び立ってしまった。

①（　　　　）　②（　　　　）

③（　　　　）　④（　　　　）

⑤（　　　　）

3 次の□にひらがな一字を入れ、意味が通る文にしなさい。（2点×10）

① 強□ない友だが、頑張《がんば》って守ってくれた。

② 大きな石はなかなか動□ない。

③ 立派《りっぱ》□なった息子《むすこ》の姿に母は喜んだ。

④ 静か□森の中で、足音だけが聞こえる。

⑤ 足が痛《いた》くて、急いで歩□ない。

⑥ 池が深□と助からなかっただろう。

⑦ トンネルを出て、すぐ見□るのが故郷《こきょう》だ。

⑧ 雨の中、カサもさ□ないで歩いていった。

⑨ バンジージャンプもこわ□などない。

⑩ 母に言□れて勉強を始める。

4 上下の言葉の関係が例と同じになるように、（　）に言葉を入れなさい。（2点×5）

例　書く――書ける

① 行く――（　　　）

② 立つ――（　　　）

③ （　　　）――引ける

④ 打つ――（　　　）

⑤ （　　　）――回れる

文末表現・助詞

時間 15分　合格 40点　得点　　／50点

学習日〔　月　日〕

1 次の文の意味が通るように、①〜⑤の□に当てはまる言葉をあとのア〜オから選び、記号で答えなさい。（2点×5）

ハマグリは、海辺のくりの［①］ものということで名付け［②］たそうだが、環境《かんきょう》の悪化で減少《げんしょう》が心配されている［③］。だから、もっと大事にしないといけないので、水は汚《よご》さ［④］ようにし［⑤］。

ア よう　イ らしい
ウ ない　エ られ
オ ような

①（　　）　②（　　）　③（　　）
④（　　）　⑤（　　）

2 次の①〜⑤の――線部の説明としてふさわしいものを、あとのア〜オから選び、記号で答えなさい。（3点×5）

① 雨はやんだらしい。（　　）
② このキノコは食べられる。（　　）
③ 失敗してみんなに笑われる。（　　）
④ ぼくは野球選手になりたい。（　　）
⑤ 午後から雨になるそうだ。（　　）

ア 希望の意味を表す。
イ 人から伝え聞いた話である。
ウ 「〜できる」の意味を表す。
エ 「たぶん〜」とおしはかる。
オ ほかから動作を受ける。

3 次の――線のうち、意味・用法がほかとちがうものを一つ選び、記号に○をつけなさい。（3点×5）

① ア 朝になると、外は一面の銀世界だった。
イ 木があると、地盤《じばん》は強くなるはずだ。
ウ 家に帰ると、おばさんが来ていた。

② ア ホタルの光は美しい。
イ 君が言うのが正しい。
ウ 馬のいななきにおどろいた。

③ ア 夕方まで白球を追いかけた。
イ 本を読むのが好きだ。
ウ 今日は学校を出て、図書館によった。

④ ア 先生にほめられて有頂天《うちょうてん》になった。
イ 何度も試したが、実験は失敗に終わった。
ウ しっかり勉強し、合格《ごうかく》にいたった。

⑤ ア りんごで作ったジャムはおいしい。
イ プールで水泳の練習をする。
ウ 自習室で勉強を続ける。

4 次の文の意味が通るように、①〜⑤の□に当てはまる言葉をあとのア〜オから選び、記号で答えなさい。（2点×5）

水族館［①］変わった魚を見た［②］は、小学校二年のときだったが、その名がピラルクということは当時のぼくで［③］知っていた［④］、中学生の姉が知らなかった［⑤］おどろいた。

ア さえ　イ の　ウ ので
エ のに　オ で

①（　　）　②（　　）　③（　　）
④（　　）　⑤（　　）

文末表現・助詞

時間	15分
合格	40点
得点	/50点

学習日［　月　日］

1 次の①～⑤の文の意味が通るように、□にひらがなを一字ずつ書きなさい。（2点×5）

① かれはまじめだ□□、信用される。

② 川をわたっ□□、山をこえたりした。

③ けむりを立て□□□機関車が走る。

④ 練習はすればする□□力になる。

⑤ つくえの上にある□は、兄のペンだ。

2 次の①～⑤の——線のうち、意味・用法がほかとちがうものを一つ選び、記号を○で囲《かこ》みなさい。（3点×5）

① ア こちらはまだ寒くない。
イ 青いトマトはおいしくない。
ウ 手が痛《いた》くて字も書けない。

② ア 水のきれいな湖。
イ 自分の部屋をそうじする。
ウ 秋のさわやかな風。

③ ア 女性《じょせい》らしい服を着る。
イ 春に雪が降《ふ》るのはめずらしい。
ウ 試合ですばらしい成績《せいせき》をおさめる。

④ ア 火のように熱い情熱《じょうねつ》の持ち主だ。
イ 商品が届《とど》くのは明日のようだ。
ウ 今日は真夏のような暑さだ。

⑤ ア マンガさえあればいい。
イ 子どもでさえ解《と》ける問題だ。
ウ 本を手に取ることさえしない。

3 次の①～⑤の文の意味が通るように、□にひらがなを一字ずつ書きなさい。（2点×5）

① 今にも水がコップからあふれ□□□。

② かぶと虫はまさしく昆虫《こんちゅう》□□。

③ 東京の□□□大都会に住みたい。

④ まさか、かれに限《かぎ》って失敗はする□□。

⑤ もう行か□□□ば、遅《おく》れてしまう。

4 次の①～⑤の——線と同じ意味・用法のものをア～ウから選び、記号を○で囲みなさい。（3点×5）

① 水がないので、この島には住めない。
ア 外国には生卵《なまたまご》を食べる習慣《しゅうかん》がない。
イ ゲームばかりしているのはよくない。
ウ この本はもう読まない。

② 来週から暖《あたた》かくなりそうだ。
ア 君のコートは暖かそうだ。
イ 自宅《じたく》で手軽に洗《あら》えるそうだ。
ウ 新しい機種は良いそうだ。

③ それならすぐに覚えられる。
ア 飼《か》っている犬に手をかまれる。
イ 新しい先生が学校に来られる。
ウ 晴れた日には多くの星が見られる。

④ 友だちはもう出発したらしい。
ア 小学生らしい元気な様子だ。
イ 毎朝聞こえる小鳥の声がかわいらしい。
ウ 明日は雪が降るらしい。

⑤ もみじのような赤ちゃんの手。
ア 父のような医者になりたい。
イ 母は太陽のような人だ。
ウ あの白い建物は教会のようだ。

ことわざ・慣用句

時間 15分
合格 40点
得点 　／50点

学習日（　月　日）

1 次のことわざの□の中に入る生き物の名まえを、それぞれあとのア〜ソから選び、記号で答えなさい。（2点×15）

① □の耳に念仏《ねんぶつ》（　　）
② □も木から落ちる（　　）
③ □に小判《こばん》（　　）
④ □の川流れ（　　）
⑤ 立つ□あとをにごさず（　　）
⑥ 月と□（　　）
⑦ とらぬ□の皮算用《かわざんよう》（　　）
⑧ 泣きっ面《つら》に□（　　）
⑨ □はちとらず（　　）
⑩ □も歩けば棒《ぼう》にあたる（　　）
⑪ 一寸《いっすん》の□にも五分の魂《たましい》（　　）
⑫ □に真珠《しんじゅ》（　　）
⑬ □の甲《こう》より年の功《こう》（　　）
⑭ □の子は□（　　）
（□には同じ言葉が入る）
⑮ 能《のう》ある□はつめをかくす（　　）

ア ねこ　イ はち　ウ かえる
エ たか　オ さる　カ たぬき
キ かめ　ク うま　ケ かっぱ
コ すっぽん　サ いぬ　シ むし
ス あぶ　セ とり　ソ ぶた

2 （　）内の説明を参考にして次の□の中に入る体の一部分をあとのア〜コから選び、記号で答えなさい。（2点×10）

① □を巻《ま》く（すばらしいできばえ、能力、意気ごみなどに感心し、おどろく）（　　）
② □を焼く（てこずる、苦労する）（　　）
③ □にかける（自分があることにすぐれていることをじまんし、得意《とくい》げにふるまう）（　　）
④ □が痛《いた》い（自分の欠点を言われて聞くのがつらい）（　　）
⑤ □が立たない（相手が強すぎたり、物事が難《むずか》しすぎたりして、自分の能力でどうしようもない）（　　）
⑥ □に余《あま》る（やっていることがあまりにもひどいのでだまって見すごすことはできない）（　　）
⑦ □を長くする（待ち遠しく思う）（　　）
⑧ □を割《わ》る（考えていることをかくさずに話す）（　　）
⑨ □をあらう（長い間やってきた悪い仕事や仲間からはなれて、よい生活をする）（　　）
⑩ □から火が出る（とてもはずかしく思う）（　　）

ア 顔　イ 手　ウ 歯　エ 腹《はら》
オ 舌《した》　カ 耳　キ 目　ク 首
ケ 足　コ 鼻

ことわざ・慣用句

時間 15分　合格 40点　得点 ／50点

学習日〔　月　日〕

1

次の意味を持つ、目に関する慣用句《かんようく》をあとから選び、記号で答えなさい。（2点×5）

① 注意が行きわたる（　）
② とても好きである（　）
③ とても利口で機転がきく（　）
④ 見たことが信じられない（　）
⑤ 物を見分ける力が養われる（　）

ア 目をうたがう　イ 目を付ける
ウ 目がとどく　エ 目に余《あま》る
オ 目をうばわれる　カ 目がこえる
キ 目から鼻へぬける　ク 目がない

2

次の□に当てはまる言葉を漢字で書き、ことわざを完成させなさい。（2点×15）

① □の上にも三年
② □の顔も三度まで
③ 井《い》の中の蛙《かわず》□□を知らず
④ かわいい子には□をさせよ
⑤ 好きこそものの□□なれ
⑥ 千里の道も□□から
⑦ 九死に□□を得《え》る
⑧ □に短し たすきに長し
⑨ □□ふさがり
⑩ ねこの□も借りたい
⑪ □□をたたいてわたる
⑫ □のすねをかじる
⑬ □□は口に苦し
⑭ 雨ふって□固まる
⑮ 木を見て□を見ず

3

次の（　）に当てはまる言葉をあとから記号で選び、「　」内の意味を持つ慣用句を完成させなさい。（1点×10）

① 耳を（　）「金銭《きんせん》などを不足がないように準備《じゅんび》する」
② 耳が（　）「物事をすばやく聞きつける」
③ 耳を（　）「相手の相談に乗る」
④ 耳を（　）「熱心に聞く」
⑤ 小耳に（　）「ぐうぜんにちらっと聞く」

ア はさむ　イ 立てる　ウ 貸《か》す
エ いたい　オ そろえる　カ かたむける
キ 早い　ク つらい　ケ うたがう

⑥ 手が（　）「ひまになる」
⑦ 手が（　）「手間がかかっている」
⑧ 手を（　）「修正《しゅうせい》をする」
⑨ 手を（　）「何もせずにそばで見ている」
⑩ 手を（　）「取りあつかいにこまる」

ア 入れる　イ 足りない　ウ 空く
エ こむ　オ 焼く　カ ぬく
キ こまねく　ク 打つ　ケ かける

詩

1 次のA・Bの詩を読んで、あとの問いに答えなさい。

A 「？」

？が突然《とつぜん》に太平洋のまんなかから
ざぶーんとあらわれた。
？は、鰯《いわし》をのみこみ海月《くらげ》をのみこみ再《ふた》びもぐった。
鮫《さめ》が蛸《たこ》が？を追ってやってきた。
？は昆布《こんぶ》の森にすがたをかくした。
？は海水の塩からさに気がついた。

？はさらに海底深くからやってきた
別の？に出会った。
キミ　ハ　ボク　ニ　似《に》テルネ
あとから来た？が言ったのか
はじめの？が言ったのか、わからなかった。
？と？は連れだって、？のなかまを探《さが》しに行った。

やがて太平洋のそこここに、
無数の？が生まれてきて
ぽこんぽこんと　海は波だっていった。
？は熱をだした。
太平洋は沸騰《ふっとう》していく。

糸井重里《いといしげさと》

(1) この詩は、？(クエスチョンマーク)が好きで、「あんなかたちの生き物がほんとにいて、海から顔を出したらおもしろいな」と思って書いた詩です。一連、二連、三連に登場する？は、それぞれどれくらいいますか。漢字で答えなさい。(5点×3)

一連は…(　　)ぴき。

二連は…(　　)ひき。

三連は…(　　)。

(2) この詩は、どんな形式の詩ですか。次の中から選んで記号で答えなさい。(5点)

ア 文語定型《ていけい》詩　イ 文語自由詩

ウ 口語定型詩　エ 口語自由詩

(　　)

(3) 詩の中の擬声語《ぎせいご》を二つ書きぬきなさい。(5点×2)

(　　)(　　)

B 「雪」

＊シグナルの青いランプのところだけ。
ぼんやりあかるく。雪がふってる。
そこのところの雪はしんしん①青い。

草野心平《くさのしんぺい》

＊シグナル…信号。

(4) この詩が書かれた季節と時間帯を答えなさい。またその時間帯がわかる文を二つ書きぬきなさい。(4点×4)

季節は…(　　)

時間帯は…朝昼夜のうち(　　)

それがわかる文は…

(　　)(　　)

(5) ——線①雪が「青い」のはなぜですか。(4点)

(　　)から。

時間 20分　合格 40点　得点 /50点

学習日(　月　日)

1 20 40 60 80 100 120(回)

国語

詩

1 次のA・Bの詩を読んで、あとの問いに答えなさい。

A　「いそがしい乗客」

がらあきの電車にのった
となりの車輌《しゃりょう》にも三人しかいない
列車はついにぼく一人の客車をひいて出発した
一人でのると、なんとりっぱな座席《ざせき》だろう
靴《くつ》をぬいでえへんとあぐら
ひじかけに頭をのせて昼寝《ひるね》のまね
無理をして向かいの席まで足をとどかせて
ああ楽だ、といってみた
通路をまたいで立ったまま
一息で校歌をうたった
それでもまだおちつかない
あいてる席に残らず腰《こし》をかけたくなった
こっちの席に一分
あっちの席に三十秒
川が見えるたびそっちへうつることにきめて
いそがしく腰かけてまわったが
とうとうすわりきれないうちに
おりる駅についてしまった
入れちがいにのってきたおじいさんが
「あれ、貸《か》し切りだ」といった
あのおじいさん今ごろぼくの代わりに
いそがしく腰をかけてまわっているだろう

阪田寛夫《さかたひろお》

(1) 「ぼく」が乗ったのはどんな車輌でしたか。次の（　）に指示《しじ》された字数で詩の中の言葉を書きぬいて答えなさい。(6点×2)

まるで①（　4字　）のような②（　2字　）。

①［　］　②［　］

(2) 一人きりの車輌で「ぼく」は、電車の中でなければできない遊びをたくさんしています。どんな遊びなのかを答えなさい。(7点×3)

最初に…（　）

次に…（　）

最後に…（　）

B　「だれの」

「空クラゲ！」
きみがいった。
晴れ上がった冬空に
巨大《きょだい》なクラゲが浮《う》かんでいた

「さびしそう」
「うん」

だれのかなしみだろうか
歌にもならず
鳥にもならず
クラゲなんかになっちまうなんて

内田麟太郎《うちだりんたろう》

(3) 「空クラゲ」とは何のことですか。(7点)

（　）

(4) この詩で使われている表現技法《ひょうげんぎほう》は何ですか。次から一つ選んで記号で答えなさい。(10点)

ア 体言止め　イ 反復法《はんぷくほう》　ウ 倒置法《とうちほう》
エ 比《ひ》ゆ

（　）

時間	20分
合格	40点
得点	/50点

学習日（　月　日）

短歌・俳句

1 次の短歌と文章を読んで、あとの問いに答えなさい。

久方(ひさかた)のアメリカ人(びと)のはじめにしベースボールは見れど飽《あ》かぬかも
正岡子規《まさおかしき》

「久方の」というのは「天(あめ)」につく【　】で、「アメリカ人」の「アメ」につながります。「久方の」という古典的な【　】と、当時としては最も新しがり屋がやった野球とを結びつけたところに、おかしみがあります。「野球」という言葉を発明したのは正岡子規だという説があります。

（大岡《おおおか》　信《まこと》「おーいぽぽんた」）

(1) 二つの【　】には同じ言葉が入ります。短歌で定まった言葉を導《みちび》き出すために使われる、その言葉を何といいますか。（5点）

（　　）

また、「天」のほかに「久方の」が導き出す言葉を、次から選んで記号で答えなさい。（5点）

ア 母　イ 山　ウ 光　エ 大和《やまと》　オ 波

（　　）

(2) この歌は、音の数が短歌の定まった音数より多くなっています。その定まった音数を漢数字五文字で答えなさい。また音数が多いときと少ないときを何といいますか。（5点×3）

短歌の定まった音数（　　）
音数が多いとき…（　　）
音数が少ないとき…（　　）

2 次の俳句《はいく》と文章を読んで、あとの問いに答えなさい。

あなたは虫は好きですか。もしそうだったら、

翅《はね》わっててんたう《(と)》虫の飛びいづ《(ず)》る
高野素十《たかのすじゅう》

こういう句はどうでしょう。天道虫(てんとうむし)は外側の、模様《もよう》のある翅を開き、内側の柔《やわ》らかい翅を伸《の》ばして飛び立ちます。「翅わって」がリアルです。動きを止め、外側の翅を開いてから飛ぶまでに、一瞬《いっしゅん》の間があるのです。

（石田郷子《きょうこ》「入門俳句事典」）

(1) この俳句の季語と季節を書きなさい。（5点×2）

季語は…（　　）
季節は…（　　）

(2) この俳句と同じ季節の句を、次に並《なら》べた「虫」をふくむ俳句の中から三つ選び、記号で答えなさい。（5点×3）

ア 春雨や蜂《はち》の巣つたう屋根のもり　松尾芭蕉《まつおばしょう》
イ 赤蜻蛉筑波《とんぼつくば》に雲もなかりけり　正岡子規《まさおかしき》
ウ 冬蜂の死にどころなく歩きけり　村上鬼城《むらかみきじょう》
エ たたかれて昼の蚊《か》を吐《は》く木魚かな　夏目漱石《なつめそうせき》
オ ひっぱれる糸まっすぐや甲虫《かぶとむし》　高野素十
カ 街道《かいどう》をキチキチととぶばったかな　村上鬼城
キ 閑《しず》さや岩にしみ入る蟬《せみ》の声　松尾芭蕉

（　　）（　　）（　　）

学習日〔　月　日〕
時間 20分
合格 40点
得点 　/50点

短歌・俳句

学習日〔　月　日〕

時間 20分　合格 40点　得点　/50点

1 次の短歌を読んで、あとの問いに答えなさい。

ア ほととぎす空に声して卯《う》の花の
垣根《かきね》もしろく月ぞ出《い》でぬ
永福門院《えいふくもんいん》

イ 夏の風山よりきたり三百の
牧《まき》の若馬《わかうま》耳ふかれけり
与謝野晶子《よさのあきこ》

ウ 木のまよりもりくる月の影《かげ》見れば
心づくしの秋は来にけり
古今集《こきんしゅう》よみ人しらず

エ 夕立の雲間の日影晴れそめて
山のこなたをわたる白鷺《しらさぎ》
藤原定家《ふじわらのていか》

オ 向日葵(ひまわり)は金の油を身にあびて
ゆらりと高し日のちひ(い)ささよ
前田夕暮《まえだゆうぐれ》

(1) **ア**〜**オ**の短歌の中で、一つだけ季節がちがう歌があります。その歌を選び記号で答えなさい。(6点)（　　）

(2) **オ**の短歌は何句切《くぎ》れですか。次の中から選び、番号で答えなさい。(6点)
① 初句切れ　② 二句切れ
③ 三句切れ　④ 四句切れ
（　　）

(3) 物の名まえで終わる、「体言止め」を使った短歌はどれか、記号で答えなさい。(6点)（　　）

(4) **ア**〜**オ**の短歌の中で、次のような意味を持つ歌を選び、記号で答えなさい。(6点)
「木々の間から月の光がもれてくる。さまざまな物思いをする、何もかもが美しい季節がやってきた」
（　　）

2 次の俳句《はいく》と文章を読んで、あとの問いに答えなさい。

チューリップ花びら外《はず》れかけてを《(お)》り
波多野爽波《はたのそうは》

散る間ぎわのチューリップです。大きな花びらの一枚が外側に傾《かたむ》いて、今にもはずれそうです。チューリップの花びらがただ落ちるのではなく、「はずれる」といったところにおもしろさがあります。

虫や花ばかりでなく、星や雲、山、海、川など、どんなときでも自然は私《わたし》たちを取り巻《ま》いています。俳句をつくるのに必要なのは、その自然を見つめる心です。(石田郷子《きょうこ》「入門俳句事典」)

(1) この俳句と同じ季節の句を、次に並《なら》べた「花」の俳句の中から四つ選び、記号で答えなさい。(5点×4)

ア しら梅に明《あく》る夜ばかりとなりにけり
与謝蕪村《よさぶそん》

イ 山茶花《さざんか》の花や葉の上に散り映《は》えり
高浜虚子《たかはまきょし》

ウ 赤い椿《つばき》白い椿と落ちにけり
河東碧梧桐《かわひがしへきごとう》

エ 山路来てなにやらゆかしすみれ草
松尾芭蕉《まつおばしょう》

オ 朝顔に釣瓶《つるべ》とられてもらひ《(い)》水
加賀千代《かがのちよ》

カ 菜の花や月は東に日は西に
与謝蕪村

（　　）（　　）（　　）（　　）

(2) **ア**、**ウ**にある「けり」や**カ**の「や」などを何といいますか。(6点)
（　　）

物語（1）

1 次の文章を読んで、あとの問いに答えなさい。

ある日太郎《たろう》が、

「テレビ無しでなんか生きられないよう」

とだだをこねると、山本正二郎は、突如《とつじょ》として、ア テレビを持ち上げるや、庭の敷石《しきいし》に向かって、それを叩《たた》きつけた。

「テレビが無いと生きていられないかどうかやってみろ！」

父があのように重い物を、あれほど軽々と持ち上げたのを太郎が見たのはその時が初めてで最後である。母は、その出来事に対してとりなしてくれもしなかった。おまけに彼女《かのじょ》は、物ぐさだから、庭にちらかった醜怪《しゅうかい》きわまるイ テレビの残骸《ざんがい》をなんと一か月近くもとりかたづけなかったのだ。太郎は毎日家に帰ってくると、庭にちらかっているガラスの破片《はへん》がキラキラ光るのを見ながらおやつを食べていた。悲しかった。

① あんな物わかりの悪い親なんか死んじまえばいいとも思った。しかし、そのうちに、太郎は、あの箱の中に映《うつ》しだされる、幻《まぼろし》のようなものにあんなにも執着《しゅうちゃく》していた自分がふとおかしかった。と同時に、母達まで、ウ テレビが見られなくなったことを太郎は気の毒《どく》に思った。

「ごめんよね、母さん」

太郎はある日縁側《えんがわ》に寝《ね》そべりながら母の信子《のぶこ》に言った。

「なにが」

「家にテレビがなくなっちゃってさ」

「私《わたし》は、あんなもの見ているヒマないから、あったって、なくったって同じだね。太郎もかわいそうだけど、どこの家だって、何かが揃《そろ》ってないものなのよ。太郎がテレビがほしかったら、早く自分で稼《かせ》いで、物わかりの良い嫁《よめ》さんもらって、エ テレビを五台でも十台でも買って、何日でもぶっつづけで、見たいだけ見ておいでよ」

母はそう言ってからあらためて太郎に尋《たず》ねたのであった。

「テレビが無いと学校へ行って本当に友達と話に困《こま》る？」

「それほどでもないやな。僕《ぼく》、逆《ぎゃく》に聞いてやることにしたんだ。『へえ、その月光仮面《げっこうかめん》てなんだい』」

本当に太郎はその通りやってみたのだった。

（曽野綾子《そのあやこ》「太郎物語」）

(1) ――線ア～エの「テレビ」のうち、ひとつだけちがう意味で使われているものがあります。その記号を答えなさい。（6点）

（　　）

(2) 太郎の名字は何と考えられますか。（6点）

（　　）

(3) 父が、ふだんはあまり力ずくで問題を解決《かいけつ》していないことがわかる一文を文中から見つけ、最初の五字を書きぬきなさい。（7点）

□□□□□

(4) ――線①とありますが、だれのことを言っていますか。当てはまらないものを次から選び、記号で答えなさい。（7点）

ア テレビを叩きつけてこわしてしまった父。

イ 太郎と父の間をとりなしてくれなかった母。

ウ テレビを見たい気持ちをわかってくれない父。

エ 太郎のせいでテレビが見られなくなった母。

（　　）

(5) 太郎の気持ちはどのように変化したか、次の□に入る気持ちを文中から書きぬきなさい。（6点×4）

太郎は悲しかった。

↓

□□が□□□□た。

↓

□□を□□□に思った。

時間	20分
合格	40点
得点	50点

学習日（　月　日）

物語 (1)

学習日〔 月 日〕

時間	20分
合格	40点
得点	/50点

1 **次の文章を読んで、あとの問いに答えなさい。**

ひとはみな、それぞれにじぶんの名まえをもっている。そしてその名まえには、□名したひとの願いがこめられている。

□名。なんだかすごいことばだ。あたらしく生まれた□に名まえをつける。名づけられた□は大きくのびをして、じぶんの□を生きはじめる。

じぶんの名まえの由来を知ったとき、からだじゅうの力がへなへなとぬけてしまったのをわたしはおぼえている。

わたしの名まえはマホ。真に秀《すぐ》れている、と書く。

妹の名まえはマスミ。真に澄《す》んでいる、と書く。

おとうの名まえが秀樹《ひでき》で、おかあの名まえが澄子《すみこ》。①それぞれ、一字ずつもらったわけではない。

マホとマスミ。真秀と真澄。わたしたちはふたごだ。

おとうは〈島田《しまだ》酒店〉のあるじだ。酒屋といっても、②どこのまちにでもあるような酒屋とはすこし違《ちが》っている。もっともおとうにいわせると、③ゼーンゼンチガウ、らしいんだけど。

大手メーカーの日本酒はすみっこに追いやって、小さな造《つく》り酒屋（蔵元《くらもと》という）の、純米酒《じゅんまいしゅ》（米とこうじと水だけでつくった清酒）を中心におく。

島田酒店は小さくうす暗い。気にとめないでいると、通りすぎたことさえわからない。店の目印は、軒先《のきさき》につるした④サカバヤシ。

酒林というのは、杉《すぎ》の葉をたばねて球状《きゅうじょう》にしたもので、新酒あります、という意味だそうだ。杉玉、ともいう。（中略《ちゅうりゃく》）

いけない。話がよこ道にそれてしまった。名づけの話にもどす。

真秀と真澄は、じつは日本酒の名まえなのだ。真秀は三重《みえ》県に、真澄は長野《ながの》県に蔵元のある、清酒だ。

（高科正信《たかしなまさのぶ》「ふたご前線」）

(1) 文中に五か所ある□には、同じ一字の漢字が入ります。考えて書きなさい。（8点）

（　　）

(2) ——線①とありますが、では真秀と真澄の名まえは、何から取られたのですか。当てはまる言葉を文中から七字で書きぬきなさい。（8点）

□□□□□□□

(3) ——線②のような酒屋では、どのような酒を店の中心においていると考えられますか。文中から十字で書きぬきなさい。（8点）

□□□□□□□□□□

(4) ——線③をカタカナで書いてあることから、何がわかりますか。当てはまらないものを次から選び、記号で答えなさい。（8点）

ア おとうの口ぐせである。

イ おとうの言い方をまねている。

ウ 作者が漢字を知らなかった。

エ 全然ちがうことを強めたかった。

（　　）

(5) ——線④「サカバヤシ」は、どんなことを伝えるためにつるしますか。文中から六字を書きぬき、次の言い方を完成させなさい。（8点）

「□□□□□□」、ということ。

(6) マホがじぶんの名まえの由来を知ったときの様子がわかる部分を、文中から二十一字でさがし、最初と最後の三字をそれぞれ書きぬきなさい。（10点）

□□□〜□□□

物語（2）

学習日〔　月　日〕
時間 20分
合格 40点
得点　　／50点

1 次の文章を読んで、あとの問いに答えなさい。

このところ、トットちゃんは、自分が大きくなったら、「なんになろうか？」という事を考えるようになっていた。

（中略《ちゅうりゃく》）

それからトットちゃんは、泰《たい》ちゃんのそばに行った。ちょうど泰ちゃんは、教室で、アルコールランプに火をつけたところだった。トットちゃんは、得意《とくい》そうにいった。

「私《わたし》、スパイになろうと思うんだ！」

泰ちゃんは、アルコールランプの炎《ほのお》から、目をトットちゃんにむけると、じっと、トットちゃんの顔を見た。それから、少し考えるように、目を窓《まど》の外にやり、それから、トットちゃんのほうにむきなおると、響《ひび》きのある利口そうな声で、そして、トットちゃんにわかりやすいように、ゆっくりと、いった。

「スパイになるにはね、頭がよくなくちゃ、なれないんだよ。それに、いろんな国の言葉だって出来なくちゃなれないし……」

そこまでいうと、泰ちゃんは、ちょっと、息をついた。そして、目をそらさずに、はっきりと、トットちゃんを見て、いった。

「第一、女のスパイは、顔がきれいじゃなくちゃ、なれないんだよ」

トットちゃんは、だんだん目を泰ちゃんから床《ゆか》に落とし、顔も、少し、うつむくような形になった。

それから泰ちゃんは、少し間をおき、今度は、トットちゃんから目をそらして、小さな声で、考えながら、いった。

「それに、おしゃべりの子は、スパイには、なれないんじゃないかな……」

トットちゃんは、びっくりした。それは、スパイになることを反対されたからじゃなかった。泰ちゃんのいうことが、（①）正しいからだった。（②）が、思いあたることだった。

（黒柳徹子《くろやなぎてつこ》「窓ぎわのトットちゃん」）

(1) トットちゃんと泰ちゃんは、今どこにいますか。文中から二字で書きぬきなさい。（7点）

□□

(2) 泰ちゃんは、女スパイになるための条件《じょうけん》を四つ挙げています。それらを、文中の言葉を使って、泰ちゃんが言った順に書きなさい。（5点×4）

①（　　　）こと
②（　　　）が出来ること
③（　　　）なこと
④（　　　）でないこと

(3) トットちゃんははじめ、泰ちゃんにいう前は、自信がありました。そのことがわかる言葉を文中から五字で書きぬきなさい。（8点）

□□□□□

(4) 泰ちゃんにいわれて、しだいに自信を失っていくトットちゃんの様子を表した一文をさがし、最初と最後の三字をそれぞれ書きぬきなさい。（句読点《くとうてん》はふくみません。）（8点）

□□□〜□□□

(5) ①と②には同じ言葉が入ります。ふさわしいものを次から選び、記号で答えなさい。（7点）

ア 少し　イ あまり
ウ かなり　エ すべて

（　　）

物語(2)

時間 20分　合格 40点　得点 /50点　学習日（　月　日）

1 次の文章を読んで、あとの問いに答えなさい。

洋子はもう少しでピアノがとことんきらいになるところだった。母さんと先生の二重レッスンがつづいたせいだった。先生の家ではピアノがゆったりしたおじいちゃんみたいにみえた。おじいちゃんに遊んでもらうのはたのしかった。家に帰ると、応接間《おうせつま》のピアノが、今にも走りだしそうな白い車にみえた。早く早くどこかのボタンを押《お》さなくちゃ、いってしまう。洋子はおどおどして押すボタンをまちがえ、ピアノ車は、ついといってしまうのだった……。

洋子はもう少しで母さんのこともとことんきらいになるところだった。もしかしたら母さんが、自分のことを本気でにくんでいるのではないかと思ってしまったからだ。

その①二つの「もう少しで」を救《すく》ってくれたのは、父さんだった。

日曜日、父さんが家にいるときに、洋子がピアノをひくことがあると、父さんはソファにきちんとひざをそろえてすわり、まるでルビンシュタイン先生の演奏会《えんそうかい》に出かけているみたいにちゃんと聞いてくれ、拍手《はくしゅ》してくれた。母さんが

——（ ② ）

と、きついとんがった声を出しても、父さんは、だってうまいじゃないか、なにしろおれは（ ③ ）も読めない、一本指でもピアノがひけないから、娘《むすめ》がピアノをひけるのをみてるだけで大満足じゃよ…と、ふざけた。母さんがつんとして買い物に出かけたあと、父さんは洋子に話してくれた。

——母さんのレッスンもあるんだって？　きびしいんだって、母さん、自分で言ってた。だから、なにもにくくてたたくんじゃない。ただ母さんはちょっと——いや、だいぶ、せっかちなんだ。自分が昔、できなかったぶんをとりもどそうと、洋子と自分をとりちがえてるんだ。母さんは（ ④ ）じゃなくて、（ ⑤ ）の手をたたいてるんだ。おかしいね。

そう言われてみると、洋子にもよくわかった。

（一部省略《しょうりゃく》したところがあります。）

（今江祥智《いまえよしとも》「縞《しま》しまのチョッキ」）

(1) 洋子にとっては、ピアノは二通りにみえました。それぞれ文中から十三字以内で書きぬきなさい。（6点×2）

先生の家では（　　　　）

自分の家では（　　　　）

(2) ——線①は、どういう意味ですか。次の（　）に当てはまる言葉を文中から書きぬき、文を完成させなさい。（6点×3）

もう少しで（　　　　）と（　　　　）の二つを（　　　　）になるところだったこと。

(3) （②）に入る会話文として、ふさわしいものを次から選び、記号で答えなさい。（6点）

ア「ちゃんときかなきゃだめ」
イ「あなたのまえではうまいのね」
ウ「先生にいいつけるから」
エ「あまやかしちゃだめ」

（　　）

(4) （③）に入るある生き物の名まえを、カタカナ七字で考えて書きなさい。（6点）

（□□□□□□□）

(5) （④）（⑤）に入る言葉の組み合わせとしてふさわしいものを次から選び、記号で答えなさい。（8点）

ア ④今の自分　⑤昔の自分
イ ④今の洋子　⑤昔の洋子
ウ ④ピアノ　⑤洋子
エ ④洋子　⑤昔の自分

（　　）

随筆

時間 20分　合格 40点　得点 ／50点

学習日〔　月　日〕

1 **次の文章を読んで、あとの問いに答えなさい。**

人間は最初に言葉というものを持ったというふうにいわれます。はじめに言葉ありき、という聖書《せいしょ》の中の文句《もんく》はそこから生まれているのだと思うし、それはまた事実だと思う。人間の文化も行動も、言葉によって表現《ひょうげん》されるわけですし、思考や哲学《てつがく》や、あるいは経済《けいざい》生活も、言葉によって行われていきます。

それほど、（　①　）というものは大事に考えられていました。日本でも〈言霊《ことだま》〉という言葉があって、単に言葉が意思伝達の手段《しゅだん》ではなく、大きな宗教的《しゅうきょうてき》な、あるいは霊《れい》の世界に属《ぞく》するような力を持つものとして尊《とうと》ばれてきたわけですが、今度の録音のときに、②あるゲストが言った言葉をぼくは非常《ひじょう》に興味《きょうみ》深く聞きました。

それは、言葉より先に歌があったのではないか、という説なのです。古代の人間が最初に発する言葉らしきもの、その言葉より先に人間は、感動したり悲しんだり、いろんなときに、歌という形になっていないかもしれないけれども、ある音階をもった音を発したのではなかろうか、というのです。

（　③　）ではなくて、はじめに歌があったのではないかという話があって、ぼくは非常に新《しん》鮮《せん》に聞いたのですが、たしかにそうかもしれない。

たとえば小鳥が鳴くことを、私《わたし》たちは小鳥が〈歌う〉というふうに言います。あるいは風が吹《ふ》く、その吹く音を〈歌〉として聞くこともありますし、森のそよぎを森が合唱しているというふうにたとえたロシアの詩人もいます。エセーニンという詩人は、しらかばの（　④　）はしらかばの歌声という形で、森のざわめきを表現しています。

そんなふうに、森羅万象《しんらばんしょう》すべて、ものみな歌にはじまるということを考えていきますと、今の二十世紀《せいき》のこの機械文明のさなかにあっても、私たちが歌にしゅうちゃくし、そして歌を聞くことによろこびをおぼえ、一歩すすんで自分たちの声で歌を歌いたいと思うのは、人間の本性《ほんしょう》に基《もと》づいたごく自然なことですし、（　⑤　）がこれだけ流行するというのも理由のあることだろうと思います。

（五木寛之《いつきひろゆき》「生きるヒント」）

(1)（　①　）に入る語を漢字二字で答えなさい。（10点）

(2)——線②とありますが、「ぼく」は、ゲストが言った言葉をどう思いましたか。ふさわしいものを次から選び、記号で答えなさい。（10点）

ア そんなことまさかあるわけがない
イ そう言われればそうかもしれない
ウ そんな考えをする人もいるのか
エ それだけは事実にちがいない

（　　）

(3)（　③　）に当てはまる言葉をここより前の文中からさがし、九字で書きぬきなさい。（10点）

(4)（　④　）に当てはまる言葉を次から選び、記号で答えなさい。（10点）

ア 歌声　**イ** 子守歌
ウ ささやき　**エ** 言葉

（　　）

(5)本文の内容をふまえて、（　⑤　）に当てはまる言葉を次から選び、記号で答えなさい。（10点）

ア テレビゲーム　**イ** ボウリング
ウ カラオケ　**エ** ハイキング

（　　）

国語

1 **次の文章を読んで、あとの問いに答えなさい。**

私《わたし》はよく旅行するほうで、遠く北極圏《ほっきょくけん》を越《こ》えたラプランドで、真夜中にも沈《しず》まない太陽を見たことがある。それは実に神秘的《しんぴてき》な光景であった。まったく人間を拒絶《きょぜつ》するような荒涼《こうりょう》とした風景で、私の心を強く引くものがあった。（①）、私が北欧《ほくおう》の旅で白夜の情景《じょうけい》として描《えが》いたのは、スエーデンのボスニヤ湾《わん》に臨《のぞ》む入江《いりえ》の岸辺と、フィンランドの湖沼《こしょう》地帯での、見渡《みわた》す限《かぎ》り針葉樹《しんようじゅ》の森と湖が続く風景であって、

ア

（②）地帯である。

私が好んで描《えが》くのは、人跡未踏《じんせきみとう》といった景観ではなく、人間の息吹《いぶき》がどこかに感じられる風景が多い。（③）、④私の風景の中に人物が出てくることは、まずないと言ってよい。その理由の一つは、私の描くのは人間の心の象徴《しょうちょう》としての風景であり、風景自体が人間の心を語っているからである。

イ

ただ一度、珍《めずら》しく私の風景の中に点景が現《あらわ》れたことがある。それは人間ではなく、一頭の白い馬が風景の中に見える連作である。この場合は、遠くに小さく姿《すがた》を見せてはいるが、白馬が（⑤）なのである。風景はすべて（⑥）としての役目であり、白い馬の象徴する世界を風景が反映《はんえい》しているわけである。

ウ

私は古い、小さな町が好きである。その家の壁《かべ》には、何代もの人々の体温が染《し》み込《こ》んでいる。その町の人の生活には、人間らしいゆとりが保《たも》たれているのを感じる。ドイツの古都などで、どの窓辺《まどべ》にも美しく花をさかせているのを見るが、それは外を通る人への親しい挨拶《あいさつ》の言葉である。家の中から見ると、花は、それぞれ（⑦）の方を向いてしまい、通りから眺《なが》めた美しさは見られない。また、窓そのものの意匠《いしょう》にも楽しい工夫《くふう》が見られる。

（東山魁夷《ひがしやまかいい》「一枚《いちまい》の葉」）

(1)（①）（③）に共通して当てはまる言葉を次から選び、記号で答えなさい。（8点）

ア だから　　イ ところで
ウ しかし　　エ それゆえ

（　　）

(2)（②）に当てはまる言葉としてふさわしいものを次から選び、記号で答えなさい。（8点）

ア 人間の住み得《う》る　　イ 人跡未踏の
ウ 人間が密集《みっしゅう》している　　エ 人が住めない

（　　）

(3) ——線④とありますが、その理由を文中から十七字でさがし、最初と最後の三字をそれぞれ書きぬきなさい。（8点）

□□□～□□□

(4)（⑤）と（⑥）に当てはまる言葉の組み合わせとしてふさわしいものを次から選び、記号で答えなさい。（10点）

ア ⑤主題　⑥背景《はいけい》
イ ⑤背景　⑥主題
ウ ⑤主題　⑥主題
エ ⑤背景　⑥背景

（　　）

(5)（⑦）に当てはまる言葉を次から選び、記号で答えなさい。（8点）

ア そと　　イ うち
ウ みぎ　　エ ひだり

（　　）

(6) この文章を大きく二つに分けるとすると、どこで分けることができますか。文中のア～ウの記号で答えなさい。（8点）

（　　）

説明文（1）

時間 20分　合格 40点　得点 ／50点

学習日（　月　日）

1 次の文章を読んで、あとの問いに答えなさい。

①友には、ほめてくれる人を選ばなくてはいけないが、これがなかなか難《むずか》しい。人間は、ほめることよりもけなす方がうまくできている。いわゆる頭のいい人ほど、欠点を見つけるのがうまく、長所を発見するのがへたなようだ。

ほめられると、われわれの頭は調子に乗る。つい勢《いきお》いづいて、思いもかけないことが飛び出してくる。

②ピグマリオン効果《こうか》というのがある。四十人の生徒のいるクラスを二十人ずつ二つのグループA、Bに分ける。学力はAB平均《へいきん》して同じようにしておく。まず第一回のテストをする。Aのグループには採点《さいてん》した答案を返すが、Bのグループの答案は見もしないで、教師《きょうし》がひとりひとり生徒を呼《よ》んで、テストの成績《せいせき》はよかったと告《つ》げる。もちろん、でたらめである。

やがてしばらくしてまた、第二回のテストをする。前と同じように（　③　）グループには点のついた答案を返し、（　④　）グループにはひとりひとり呼び出して、こんどもよくできていた、と答案は見せず、返さずに伝える。生徒はいくらか不審《ふしん》に思うが、ほめられるのは悪くない。あまりうるさいせんさくはしないでそのままにしてしまう。

こういうことを何度かくり返したあと、今度は全員の答案を採点、AB両グループの平均点を出してみる。すると、ほめていた（　⑤　）グループの方が（　⑥　）グループより点が高くなっている。これがピグマリオン効果と呼ばれるものである。

まったく⑦根拠《こんきょ》なしにほめても、こういうウソからでたマコトがある。まして、多少とも根をもったほめことばならば、かならずピグマリオン効果をあげる。まわりにうまくほめてくれる人がいてくれればいつもはおずおずとおくびょうな思考も、気を許《ゆる》して、頭を出してくれる。雰囲気《ふんいき》がバカにならない。⑧いい空気のところでないとすぐれたアイディアを得《え》ることは難しい。

（外山滋比古《とやましげひこ》「思考の整理学」）

(1) ――線①とありますが、その理由がもっともくわしく書かれている一文を文中からさがし、最初の五字を書きぬきなさい。（10点）

(2) ――線②「ピグマリオン効果」をあげるために必要なことは何ですか。もっともふさわしいものを次から選び、記号で答えなさい。（10点）

ア ほめる理由のあるときだけ、ほめること。
イ とにかく、くり返しほめ言葉を与《あた》えること。
ウ 場合によって、ほめたりけなしたりすること。
エ 欠点を見つけたら、それをすぐに伝えること。

（　　）

(3) （③）〜（⑥）には、それぞれ「A」「B」のどちらかが入ります。ふさわしい組み合わせを次から選び、記号で答えなさい。（10点）

ア ③A④B⑤A⑥B　**イ** ③B④A⑤B⑥A
ウ ③A④B⑤B⑥A　**エ** ③B④A⑤A⑥B

（　　）

(4) ――線⑦「根拠なし」と同じ意味で使われている四字の言葉を文中からさがし、書きぬきなさい。（10点）

(5) ――線⑧「いい空気」とは、ここではどのようなことですか。ふさわしいものを次から選び、記号で答えなさい。（10点）

ア 健康によい田舎《いなか》の空気
イ すがすがしい気分
ウ ほめてもらえる雰囲気
エ なんでも言える状況《じょうきょう》

（　　）

説明文(1)

時間	20分
合格	40点
得点	/50点

学習日（　月　日）

1 次の文章を読んで、あとの問いに答えなさい。

お小遣《こづか》いの研究、というと、何で？とか、それでどうするの？と言われることが多い。早《わ》稲《せ》田《だ》大《だい》・山本登《と》志《し》哉《や》教授《きょうじゅ》や前橋国際《まえばしこくさい》大・オソナ准《じゅん》教授並《なら》びに①日中韓越《にっちゅうかんえつ》4カ国の研究者が現地《げんち》で行ってきた。

韓国では子どもたちが②おごりあいをするし、おごるためにお小遣いをもらい始めるということがある。日本ではおごりは原則禁止《げんそくきんし》。なぜかというと、おごることで、力関係ができたり、相手に負担《ふたん》をかける、と日本の親は考えるからだ(子どもたちは隠《かく》れてやっているが)。それに対し韓国では、おごりあうことは交友関係そのものであり、しなければ水くさいと思われる。（　③　）、おごりの善《よ》しあしに関する行動規範《こうどうきはん》は違《ちが》っても、相手を思いやるということは同じなのかもしれない。

自由に使えるお金があったら何を買うかという問いに対し中国(北京《ペキン》)の子どもの1位は本。コンピュータ、音楽と続き4位に「家族のために何かを買う」が入る。日本(大阪《おおさか》)の子どもの1位は衣服。2位がゲームであり3位は「無し」で4位が家。日本の子どもの方が自分の欲望《よくぼう》に素直《すなお》で即物的《そくぶつてき》だ。（　④　）、「お金で買えないものは何か」に対する答えは日本でも中国でも同じであった。命、愛、友だち、家族。

ベトナムの子どもたちは、少額《しょうがく》であるが新年に友だち同士で⑤お年玉をあげあっている。私《わたし》たち研究者も驚《おどろ》いたが、お年玉とはその年1年間が平和に幸福に暮《く》らせるように祈《いの》るためのものであり、金額の多寡《たか》の問題ではないはずだ。日本ではお年玉年齢別平均《ねんれいべつへいきん》がニュースになったりするが、お年玉の原初的機能《げんしょてききのう》に立ち返れば、大人から子どもへの贈与《ぞうよ》ではなく、ベトナムの子ども同士がお年玉を交換《こうかん》してお互《たが》いの無事を祈るということこそが本来的な姿《すがた》ではないか、と思えてくる。

（サトウタツヤ「常識《じょうしき》ずらしの心理学」）

(1) ——線①「日中韓越4カ国」とは、日本・中国・韓国と、もう一つはどこの国ですか。国名をカタカナで書きなさい。(5点)

（　　　　）

(2) ——線②とありますが、韓国の子どもにとって、「おごりあい」とは何ですか。文中から八字で書きぬきなさい。(5点)

□□□□□□□□

(3) （③）（④）に当てはまる言葉を次からそれぞれ選び、記号で答えなさい。(5点×2)

ア つまり　**イ** なぜなら　**ウ** では
エ さて　**オ** ただ　**カ** あるいは

③（　　）　④（　　）

(4) ——線⑤とありますが、ベトナムの子どもたちは、「お年玉」をどのようなものだと考えていますか。文中から二十七字でさがし、最初と最後の三字をそれぞれ書きぬきなさい。(6点)

□□□～□□□

(5) 次のうち、本文の内容《ないよう》に合っていれば○、合っていなければ×を書きなさい。(6点×4)

ア 韓国の子どもの中には、おごるためにお小遣いをもらい始める子もいる。（　　）

イ 日本の子どもは、おごることは相手に負担をかけることだと考えている。（　　）

ウ 日中の子どもは、「お金で買えないもの」については、同じ考えを持っている。（　　）

エ ベトナムの子どもは、大人からも子どもからも、お年玉をもらえる。（　　）

説明文（2）

時間 20分　合格 40点　得点 ／50点

学習日［　月　日］

1 次の文章を読んで、あとの問いに答えなさい。

あとに述《の》べるが、世界の言語は五〇〇〇ぐらいあると聞く。こんな多くの言語の中で①日本語だけがもっているという性質《せいしつ》は、さぞ少なかろう。以前は、敬語《けいご》は日本語の特質だとか②「が」と「は」の区別があるのは日本語だけだとか言われた。が、③目を外に向けてみると、④敬語は、東南アジアの言語に広く見られるし、「が」と「は」の区別は、朝鮮《ちょうせん》語にそっくりのものがあり、さすがに隣《となり》に住む民族の言語だと感じさせる。

しかし、日本語だけがもっている性質は全然ないと言い切ってよいものだろうか。文字の面で漢字・カタカナ・平がな・ローマ字・アラビア数字といった多くのちがった体系《たいけい》のものを使っている言語は、⑤世界唯一《ゆいいつ》のはずである。そうして、その漢字の読み方に、⑥音読みと訓読みがあり、ごく一部の文字ではなく、日常《にちじょう》用いられる多くの漢字が、「春」はハルとシュン、「秋」はアキとシュウのように、相互《そうご》に関係の考えられない二つのオトで読まれているというようなことも、世界に例がない。表記法から離《はな》れると、野元菊雄《のもときくお》が言っていたが、一つの国がこんなに多くの人口をもっていて、それが全部といっていいくらい同じ言語を使っている。そうして一歩国内から離れるとこの言語を使っている人がいない、ということも類がないはずである。

（金田一春彦《きんだいちはるひこ》「日本語」）

(1) この文章を三段落《だんらく》に分け、第二・第三段落の初めの三字を書きなさい。（3点×2）

第二段落［　　　］
第三段落［　　　］

(2) ――線①と同じ意味で使われている言葉を、文中から六字でぬき出しなさい。（6点）

［　　　　　　］

(3) ――線②について、次の①、②の問いに対する答えは、あとのどれが適切《てきせつ》ですか。記号で答えなさい。（3点×2）

① あれは何ですか。（　　）

② あなたの本はどれですか。（　　）

ア あれはぼくの本です。
イ あれがぼくの本です。
ウ あれがあなたの本です。

(4) ――線③とは、どういうことですか。（6点）

（　　　　　　　　　　）

(5) ――線④「敬語」とありますが、次の文を「言う」という動詞《どうし》を使わないで敬語表現《ひょうげん》の文に直しなさい。（5点）

校長先生が言った。

（　　　　　　　　　　）

(6) ――線⑤と同じ意味で使われている部分を、文中から七字と九字で二か所ぬき出しなさい（句《く》読点《とうてん》は一字としない）。（5点×2）

［　　　　　　　］
［　　　　　　　　　］

(7) ――線⑥「音」は、「オン」と読みますが、この読み方以外の二つの読み方を使って、それぞれ二字の熟語《じゅくご》を作りなさい。（3点×2）

［　　］・［　　］

(8) 日本語だけがもつ性質について、筆者の考えを次から二つ選び、記号で答えなさい。（5点）

ア 敬語を使うこと。
イ 五種類の文字を使うこと。
ウ 日本に住んでいる人のほとんどが同じ言語を使っていること。

（　　・　　）

〔名古屋学院中〕

説明文(2)

1 次の文章を読んで、あとの問いに答えなさい。

詩には、きめられた約束、作り方というようなものはありません。料理や工作のように、はじめに材料や道具をそろえて、初歩からの作り方をならう、というようなわけにはいきません。

詩を組みたてるのは、ことばであり、そしてその元になるのは、その人の心です。十人いれば十人、それぞれに思い方や感じ方がちがうように、詩のかたちもまた（①）、ひとりひとりが自分の思い方で書く以外にないといえましょう。

その②思い方のよし悪《あ》しや、③ことばの使い方によって、詩になるか、ならないかということにもなります。では、どのように思ったらよいか？　ということは、そのとき、その場によってちがいます。思い方のよさにもさまざまあって、どのような思い方が一番よいかというようなことを、はじめからきめるわけにはいきません。

ことばの使い方もこれと同じで、どのようなとき、どんなことばがよいかは、その場になってみなければわからないでしょう。

毎日、日々のなかでの心の動きは、人から教わるものではなく、自分自身が感じるものなのです。そして、ことばも④そこから生まれるのとおなじに、詩もまた、自分の心で感じながら、生まれるものなのです。勉強するのとは少しちがって、書きながら知ってゆくものなのでしょう。

（中略《ちゅうりゃく》）

早くじょうずになろうなどと思う必要もないでしょう。無理におとなのまねをして詩をつくる必要もありません。

自分の心を自由にはばたかせて、思うそのことを大切にしましょう。

そして、ことばは、その自分の思い、感情《かんじょう》を入れるうつわと思ってよろしいでしょう。

（⑤）は音に、（⑥）は絵の具(色彩《しきさい》)で、そして詩人は（⑦）に、自分の心、感情をたくするのです。

（高田敏子《たかだとしこ》「詩の世界」）

(1)（①）に当てはまる四字熟語《よじじゅくご》を、「十」という漢字を使って、考えて書きなさい。(7点)

(2) ――線②③について、筆者はどのように述《の》べていますか。□に当てはまる言葉を文中からさがして書き入れ、文を完成させなさい。(7点)

初めからよし悪しが決まっているのではなく、□に応《おう》じて変わるものである。

(3) ――線④「そこ」が指すものを、ここよりあとの文中から四字で書きぬきなさい。(7点)

(4)（⑤）（⑥）に当てはまる言葉を次からそれぞれ選び、記号で答えなさい。(7点×2)

ア 画家　イ 歌人　ウ 書道家
エ 軍人　オ 音楽家　カ 写真家

⑤（　）⑥（　）

(5)（⑦）に当てはまる言葉としてふさわしいものを、文中から書きぬきなさい。(8点)

（　）

(6) この文章は中学生などを対象《たいしょう》に書かれたものです。大人《おとな》向きでないとわかる一文を文中からさがし、最初の三字を書きぬきなさい。(7点)

論説文（1）

時間 20分　合格 40点　得点　　/50点

学習日〔　月　日〕

1 次の文章を読んで、あとの問いに答えなさい。

（1～5は、段落《だんらく》番号を表します）

1　生きるということは、じつは大変な努力と労力を要する行為《こうい》です。空で気楽にうたい戯《たわむ》れているような感じのする小鳥たちで①さえも、明《あ》日《す》に生命をつなぐための必死の労働があるにちがいありません。一本の木、一本の雑草《ざっそう》で②さえもそうです。

2　本で読んだことですが、アメリカのオハイオ州の大学で、こんな実験が行われたそうです。

3　木でつくった小さな箱の中に土を入れ、そこに一粒《ひとつぶ》のライ麦の種をまく。そして水を与《あた》えながら、数十日それを育てると、貧弱《ひんじゃく》な一本の麦の苗《なえ》が育ちます。そのあとで箱をこわし、土をきれいにふり落として、その貧弱なライ麦が芽を出し、その生命をささえていくために一体どれほどの根を土の中にひろげているかを物理的に計測《けいそく》するのです。目に見える根はすべてその長さを測《はか》り、見えない根毛をこまかく計量し、土の中にはりめぐらされた根から水分や、鉄分や、カリ分や、生命をささえる養分を必死で吸《す》いあげながら一本のライ麦が育つために要する生存《せいぞん》の努力を、数字として換算《かんさん》します。

4　その結果、③およそ信じがたいことですが、小さな木の箱に網《あみ》の目のように伸《の》びていたライ麦の根の総延長数《そうえんちょうすう》は、じつに一万一千二百キロメートルに達していたということでした。風にそよぐ一本のライ麦が、その貧弱な生命をささえるために一万一千二百キロメートルの根を、目に見えない土中に張《は》りめぐらし、そこから必死で④生命の糧《かて》を吸いあげつつ生きつづけているというのは、じつに感動的ではありませんか。

5　このことを考えると、生きてこの世に存在《そんざい》するということは、一体どれほどの働き、どれほどの努力が必要であるかということを痛感《つうかん》せずにはいられません。ライ麦とくらべてその何百倍、何千倍もあるひとりの人間が、ただ誕生《たんじょう》し生存していく、そのためだけにも、じつは目に見えない無限《むげん》のいとなみがくり返されているのではないでしょうか。

（五木寛之《いつきひろゆき》「生きるヒント」）

(1) ――線①②で、二度「さえも」を使うことで、あるものの存在を強めています。それは何ですか。文中から六字で書きぬきなさい。（10点）

[　　　　　　]

(2) ――線③とはどのようなことですか。もっともふさわしいものを次から選び、記号で答えなさい。（10点）

ア ライ麦が、土のまったくない場所でも芽を出したこと。

イ ライ麦の根の総延長が、一万キロメートルをこえる長さになっていたこと。

ウ ライ麦が、木の箱をこわされたあとも、生命を支《ささ》えるために成長し続けたこと。

エ ライ麦自身が、どんどん育ったのちに箱をこわしてしまったこと。

（　　）

(3) 筆者はライ麦の生命力の強さに対し、どのような感想を述《の》べていますか。文中から六字で書きぬきなさい。（10点）

[　　　　　　]

(4) ――線④「生命の糧」が具体的に書かれている部分を二十二字でさがし、最初と最後の三字をそれぞれ書きぬきなさい。（10点）

[　　　]～[　　　]

(5) 本文を大きく三つに分けるとすると、二つ目、三つ目はそれぞれどこから始まりますか。段落番号で答えなさい。（5点×2）

二つ目（　　）　三つ目（　　）

論説文(1)

1,20,40,60,80,100,120(回) GOAL

時間 20分　合格 40点　得点 /50点

学習日〔　月　日〕

1 次の文章を読んで、あとの問いに答えなさい。

音読では、言葉が音《おと》とともに認識《にんしき》されるので、この言葉の音は、別のこの言葉につながっているというように、言葉同士《どうし》の「連想」を深めるという効果《こうか》があります。

（ ① ）、『平家《へいけ》物語』の冒頭《ぼうとう》部分に〈猛《たけ》き者も遂《つい》にはほろびぬ〉という一節があります。これも黙読《もくどく》だけではわかりませんが、「たけきものも」と声に出して読むと、「猛（モウ）」という文字と「たけき」という音がつながり、「盗《ぬす》っ人《と》猛々《たけだけ》しい」という言葉が連想されたりするので、②一つの言葉が持つイメージ世界をすごい勢《いきお》いで広げていくことになります。

大和《やまと》言葉の柔《やわ》らかさも、漢語の持っている硬《かた》さや強さも、音《おと》として味わった方が素直《すなお》に入ってきます。もしかしたら、言葉を理解《りかい》するというのは、私《わたし》たちが考えているよりも、もっと（ ③ ）な作業なのかもしれません。

哲学系《てつがくけい》の本にありがちな驚異的《きょういてき》に長い文も、ゆっくり音読すると、意味の切れ目や、代名詞《だいめいし》が何を指しているのか、形容詞《けいようし》がどこに係っているのか、ということがわかりやすくなるので、たどるような気持ちでゆっくり音読すると理解できるようになります。

「読書百遍《ひゃっぺん》意自《おの》ずから通ず」という言葉がありますが、④音読はまさにこれで、長い英文は黙読しているだけでは頭に入ってきませんが、そのとき細かに意味がわかっていないようでも、音読し続けていると、いつの間にか内容が入っているということがあるのです。

音読は黙読より時間はかかりますが、理解度は格段《かくだん》に上がります。

（齋藤孝《さいとうたかし》「学校では教えてくれない日本語の授業《じゅぎょう》」）

---

(1)（ ① ）に当てはまる言葉を次から選び、記号で答えなさい。（5点）

ア ところが　イ つまり　ウ では　エ たとえば

（　　）

(2) ――線②は、どのような効果によるものですか。それを説明した次の文の□に入る言葉を文中から書きぬきなさい。（5点×2）

□□ することによって、□□□□□□□□ という効果。

(3)（ ③ ）に当てはまる言葉を次から選び、記号で答えなさい。（5点）

ア 瞬間《しゅんかん》的　イ 論理《ろんり》的　ウ 感覚的　エ 社会的

（　　）

(4) ――線④とありますが、「まさにこれ」とは、つまりどのようなことですか。文中から五十一字でさがし、最初と最後の三字をそれぞれ書きぬきなさい。（6点）

□□□ ～ □□□

(5) 次のうち、本文の内容に合っていれば○、合っていなければ×を書きなさい。（6点×4）

ア 言葉同士のつながりを理解しないと、言葉の持つイメージ世界は広がらない。（　　）

イ 驚くほど長い文も音読することでその文の構造《こうぞう》がつかめ、理解につながる。（　　）

ウ 黙読は音読よりも時間をかからず、方法によっては理解度も上がる。（　　）

エ 言葉を音とともに認識すれば、文の内容の理解度は上がる。（　　）

論説文(2)

時間 20分　合格 40点　得点 ／50点

学習日〔　月　日〕

1 次の文章を読んで、あとの問いに答えなさい。

君、毎日の学校おもしろいかい。学科の勉強をしていると、①だんだん自信がなくなって、心細くなるって？　なあんだ、そんなことか。そんな心配ならたいていの生徒はもっているよ。学校時代って、そういう自信のなさに苦しめられながら生きていく時代さ。コンプレックスって先生がよく言うだろう。劣等感《れっとうかん》さ。ある時は自分にはとても天分があるみたいに思える。それが急に自分には一かけらの天分もないみたいに思えてくるのだ。

中学のとき、とても数学のよくできる友だちがいた。一晩《ひとばん》考えても分からない問題でも、その友だちにたずねると、目の前で考えて解《と》いてしまうんだ。また英語をはやく読む友だちもいた。中学生だのにシャーロック・ホームズだの②『紅《べに》はこべ』だのどんどん読んじゃうんだ。文学の好きなのもいた。トルストイでもドストエフスキーでもみんな知っているんだ。そういう友だちのことを思うと、自分がとてもばかにみえるのだ。こんなことで大学の試験受かるだろうか。いっそのこと、大学なんかいくのやめて、田舎《いなか》の親類のところへいってお百姓《ひゃくしょう》にでもなっちゃおうか。自分ひとり食べられるぐらい作れるようになるだろう。（中略《ちゅうりゃく》）

だけど今になってみると、数学のよくできた友だちは（③）になっていない。英語のよくできる友だちは死んじゃったけど、生きてたら、サラリーマンになっていたろう。トルストイやドストエフスキーをよく読んでた友だちは（④）になっていない。人間は少年のころに見せた天分とはちがうところで生活しているんだ。その人たちは、もっと別の天分が伸《の》びてしまったのだ。少年のころに見せた天分がそのまま、まっすぐ伸びて、そこで生活するということは、（⑤）んだ。君も、教室でおもしろくないというのは、よくできる友だちと一対一で自分を比《くら》べているからだよ。人生って総合競技《そうごうきょうぎ》だよ。

（⑥）

いろいろ組み合わせて自分が勝てる競技を考えだせばいいんだよ。

（松田道雄《まつだみちお》「君たちの天分を生かそう」）

(1) ——線①のような気持ちを、何とよびますか。文中から七字で書きぬきなさい。（10点）

(2) ——線②は、どんな作品だと思われますか。ふさわしいものを次から選び、記号で答えなさい。（10点）

ア 植物の本　イ 漢字の本

ウ 英語の本　エ 日本の本

（　　）

(3)（③）（④）に当てはまる言葉の組み合わせとして、ふさわしいものを次から選び、記号で答えなさい。（10点）

ア ③ 科学者　④ 数学者

イ ③ 数学者　④ 科学者

ウ ③ 数学者　④ 作家

エ ③ 作家　④ 数学者

（　　）

(4)（⑤）に当てはまる言葉としてふさわしいものを次から選び、記号で答えなさい。（10点）

ア むしろ多い　イ 絶対《ぜったい》ある

ウ むしろ少ない　エ 絶対ない

（　　）

(5)（⑥）に当てはまる文を次から選び、記号で答えなさい。（10点）

ア 一種目ずつ競争するなんて例外だ。

イ まさに一種目ずつの競争なんだ。

ウ 最初の一種目で勝敗がきまるんだ。

エ はじめの一種目がとても大切だ。

（　　）

論説文 (2)

時間 20分　合格 40点　得点 ／50点

学習日（　月　日）

1 次の文章を読んで、あとの問いに答えなさい。

人間は言葉をつうじて自分の心持ちや感情《かんじょう》をいいあらわすこともおぼえました。また、いいあらわすことによって、人間の心持ちや感情も、（　①　）とらえられ、細やかな愛情も形をとるようになりました。②人間の人間らしさというものは、脚《あし》で立って歩くとか、他の動物とちがって衣服を着ているとかという、外から見たちがいにあるよりも、その心の中に、他の動物にはないような豊《ゆた》かな世界を持っている点にありますが、その豊かな世界というものは、言葉のおかげで、また言葉をつうじて、人間の心の中に開かれてきたものなのです。オギャー、オギャーと泣いているだけの赤ちゃんが、（　③　）育っていって、子猫《こねこ》や子犬とちがった可愛《かわい》らしい人間の赤ちゃんとなり、人間らしさを増《ま》してくるのと、赤ちゃんが言葉をおぼえてゆくのとは、④いっしょであってきりはなすことはできません。

たしかに、人間の人間らしさと言葉との間には、きりはなせない関係があります。そして、いうまでもなく、言葉とは、人間と人間とが、思っていること、望んでいること、感じていることを、おたがいに通わせるための道具なのです。それは、人間と人間の結びつきの中から生まれてきて、その結びつきを細やかにし、その協力をとどこおりないものにしている、⑤不思議な接着剤《せっちゃくざい》だといえましょう。こういう不思議な接着剤なしには人間が生きていけないということは、どういう意味を持ったことなのでしょうか。ほかでもありません。人間が本来、社会的な存在《そんざい》であって、社会的な生活が人間本来の生活だ、ということです。

（吉《よし》野《の》源三郎《げんざぶろう》「人間の尊《とうと》さを守ろう」）

---

(1)（　①　）（　③　）に当てはまる言葉を次からそれぞれ選び、記号で答えなさい。（5点×2）

ア だんだんに　イ うっかりと
ウ とっさに　エ はっきりと
オ たまたま　カ おどおどと

①（　　）　③（　　）

(2) ――線②「人間の人間らしさ」はどのような点にあると筆者は考えていますか。ふさわしい言葉を文中から三十字でさがし、最初と最後の三字をそれぞれ書きぬきなさい。（10点）

□□□～□□□

(3) ――線④「きりはなすことはできません」とありますが、それはなぜですか。ふさわしいものを次から選び、記号で答えなさい。（10点）

ア 赤ちゃんの可愛らしさは、言葉によって表されるものだから。
イ 赤ちゃんの可愛らしさは、大人になると失われてしまうものだから。
ウ 人間らしさは、言葉をつうじて作られていくものだから。
エ 人間らしさは、感情をつうじて感じられるものだから。

（　　）

(4) ――線⑤「不思議な接着剤」とは、具体的には何のことですか。文中から二字でさがし、書きぬきなさい。（10点）

□□

(5) ――線⑤「不思議な接着剤」を人間が必要とするのはなぜだと筆者は考えていますか。簡単《かんたん》に書きなさい。（10点）

（　　　　）

最上級レベル 1

1 次の――線の語が動詞《どうし》ならア、形容詞《けいようし》ならイ、形容動詞ならウ、どれでもなければ×を書きなさい。（2点×10）

① 広い公園で遊ぶ。（　　）
② 部屋の広さをはかる。（　　）
③ 広大な土地を手に入れる。（　　）
④ 外は雪で真っ白だ。（　　）
⑤ 外は一面の銀世界だ。（　　）
⑥ 日本は緑が多い国だ。（　　）
⑦ 日本は緑が豊《ゆた》かな国だ。（　　）
⑧ 日本は緑がたくさんある国だ。（　　）
⑨ つかれたので少し眠《ねむ》ることにした。（　　）
⑩ 天気がいいと、眠たくなる。（　　）

2 次のことわざ・慣用句《かんようく》の意味としてふさわしいものをあとから選び、記号で答えなさい。（2点×5）

① 蛙《かえる》の面《つら》に水　② 知らぬが仏《ほとけ》　③ 猫《ねこ》をかぶる　④ 梨《なし》のつぶて　⑤ 手前みそ

ア 正体をかくしておとなしくする。
イ 何をされても平気でいる様子。
ウ 便りのないこと。
エ 知れば腹《はら》も立つが、知らないから平気である。
オ 自分で自分をほめること。

①（　　）②（　　）③（　　）
④（　　）⑤（　　）

3 次の――線のうち、意味や使い方が他の二つとちがっているものを選び、記号で答えなさい。（2点×10）

①（　　）
ア このチーズは、あさってまで食べられる。
イ チーズは、さまざまな国の人に食べられる。
ウ プランクトンが、小魚に食べられる。

②（　　）
ア いくら考えてもわからない。
イ 泣いて帰ってきたとはなさけない。
ウ つかれて、もう一歩も歩けない。

③（　　）
ア 明日は雨が降《ふ》るそうだ。
イ 小学生は無料だそうだ。
ウ 今にも枝《えだ》が折れそうだ。

④（　　）
ア 今日の話のテーマは、健康だ。
イ 百才になるおばあさんは、とても健康だ。
ウ 去年は病気もしたが、今では健康だ。

⑤（　　）
ア ノートを買った。それに、かばんも買った。
イ かばんを買った。それに、ノートを入れた。
ウ ノートをもらった。それに、名まえを書いた。

⑥（　　）
ア 兄は算数が得意《とくい》だ。また英語も少し話せる。
イ さようなら。また明日。
ウ とても楽しかった。また遊びに来たい。

⑦（　　）
ア のどがかわいたので、お茶でも飲もう。
イ 今から、公園にでも出かけようか。
ウ とてもつかれた。でもがんばろう。

⑧（　　）
ア 今日の当番は、だれなのか。
イ 明日は何のイベントがあるのか。
ウ 二度とここには来るものか。

⑨（　　）
ア 姉と父といっしょに公園に出かける。
イ 公園と原っぱをおとずれる。
ウ 春になると公園に花がさく。

⑩（　　）
ア「おすな、走るな、声出すな。」
イ 海は広いな大きいな。
ウ 子どもだけで、遠くへ行くな。

1　20　40　60　80　100　120（回）

国語

学習日［　月　日］

時間	合格	得点
15分	40点	/50点

120 国語㊱ 最上級レベル ②

時間	15分
合格	40点
得点	/50点

学習日〔　月　日〕

1 次の文章を読んで、あとの問いに答えなさい。

金泉堂《きんせんどう》の主人、谷川金兵衛《たにがわきんべえ》氏一家の一日は、朝の七時からはじまる。

七時に、食堂で家族一同が顔をあわせて、朝のあいさつをする。

「おはようございます」

「やあ、おはよう」

家族は、おくさんの春代《はるよ》夫人、次男の健二《けんじ》くん、次女のユリ子さん、三女のキク子さんの四人。長男の健太郎《けんたろう》くんは、洋菓子製造《ようがしせいぞう》の修業《しゅぎょう》にフランスに留学《りゅうがく》しているし、長女のマリ子さんは、およめにいって家にいない。

（ ① ）、家族（ ② ）人が食堂のテーブルにむかいあうと、お手つだいさんが、けさ、金泉堂の工場でできたばかりの洋菓子を、山のようにはこんでくる。

金兵衛氏は、そのなかの一つをつまんで、口のなかにいれてみる。すると、その一口でその日のパンのやけぐあい、たまごや、バターや、さとうのいれぐあいなどが、たちまち、わかるのだ。

できぐあいがわるいと、金兵衛氏は、すぐに、電話で工場長をよびだして、③かみなりをおとす。

「きょうのババロアは、わりがかちすぎているではないか。こまるね、こんなことでは」

「きょうのカステラは、ざらっぽいぞ。こんなもの店にだせるか」

わりがかちすぎているというのは、さとうが多すぎること、（ ④ ）というのは、たべたとき、口のなかがざらつくことだ。

ばあいによっては、すっかり、作りなおしをめいじることもある。

けさの洋菓子のできぐあいは、点のからい金兵衛氏の舌《した》のテストを、十二分にまんぞくさせるものだった。

「これなら、さすがは金泉堂の洋菓子だと、おきゃくさまがたに、ほめていただけることじゃろう」

金兵衛氏は、すっかりじょうきげんになり、ほそい（ ⑤ ）をますますほそめて、かおり高いコーヒーを一口すすり、できたてのクッキーをポイと口のなかにほうりこんだ。

（大石《おおいし》　真《まこと》「チョコレート戦争」）

(1)（ ① ）に当てはまる言葉を次から選び、記号で答えなさい。（10点）

ア しかし　イ さて　ウ ところで　（　　）

(2)（ ② ）に当てはまる漢数字を、考えて答えなさい。（5点）

（　　）

(3) ——線③は、どのような意味ですか。ふさわしいものを次から選び、記号で答えなさい。（10点）

ア 夕立のようにすっかりしょげかえる

イ いなびかりがしてごろごろなる

ウ はげしく人をしかりつける

エ 大切なことをわすれる

（　　）

(4)（ ④ ）に当てはまる言葉を文中から五字で書きぬきなさい。（5点）

□□□□□

(5)（ ⑤ ）に当てはまる一字の漢字を、考えて書きなさい。（10点）

（　　）

(6) 金泉堂の商品に対する、金兵衛氏のきびしさがわかる言い方を、文中から五字で書きぬきなさい。（10点）

□□□□□

～算　数～

標準レベル 1 整数と小数

算数①

解答

❶ (1)① 10　② 5　③ 7　④ 8　(2) 7.704

❷ (1) 3　(2) 5400　(3) 5.7　(4) 703.5
(5) 0.15　(6) 0.27　(7) 1.28　(8) 0.1256

❸ (1) 0.8　(2) 7.5　(3) 2.6　(4) 5.6
(5) 0.023　(6) 6.8　(7) 0.01　(8) 4.83
(9) 0.24

❹ (1) 6.99　(2) 16.43　(3) 102　(4) 4.44
(5) 0.29　(6) 2.37

❺ (1)偶数《ぐうすう》－43210　奇数《きすう》－43201
(2)偶数－10234　奇数－10243
(3) 43120

❻ (1)偶数　(2)偶数　(3)奇数　(4)偶数
(5)奇数　(6)偶数

解説

❶ (1) 10.578＝10＋0.5＋0.07＋0.008 だから、
1×10＋0.1×5＋0.01×7＋0.001×8

❷ 10倍、100倍、1000倍、……では、小数点の位置が、右に1つ、2つ、3つ、……と移動《いどう》する。また、$\frac{1}{10}$、$\frac{1}{100}$、$\frac{1}{1000}$、……では、小数点の位置が、左に1つ、2つ、3つ、……と移動する。

❸ 1 L＝10 dL、1 kg＝1000 g、1 km＝1000 m、1 ha＝10000 m^2、1 t＝1000 kg、1 L＝1000 mL、1 a＝100 m^2、1 g＝1000 mg　等を利用する。

❹ 筆算で計算する。

(1) $\begin{array}{r} 4.78 \\ +2.21 \\ \hline 6.99 \end{array}$　(3) $\begin{array}{r} 42.08 \\ +59.92 \\ \hline 102.00 \end{array}$　(4) $\begin{array}{r} 10.86 \\ -\ 6.42 \\ \hline 4.44 \end{array}$　(6) $\begin{array}{r} 8.04 \\ -5.67 \\ \hline 2.37 \end{array}$

小数のたし算、ひき算は小数点の位置をそろえて計算する。

❺ 大きい数は上の位から大きい数をならべる。小さい数は上の位から小さい数をならべるが、一万の位を0にすると5けたの整数にならないので不適当《てきとう》。偶数は一の位に偶数、奇数は一の位に奇数がくるようにカードをならべる。

上級レベル 2 整数と小数

算数②

解答

1 (1) 0.15　(2) 2.503　(3) 0.835　(4) 1.83

2 (1) 43.201　(2) 10.234　(3) 13.024
(4) 61.998

3 (1) 1.055　(2) 9.7　(3) 0.6

4 (1) 50個《こ》　(2) 50個　(3) 50

5 (1) 16　(2) 1、4、6、7、16

解説

1 (1)(　)の計算から先にする。
4.15－(1.25＋2.75)＝4.15－4＝0.15
(2)～(4)前から順に計算する。
(2) 3.8－1.785＋0.488＝2.015＋0.488＝2.503
(3) 8.05＋5.12－12.335＝13.17－12.335
＝0.835
(4) 8.02－4.456－1.734＝3.564－1.734＝1.83

2 (1)最も大きい数は、上の位アから順に大きい数を入れるが、オに0は入らない。
(2)最も小さい数は、上の位アから順に小さい数を入れるが、アに0は入らない。
(3) 12.403 と 13.024 の2つが考えられる。12.8 との差を計算して答える。
(4)アが1、イが0のときにできる小数は右上のようになる。

ア	イ		ウ	エ	オ
1	0	.	2	3	4
1	0	.	2	4	3
1	0	.	3	2	4
1	0	.	3	4	2
1	0	.	4	2	3
1	0	.	4	3	2

これらすべての和は、61.998

3 (1)単位をすべて km に合わせて考える。
0.36 km＋0.845 km－□ km＝0.15 km だから、
□＝0.36＋0.845－0.15＝1.055
(2)単位をすべて L に合わせて考える。
□ L＋2.5 L－8.6 L＝3.6 L だから、
□＝3.6＋8.6－2.5＝9.7
(3)単位をすべて kg に合わせて考える。
5.6 kg－3.8 kg＋□ kg＝2.4 kg だから、
□＝2.4＋3.8－5.6＝0.6

4 (3)すべての偶数《ぐうすう》の和＝2＋4＋6＋……＋100
すべての奇数《きすう》の和＝1＋3＋5＋……＋99
よって、上から下をひくと、
(2－1)＋(4－3)＋(6－5)＋……＋(100－99)
＝1＋1＋1＋……＋1＝50

5 (1)規則《きそく》ア、イにしたがって、2002 を考えると、
①2002 → ②1001 → ③1002 → ④501 → ⑤502 → ⑥251 →
⑦252 → ⑧126 → ⑨63 → ⑩64 → ⑪32 → ⑫16 となる。
(2) 5番目から逆算《ぎゃくさん》していくと、下のようになる。

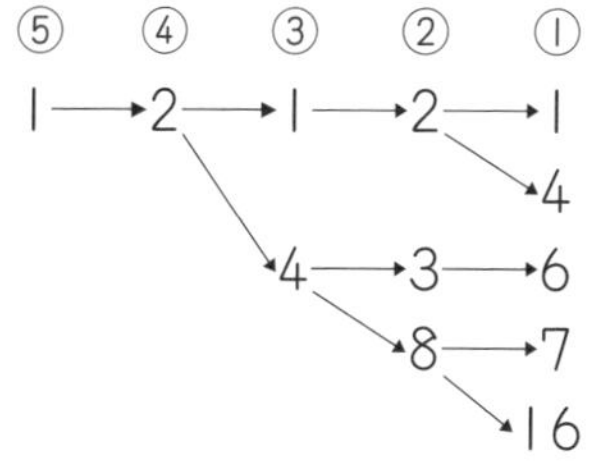

標準レベル 3 倍数と約数

算数③

解答

❶ (1) 6、12、18、24、30、36、42、48
(2) 8、16、24、32、40、48
(3) 24、48

❷ (1) 12　(2) 24　(3) 36
(4) 45　(5) 24　(6) 60　(7) 540

❸ 72 cm

❹ 67 個《こ》

❺ (1) 1、2、3、4、6、9、12、18、36
(2) 1、2、3、4、5、6、10、12、15、20、30、60
(3) 1、2、3、4、6、12

❻ (1) 14　(2) 6　(3) 6　(4) 6
(5) 6　(6) 18

❼ 12 cm

❽ 16、32、64

解説

ポイント

倍数…ある整数の整数倍になっている整数
最小公倍数…公倍数の中で最も小さい数
約数…ある整数をわり切ることができる整数
最大公約数…公約数の中で最も大きい数

❷ (5)
```
2)6  8  12
2)3  4   6
3)3  2   3
  1  2   1
```
2×2×3×2＝24

(7)
```
2)36  90  108
3)18  45   54
3) 6  15   18
2) 2   5    6
   1   5    3
```
2×3×3×2×5×3
＝540

❸ 18 と 24 の最小公倍数が、求める正方形の 1 辺の長さだから、72 cm

❹ 1 から 100 までの整数で、4 でわり切れる数は 25 個ある。6 でわり切れる数は 16 個で、4 と 6 の最小公倍数の 12 でわり切れる数は 8 個ある。よって、4 または 6 でわり切れる数は、25＋16－8＝33(個)あるから、4 でも 6 でもわり切れない数は、
100－33＝67(個)ある。

❺ (1) 2 つの数の積が 36 になる整数を見つける。
1×36＝36、2×18＝36、3×12＝36、
4×9＝36、6×6＝36
よって、1、2、3、4、6、9、12、18、36
(3)(1)と(2)の共通する整数を見つけると、
1、2、3、4、6、12

❻ (4)
```
2)12  18  24
3) 6   9  12
   2   3   4
```
2×3＝6

(6)
```
2)36  54  90
3)18  27  45
3) 6   9  15
   2   3   5
```
2×3×3＝18

❼ 48 と 60 の最大公約数が、求める正方形の 1 辺の長さである。よって、12 cm

❽ 77 をわると余《あま》りが 13 になるから、
77－13＝64 で、64 ならわり切れる。
よって、64 の約数のうち 13 より大きい数の
16、32、64

上級レベル 4 倍数と約数

算数④

解答

1 8 個《こ》

2 (1) 59　(2) 479

3 756 枚《まい》

4 2567

5 2 個

6 10 本

7 24 人

8 24、54

9 わった数－13　余《あま》り－12

解説

1 (6 と 8 と 10 の公倍数)＋3 となる 3 けたの数が求める整数である。6 と 8 と 10 の最小公倍数は 120 だから、120 の倍数で、3 けたのものは
1000÷120＝8 余り 40 なので、8 個ある。

2 2、3、4、5 の公倍数より 1 小さい数になる。
(1)最も小さい数は、2、3、4、5 の最小公倍数の 60 より 1 小さい数になる。
(2) 450 に近い数は、
420－1＝419 と、480－1＝479 のどちらかで、
450 に最も近いのは 479

3 18 と 42 の最小公倍数は 126 だから、つくれる正方形は、1 辺が 126 cm の倍数になる。
1 辺が 126 cm のとき、必要な長方形の紙は 21 枚
1 辺が 126×2 cm のとき、
必要な長方形の紙は、21×4＝84(枚)
1 辺が 126×3 cm のとき、
必要な長方形の紙は、21×9＝189(枚)
1 辺が 126×6 cm のとき、
必要な長方形の紙は、21×36＝756(枚)
よって、756 枚

4 100から200までの整数で、6でわって1余る数の和を求めればよい。
いちばん小さいのは17番目の103、いちばん大きいのは33番目の199で、
$33-16=17$(個)ある。

$$\begin{array}{rl} & 103+109+\cdots\cdots+193+199 \\ +) & 199+193+\cdots\cdots+109+103 \\ \hline & 302+302+\cdots\cdots+302+302 \end{array}$$ より、

$302\times17\div2=2567$

5 63をわると3余るから、60ならわり切れる。
100をわると4余るから、96ならわり切れる。
よって、60と96の公約数で4より大きいものだから、6と12

6 48と72の最大公約数は24だから、たてに3本、横に4本木を植えることになる。
よって、木は全部で、$3\times2+4\times2-4=10$(本)必要。

7 ノートは$70+2=72$(さつ)
消しゴムは$180-12=168$(個)
えん筆は$268-4=264$(本)
を分けることになるから、この3つの数の最大公約数$2\times2\times2\times3=24$より、24の約数で12より大きい数。
つまり24人である。

$$\begin{array}{r|rrr} 2 & 72 & 168 & 264 \\ \hline 2 & 36 & 84 & 132 \\ \hline 2 & 18 & 42 & 66 \\ \hline 3 & 9 & 21 & 33 \\ \hline & 3 & 7 & 11 \end{array}$$

8 最大公約数が6だから、2つの数を6×□、6×○とする。2つの数の積=最大公約数×最小公倍数だから、6×□×6×○=6×216より、□×○=36
□と○に1以外の公約数はないので、□と○は4と9となる。
よって、2つの整数は、$6\times4=24$と$6\times9=54$

9 $233-168=65$、$311-233=78$の2つの数なら、わり切れる。65と78の公約数は1と13の2つで、1では余りが出ないから、わった数は13
よって、$233\div13=17$余り12

標準レベル 5 分数のたし算とひき算 算数⑤

解答

1 (1) $1\frac{7}{12}$ (2) $1\frac{7}{18}$ (3) $8\frac{1}{15}$
(4) $1\frac{1}{2}$ (5) $7\frac{19}{24}$ (6) $10\frac{11}{60}$

2 (1) $\frac{13}{30}$ (2) $\frac{5}{24}$ (3) $\frac{11}{30}$
(4) $1\frac{11}{36}$ (5) $1\frac{18}{35}$ (6) $\frac{3}{4}$

3 (1) $\frac{11}{12}$ (2) $1\frac{3}{20}$

4 $7\frac{1}{60}$ m

5 $1\frac{17}{60}$ L

6 $1\frac{7}{8}$

7 (1) $3\frac{11}{24}$ m
(2) $27\frac{7}{12}$ m

解説

1 (1) $\frac{3}{4}+\frac{5}{6}=\frac{9}{12}+\frac{10}{12}=\frac{19}{12}=1\frac{7}{12}$

(6) $1\frac{5}{6}+4\frac{3}{5}+3\frac{3}{4}=8\frac{50}{60}+\frac{36}{60}+\frac{45}{60}=8\frac{131}{60}$
$=10\frac{11}{60}$

2 (1) $\frac{3}{5}-\frac{1}{6}=\frac{18}{30}-\frac{5}{30}=\frac{13}{30}$

(6) $2\frac{5}{6}-\left(\frac{1}{3}+1\frac{3}{4}\right)=2\frac{10}{12}-\left(\frac{4}{12}+1\frac{9}{12}\right)$
$=2\frac{10}{12}-2\frac{1}{12}=\frac{9}{12}=\frac{3}{4}$

3 (1) $\square=2-\frac{1}{4}-\frac{1}{3}-\frac{1}{2}=\frac{24}{12}-\frac{3}{12}-\frac{4}{12}-\frac{6}{12}$
$=\frac{11}{12}$

(2) $\square=5\frac{2}{5}-\frac{2}{3}-2\frac{3}{4}-\frac{5}{6}=3\frac{24}{60}-\frac{40}{60}-\frac{45}{60}-\frac{50}{60}$
$=1\frac{144}{60}-\frac{40}{60}-\frac{45}{60}-\frac{50}{60}=1\frac{9}{60}=1\frac{3}{20}$

4 つなぎめの分だけ短くなるから、
$4\frac{2}{3}+2\frac{3}{4}-\frac{2}{5}=6\frac{40}{60}+\frac{45}{60}-\frac{24}{60}=6\frac{61}{60}$
$=7\frac{1}{60}$(m)

5 残ったジュースは、
$4-1\frac{1}{6}-\frac{3}{4}-\frac{4}{5}=\frac{240}{60}-\frac{70}{60}-\frac{45}{60}-\frac{48}{60}=\frac{77}{60}$(L)

6 $6\frac{7}{12}-\square+2\frac{5}{8}=7\frac{1}{3}$ より、
$\square=6\frac{7}{12}+2\frac{5}{8}-7\frac{1}{3}$
$=1\frac{14}{24}+\frac{15}{24}-\frac{8}{24}=1\frac{21}{24}$
$=1\frac{7}{8}$

7 (1)たてと横の長さの差は、
$8\frac{5}{8}-5\frac{1}{6}=3\frac{15}{24}-\frac{4}{24}=3\frac{11}{24}$(m)
(2)まわりの長さは、
$\left(5\frac{1}{6}+8\frac{5}{8}\right)\times2=13\frac{19}{24}\times2=13\frac{19}{24}+13\frac{19}{24}$
$=26\frac{38}{24}=27\frac{14}{24}=27\frac{7}{12}$(m)

上級レベル 6 分数のたし算とひき算

算数⑥

解答

❶ (1) $1\frac{47}{60}$ (2) $\frac{3}{4}$

(3) $31\frac{31}{32}$ (4) $\frac{13}{16}$

❷ (1) $\frac{3}{10}$ (2) $\frac{3}{20}$

❸ (1) 3 (2) 11 (3) 71

(4) 5 (5) 12 (6) 9

❹ A−2 B−3 C−5

❺ (1) $\frac{36}{78}$ (2) $\frac{77}{189}$ (3) $\frac{5}{4}$、$\frac{5}{3}$

❻ $19\frac{67}{72}$ cm

解説

❷ (1) $\frac{1}{2\times3}+\frac{1}{3\times4}+\frac{1}{4\times5}$

$=\frac{1}{2}-\frac{1}{3}+\frac{1}{3}-\frac{1}{4}+\frac{1}{4}-\frac{1}{5}$

$=\frac{1}{2}-\frac{1}{5}=\frac{5}{10}-\frac{2}{10}=\frac{3}{10}$

(2) $\frac{1}{20}+\frac{1}{30}+\frac{1}{42}+\frac{1}{56}+\frac{1}{72}+\frac{1}{90}$

$=\frac{1}{4\times5}+\frac{1}{5\times6}+\frac{1}{6\times7}+\frac{1}{7\times8}+\frac{1}{8\times9}+\frac{1}{9\times10}$

$=\frac{1}{4}-\frac{1}{10}=\frac{5}{20}-\frac{2}{20}=\frac{3}{20}$

❸ (1) $\frac{1}{6}<\frac{\square}{12}<\frac{1}{3}$ より、$\frac{2}{12}<\frac{\square}{12}<\frac{4}{12}$ となり、

$\square=3$

(3) $0.7<\frac{\square}{100}<\frac{18}{25}$ より、$\frac{70}{100}<\frac{\square}{100}<\frac{72}{100}$ となり、

$\square=71$

(6) □に 1、2、3、…と順に入れていき、約分して $\frac{2}{5}$ に

なる数を考えると、$\square=9$

❹ 30 の約数は、

1、2、3、5、6、10、15、30

これらの数を分母にあてはめると、

$\frac{1}{1}=\frac{30}{30}$、$\frac{1}{2}=\frac{15}{30}$、$\frac{1}{3}=\frac{10}{30}$、$\frac{1}{5}=\frac{6}{30}$

$\frac{1}{6}=\frac{5}{30}$、$\frac{1}{10}=\frac{3}{30}$、$\frac{1}{15}=\frac{2}{30}$、$\frac{1}{30}$ となる。

これより、3つの和が $\frac{31}{30}$ になるのは分母が2、3、5の

ときである。

よって、A＜B＜Cより、A＝2、B＝3、C＝5

❺ (1) $114\div(6+13)=6$ だから、

$\frac{6}{13}=\frac{6\times6}{13\times6}=\frac{36}{78}$

(2) $112\div(27-11)=7$ だから、

$\frac{11}{27}=\frac{11\times7}{27\times7}=\frac{77}{189}$

(3) $\frac{20}{17}$ と $\frac{5}{2}$ の間で分子が 5 の数だから、

$\frac{20}{17}=\frac{5}{4.25}$

$\frac{5}{4.25}<\frac{5}{\square}<\frac{5}{2}$ より、$\square=4$、3

よって、$\frac{5}{4}$、$\frac{5}{3}$ の 2 つ

❻ $7\frac{5}{8}+5\frac{7}{12}+9\frac{5}{6}-1\frac{5}{9}-1\frac{5}{9}$

$=19\frac{45}{72}+\frac{42}{72}+\frac{60}{72}-\frac{40}{72}-\frac{40}{72}$

$=19\frac{67}{72}$ (cm)

標準レベル 7 小数のかけ算とわり算

算数⑦

解答

❶ (1) 2.46 (2) 0.459 (3) 24.08

(4) 85.14 (5) 2.9016 (6) 10.37

❷ (1) 24 (2) 18 (3) 15 (4) 3.5 (5) 8.5

(6) 12.5

❸ (1) 1.73 余《あま》り 0.01

(2) 1.84 余り 0.016

(3) 2.07 余り 0.036

(4) 3.40 余り 0.01

(5) 12.30 余り 0.016

(6) 12.48 余り 0.044

❹ (1) 2.71 (2) 7.60 (3) 12.30

❺ (1) 6.72 (2) 0.62

❻ 2680 円

❼ 171.9 cm

❽ (1) 36.4 kg (2) 45.5 kg

解説

❶ 小数点の位置に気をつける。

(1) $8.2\times0.3=82\times0.1\times3\times0.1=246\times0.01$

$=2.46$

(2) $5.1\times0.09=51\times0.1\times9\times0.01=459\times0.001$

$=0.459$

(6) $0.85\times12.2=85\times0.01\times122\times0.1$

$=10370\times0.001=10.37$

❸ 余りの小数点を忘れないようにすること。

(2)

```
       1.84
7.6)14.0
    7 6
    6 40
    6 08
      320
      304
    0.016
```

❹ 商を小数第三位まで求めて、四捨《ししゃ》五入《ごにゅう》する。 (1)

```
        1
    2.708
2.3)6.2.3
    46
    163
    161
     200
     184
      16
```

❺ (1)□＝16.8÷2.5＝6.72

(2)□＝(3.77－1.6)÷3.5＝0.62

❻ 兄は、800×1.6＝1280(円)、
弟は、800×0.75＝600(円)
よって、3人の合計は、800＋1280＋600＝2680(円)

❼ 弟の身長は、176－12.3＝163.7(cm)
母と弟の差は、12.3÷1.5＝8.2(cm)
よって、母の身長は、163.7＋8.2＝171.9(cm)

❽ (1)まさおさんの体重は、67.34÷1.85＝36.4(kg)
(2)お母さんの体重は、36.4×1.25＝45.5(kg)

上級レベル 8 小数のかけ算とわり算
算数⑧

解答

1 (1) 39.312 (2) 6.7072 (3) 0.37595
(4) 32.7712 (5) 0.072 (6) 391.689

2 (1) 5.6 (2) 0.34 (3) 0.25
(4) 24.83 余《あま》り 0.036
(5) 0.41 余り 0.0458
(6) 1.28 余り 0.0006

3 (1) 12.8 (2) 0.96 (3) 22.5
(4) 20 (5) 48.3 (6) 0.8

4 (1) 33 (2) 19.2 (3) 3.42

5 251.36 cm^2

6 5 m

7 8.3

解説

2

ポイント

わる数が小数のときは、わる数を10倍、100倍、……して整数になおしてから計算する。
わる数を10倍、100倍、……したら、わられる数も同様に10倍、100倍、……する。
余りが出た場合、余りの小数点は、わられる数のもとの小数点の位置にそろえる。

3 計算の順に気をつける。
(1) 10.9－0.4×0.5＋0.63÷0.3＝10.9－0.2＋2.1
＝12.8
(2) 1.5－1.17÷2.6×1.2＝1.5－0.45×1.2
＝1.5－0.54＝0.96
(3)(4.23÷0.9＋5.3)×2.25
＝(4.7＋5.3)×2.25
＝10×2.25＝22.5
(4)(6.3－5.5)×(9.2－4.7)÷0.18＝0.8×4.5÷0.18
＝20
(5) 5.3×2.9＋67.64×3.7÷7.6＝15.37＋32.93
＝48.3
(6) 0.0128×0.045÷0.03÷0.024＝0.0128×62.5
＝0.8

4 (1)□＝(356.7－0.3)÷10.8＝33
(2)□＝591.8÷53.8＋8.2＝19.2
(3)□＝(8.79＋6.6)÷(0.3÷0.4＋3.75)＝3.42

5 9.5×(4.8＋4.8＋5.6＋5.6)＋4.8×5.6×2
＝251.36(cm^2)

6 はじめにボールを落とした高さを□ｍとすると、
□×0.4×0.4×0.4＝0.32 だから、
□＝0.32÷0.4÷0.4÷0.4＝5

7 小数点を打ちわすれて、もとの数との差が74.7だから、もとの数は小数第一位までの数である。
もとの小数を①とすると、小数点を打ちわすれた数は、
①×10＝⑩
よって、①＋74.7＝⑩ ⑨＝74.7
したがって、①＝74.7÷9＝8.3

標準レベル 9 合同な図形

算数⑨

解答

❶ アとオ

1組の辺とその両はしの角がそれぞれ等しい。

イとカ

3組の辺がそれぞれ等しい。

ウとエ

2組の辺とその間の角がそれぞれ等しい。

❷ (1) 11 cm　(2) 96°

❸ ア、イ、エ、カ

❹ (1) AC=DF、角B=角E

(2)角B=角E、AC=DF、角C=角F

(3)AB=DE、BC=EF、AC=DF

解説

❶

ポイント

三角形の合同条件

・3組の辺がそれぞれ等しい。

・2組の辺とその間の角がそれぞれ等しい。

・1組の辺とその両はしの角がそれぞれ等しい。

❷

ポイント

合同な図形では、対応《たいおう》する辺の長さ、対応する角の大きさは等しい。

(1)角Bと角Fの角度が同じだから、BとFが対応している。

よって、AとG、CとEが対応するから、

AB=GF=11 cm

(2)角Hは、360°−88°−78°−98°=96°

❸ ウ 1辺の長さが6cmのひし形は、1つの角が決まらないと形は決まらない。

オ 右の図のように、2辺と1つの角では合同にならないときがある。

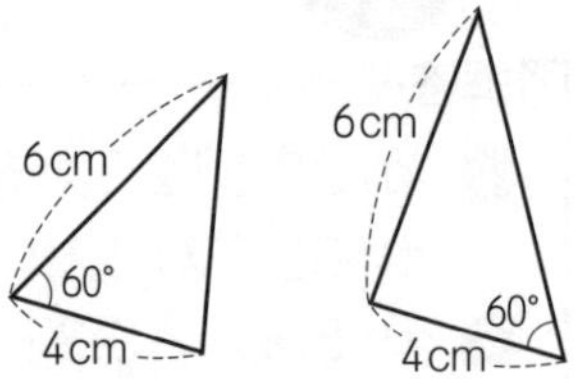

キ 角度だけでは大きさが決まらない。

ク 角度が1つ以上決まらないと合同にならない。

ケ 角度だけでは大きさが決まらない。

❹ (1) 2辺が等しければ、あと1辺か、2辺の間の角が決まると形は決まる。

(2) 1辺と1角が等しければ、その角をはさむ1辺か、残りの2つの角のどちらかが等しければ形は決まる。

(3) 3つの辺のうち、どの1辺でも決まれば、三角形の形が決まる。

上級レベル 10 合同な図形

算数⑩

解答

❶

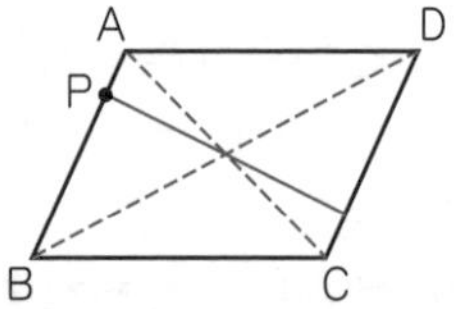

点Pと対角線の交点を通る直線をひく。

❷ 120°

❸ (1)三角形DBE、三角形FEC　(2) 143°

❹ 24 cm^2

❺ 16 cm^2

❻ 45°

❼ 60°

解説

❶ 平行四辺形は対角線の交点を通る直線で2つの合同な図形に分けることができる。

右の図のように、ア、イ、ウの三角形が合同だから、対角線の交点を通る直線は、平行四辺形を合同な2つの図形に分ける。

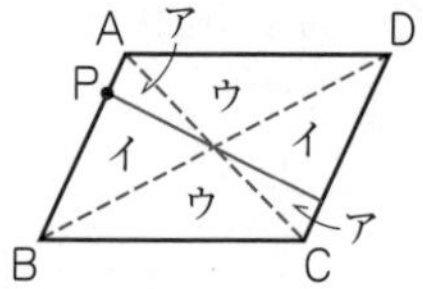

ポイント

対角線の交点を通る直線で合同な図形に分けられる四角形は、平行四辺形、ひし形、長方形、正方形の4つである。

❷ 右の図で三角形ABEと三角形DBCは合同になるから、•の角は等しい。

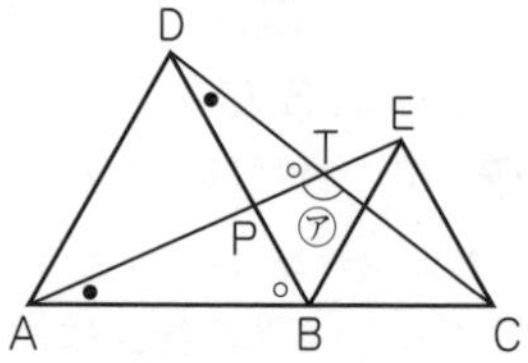

三角形PABと三角形PDTで、角ABP=角DTP=60°となるから、

角㋐=180°−60°=120°

❸ (1) 2組の辺とその間の角がそれぞれ等しいから、3つの三角形は合同になる。

(2)合同だから、角DEB=角ACB=32°、

角FEC=角ABC=51°となる。

よって、角㋐=32°+51°+60°=143°

❹ 4つの直角三角形は合同である。

よって、(大の正方形−小の正方形)÷4

$=(14\times14-10\times10)\div4=24(cm^2)$

❺ 重なった部分は、正方形の $\frac{1}{4}$ になる。

❻ 右の図で色のついた三角形は直角二等辺三角形である。

よって、角㋐+角㋑=45°

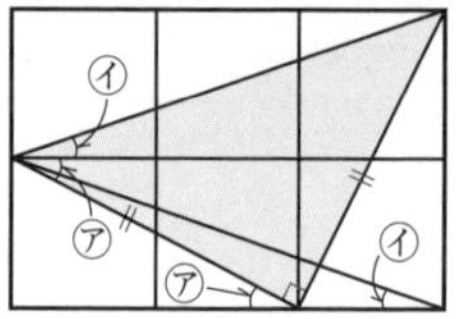

❼ 3つの頂点《ちょうてん》を結んだBG、GD、DBは、それぞれこの立方体の面の対角線だから、BG=GD=DBになる。

三角形BDGは正三角形になるから、角㋐=60°

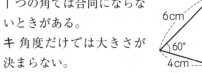

標準レベル 11 図形と角 算数⑪

解答

❶ (1) 66°　(2) 69°

❷ (1) 45°　(2) 16°

❸ (1) 108°　(2) 135°

❹ (1) 127°　(2) 146°
(3) 132°　(4) 119°

❺ 66°

解説

❶ 三角形の3つの内角の和は180°と二等辺三角形の2つの底角は等しいを利用して考える。
(1) $180^\circ-43^\circ-71^\circ=66^\circ$
(2) $(180^\circ-42^\circ)\div2=69^\circ$

❷ (1)四角形の4つの内角の和は360°を利用する。
$360^\circ-90^\circ-115^\circ-110^\circ=45^\circ$
(2)平行四辺形の向かい合う角は等しいから、
角㋐$=180^\circ-36^\circ-128^\circ=16^\circ$

❸ □角形の内角の和は$180^\circ\times$(□-2)で表すことができる。
(1) $180^\circ\times(5-2)\div5=108^\circ$
(2) $180^\circ\times(8-2)\div8=135^\circ$

❹ (2) $540^\circ-55^\circ-135^\circ-91^\circ-45^\circ=214^\circ$
よって、角㋐$=360^\circ-214^\circ=146^\circ$
(3)角㋐$=18^\circ+18^\circ+48^\circ+48^\circ=132^\circ$
(4)角㋐$=(180^\circ-135^\circ)+(180^\circ-106^\circ)=119^\circ$

❺ 右の図のように、三角形EBCの22°、三角形BEDの68°、44°、三角形DABの57°の順で角度を求める。

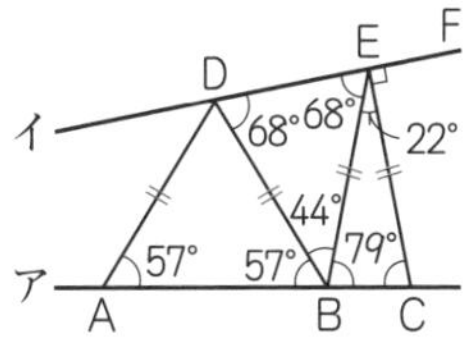

よって、角ADB$=180^\circ-57^\circ\times2=66^\circ$

上級レベル 12 図形と角 算数⑫

解答

❶ (1)㋐ 75°
(2)㋑ 75°、㋒ 105°

❷ ㋐ 15°、㋑ 75°

❸ ㋐ 78°、㋑ 104°

❹ 15°

❺ 52°

❻ (1) 360°　(2) 360°

❼ 19°

解説

❶ 正三角形、正方形、正五角形ということを考えて、長さの等しい辺に印をつけて、二等辺三角形を見つける。
(1)
角ADE$=90^\circ+60^\circ=150^\circ$
で、AD=DEだから、
角DEF
$=(180^\circ-150^\circ)\div2$
$=15^\circ$

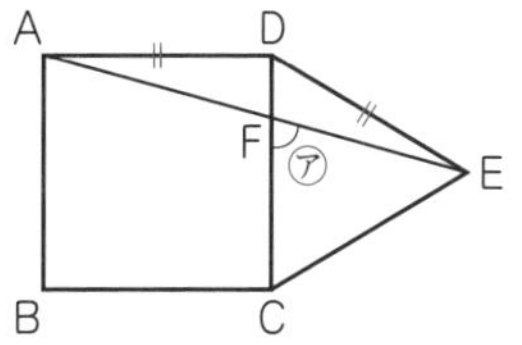

よって、角㋐$=60^\circ+15^\circ=75^\circ$
(2)角ABE$=90^\circ-60^\circ=30^\circ$で、
BA=BEだから、
角㋑$=(180^\circ-30^\circ)\div2=75^\circ$
角FEC$=180^\circ-75^\circ-60^\circ$
$=45^\circ$で、角ECF$=30^\circ$だから、
角㋒$=180^\circ-45^\circ-30^\circ=105^\circ$

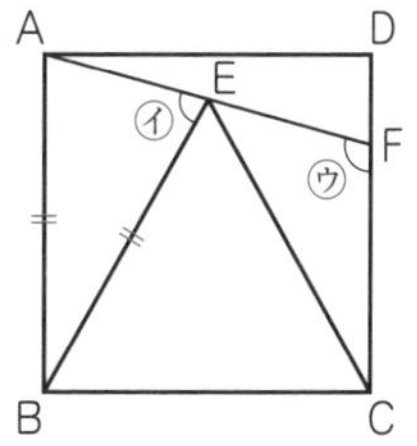

❷ 等しい辺に同じ記号をつけ、角度がわかるところに角度を入れると、右の図のようになる。すると、三角形CDFは正三角形になることがわかる。
よって、角㋐$=60^\circ-45^\circ=15^\circ$

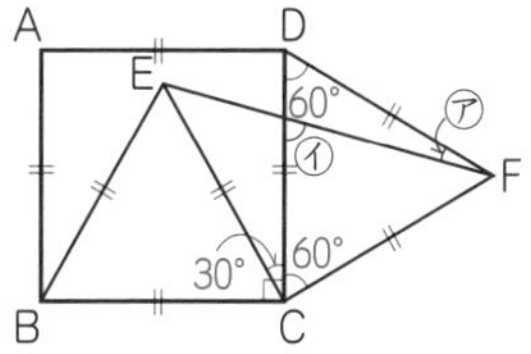

また、角㋑$=45^\circ+30^\circ=75^\circ$

❸ 折り返し図形と三角形の内角の和が180°を利用して、まず角㋐を求める。
角㋐$=180^\circ-64^\circ-38^\circ=78^\circ$
次に平行線と角、折り返し図形を利用して角㋑を求める。
角㋑$=180^\circ-38^\circ\times2=104^\circ$

❹ 二等辺三角形と外角を利用して角を㋐で表す。

❻ (1)下の図の角度の関係を利用する。

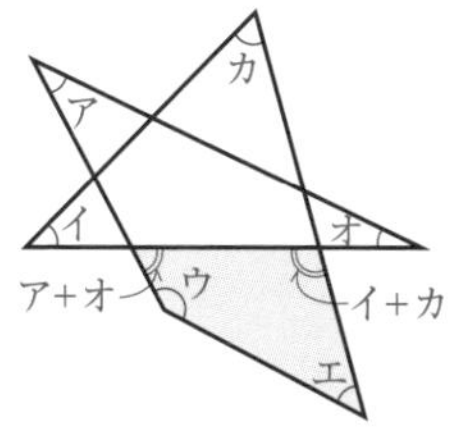

❼ AD=AF=ABだから、三角形ABFは二等辺三角形になる。
よって、右の図の同じ印のついている角は等しい。
•$=90^\circ-64^\circ=26^\circ$だから、
角BAF$=64^\circ-26^\circ=38^\circ$
よって、∘$=(180^\circ-38^\circ)\div2=71^\circ$だから、
角㋐$=90^\circ-71^\circ=19^\circ$

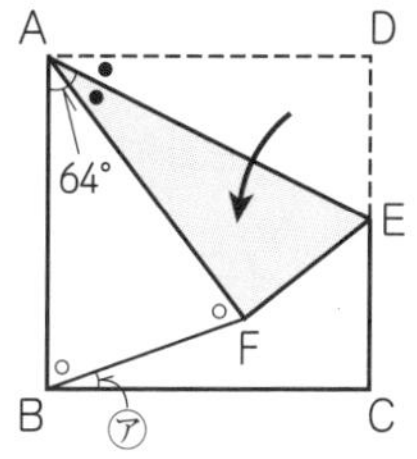

標準レベル 13 三角形・四角形の面積

算数⑬

解答

❶ (1) 40cm^2　(2) 27cm^2
(3) 24cm^2　(4) 35cm^2

❷ (1) 95cm^2　(2) 54cm^2

❸ (1) 56cm^2　(2) 36cm^2
(3) 72cm^2　(4) 20cm^2
(5) 54cm^2　(6) 90cm^2

❹ 7

解説

❶ 三角形の面積＝底辺×高さ÷2 で求めることができる。

(1) $10\times8\div2=40(\text{cm}^2)$

(2) $9\times6\div2=27(\text{cm}^2)$

(3) $6\times8\div2=24(\text{cm}^2)$

(4) $(8+2)\times7\div2=35(\text{cm}^2)$

❷ (1) 2つの三角形に分けて求める。

$11\times10\div2+5\times16\div2=95(\text{cm}^2)$

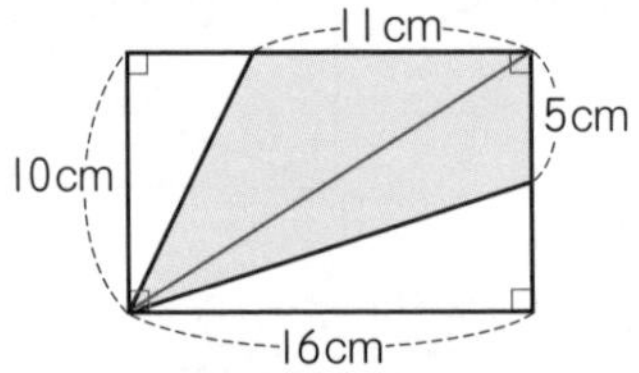

(2)大きな三角形から小さな三角形をひいて求める。

$12\times(9+6)\div2-12\times6\div2=54(\text{cm}^2)$

❸ 平行四辺形の面積＝底辺×高さ

台形の面積＝(上底＋下底)×高さ÷2

対角線が垂直《すいちょく》に交わる四角形の面積

＝対角線×対角線÷2 を利用する。

(1) $8\times7=56(\text{cm}^2)$

(2) $3\times12=36(\text{cm}^2)$

(3) $(6+10)\times9\div2=72(\text{cm}^2)$

(4) $(2+3)\times8\div2=20(\text{cm}^2)$

(5) $12\times9\div2=54(\text{cm}^2)$

(6) 2つの三角形からできた四角形とみて考える。

$15\times12\div2=90(\text{cm}^2)$

❹ $(□+10)\times6\div2=51$ だから、

$□=51\times2\div6-10=7$

上級レベル 14 三角形・四角形の面積

算数⑭

解答

1 (1) 30cm^2　(2) 43cm^2
(3) 58cm^2　(4) 60m^2

2 43.2cm^2

3 $12\frac{6}{7}$

4 20cm^2

5 (1) 8cm　(2) 72cm^2

解説

1 (1)上の色のついた三角形の面積は、

$6\times6\div2-6\times4\div2=6(\text{cm}^2)$

下の色のついた三角形の面積は、

$6\times12\div2-6\times4\div2=24(\text{cm}^2)$

よって、$6+24=30(\text{cm}^2)$

(2) 2つの三角形に分けて面積を求める。

$4\times9\div2+10\times5\div2=43(\text{cm}^2)$

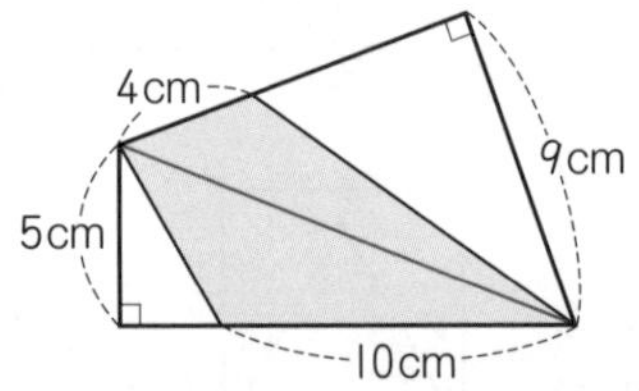

(3)大きな長方形の半分から、2つの三角形と長方形をひいて求める。

$20\times14\div2-14\times4\div2-10\times6\div2-4\times6=58(\text{cm}^2)$

(4)色のついた部分をはしに移動《いどう》させて面積を求める。

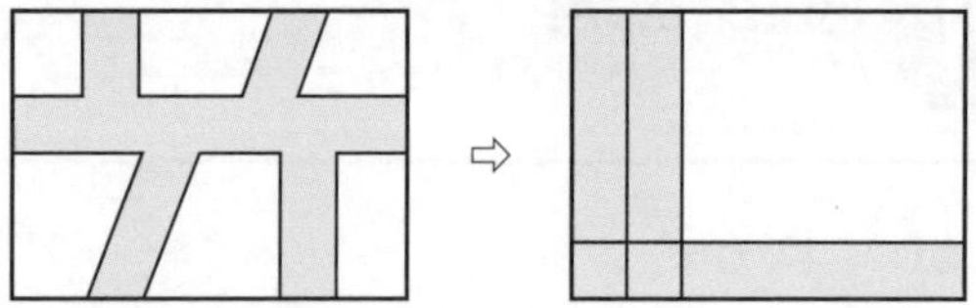

$10\times4+2\times10=60(\text{m}^2)$

2 台形の高さを□cm とすると、

$□=(6\times8\div2)\times2\div10$

$=4.8$ となるから、

台形の面積は、

$(8+10)\times4.8\div2=43.2(\text{cm}^2)$

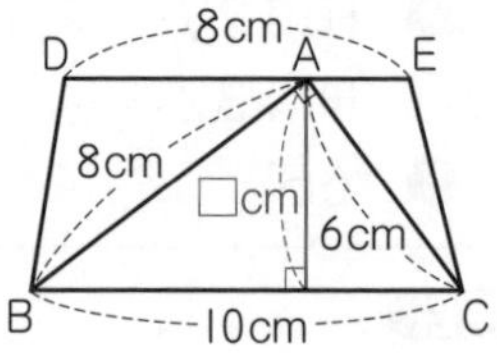

3 左の三角形(㋐＋㋒)と右の三角形(㋑＋㋒)の面積が等しいことより、

$□\times14\div2=10\times18\div2$

より、$□=12\frac{6}{7}$

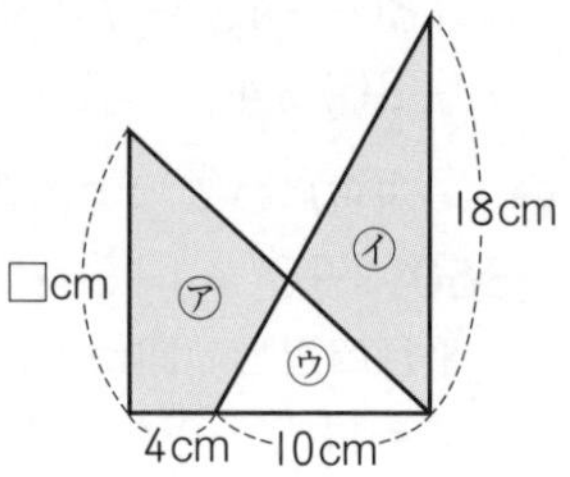

4 右の図より、長方形の面積の半分になる。

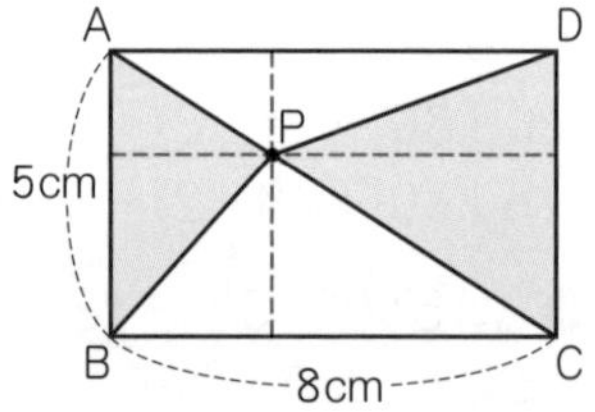

5 (1)三角形 EAC＝三角形 EAD より、

三角形 AFC＝三角形 EFD＝16cm^2 だから、

$AF\times8\div2=16$ より、AF＝4cm

よって、$FD=12-4=8(\text{cm})$

(2)(1)より、$8\times AE\div2=16$ となるから、

$AE=16\times2\div8=4(\text{cm})$ となる。

よって、三角形 $EBC=12\times(8+4)\div2=72(\text{cm}^2)$

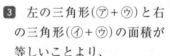

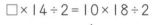

標準レベル 15 正多角形と円
算数⑮

☑解答

❶ (1) 120°　(2) 90°　(3) 72°　(4) 45°

❷ (1) 3 組

(2)対角線の本数－3 本

6 つの角の和－720°

1 つの角の大きさ－120°

❸ (1)円周－18.84 cm　面積－28.26 cm^2

(2)円周－31.4 cm　面積－78.5 cm^2

❹ (1)まわりの長さ－25.7 cm

面積－39.25 cm^2

(2)まわりの長さ－36.56 cm

面積－75.36 cm^2

❺ (1) 4 cm　(2) 5 cm

❻ (1) 125.6 cm　(2) 20 cm

解説

❶ 正□角形を作図するときは、その中心角を 360÷□にする。よって、正三角形は、360°÷3＝120°

❷ (1)正六角形は向かい合う辺が平行である。

(2) 1 つの頂点《ちょうてん》から対角線が 3 本ひけて、三角形は 4 つできる。よって、6 つの角の和は、180°×4＝720°

❸ 円周＝直径×3.14、円の面積＝半径×半径×3.14

(1)円周＝6×3.14＝18.84(cm)

面積＝3×3×3.14＝28.26(cm^2)

(2)円周＝10×3.14＝31.4(cm)

面積＝5×5×3.14＝78.5(cm^2)

❹ まわりの長さを求めるときに、直線部分をわすれないようにする。

(1)まわりの長さ＝10×3.14÷2＋10＝25.7(cm)

(2)まわりの長さ＝24×3.14÷6＋24＝36.56(cm)

❺ 円の半径を□ cm とする。

(1)□×2×3.14＝25.12 より、□＝4

(2)□×□×3.14＝78.5 より、□×□＝25

よって、□＝5

❻ (1) 5×2×3.14＋15×2×3.14

＝(5＋15)×2×3.14＝125.6(cm)

(2) 125.6÷3.14÷2＝20(cm)

上級レベル 16 正多角形と円
算数⑯

☑解答

1 120 cm^2

2 15°

3 (1)長方形－38.28 cm

正三角形－24.28 cm

(2)長方形－76.56 cm^2

正三角形－48.56 cm^2

4 (1)まわりの長さ－75.36 cm

面積－100.48 cm^2

(2)まわりの長さ－25.12 cm

面積－9.12 cm^2

5 まわりの長さ－67.1 cm　面積－57 cm^2

6 28.26 cm^2

解説

1 右の図のように、6 つの合同な三角形ができる。

よって、20×6＝120(cm^2)

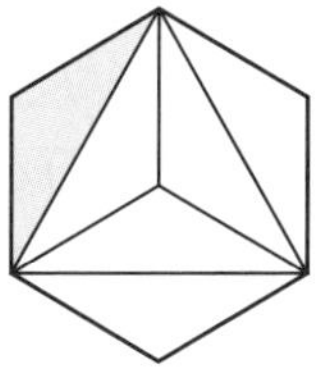

2 右の図より、三角形 ABO について、角 AOB は円周の $\frac{3}{12}$ に対する中心角だから、360°×$\frac{3}{12}$＝90°

三角形 ABO は二等辺三角形だから、

角 BAO＝(180°－90°)÷2＝45°

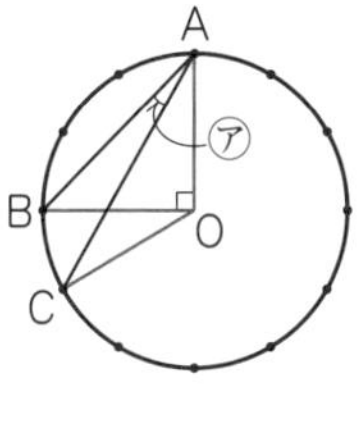

三角形 ACO について、角 AOC は円周の $\frac{4}{12}$ に対する中心角だから、360°×$\frac{4}{12}$＝120°

三角形 ACO は二等辺三角形だから、

角 CAO＝(180°－120°)÷2＝30°

よって、角㋐＝角 BAO－角 CAO＝45°－30°＝15°

3 右の図の点線が円の中心の通ったあとの線の長さで、半径 1 cm の円周＋長方形のまわりの長さになる。

円の通った部分の面積は太線と太線の間の部分で、半径 2 cm の円の面積と長方形 4 つ分になる。

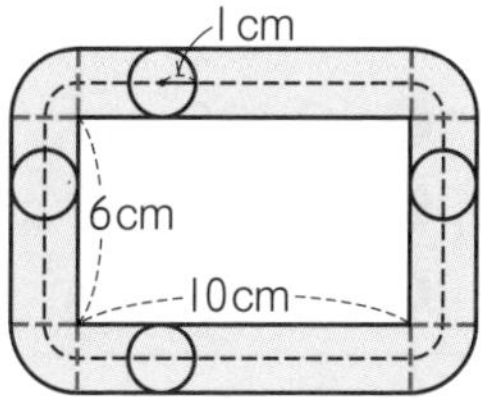

4 (1)まわりの長さ＝24×3.14÷2＋16×3.14÷2＋8×3.14÷2＝75.36(cm)

面積＝12×12×3.14÷2－8×8×3.14÷2－4×4×3.14÷2＝100.48(cm^2)

(2)まわりの長さ＝16×3.14÷4＋8×3.14÷2

＝25.12(cm)

面積＝8×8×3.14÷4－4×4－4×4×3.14÷2

＝9.12(cm^2)

5 まわりの長さ＝20×3.14÷2＋40×3.14÷8＋20

＝67.1(cm)

右の図のように㋐を移すと、㋐＋㋑の面積は、20×20×3.14÷8－20×10÷2

＝50×3.14－100＝57(cm^2)

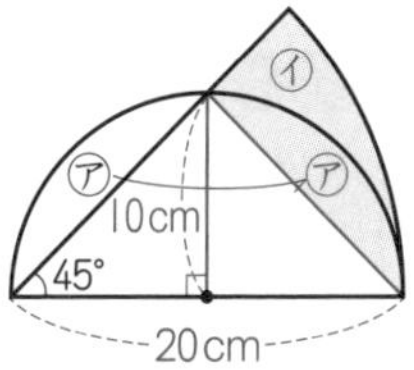

6 右の図のように、㋐を㋑に移動《いどう》して、半径 6 cm、中心角 120°のおうぎ形から半径 3 cm、中心角 120°のおうぎ形をひいて求める。

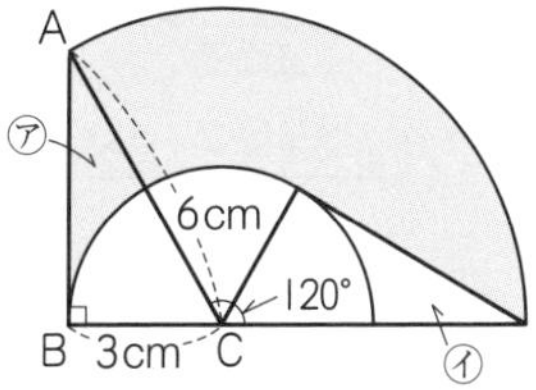

よって、6×6×3.14÷3－3×3×3.14÷3

＝(12－3)×3.14＝9×3.14＝28.26(cm^2)

解答
算数

標準レベル 17 体積と容積

算数⑰

解答

1. (1) $27\ cm^3$　(2) $64\ m^3$　(3) $60\ cm^3$　(4) $768\ cm^3$　(5) $2940\ cm^3$　(6) $60\ cm^3$　(7) $1872\ m^3$
2. $2700\ cm^3$、2.7 L
3. 容積《ようせき》－$672\ cm^3$　体積－$448\ cm^3$
4. (1) $600\ cm^3$　(2)① 24 cm　② 12 cm

解説

1 立方体の体積＝1辺×1辺×1辺

直方体の体積＝たて×横×高さ

(1) $3\times3\times3=27(cm^3)$

(3) $4\times5\times3=60(cm^3)$

(4) 2つの直方体に分けて求める。

$8\times(12-6)\times10+8\times6\times6=768(cm^3)$

(5)直方体から直方体をひいて求める。

(6)たて4 cm、横1 cm、高さ1 cmの直方体が15個《こ》あると考えると、$4\times1\times1\times15=60(cm^3)$

(7) 3つの直方体に分けて求める。

$12\times(16-8-6)\times6+12\times8\times(4+8)+12\times6\times8$
$=1872(m^3)$

ポイント

(4)～(7)については、「角柱の体積＝底面積×高さ」で求めることもできる。

(4) $\underbrace{(10\times12-6\times4)}_{底面積}\times\underbrace{8}_{高さ}=96\times8=768(cm^3)$

(5) $\underbrace{(15\times18-10\times6)}_{底面積}\times\underbrace{14}_{高さ}=210\times14=2940(cm^3)$

(6) $\underbrace{(4\times4-1)}_{底面積}\times\underbrace{4}_{高さ}=60(cm^3)$

(7) $\underbrace{(16\times12-2\times6-6\times4)}_{底面積}\times\underbrace{12}_{高さ}=1872(m^3)$

2 $10\times15\times18=2700(cm^3)$

$1\ L=1000\ cm^3$だから、$2700\ cm^3=2.7\ L$

ポイント

容積＝内のりの「たて×横×深さ」で求めることができる。

3 厚《あつ》さが1cmの板で容器を作っているので、その内のりは、たて＝10－2＝8(cm)、横＝14－2＝12(cm)、深さ＝8－1＝7(cm)

よって、容積＝うちのりのたて×横×高さ
$=8\times12\times7=672(cm^3)$

箱の体積＝全体の体積－容積
$=10\times14\times8-672=448(cm^3)$

4 (1) $10\times15\times4=600(cm^3)$

(2)① $3\ L=3000\ cm^3$だから、入った水の量は、

$600+3000=3600(cm^3)$

よって、水の深さは、$3600\div(10\times15)=24(cm)$

② $3600\div(10\times30)=12(cm)$

上級レベル 18 体積と容積

算数⑱

解答

1. (1) 18 cm　(2) $192\ cm^3$
2. (1) 7.5 cm　(2) $270\ cm^3$
3. $600\ cm^3$
4. (1) 9 cm　(2) 13.5 cm　(3) $200\ cm^3$
5. $\frac{180}{13}$ cm $\left(13\frac{11}{13}\ cm\right)$

解説

1 (1) 12cm＝たて＋高さ、14cm＝たて＋横、10cm＝横＋高さ とすると、

(たて＋横＋高さ)×2＝12＋14＋10＝36(cm)

よって、たて＋横＋高さ＝18(cm)

(2)(1)より、たて＋横＋高さ＝18cm だから、

横＝18－12＝6(cm)、高さ＝18－14＝4(cm)、

たて＝18－10＝8(cm)

よって、たて×横×高さ＝$8\times6\times4=192(cm^3)$

2 (1)高さが3 cmだから、

$(24-3-3-3)\div2=7.5(cm)$

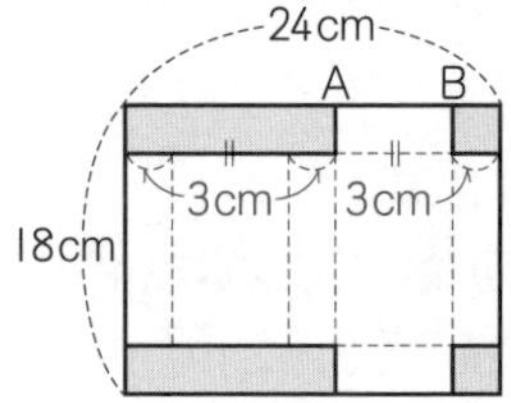

(2) $(18-3-3)\times7.5\times3=270(cm^3)$

3 ななめに切ってできた立体を、2つ重ねて直方体をつくり、その直方体の体積の半分が求める体積である。

よって、$10\times10\times(8+4)\div2=600(cm^3)$

ポイント

ななめに切断した立体の体積は、その立体を2つ重ねて角柱や円柱にしてから、その体積を求め、それを2でわって求める。

4 (1) $1.8\ L=1800\ cm^3$である。

$1800\div(25\times8)=9(cm)$

(2)水と直方体の体積の和は、

$1800+6\times15\times10=2700(cm^3)$となる。

よって、水面の高さは、$2700\div(25\times8)=13.5(cm)$

(3)水と直方体の体積の和は、

$1800+6\times20\times20=4200(cm^3)$で、容器《ようき》に入る水の体積は、$25\times8\times20=4000(cm^3)$である。

よって、あふれる水の量は、

$4200-4000=200(cm^3)$

5 図1の状態《じょうたい》で入っている水の量は、

$18\times15\times20+12\times15\times30=10800(cm^3)$である。

図2の底面積＝$30\times35-15\times18=780(cm^2)$である。

よって、求める深さは、$10800\div780=\frac{180}{13}(cm)$

標準レベル 19 角柱と円柱

算数⑲

解答

❶ (1) $60\,cm^3$ (2) $62.8\,cm^3$ (3) $200\,cm^3$

❷ (1)体積－$300\,cm^3$　表面積－$280\,cm^2$

(2)体積－$240\,cm^3$　表面積－$288\,cm^2$

(3)体積－$169.56\,cm^3$

表面積－$169.56\,cm^2$

❸ (1) 2.4 L (2) 24 cm

❹ (1) $508.68\,cm^3$ (2) $452.16\,cm^2$

❺ 体積－$1815\,cm^3$　表面積－$962.8\,cm^2$

解説

❶ 角柱・円柱の体積＝底面積×高さ

(1) $12\times5=60(cm^3)$

(2) $2\times2\times3.14\times5=62.8(cm^3)$

(3) $(3+7)\times4\div2\times10=200(cm^3)$

❷ (1)体積＝$5\times6\times10=300(cm^3)$

表面積＝$5\times6\times2+10\times(5+6+5+6)$

$=280(cm^2)$

(2)体積＝$6\times8\div2\times10=240(cm^3)$

表面積＝$6\times8\div2\times2+10\times(6+8+10)$

$=288(cm^2)$

(3)体積＝$3\times3\times3.14\times6=169.56(cm^3)$

表面積＝$3\times3\times3.14\times2+6\times6\times3.14$

$=169.56(cm^2)$

❸ (1) $15\times20\div2\times16=2400(cm^3)$

$2400\,cm^3=2.4$ L

(2) $2400\div(10\times10)=24(cm)$

❹ (1)円柱2つ分は、

$3\times3\times3.14\times6+6\times6\times3.14\times3=508.68(cm^3)$

(2)小さい円柱の側面積＋大きい円柱の側面積＋大きい円柱の底面積×2

$=6\times6\times3.14+3\times12\times3.14+6\times6\times3.14\times2$

$=452.16(cm^2)$

❺ 体積＝$13\times20\times10-6\times6\times3.14\times10\div4-8\times8\times3.14\times10\div4=1815(cm^3)$

表面積＝$(20\times13-8\times8\times3.14\div4-6\times6\times3.14\div4)\times2+10\times(14+12\times3.14\div4+7+12+16\times3.14\div4+5)=962.8(cm^2)$

上級レベル 20 角柱と円柱

算数⑳

解答

1 (1) $512\,cm^3$ (2) $576\,cm^3$

2 (1) $30000\,cm^3$ (2) 41.7 cm

3 (1) $192\,cm^3$ (2) $1017.36\,cm^3$

4 $733.92\,cm^3$

5 $112\,cm^3$

解説

1 (1)右の図のように容器《ようき》のたて、横の長さがわかる。

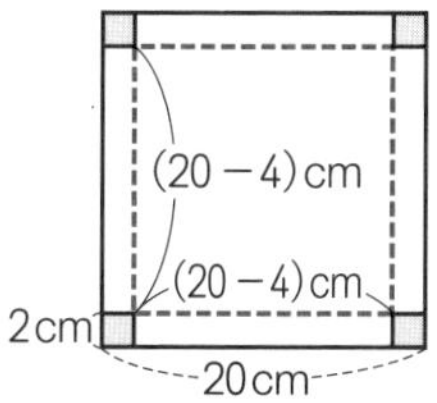

組み立てると

$(20-4)\times(20-4)\times2$

$=512(cm^3)$

(2) $(20-8)\times(20-8)\times4$

$=576(cm^3)$

2 (1)容器Bの分あふれるから、

$30\times20\times50=30000(cm^3)$

(2)最初に入っていた水の量は、

$50\times50\times60=150000(cm^3)$で、

$30000\,cm^3$あふれたから、

残っている水の量は $120000\,cm^3$

容器Bが底面についたときに容器Bのまわりにある水の量は、

$(50\times50-20\times30)\times50=95000(cm^3)$だから、

容器Bには $120000-95000=25000(cm^3)$の水が流れこむ。よって、その深さは、

$25000\div(20\times30)=41.66\cdots$で、41.7(cm)となる。

3 ななめに切った立体の体積は2つ重ねて角柱や円柱にして求める。

(1) 2つ重ねると右のような直方体になる。

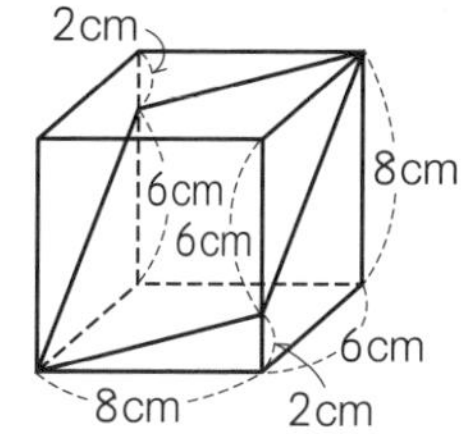

$6\times8\times8\div2=192(cm^3)$

(2) 2つ重ねると右のような円柱になる。

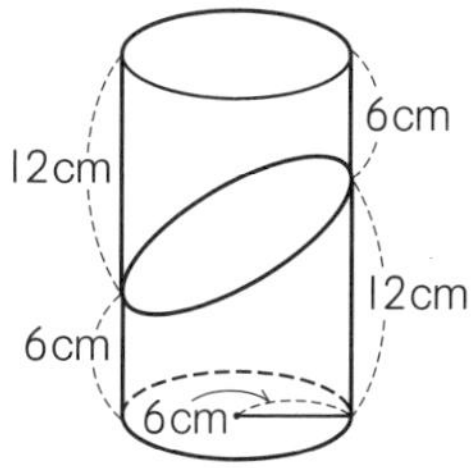

$6\times6\times3.14\times(12+6)\div2$

$=1017.36(cm^3)$

4 この立体はたてが8cm、横が8cm、高さが15cmの直方体から、半径が4cm、高さが9cmの円柱の半分を切り取った立体になる。

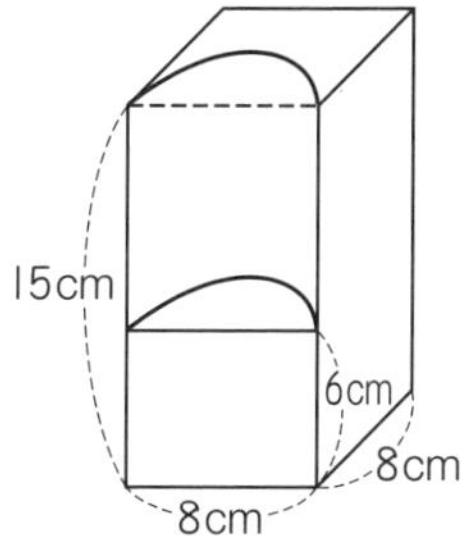

よって、体積は、

$8\times8\times15-4\times4\times3.14\times9\div2=733.92(cm^3)$

5 1辺が2cmの立方体が何個《こ》あるかを数える。図2の真上から見た図で、1だん目には、左から3個、1個、4個、1個で9個ある。

図1の真正面から見た図で、2だん目から上は、左から1つ目が2個、3つ目が3個ある。

最も少ない場合を考えると、1列だけと考えられるので、2だん目から上は5個になる。

よって、立方体は、全部で$9+5=14$(個)あり、体積は、

$2\times2\times2\times14=112(cm^3)$

解答

算数

標準レベル 21 平均、単位量あたりの大きさ
算数㉑

解答

❶ (1) 80 点
(2) 75+(10+0+17+9−11)÷5
(3) 92 点

❷ (1) 5 kg が 1500 円のみかん
(2) 2.5 L
(3) 582 人

❸ (1) 150.75 cm
(2) 80 点
(3) 6.6 kg
(4) 55 分

❹ 94 点

解説

❶

ポイント
平均《へいきん》＝全部の和÷個数《こすう》
全部の和＝平均×個数

(1)(85+75+92+84+64)÷5=80(点)
(2)仮《かり》平均がある場合の平均の求め方は、
平均＝仮平均＋仮平均との違《ちが》いの和÷個数
ただし、仮平均との違いは、仮平均より大きい場合はたし算、仮平均より小さい場合はひき算をする。
(3) 6 回の合計点が 82×6=492(点)になる。5 回の合計が 400 点だから、6 回目は 492 − 400=92(点)

❷ (1) 620÷2=310(円)、1500÷5=300(円)だから、5 kg が 1500 円のみかんのほうが安い。
(2) 1 m^2 ぬるのに、1.2÷9.6=0.125(L)のペンキが必要だから、20 m^2 ぬるには、0.125×20=2.5(L)
(3)人口密度《みつど》＝人口÷面積(km^2)だから、
3783000÷6500=582(人)

❸ (1) 3 人の身長の合計は 142×3=426(cm)、5 人の身長の合計は 156×5=780(cm)だから、
(426+780)÷8=150.75(cm)
(2)算数、国語、理科、社会の合計点は86×4=344(点)
算数、国語、理科の合計点は 88×3=264(点)だから、社会の得点《とくてん》は
344−264=80(点)
(3) B+C+D=38.6×3=115.8(kg)、
A+C+D=36.4×3=109.2(kg)より、
(B+C+D)−(A+C+D)=B−A=6.6(kg)
(4) A は 1 分で 140÷10=14(個)、B は 1 分で 240÷15=16(個)の製品《せいひん》をそれぞれつくる。
よって、A と B を同時に使うと 1 分で 14+16=30(個)の製品をつくるから、1650 個つくるのには、
1650÷30=55(分)かかる。

❹ はじめの 4 回の平均点が 82 点だから、その合計点は
82×4=328(点)
また、6 回の平均点が 86 点だから、その合計点は
86×6=516(点)
よって、あとの 2 回の合計点は 516−328=188(点)となるから、その平均点は 188÷2=94(点)

上級レベル 22 平均、単位量あたりの大きさ
算数㉒

解答

1 A 町
2 (1)ポンプ B が 35 L 多い
(2) 260 L
(3) 22 分
3 (1) 7 回　(2) 159 点　(3) 24 人
4 (1) 87 点　(2) 71 点

解説

1 A 町、B 町、C 町の人口密度は、小数第一位を四捨《ししゃ》五入《ごにゅう》すると、それぞれ、84 人、30 人、28 人である。
よって、A 町がもっとも人口密度が高い。

2 (1)ポンプ A は 1 分間で 165÷3=55(L)給水、ポンプ B は 1 分間で 450÷5=90(L)給水できる。
よって、ポンプ B が 90−55=35(L)多く給水できる。
(2)(55+90−80)×4=260(L)
(3) 10 分後にたまる水の量は、55×10=550(L)
550÷(80−55)=22(分)

3 (1)前回までの平均点《へいきんてん》の 80 点より 14 点高い得点をとって、今回までの平均点が 82 点。
平均点が 2 点だけ上がったのだから、テストの回数は
14÷2=7(回)
(2)不合格者《ふごうかくしゃ》も合格者として考えると、
(110×700+70×490)÷700=159(点)
(3)全体の点数の合計と全員が A グループとしたときの点数の合計の差は、63×32−60×32=96(点)
A グループと B グループの平均点の差は、
64−60=4(点)
よって、B グループの人数は、96÷4=24(人)

4 (1)算＋国＋理＋社＝69×4=276(点)……①、
算＋国＋理＝63×3=189(点)……②、
算＋国＝55×2=110(点)……③、
理＝(算＋社)÷2……④
①、②より、
社＝276−189=87(点)
(2)①、③より、
110＋理＋87=276 だから、
理＝79 点。
④より、79＝(算＋87)÷2 だから、
算＝79×2−87=71(点)

標準レベル 23 速さ
算数㉓

解答

❶ (1) 6.25 m
(2) 20 m

❷ 12.5 分後

❸ 0.5 分後

❹ 午前 10 時 30 分

❺ 秒速 7 m

❻ (1)時速 2 km
(2)時速 18 km

解説

❶ (1) 100÷16＝6.25(m)

(2) A さんは 1 秒で 100÷20＝5(m)進むから、16 秒では、5×16＝80(m)進む。
よって、100－80＝20(m)手前にいる。

❷～❹に共通した考え方
同じ方向に進むとき…速さの差を考える。
逆の方向に進むとき…速さの和を考える。

❷ 1500÷(55＋65)＝12.5(分)

❸ A の秒速は、400÷80＝5(m)
B の秒速は、400÷100＝4(m)
30÷(5－4)＝30(秒)より、0.5 分

❹ 12÷(5＋3)＝1.5(時間)
1.5×60＝90(分)→ 1 時間 30 分
よって、午前 9 時の 1 時間 30 分後だから、
午前 10 時 30 分

❺ 2 つの列車の秒速の和は、
(180＋200)÷20＝19(m)
よって、下り列車の秒速は、
19－12＝7(m)

❻ (1)上りの時速は、80÷5＝16(km)
下りの時速は、80÷4＝20(km)
よって、流れの時速は、(20－16)÷2＝2(km)
(2)(20＋16)÷2＝18(km)

上級レベル 24 速さ
算数㉔

解答

1 (1) 5.4 km
(2) 2 分 30 秒
(3)時速 12 km
2 (1) 10 分後
(2)姉が 1 分はやい
3 60 km
4 390 m
5 390 m
6 24 km

解説

1 (1) 60×90＝5400(m)
5400 m＝5.4 km
(2) 1800÷12＝150(秒)
150 秒＝2 分 30 秒
(3) 30÷2.5＝12 より、時速 12 km

2 (1)妹は 100×6＝600(m)進んでいるから、姉が出発してから、
600÷(250－100)＝4(分後)
に出会う。
よって、妹が出発してからは、
6＋4＝10(分後)
(2)妹が駅に着くのは、追いついてから、
(1500－100×10)÷100＝5(分後)
姉が家につくのは、追いついてから、
250×4÷250＝4(分後)
よって、姉のほうが 5－4＝1(分)はやい。

3 時速45 km＝分速0.75 km
時速60 km＝分速1 km
分速 0.75 km で進んだときは、あと
0.75×5＝3.75(km)
進まなければならない。
分速 1 km で進んだときは、
1×15＝15(km)
多く進んでいる。
予定の時刻ちょうどにおじさんの家に着くまでの時間は
(3.75＋15)÷(1－0.75)＝75(分)だから、
おじさんの家までの道のりは、
1×(75－15)＝60(km)

4 貨物列車が急行列車と同じ速さでこの鉄橋をわたったとしたらかかる時間は、
120÷2＝60(秒)
(360－210)÷(60－48)＝12.5 より、
急行列車の速さは秒速 12.5 m と求められる。
よって、鉄橋の長さは 12.5×48－210＝390(m)となる。

5 列車Ａが列車Ｂに追いついてから、追い越すまでにすすむ距離は、２つの列車の長さの和である。
時速 72 km＝秒速 20 m
時速 54 km＝秒速 15 m
２つの列車の長さの和は、(20－15)×72＝360(m)
それぞれの列車がトンネルに入り始めてから完全に出てしまうまでに進む距離は、
(トンネルの長さ＋列車の長さ)である。
よって、トンネルの長さは
(20×30＋15×36－360)÷2＝390(m)

6 船が川を上る時の速さは
(静水時の船の速さ－川の流れの速さ)になり、
川を下る時の速さは
(静水時の船の速さ＋川の流れの速さ)になる。
かかる時間の比が３：２より、上りと下りの速さの比は２：３になる。川の流れの速さが時速２km なので、上りと下りの速さの差は時速４km である。
これより川を下る時の船の速さは時速 12 km（上る時は時速８km)となり、Ｐ町とＱ町の間の道のりは８×３＝24(km)となる。

標準レベル 25 変わり方
算数㉕

解答

1 (1)ア－10　イ－13　ウ－16
(2) 31 本　(3) 33 個《こ》　(4) 3×□＋1(本)

2 (1)ア－1050　イ－1400　ウ－700
(2)□×3.5(円)

3 (1)ア－200　イ－600　ウ－300
エ－500　オ－8　カ－800
(2)△＝100×□、○＝800－100×□

4 (1) 50 cm　(2) 12 だん　(3) 330 cm^2

解説

1 最初にマッチぼうは規則《きそく》的に３本ずつ増《ふ》えるので、正方形を□個つくったときのマッチぼうの本数は、
3×□＋1(本)と考えておく。
(2) 3×10＋1＝31(本)
(3) 100＝3×□＋1 より、□＝33

2 最初に、代金は、□×3.5(円)の式を考えておく。
(1)ア＝300×3.5＝1050　イ＝400×3.5＝1400
ウは 2450＝□×3.5 より、□＝700 となる。

3 △＝100×□、○＝800－100×□の式を考えておく。
(1)ア＝100×2＝200　イ＝800－100×2＝600
ウ＝100×3＝300　エ＝800－100×3＝500
オは 0＝800－100×□より、□＝8
カ＝100×8＝800 となる。

4 次の図１のまわりの長さと図２のまわりの長さは等しい。

(図1)　　(図2)

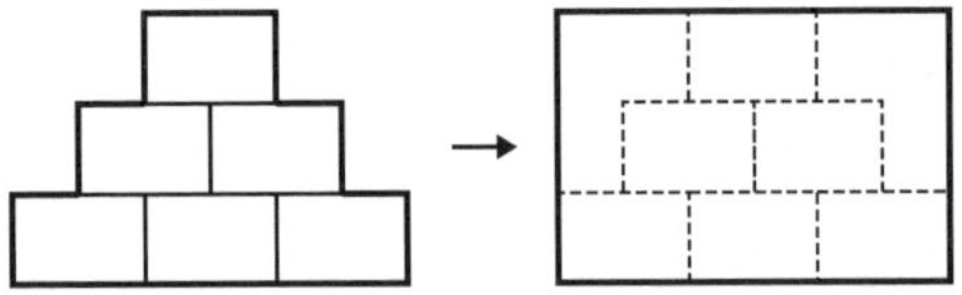

まわりの長さは長方形のまわりの長さと等しい。
(1) 5 だん積むと、たてが、2×5＝10(cm)、
横が、3×5＝15(cm)の長方形のまわりの長さと等しいから、(10＋15)×2＝50(cm)
(2)まわりの長さが 120 cm だから、たて＋横＝60(cm)
60÷(2＋3)＝12(だん)
(3) 10 だん積んだときに使った長方形は、
1＋2＋3＋……＋10＝55(まい)
よって、その図形の面積は 2×3×55＝330(cm^2)

上級レベル 26 変わり方
算数㉖

解答

1 (1) 30 cm
(2) 100 個《こ》

2 (1) 55 個
(2) 150 cm^2
(3) 15 だん

3 (1) 15 個
(2) 45 個

4 (1) 18 cm
(2) 14 cm
(3) 8 ×□＋4 ×○－2 (cm)

解説

1 (1) 10 だん目までならべたときの正三角形の１辺の長さは 10 cm
よって、10×3＝30(cm)
(2) 1 だん目まで１個、２だん目まで 2×2＝4(個)、
３だん目まで 3×3＝9(個)、……より、
10×10＝100(個)

2 (1) 1＋2＋3＋……＋9＋10＝55(個)
(2)立方体を 55 個積んでいるので、手前の面とうらの面で 55×2＝110(cm^2)
あと底面が 10 cm^2、
左から、右から、上から見た面積がそれぞれ 10 cm^2 あるので、
110＋10×4＝150(cm^2)
(3) 10 だん目までで立方体は 55 個必要だから、あと 120－55＝65(個)の立方体が必要である。
11＋12＋13＋…、と考えると、
11 から 15 までの和が 65 になるので 15 だんとわかる。

❸ (1) 3 本のとき、1＋2＝3(個)、
4 本のとき、1＋2＋(4－1)＝6(個)、
5 本のとき、1＋2＋3＋(5－1)＝10(個)、
6 本のとき、1＋2＋3＋4＋(6－1)＝15(個)となる。

別解 (1) 6 本の直線から 2 本の直線を選ぶと、交点が 1 つ決まる。
よって、6 本から 2 本を選ぶ方法で考えることができる。
6 本の直線を a、b、c、d、e、f とすると、ここから 2 つを選ぶ方法は下のようになる。

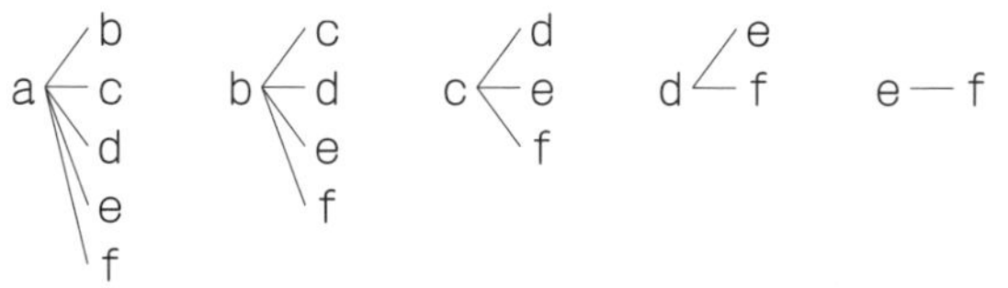

よって、2 本の直線の選び方は 15 通りあるので、交点も 15 個となる。

(2) 7 本のとき、15＋(7－1)＝21(個)、
8 本のとき、21＋(8－1)＝28(個)、
9 本のとき、28＋(9－1)＝36(個)、
10 本のとき、36＋(10－1)＝45(個)となる。

❹ 横に□個ならべると、8×□＋2(cm)、たてに○個ならべると 4×○＋6(cm)となる。
(1) 8×2＋2＝18(cm)
(2) 4×2＋6＝14(cm)
(3)横の□個はそのまま利用し、たての○個で調整すると、たての○個に関しては、できた図形は 10 cm 短い。
よって、8×□＋2＋4×○＋6－10
＝8×□＋4×○－2(cm)

標準レベル 27 割　合 (1)

算数㉗

解答

❶ (1)割合《わりあい》－0.25
百分率《ひゃくぶんりつ》－25%
歩合《ぶあい》－2 割 5 分《ぶ》
(2)割合－0.125
百分率－12.5%
歩合－1 割 2 分 5 厘《りん》
(3)割合－1.2
百分率－120%
歩合－12 割

❷ (1) 100　(2) 37.5
(3) 125　(4) 200
(5) 50　(6) 8(割)2(分)
(7) 2.5　(8) 2000

❸ (1) 420 円
(2) 180 ページ
(3) 5200 円
(4) 3.2 m

❹ (1) 500 人
(2) 210 人

解説

❶ 0.1 倍＝10%＝1 割、
0.01 倍＝1%＝1 分、
0.001 倍＝1 厘
(1) 600÷2400＝0.25
(2) 100÷800＝0.125
(3) 108÷90＝1.2

❷

ポイント
割合＝くらべる量÷もとにする量
くらべる量＝もとにする量×割合
もとにする量＝くらべる量÷割合

(1) 500×0.2＝100
(2) 6÷16＝0.375
(3) 50÷0.4＝125
(4) 8÷0.04＝200
(5) 250×0.2＝50
(6) 3.69÷4.5＝0.82
(7) 8÷0.32＝25
(8) 1100÷0.55＝2000

❸ (1) 1200×(1－0.65)＝420(円)
(2) 81÷0.45＝180(ページ)
(3) 4576÷(1－0.12)＝5200(円)
(4) 80 cm が全体の 25%だから、
80÷0.25＝320(cm)
320 cm＝3.2 m

❹ (1) 50 才以上の人が 58%だから 50 才未満の人は 42%で、50 才以上の人は 50 才未満の人より 16%多い。
これが 80 人だから、島の人口は、
80÷0.16＝500(人)
(2) 50 才未満の人は 500×0.42＝210(人)

上級レベル 28 割　合 (1)

算数㉘

解答

1 (1) 600円
(2) 2600円
(3) 12%
(4) 食塩－20g　水－230g
(5) 50g

2 売りね－2625円　利益《りえき》－125円

3 (1) 9000円　(2) 7200円

4 50g

5 (1) 12g　(2) 9g　(3) 10.5%

解説

1 (1) 500×(1＋0.2)＝600(円)
(2) 4000×(1－0.35)＝2600(円)

ポイント

$$\text{食塩水のこさ}(\%)=\frac{\text{食塩の量}(g)}{\text{食塩の量}(g)+\text{水の量}(g)}\times 100$$

$$\text{食塩の量}(g)=\text{食塩水の量}(g)\times\frac{\text{食塩水のこさ}(\%)}{100}$$

(3) 42÷(308＋42)×100＝12(%)
(4) 食塩の量(g)＝250×0.08＝20(g)となる。
よって、水の量(g)＝250－20＝230(g)
(5) 200×0.15＝30(g)が食塩の量で、この30gで12%の食塩水になるのは、30÷0.12＝250(g)の食塩水のときである。
よって、250－200＝50(g)の水を加える。

2

ポイント

定価《ていか》＝原価×(1＋利益《りえき》の割合)
売値＝定価×(1－割引きの割合)

定価は、2500×(1＋0.4)＝3500(円)だから、売りねは、3500×(1－0.25)＝2625(円)
よって、利益は、2625－2500＝125(円)

3 (1) 定価×(1－0.12)＝7920(円)だから、
定価は、7920÷0.88＝9000(円)
(2) 9000÷(1＋0.25)＝7200(円)

4 150×0.12＝18(g)が食塩の量で、この18gで18%の食塩水になるのは、18÷0.18＝100(g)の食塩水のときである。
よって、150－100＝50(g)の水をじょう発させる。

5

ポイント

Agの食塩水に食塩がBg入っている。この食塩水からCgを取り出したときに含まれる食塩の重さは$B\times\frac{C}{A}$(g)と考えると、食塩のこさがなくても食塩の量がわかる。

(1) AからBに100g移《うつ》したので、
100×0.12＝12(g)
(2) はじめBの容器《ようき》に入っていた食塩は、
300×0.08＝24(g)で、Aから12g移ってきたので、食塩の量は24＋12＝36(g)
Bの容器には400gの食塩水が入っていて、そこから100gをAに移したので100×(36÷400)＝9(g)移ったことになる。
(3) (1)の後Aには12%の食塩水が100g残る。
食塩の量は、100×0.12＝12(g)
(2)でBから9gの食塩の量がうつる。
よって、作業が終わったとき、Aの容器の食塩水の量は、100＋100＝200(g)
食塩の量は、12＋9＝21(g)
よって、こさは21÷200×100＝10.5(%)

標準レベル 29 割　合 (2)

算数㉙

解答

1 (1) 乗用車－50%
バス－20%
トラック－18%
その他－12%
(2) 2.7cm
(3) 乗用車－180°
バス－72°
トラック－64.8°
その他－43.2°

2 (1) 夏
(2) 72°
(3) 1095000人

3 (1) 12000円
(2) 120°

解説

1

ポイント

帯グラフは、それぞれの大きさを表す長方形の大きさでくらべるもので、割合《わりあい》の大きいものから左から順にならべて表し、その他は最後に表す。
円グラフは、おうぎ形の大きさでくらべるもので、中心角の大きさや曲線の長さで割合を読み取る。
円グラフでは、1%を3.6°として中心角を求める。

乗用車とバスの割合は帯グラフからも読み取れるが、正《せい》確《かく》な割合は台数をもとにして考える。
(1) 乗用車は、
125÷(125＋50＋45＋30)＝0.5
だから、50%
バスは、50÷250＝0.2だから20%

(2)トラックは、15×0.18＝2.7(cm)
(3)乗用車は、360°×0.5＝180°、
バスは、360°×0.2＝72°

❷ (1)もっとも割合が高い夏を答えればよい。
(2)春にめん類を主食とする人は、全体の20%なので、
360°×0.2＝72°
(3)夏に米・パンを主食とする人の割合は73%、人口が150万人なので、
1500000×0.73＝1095000(人)

❸ (1)3人の所持金の合計は、
2400÷0.2＝12000(円)
(2)Aさんの所持金は、
12000×0.55＝6600(円)で、
その4割を出したので、
6600×0.4＝2640(円)
Bさんの所持金は、
12000×0.25＝3000(円)で、
Bさんの出したお金は、
5400−(2640＋960)＝1800(円)
よって、
360°×(1800÷5400)＝120°

上級レベル30 割合(2)

算数㉚

解答

1 (1)B町−16800人
C町−21000人
(2)6 cm
2 (1)2.662 km^2
(2)ア−11　イ−8
3 (1)250°
(2)5.8%
4 (1)5 m
(2)3.7 m

解説

1 (1)円グラフより12目もり中、A町は3目もり、B町は4目もり、C町は5目もりであることを最初に読み取っておく。
A町は12等分したうちの3つ分で12600人だから、
1つ分は12600÷3＝4200(人)
よって、B町は4200×4＝16800(人)、
C町は4200×5＝21000(人)
(2)A町に残っている人は、
12600−4200＝8400(人)
B町に残っている人は、
16800−4200＝12600(人)
C町に残っている人は、
21000−4200＝16800(人)
よって、B町に残っている人数の帯グラフの割合は、
12600÷(8400＋12600＋16800)＝$\frac{1}{3}$だから、
長さは18÷3＝6(cm)

2 (1)森林の面積は、
24.2×0.14＝3.388(km^2)だから、
農地の面積は、
6.05−3.388＝2.662(km^2)
(2)ア＝2.662÷24.2×100＝11(%)、
イ＝100−14−43−24−11＝8(%)

3 (1)水分は125gで、全体の重さは、
(125＋44＋7＋4)gだから、その中心角は、
360°×125÷(125＋44＋7＋4)＝250°
(2)たんぱく質《しつ》の重さは7gで、全体の重さは、
(180−60)gだから、
7÷120×100＝5.83…(%)

4 (1)55 cmが85−74＝11(%)である。
よって、ぼうの長さは、
55÷0.11＝500(cm)
500 cm＝5 m
(2)B地点の水中の割合《わりあい》は74%だから、
5×0.74＝3.7(m)

標準レベル 31 文章題特訓 (1)

算数㉛

解答

❶ A－48　B－32
❷ 2592
❸ 37.5 L
❹ 5 個《こ》
❺ 20 人
❻ (1) 202 cm
(2) 42 本
❼ (1) 100 個
(2) 64 個
❽ 289 個

解説

❶ A にそろえると、(80＋16)÷2＝48 だから、B は
48－16＝32

❷ 正しい答えは 102÷17＝6 だから、
大きい数は、
(102＋6)÷2＝54 で、
小さい数は、
102－54＝48 である。
この 2 つの数の積は 2592

❸ 1 分間に 3 L ずつ水を入れると、5 分多くかかるから、
同じ時間で 3×5＝15(L)の差がついた。
1 分間で 5－3＝2(L)の差がつくから、15 L の差は、
15÷2＝7.5(分間)
よって、水そうに入る水の量は、
5×7.5＝37.5(L)

❹ 90 円のりんごだけを買ったとして考えると、
(90×12－830)÷(90－40)＝5(個)

❺ (80×36 － 75×36)÷(80－71)＝180÷9
＝20(人)

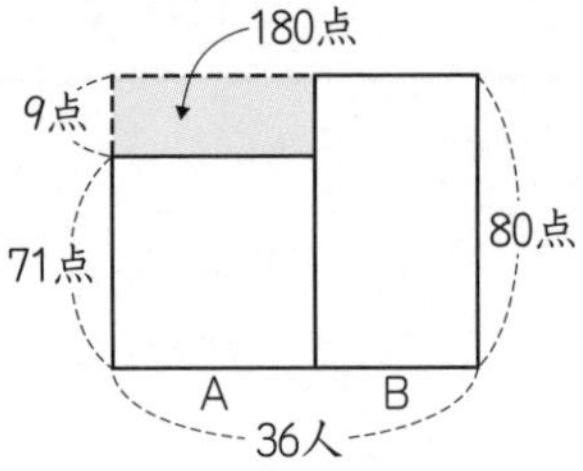

❻ (1)つなぎめに 2 cm 使っているから、
6＋4×(50－1)＝202(cm)
(2)木と木の間にくいは 3 本うつ。
よって、3×(15－1)＝42(本)

❼ (1) 10×10＝100(個)
(2) 1 辺のご石の数は、
28÷4＋1＝8(個)になる。
よって、全部で、
8×8＝64(個)

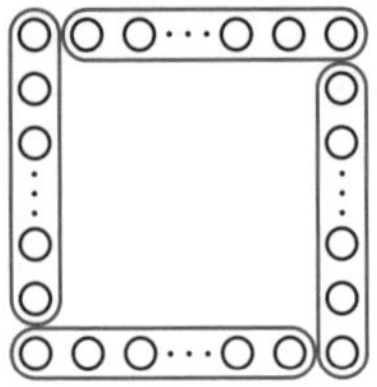

❽ 大きいほうの外側のご石の数は、
(84＋28)÷2＝56(個)で、
1 辺のご石の数は、
56÷4＋1＝15(個)だから、
全部で、15×15＝225(個)
小さいほうは、(56－28)÷4＋1＝8(個)で、
8×8＝64(個)
よって、
全部で、225＋64＝289(個)

上級レベル 32 文章題特訓 (1)

算数㉜

解答

1 A－5200 mL　B－1600 mL
2 かき－250 円　みかん－80 円
3 4 個
4 2 歩前
5 (1) 2 分 5 秒
(2)必要な木－10 本
植えかえなくてよい木－10 本
6 72 個
7 (1) 44 個
(2) 25 個

解説

1 入れた水の量は同じで、その量は 2 つ分で、
(5600＋2000－6800)＝800(mL)である。
よって、A、B それぞれに、800÷2＝400(mL)ずつ入れたことになるから、
はじめ A には、5600－400＝5200(mL)、
B には、2000－400＝1600(mL)入っていた。

2 かき 1 個とみかん 1 個のねだんの差は、
1320－1150＝170(円)で、かきのほうが高い。
4 個のかきと 4 個のみかんを買ったときを考えると、
みかんだけ 8 個買ったとすると、170×4＝680(円)安くなる。
よって、みかん 8 個は、1320－680＝640(円)だから、みかん 1 個は 80 円、
かき 1 個は、80＋170＝250(円)

3 個数をとりちがえて 100 円安くなったから、予定では 300 円のケーキが 250 円のケーキより 2 個多い。
よって、250 円のケーキは、
(2800－300×2)÷(250＋300)＝4(個)

❹ Aがジャンケンで10回とも勝ったとすると、Aは3×10＝30(歩前)に進むが、実際《じっさい》には18歩前に進んでいる。
よって、Bが勝った回数は、
(30－18)÷(3＋1)＝3(回)となり、負けた回数は7回であるから、Bの位置は、3×3－1×7＝2となり、2歩前にいることになる。

❺ (1) 10秒止まる階は2～9階の8つ、1階上った回数は9回だから、
10×8＋5×9＝125(秒)＝2(分)5(秒)
(2)はじめは12m間かくなので、240÷12＝20(本)の木が植えられている。
次に8m間かくにするので、240÷8＝30(本)の木が必要になる。
よって、30－20＝10(本)の木が必要になる。また、植えかえなくてよい木は、8mと12mの最小公倍数となる24mだから、240÷24＝10(本)である。

❻ 下の図において4×□×4＝240より、□＝15となる。
よって、外側の1列には、15＋4＝19(個)のご石がならんでいるから、その個数は、(19－1)×4＝72(個)

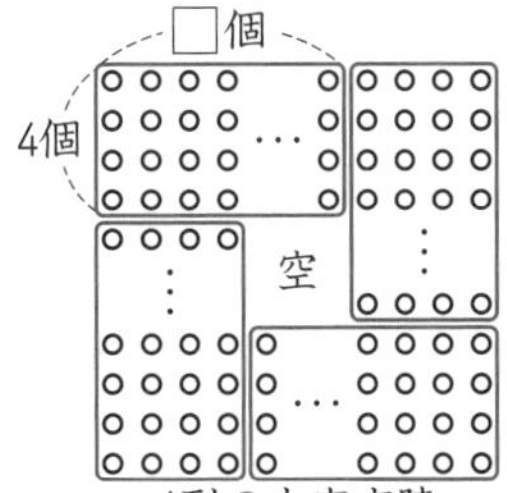

4列の中空方陣

❼ (1)たてに8個だから、横は16個になる。
よって、ご石の数は、24×2－4＝44(個)
(2)(146＋4)÷2÷(1＋2)＝25(個)

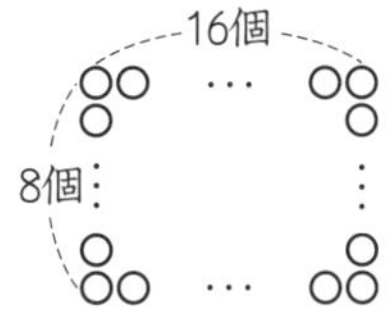

標準レベル 33 文章題特訓 (2)

算数33

解答

❶ 4年後
❷ 13才
❸ 2800円
❹ 18才
❺ 540円
❻ 32
❼ 2000円
❽ (1) 10分
(2) 14分

解説

❶ 子の年れいが、(32－8)÷(3－1)＝12(才)のときに、母の年れいが子の3倍になる。
よって、12－8＝4(年後)

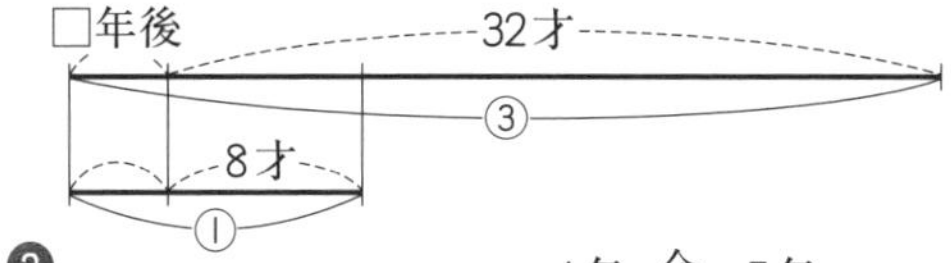

❷

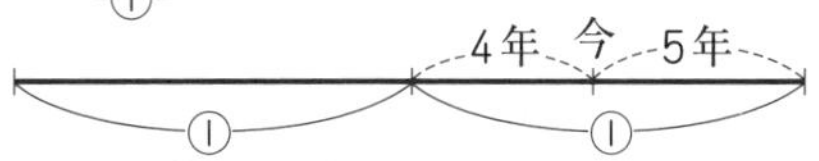

図より、①が9年なので、今のちひろさんの年れいは
9＋4＝13(才)

❸ Bさんの残っているお金は、2人の金額《きんがく》の差が変わらないから、
(5800－2500)÷(4－1)＝1100(円)
よって、ケーキ代は、(2500－1100)×2＝2800(円)

❹ 5年前の家族4人の年れいの平均《へいきん》は、
35－5＝30(才)で、家族の年れいの合計は、
30×4＝120(才)
兄とちえさんの年れいの和は、
120÷(3＋1)＝30(才)
ちえさんの年れいは、
(30－4)÷2＝13(才)
よって、現在《げんざい》のちえさんの年れいは、
13＋5＝18(才)

❺ Bさんの残金は、
(1500－860)÷(3－1)＝320(円)
よって、参考書のねだんは、
860－320＝540(円)

❻

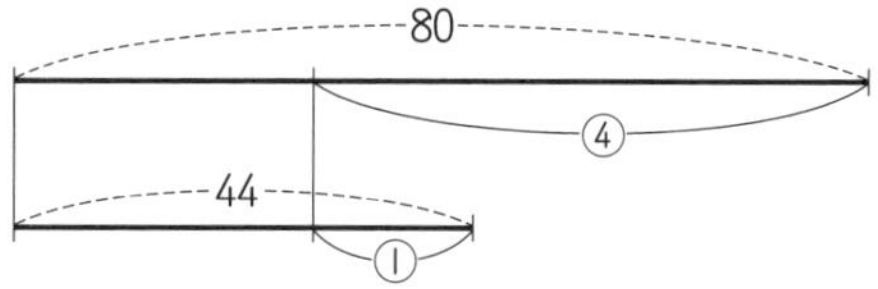

図より、③が36と分かるので、①は36÷3＝12となる。
よって、ある数は44－12＝32

❼ 2500－1000＝1500(円)が$\frac{1}{3}$だから、姉は
1500×3＝4500(円)になった。
よって、お父さんからもらったお金は、
4500－2500＝2000(円)

❽ (1) 1分間に、Aは$\frac{1}{30}$、Bは$\frac{1}{40}$、Cは$\frac{1}{24}$まで水を入れることができるので、3つ同時に使うと、1分間で水そうの$\frac{1}{30}+\frac{1}{40}+\frac{1}{24}=\frac{1}{10}$まで水がたまる。
よって、10分
(2) BとCを同時に水を入れると、1分間に
$\frac{1}{40}+\frac{1}{24}=\frac{8}{120}=\frac{1}{15}$の水がたまるので、8分間では
$\frac{8}{15}$まで水がたまる。
残りは$1-\frac{8}{15}=\frac{7}{15}$
Aだけで水を入れると、2分間で$\frac{2}{30}=\frac{1}{15}$の水がたまる。
よって、7×2＝14(分)かかる。

上級レベル 34 文章題特訓 (2)

算数㉞

解答

1. 3年後
2. 22才
3. 4年後
4. A−5000円　B−1000円
5. 兄−2500円　弟−500円
6. (1) 32個《こ》　(2) 8個
7. 42個
8. (1) 20日　(2) 60日

解説

1　(43−17×2)÷(4−1)=3(年後)

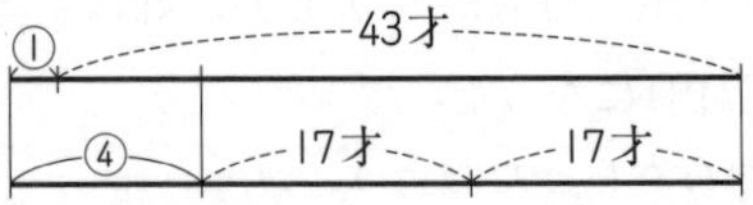

17才は子ども2人の年れいの和

2　兄=弟+3、兄+弟=父、父+10+弟+10=(兄+10)×2+19より、父+弟=兄×2+19となる。よって、(兄+弟)+弟=兄×2+19で、弟+弟=兄+19、弟+弟=(弟+3)+19より、弟=22才

3　父と母の年れいの和の2倍が、3人の子どもの年れいの和の3倍になるときを考える。現在の父と母の年れいの和の2倍は、(60+58)×2=236(才)で、子どもの年れいの和の3倍は、(28+23+21)×3=216(才)である。現在の差は、236−216=20(才)で、1年で、9−4=5(才)ずつ年れいの差はちぢまるので20÷5=4(年後)になる。

4　はじめのBの貯金額を①とすると、
①は(3000+6000)÷(10−1)=1000(円)

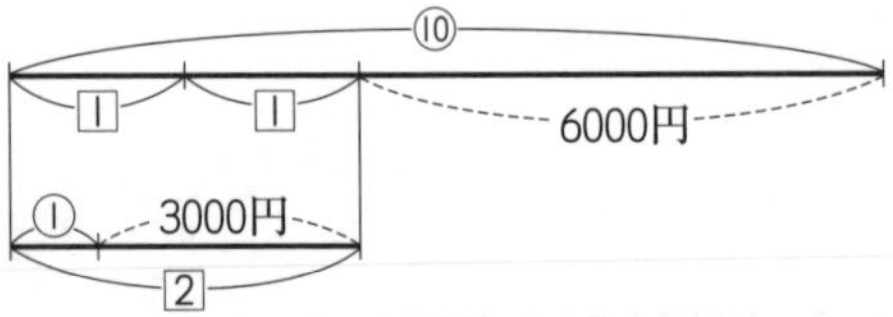

5　はじめの弟の所持金を①とすると、兄は⑤である。このとき、兄が2400円もらい、弟が200円もらうと、兄が弟の7倍になるので、①+200=[1]、⑤+2400=[7]である。よって、①=[1]−200より、⑤=[5]−1000
[5]−1000+2400=[7]　よって、[2]=1400より、[1]=700
したがって、①=700−200=500、⑤=2500となる。

6　(1)妹に同じ個数のおはじきをあげた結果、姉は兄の2倍のおはじきを持っている。兄の持っているおはじきの個数は、(80−56)÷(2−1)=24(個)だから、妹にあげたおはじきの個数は、56−24=32(個)
(2)妹は兄と姉から32個ずつ64個もらった。このとき、兄の3倍であるから、はじめに持っていた個数は、24×3−64=8(個)

7　Bさんがはじめに②持っているとすると、Aさんは2倍の④持っているので、②+4=(④−4)×0.75
よって、②+4=③−3　　①=4+3=7
したがって、2人の持っているりんごは、7×(2+4)=42(個)

8　(1) 1日で仕事をする量は、
A+B=$\frac{1}{24}$、B+C=$\frac{1}{20}$、C+A=$\frac{1}{40}$となる。
はじめはAとBの2人で6日間働いたので、その仕事量は6÷24=$\frac{1}{4}$、BとCの2人で5日間働いたので、その仕事量は5÷20=$\frac{1}{4}$となる。
よって、合計$\frac{1}{4}+\frac{1}{4}=\frac{1}{2}$だから、残りの仕事量は$\frac{1}{2}$で、あと0.5×40=20(日)かかる。
(2) 1日の仕事量は、
A+B+B+C+C+A=$\frac{1}{24}+\frac{1}{20}+\frac{1}{40}=\frac{7}{60}$ だから、
A+B+C=$\frac{7}{120}$となる。
よって、Aの1日の仕事量は$\frac{7}{120}-\frac{1}{20}=\frac{1}{120}$となるから、残りの仕事をAだけで仕上げるには、
0.5×120=60(日)

35 最上級レベル 1

算数㉟

解答

1. (1) 314　(2) 0.088257　(3) 849
(4) 0.205
2. (1) 5　(2) 17個《こ》、152
3. $\frac{84}{144}$
4. A−4　B−13　C−17
5. (1) B−7本　C−11本　(2) 4本
6. (1) 31.4 cm^2
(2) 37.68 cm^2

解説

1　(1) 7.85÷0.25+3.6×78.5
=7.85÷$\frac{1}{4}$+36×7.85
=7.85×4+7.85×36
=7.85×40=314
(2) 1.001×0.39×0.3−0.481÷0.5×0.03
=0.117117−0.02886
=0.088257
(3) 7253×84.9−7243×84.9
=(7253−7243)×84.9
=10×84.9=849
(4) (3.78−0.463×7.5)÷1.5
=(3.78−3.4725)÷1.5=0.3075÷1.5
=0.205

2　(1) $\left[\frac{23}{7}\right]+\left[\frac{23}{8}\right]=3+2=5$
(2) $\left[\frac{17}{8}\right]=2$ だから、$\left[\frac{C}{17}\right]=8$ になればよい。
よって、Cは17×8=136以上、17×9=153より小さい整数である。

3 228÷(7+12)=12 だから、求める分数は、分子が、7×12=84 で、分母が、12×12=144 となる。

4 A×B=52=4×13、B×C=221=13×17、C×A=68=4×17 だから、
A×B×B×C×C×A=52×221×68
=4×13×13×17×4×17
=(4×13×17)×(4×13×17)
A×B×C=4×13×17
よって、C=17、A=4、B=13 となる。

5 (1)B と C の売り上げは、
4940−100×8=4140(円)
よって、C は、
(4140−120×18)÷(300−120)=11(本)
(2)売り上げが 3580 円で、100 円以下が 80 円になるのは、B が 4 本か 9 本となる。
このうち、A の売れた本数の 2 倍に 1 を加えると 9 になるから、B は 9 本、A は 4 本

6 (1)半径 5 cm の半円+半径 10 cm のおうぎ形−半径 5 cm の半円=半径 10 cm のおうぎ形
半径 10cm のおうぎ形の中心角は 36° だから面積は、
10×10×3.14÷10=31.4(cm^2)
(2)右の図で、三角形 ABC と三角形 BED は合同である。
よって、三角形 ABF と四角形 CDEF の面積が等しいから、求める面積は半径 12 cm、中心角 30° のおうぎ形の面積になる。

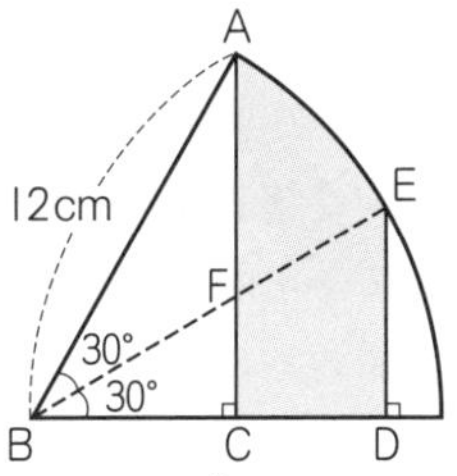

よって、12×12×3.14÷12=37.68(cm^2)

36 最上級レベル ❷

算数36

解答

1 (1) 15.02
(2) 200.49
2 (1) 30 番目
(2) 780
3 兄−3500 円　弟−980 円
4 (1) 10 m
(2) 12.5 m
5 (1) 3 cm
(2) $\frac{150}{17}$cm

解説

2 (1)□番目の数は 4×□−3 になるので、
(117+3)÷4=30(番目)
(2)
　　1+ 5+9+…+73+77
+) 77+73+ …+ 5+ 1
　　78+78+ …+78+78 より、
78×20÷2=780

3 1120÷2=560(円)が、兄の残ったお金の 2 割《わり》だから、残ったお金は、
560÷0.2=2800(円)
この 2800 円が最初に持っていたお金の 8 割だから、最初に持っていたお金は、
2800÷0.8=3500(円)である。
弟が最初に持っていたお金は、
2800−1120−3500×0.2=980(円)

4 (1)まさひろさんも 7.2 秒走ったことになるので、その走った道のりは、
50×7.2÷9=40(m)
(2)けんたさんが 9 秒で走る道のりは、
50×9÷7.2=62.5(m)なので、12.5 m 後ろ

5 (1) 4 分間で水そうに入った水は、
900×4=3600(cm^3)
水そうの底面積は、
40×30=1200(cm^2)
なので、水を入れ始めてから 4 分後の水の深さは、
3600÷1200=3(cm)
(2) 10 分間で水そうに入った水は、
900×10=9000(cm^3)
直方体の鉄のおもりを水そうにしずめたとき、高さ 12cm までの水そうの底面積は、
40×30−15×12=1020(cm^2)
高さ 12cm まで水をためたとしたら、水そうに入った水は 1020×12=12240(cm^3)
よって、10 分後に水を止めて鉄のおもりを水そうにしずめたとき、鉄のおもりの上面は水面よりも上にある。
このとき、水が入っている部分は底面積が 1020(cm^2)の柱体なので、このときの水面の高さは
9000÷1020=$\frac{150}{17}$(cm)

~理　科~

標準レベル 37 植物の発芽と成長

理科①

解答

❶ (1)ウ　(2)子葉《しよう》
(3)エ　(4)はい乳《にゅう》
(5)でんぷん　(6)はい
(7) 2 まい　(8) 1 まい
(9)イ　(10)ウ

❷ (1)C　(2)エ　(3)ア　(4)イ・エ
(5)イ・オ

解説

❶ (1)(2)インゲンマメのほか、多くの双子葉《そうしよう》類の種子は無はい乳種子で、発芽に必要な栄養分を子葉にたくわえている。

(3)(4)トウモロコシなどの単子葉《たんしよう》類やカキ、オシロイバナなどの双子葉類の種子は有はい乳種子で、発芽に必要な栄養分をはい乳にたくわえている。

(6)オは、成長してやがてトウモロコシの葉やくきや根になる部分で、はいという。インゲンマメの種子ではアとウ全体がはいである。

(9)アはイネ、ウはエンドウ、エはマツである。

注意　種子にたくわえられている栄養分は、ほとんどの場合でんぷんだが、アブラナやゴマのようにしぼうをたくわえているものや、ダイズのようにたんぱく質をたくわえているものもある。

❷ (1)植物の成長に必要な水、肥料《ひりょう》、光のすべてがあたえられているものを選ぶ。

(2)(3)調べる条件《じょうけん》以外は同じにして比《くら》べる。

(4)(5)種子の発芽には、水・空気・適当《てきとう》な温度が必要だが、発芽した後成長していくためには、この3つに加えて、光と肥料が必要である。このうちいずれがたりなくても植物はよく育たない。

上級レベル 38 植物の発芽と成長

理科②

解答

1 (1)ア・ウ・オ
(2)①D　②A
③B　④E

2 (1)①キ　②ウ　③ク
(2)ア・エ
(3)イ・エ

解説

1 ア～カの条件《じょうけん》をまとめると次の表のようになる(○は条件があたえられていることを示す)。

	ア	イ	ウ	エ	オ	カ
水	○		○		○	○
空気	○	○	○	○	○	○
温度	適温	適温	適温	適温	適温	5℃
光	○	○	○	○		
土	○	○				

(1)水・空気・適当《てきとう》な温度がそろっているものを選ぶ。

(2)各組み合わせでちがっている条件に着目する。

2 (1)①aははい乳《にゅう》である。ダイズは無はい乳種子で、はい乳はない。図のAは子葉《しよう》、Bは幼芽《ようが》・はいじく・幼根《ようこん》のまとまりである。イネは有はい乳種子で、Cがはい乳である。Dははいである。

②bは子葉である。ダイズではAが相当する。イネではDの一部が子葉になるが、子葉のみを示《しめ》す部分がないので、「なし」となる。

③dははいである。ダイズではAとB合わせてはいに相当するので、「なし」となる。イネではDがはいである。

(2)(3)植物のくきや葉は光のくるほうに向かってのび、根は地球が引っぱる力(重力《じゅうりょく》)のほうや水のあるほうに向かってのびる性質《せいしつ》がある。

標準レベル 39 動物のたんじょう

理科③

解答

❶ (1)エ・オ　(2)イ・ウ　(3)ア
(4)ア・イ　(5)ア　(6)エ
(7)①B　②はい　③D・E

❷ (1)①イ　② 0.06 mm　③ 0.14 mm
④受精　⑤イ
(2)①子宮《しきゅう》　②羊水《ようすい》　③たいばん
④へそのお　⑤ア　⑥イ

解説

❶ (1)～(3)アはほ乳類《にゅうるい》、イは鳥類《ちょうるい》、ウははは虫類《ちゅうるい》、エは両生類《りょうせいるい》、オは魚類《ぎょるい》である。それぞれの受精《じゅせい》のしかたとふえ方は次のとおりである。

	ア	イ	ウ	エ	オ
受精のしかた	体内	体内	体内	体外	体外
ふえ方	胎生《たいせい》	卵生《らんせい》	卵生	卵生	卵生

(4)(5)生まれた子の世話をするのはほ乳類と鳥類で、ほ乳類は乳《ちち》を与える。

(6)両生類は幼生《ようせい》の時期は水中で生活し、成体になって陸上生活に変わるときにからだのしくみやすがたが変化する。

(7)③卵黄《らんおう》(E)にはしぼうが多く、卵白《らんぱく》(D)にはたんぱく質《しつ》が多くふくまれている。

❷ (1)③解答《かいとう》は 0.1 mm でもよい。

④受精した卵《らん》を受精卵《じゅせいらん》といい、胎児《たいじ》へと成長していく。

(2)②羊水は、外部から加わったしょうげきが胎児に直接《ちょくせつ》加わるのを防《ふせ》いでいる。

⑤たいばんは、母体と胎児の毛細血管《もうさいけっかん》が複雑《ふくざつ》に入り組んだつくりになっている。ここで、胎児は母体から酸素《さんそ》や栄養分を受け取り、不要になったものをわたす。

注意　たいばんでは、母体《ぼたい》と胎児の血液が混《ま》じり合うことはない。

上級レベル 40 動物のたんじょう 理科④

解答

1 (1)オ　(2)イ　(3)キ
(4)①カ　②ウ　③×　④ア
⑤イ・エ・キ　⑥オ　⑦×
(5)ア

2 (1)卵黄《らんおう》
(2)①食べ物(えさ)となる生物が多いから。
②体温が一定であること。
(3)エ　(4)イ
(5)ウ　(6)へそ

解説

1 (1)(2)イルカは胎生《たいせい》で子を産むが、他はすべて卵生《らんせい》で、卵《たまご》を産んで子孫をふやす。
(5)カマキリは、あたたかくなるといっせいにふ化して、親と同じすがたで出てくる。**イ**はモンシロチョウの卵、**ウ**はニワトリの卵、**エ**はゴキブリの卵である。

2 (1)とう明のふくろは、はらにつけてふ化《か》する。ふ化してから2～3日の間はえさをとらずじっとしていて、はらにつけたふくろの中の卵黄《らんおう》がなくなると泳ぎ出してえさをとり始める。
(2)自然界では、ほとんどの動物で出産や産卵《さんらん》の時期が決まっている。
(3)消化管は、ふ化した後自分でえさを食べるようになってから活発にはたらき出すので、発達するのは他の器官よりおそくなる。
(4)人では、受精《じゅせい》後約4週目で心臓《しんぞう》が動き始め、約8週目で手や足の形がはっきりして目や耳ができてくる。
(5)身長は約50 cm、体重は約3000 gで、ふつう頭から生まれてくる。
(6)へそは、胎児《たいじ》が母体《ぼたい》とへそのおでつながっていたあとである。

標準レベル 41 花から実へ 理科⑤

解答

1 (1)①B
②a－花びら　b－おしべ　e－めしべ
③b　④d
(2)①柱頭《ちゅうとう》　②受粉《じゅふん》　③子《し》ぼう
④こん虫　⑤風　⑥人工受粉

2 (1)A－タンポポ　B－ヘチマ　C－アサガオ
D－イネ　E－サクラ　F－トウモロコシ
G－エンドウ　H－アブラナ
(2)A－5まい　H－4まい
(3)A－e　B－h　(4)はいしゅ
(5)D－エ　G－イ
(6)A・C・E・G・H
(7)B・F　(8)A
(9)C・D・G

解説

1 (1)②柱頭からdの子ぼうまでの全体がめしべである。

2 (3)(4)子ぼうが果実《かじつ》になり、子ぼうの中にあるはいしゅが種子になる。
(5)**ア**はアブラナ、**ウ**はタンポポのめしべである。
(6)花びら・がく・めしべ・おしべのすべてがそろっている花を完全花《かんぜんか》という。
(8)Aはタンポポの1つの花である。キク科の花はこのような花がたくさん集まって、1つの花のように見える。
(9)タンポポのうち、特にセイヨウタンポポは自家受粉でなかまを増《ふ》やす。アサガオは、つぼみが開くころにおしべがのびて自家受粉する。なお、エンドウは、こん虫によって花粉が運ばれることもよくある。

注意　タンポポは合弁花《ごうべんか》で、花びらは5まいある。合弁花と離弁花《りべんか》について整理しておこう。

上級レベル 42 花から実へ 理科⑥

解答

1 (1)①イ　②エ
(2)ア　(3)イ
(4)ア　(5)エ
(6)イ　(7)エ
(8)エ　(9)ウ

解説

1 (1)アブラナの花は、花びらが4枚《まい》の離弁花《りべんか》で、おしべは6本(4本は長く、2本は短い)ある。
(2)外側から、がく、花びら、おしべ、めしべの順である。
(3)アブラナの花びらの形は、花の中心側は細く、外側が広がっている。
(4)アブラナの子ぼうは長く、子ぼうより下に花びらとがくがついている。
(5)種子は子ぼうの中のはいしゅが成長してできる。受粉《じゅふん》すると、花粉から花粉管がのび、1つのはいしゅに1つの花粉が結びついて(受精《じゅせい》)、種子が1つできる。したがって、1つの果実《かじつ》から種子が16個《こ》できたということは、種子を作るために使われた花粉の数は種子の数と同じ16個である。
(6)アブラナ科の植物はふつうロゼット葉《よう》で冬ごしをするが、アブラナは秋に発芽して葉を出し、幼《おさな》い状態《じょうたい》で冬ごしをする。
(7)アブラナはすべて両性花《りょうせいか》なので、ほとんどの花に果実ができるが、ヘチマやカボチャではめ花だけに果実ができる。
(8)アブラナ科の植物では、4まいの花びらが十字形につく。花の数や色や大きさはさまざまである。
(9)**ア**はエンドウ、**イ**はアサガオの果実で、**エ**はイチョウの種子である。

標準レベル 43 天気の変化 理科⑦

解答

❶ (1)①ウ　②ア　(2)イ

❷ ①ケ　②ア　③エ　④キ　⑤ケ
⑥コ　⑦イ　⑧ウ　⑨カ　⑩コ

❸ (1)ひまわり　(2)雲　(3)ア　(4)イ　(5)イ・エ
(6)エ　(7)西高東低《せいこうとうてい》　(8)ウ　(9)南高北低《なんこうほくてい》

解説

❶ (1)①のグラフは、午前12時(正午)に最も高くなり、午前と午後が対しょうになっているから太陽高度である。②のグラフは、午後2時に最も高くなっているから気温である。

(2)太陽の南中高度が約68度で最高気温が約21℃なので、4月下じゅんがあてはまる。

❷ ポイント

夏、冬の季節風や海岸地いきで見られる海風《かいふう》、陸風《りくふう》は、陸地と海とのあたたまりやすさのちがいによって発生する。

❸ (1)気象庁《きしょうちょう》は現在《げんざい》、気象衛星《きしょうえいせい》ひまわり9号を用いて、雲などの観測《かんそく》を行っている。ひまわり9号は、東経《とうけい》140.7度の赤道上空、高度約35800 kmにある静止衛星である。

(3)日本列島に広くかかっている雲の帯は、梅雨前線《ばいうぜんせん》によるものである。

(4)アは移動性高気圧《いどうせいこうきあつ》と低気圧が交《こう》ごに日本列島へやってくる春、ウは太平洋高気圧が日本列島をおおって南高北低の気圧配置になる夏、エは西高東低の気圧配置で北西の季節風がふく冬である。

(5)梅雨前線は、冷たくてしめったオホーツク海気団《きだん》とあたたかくてしめった小笠原《おがさわら》気団とが日本の南方海上でぶつかりあってできる停《てい》たい前線である。

上級レベル 44 天気の変化 理科⑧

解答

❶ (1)エ
(2)A－ウ　B－エ
(3)記号－ウ　名まえ－へん西風《せいふう》
(4)ア
(5)名まえ－台風《たいふう》の目　記号－ア
(6)イ
(7)イ

解説

❶ (1)台風は熱帯低気圧《ていきあつ》が発達した低気圧で、中心に向かって反時計回りに風がふきこむ。

(2)台風の中心に向かって反時計回りに風がふきこむので、東京では、台風がA地点にあるときには南東の風がふき、B地点にあるときには南西の風がふく。

(3)赤道付近の熱帯の海いきで発生した台風は、中い度地いきまで移動《いどう》すると、へん西風のえいきょうで東のほうへ運ばれる。日本付近の天気も、このへん西風のえいきょうで西から東へと移《うつ》り変わる。

(4)風速は、空気が1秒間に移動するきょりで表す。

(5)台風の中心付近では、ふきこんできた空気のえいきょうで遠心力が発生し、また、おだやかな下こう気流があるので、雲のない部分ができる。これを台風の目という。

(6)台風は、まわりの気象状況《きしょうじょうきょう》にえいきょうを受けながら移動するので、その進路を正確《せいかく》に予測《よそく》することはとてもむずかしい。そのため、12時間後より24時間後の予《よ》報円《ほうえん》のほうが大きくなる。

(7)「風はどんどん強くなってきました」とあるので、船が静止していた位置は、順に台風の強風のはん囲《い》、暴風《ぼうふう》のはん囲に入ったと考えられる。台風の移動方向と風向の変化も考え合わせて、イであると考えられる。

標準レベル 45 流れる水のはたらき 理科⑨

解答

❶ (1)A　(2)河口《かこう》
(3)ア・イ・カ〈完答〉
(4)c　(5)d
(6)aの地点－ウ　dの地点－ア
(7)w　(8)ウ　(9)ウ

❷ (1)小石　(2)C

解説

❶ (1)一定のきょりで海面からの高さがどれだけ変化するかを比《くら》べると、Aがいちばん大きいので、最も急流であると考えられる。

(2)図のaは河口、bは下流、cは山中から平地に出たところ、dは上流である。

(3)ウ・エ・オはいずれも上流のようすである。

(4)山の中を流れてきた川が平地に出るところでは、土地のかたむきがゆるやかになって、急に流れがおそくなるので、いろいろな大きさのつぶがたい積し、せん状地《じょうち》ができる。せん状地では水がしみこみやすいため流れる水は地下水(ふく流水《りゅうすい》)となって流れ、せん状地のはしにわき水となって流れ出す。

(5)しん食作用が最も強いのは上流である。

(6)イは中流から下流、エは山中から平地に出たところ、オは中流から下流に見られる。

(7)川の流れは、川がまっすぐに流れているところでは川の真ん中が最も速く、川が曲がって流れているところでは内側より外側のほうが速く流れる。

(8)外側が深くけずられ、大きな石が見られる。

(9)内側には川原《かわら》、外側にはがけが見られる。

❷ (1)つぶの大きな重いものから順にたい積する。

(2)水量が増《ふ》えて流れが速くなると、それまでより遠くへ運ばれてからたい積する。

上級レベル 46 流れる水のはたらき
理科⑩

解答

1 (1)しん食 (2)すな
(3)れき
(4)ア・エ
(5)ウ (6) 40 cm
(7)イ

解説

1 (2)曲線Ⅰの示《しめ》すあたいが最も小さくなっているのは、すなのはん囲《い》である。

(3)曲線Ⅱの示すあたいが最も大きいのは、れきのはん囲である。

(4)右の図の、Aではしん食作用を、Bでは運ぱん作用を、Cではたい積作用を受ける。水にうかんでいる場合はそのまま動き続け、たい積している場合はたい積したままの状《じょう》態《たい》であるBのはん囲に入っているものである。

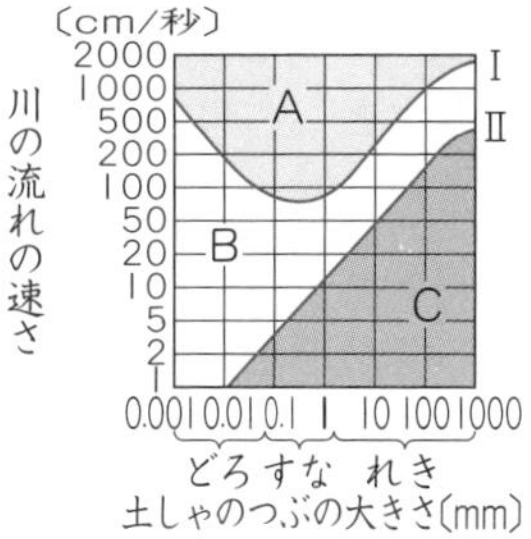

(5)川の流れの速さが秒速 100 cm で、BとCのはん囲に入る大きさのものがたい積していると考えられる。

(6)大きさが 1mm のつぶは 4 秒×(120cm ÷ 60cm) = 8 秒で川底にしずみ、大きさが 2mm のつぶは 2 秒×(120cm ÷ 60cm) = 4 秒で川底にしずむ。この間に、1mm のつぶは 10cm/秒× 8 秒 = 80cm、2mm のつぶは 10cm/秒× 4 秒 = 40cm 流されるので、川底にしずんだとき、2 つのつぶは 80cm − 40cm = 40cm だけはなれることになる。

(7)現在《げんざい》海底にはすながたい積しているが、れきはすなよりつぶの大きさが大きくて重いので、すなより河口《かこう》に近いところにたい積する。

標準レベル 47 もののとけ方
理科⑪

解答

1 (1)× (2)○ (3)×
(4)× (5)○ (6)×

2 (1)A (2) 70 g (3)ウ (4) 20 g
(5) 30 g (6) 37.5 % (7) 40 ℃

3 (1)イ (2) 0 g (3) 56.0 g

解説

1 (1)水酸化《すいさんか》カルシウムや気体は少なくなる。

(3)かき混《ま》ぜても早くとけるだけである。

(4)表面積が大きくなって早くとけるだけである。

(6)水温の変化によってとける量があまり変化しない食塩は適《てき》さない。

2 (1)グラフのかたむきが最も大きいAである。

(2)Aは 60℃で 100 g、20 ℃で 30 g とけるので、出てくる固体は 100 g − 30 g = 70 g となる。

(3) 100g の水にとける量が同じなので、こさも同じである。

(4) $(20\,g - 10\,g) \times \frac{200\,g}{100\,g} = 20\,g$

(5)この液《えき》は水 100 g にAが 60 g とけている。

(6) 60 g ÷(100 g + 60 g)× 100 = 37.5 %

(7)水 100 g なら物質《ぶっしつ》Eを

$28.5\,g \times \frac{100\,g}{95\,g} = 30\,g$ だけとかすことができるので、グラフより 40 ℃だとわかる。

3 (1)水を 100g として考えると、アは 20.0g、イは 10.0g、ウは 10.0g 加えたことになる。表より、アとウは全部とけるが、イは 8.8g だけとけて、とけ残りができる。

(2) 20 ℃の水 150 g にとける食塩は、

$35.8\,g \times \frac{150\,g}{100\,g} = 53.7\,g$ なので出てこない。

(3) 60 ℃の水 200 g にとけるミョウバンは、

$38.0\,g \times \frac{200\,g}{100\,g} = 76.0\,g$ なので、

さらに 76.0g − 20.0g = 56.0g とかすことができる。

上級レベル 48 もののとけ方
理科⑫

解答

1 (1) 26.5 % (2) 19.1 g (3) 18.6 g
(4) 10 ℃以上 (5)イ・ウ (6) 8.95 g

2 (1)① 20 % ② 108 (2)① 18 g ② 200

解説

1 (1)ある温度でのほう和《わ》水よう液《えき》のこさは、量に関係なく同じである。$\frac{36.0\,g}{100\,g + 36.0\,g} \times 100 = 26.47\cdots$ より、26.5 % となる。

(2) 20℃のほう和ホウ酸《さん》水が 104.9g あれば、その温度を 60℃にすることでさらに 14.9g − 4.9g = 10.0g とかすことができる。

200 g なら $10.0\,g \times \frac{200\,g}{104.9\,g} = 19.06\cdots$ より、19.1g だけとかすことができる。

(3)ホウ酸 15 − 11.4 = 3.6 g と大理《だいり》石 15 g すべてがとけ残るので、3.6 + 15 = 18.6 g である。

(4)ホウ酸 3.6 g がとける 10 ℃以上である。

(5)ろ紙は、ろうとより少し小さいものを使う。ろうとの先のとがっている方をビーカーの内側にあてるのは、ろ液がはねないようにはやくなめらかに流すためである。

(6)ろ液には食塩 15 g とホウ酸 11.4 g がとけており、20 ℃の水 50 g に食塩は 17.9 g、ホウ酸は 2.45 g までとけるので、再度《さいど》のろ過でろ紙上にはホウ酸が 11.4 g − 2.45 g = 8.95 g 残る。

2 (1)①食塩の重さは、125 g − 100 g = 25 g なので、

$\frac{25\,g}{125\,g} \times 100 = 20\%$

② 150〔g〕×(1 − 0.28) = 108〔g〕

(2)①水よう液の重さは $150\,cm^3 \times 1.2\,g/cm^3 = 180\,g$ なので、180〔g〕× 0.1 = 18〔g〕

②水よう液の重さは 112〔g〕÷ 0.4 = 280〔g〕なので、

280〔g〕÷ 1.4 = 200〔cm^3〕

解答
理科

標準レベル 49 ふりこの運動

理科⑬

☑解答

❶ (1)イ　(2)C・D　(3)A・E
(4)イ　(5)E　(6)A　(7)C・D

❷ (1)ウ　(2)イ　(3)オ

解説

❶ (1)このようにすると、測定《そくてい》によるご差《さ》を小さくすることができ、より正確《せいかく》な周期を知ることができる。また、1 秒単位でしか時間をはかれない時計を使っても、0.1 秒単位で周期を知ることができるという利点がある。

(2)おもりの重さがちがって、ふりこの長さが同じものを比《くら》べる。

(3)ふりこの長さがちがって、おもりの重さが同じものを比べる。

(4)ふりこの長さとは、支点《してん》からおもりの重心《じゅうしん》までの長さのことである。

> **注意**　ふりこが1往復《おうふく》する時間(周期)は、ふりこの長さが長いほど長くなる。おもりの重さやふれはばは周期に関係しない。

❷ (1)ふりこA、B、Cのおもり(ぼう)の重心は、それぞれの中心にあるので、ふりこの長さはA＞B＝Cである。ふりこが 1 往復する時間は、おもりの材質《ざいしつ》や重さなどに関係なく、ふりこの長さで決まるので、A＞B＝Cとなる。

(2)最下点では、おもりは左向きに運動しているので、左向きに進みながら落下する。

(3)ブランコはふりこ運動をするが、問題のような性質《せいしつ》を利用しているものではない。上皿《うわざら》てんびん・かっ車《しゃ》・せん風機・エレベーターはふりこの運動とは関係ない。メトロノームは、おもりの位置を調節することでふりこの長さを変え、速度を変化させる。

上級レベル 50 ふりこの運動

理科⑭

☑解答

❶ (1)左　(2)0.25 秒　(3)1.5 秒
(4)2.75 秒後　(5)225 cm

❷ (1)実験 3 と実験 6　(2)9.0
(3)ア　(4)イ

解説

❶ (1)左右のふりこのおもりは同じ高さまで上がるので、ふれる角度は短いほうが大きくなる。

(2)長さが 100 cm のふりこの周期が 2.0 秒なので、長さが 25 cm のふりこの周期は 1.0 秒である。①はその 4 分の 1 で 0.25 秒である。

(3)②は 2.0 秒 ÷ 2 ＝ 1.0 秒、③は 1.0 秒 ÷ 2 ＝ 0.5 秒なので、1.0 秒＋ 0.5 秒＝ 1.5 秒

(4)おもりどうしが 4 回目にしょうとつするまでのおもりの動きは、①→②→③→②なので、0.25 秒＋ 1.0 秒＋ 0.5 秒＋ 1.0 秒＝ 2.75 秒後

(5) 4 回目にしょうとつするまでのおもりの動き①→②→③→②のうち、①は 0.5 秒、③は 1.0 秒になる。したがって、②は(4.5 － 0.5 － 1.0) ÷ 2 ＝ 1.5〔秒〕となり、右のふりこの周期はその 2 倍の 3.0 秒であることがわかる。3.0 秒は 1.0 秒(長さが 25cm のふりこの周期)の 3 倍なので、長さは 25〔cm〕× 3 × 3 ＝ 225〔cm〕である。

❷ (1)おもりの重さ以外同じ条件《じょうけん》のものを比《くら》べる。

(2)実験 1、3 の結果より、木片《もくへん》の動いたきょりは糸の長さと関係がないことがわかるので、実験 5 の a も実験 1、3 と同じ 9.0 となる。

(3)最下点での速さに関係するのは高さだけなのでイとウはあてはまらない。

(4)ふれはばが同じなら、短いほうが高くまで上がるので、最下点ではより速くなる。

標準レベル 51 電流のはたらき

理科⑮

☑解答

❶ (1)①ア　②ア
(2)①ア　②ア　③イ

❷ (1)A－西　C－西
(2)最も大きい回路－D　最も小さい回路－B

❸ (1)ア　(2)上　(3)D

❹ (1)a－S極　b－N極
(2)B　(3)ア　(4)イ　(5)イ

解説

❶ 磁石《じしゃく》の力がはたらく空間を磁界《じかい》といい、導線《どうせん》を流れる電流が大きいほど強い磁界が発生する。

❷ (1)直線電流のまわりには、右ねじの進む向きに電流を流すと、右ねじをしめるために回す向きに磁力線《じりょくせん》ができる。したがって、A～Dのいずれの場合も、方位じしんの位置では磁力線の向きが西向きになる。

(2)それぞれの回路の、方位じしんを置いた部分に流れる電流の大きさは、D＞C＞A＞Bとなる。

❸ (1)電流計は、回路に直列につなぎ、電池の＋極からきている導線を＋たん子《し》につなぐ。

(2)右手の親指以外の 4 本の指を電流の流れる向きに向けてコイルをにぎり、親指をのばしたとき、親指の指すほうにN極ができる。

(3)磁石に引きつけられる物質《ぶっしつ》でないと電磁石《でんじしゃく》の磁力《じりょく》は強くならない。

❹ (2)コイルの左はしはS極なので、aのS極としりぞけ合い、Bの向きに動く。同様に、コイルのbのはしはN極で、界磁石《かいじしゃく》のN極としりぞけ合ってBの向きに回転しようとする。

(5)コイルの両はしにできる極と、界磁石の両はしにできる極のどちらもN極とS極がいれかわるので、コイルの回転の向きは変わらない。

上級レベル 52 電流のはたらき

理科⑯

解答

1 (1)N極

(2)①S　②N

(3)a－S極　b－S極　c－N極

(4)a－S極　b－×　c－N極

(5)ウ

(6)ア・ウ

解説

1 (1)図１でコイルの先たんはS極だが、電流の向きを逆《ぎゃく》にすると、コイルの極も逆になり、N極に変わる。

(2)①コイルbには図１と同じ向きに電流が流れるので、先たんはS極になる。
②コイルcには図１と逆向きに電流が流れるので、先たんはN極になる。

(3)コイルa、コイルbには図１と同じ向きに電流が流れるので、先たんはS極になる。コイルcには図１と逆向きに電流が流れるので、先たんはN極になる。

(4)コイルaには図１と同じ向きに電流が流れるので、先たんはS極になる。コイルbのエナメル線の両たんは、ともに電池の－極へとつながっているため、電流が流れず、先たんは磁石《じしゃく》の性質《せいしつ》をもたない。コイルcには図１と逆向きに電流が流れるので、先たんはN極になる。

(5)コイルが回り続けるためには、コイルの先たんが移動《いどう》する前方にコイルの先たんをひきつける磁石の極を置き、後方にコイルの先たんをしりぞける磁石の極を置いて、さらに、コイルの先たんが磁石の正面に来たときに、磁石の性質をもたないようにすることが必要である。

(6)コイルの磁力をより強くすれば、モーターをより速く回転させることができる。ア、ウのほか鉄しんを太くするなどの方法もある。

53 最上級レベル 1

理科⑰

解答

1 (1)① 21.2℃　② 1250 m

(2)①ウ　②ア　③イ　④ア　⑤ウ

(3)① 48％　② 7 kg

(4)① 182秒　② 1.0 mm

解説

1 (1)①地点Aの上空1000 mの点Cでの気温は16.4℃なので、1000 mあたり地点Aの気温より、

$26.0℃ - 16.4℃ = 9.6℃$

だけ下がっている。条件《じょうけん》より、点Aから真上にある点では、その高さに比例《ひれい》した温度差の分だけ気温が点Aよりも低くなるので、地点Aの上空500 mの点Bの気温は、地点Aの気温より、

$9.6℃ \times \dfrac{500\ \text{m}}{1000\ \text{m}} = 4.8℃$

だけ下がって、

$26.0 - 4.8 = 21.2℃$

になる。

②点Dの気温は、地点Aの気温より、

$26.0℃ - 14.0℃ = 12.0℃$

低いので、地点Aから真上に、

$1000\ \text{m} \times \dfrac{12.0℃}{9.6℃} = 1250\ \text{m}$

のところにあることがわかる。

(2)きりは、地表付近で水蒸気《すいじょうき》がぎょう結《けつ》して小さな水てきとなってうかんでいるものである。

ひょうは、積乱雲《せきらんうん》からふってくる直径5 mm以上の氷のかたまりのことである。

みぞれは、雪が空中でとけかけて、雪と雨が混《ま》じってふってくるものである。

雪は、気温が0℃以下の上空の雲の中で、水蒸気がぎょう結し、氷の結《けっ》しょうとなってふってくるものである。

湯気《ゆげ》は、水蒸気が冷やされてぎょう結し、小さな水てきとなって白く見えるものである。

以上より、きりと湯気は液体《えきたい》、ひょうと雪は固体、みぞれは固体と液体が混じっている状態《じょうたい》である。

(3)① 200 m^3 の空気中に2500 g の水蒸気がふくまれていたので、このとき 1 m^3 の空気中にふくまれていた水蒸気は、

$2500\ \text{g} \times \dfrac{1\ \text{m}^3}{200\ \text{m}^3} = 12.5\ \text{g}$

となる。27℃のときのほう和《わ》水蒸気量は26.0g なので、しつ度《ど》は、

$\dfrac{12.5}{26.0} \times 100 = 48.0\cdots$　約48％

となる。

② 27℃でしつ度《ど》80.0％の空気500 m^3 にふくまれている水蒸気は、

$26.0〔\text{g}/\text{m}^3〕\times 0.800 \times 500〔\text{m}^3〕= 10400〔\text{g}〕$
$= 10.4〔\text{kg}〕$

である。また、7℃のときのほう和水蒸気量は7.5 g なので、7℃で467 m^3 の空気にふくむことのできる水蒸気量は、

$7.5\ \text{g}/\text{m}^3 \times 467\ \text{m}^3 = 3502.5\ \text{g} = 3.5025\ \text{kg}$

である。したがって、

$10.4\ \text{kg} - 3.5025\ \text{kg} = 6.8975\ \text{kg}$　約7 kg

の水が生じる。

(4)①グラフより、直径が1.5 mmのとき1秒間に落ちるきょりは550 cm = 5.5 m なので、1000 m落下するには、

$1000\ \text{m} \div 5.5\ \text{m}/秒 = 181.8\cdots秒$　約182秒

かかる。

②グラフより、水てきの直径が3.0 mmのとき1秒間に落ちるきょりは800 mである。落下する速さがその0.5倍の、

$800\ \text{m} \times 0.5 = 400\ \text{m}$

になるような水てきの直径は、グラフより1.0 mmであることがわかる。

54 最上級レベル ②

理科⑱

解答

1 (1)C

(2)ふりこが 10 往復《おうふく》するのにかかる時間をはかり、10 でわる。これを数回くり返してその平均《へいきん》のあたいを計算する。(49 字)

(3)ア・イ・ウ

(4)$\frac{4}{3}$秒

(5)2.75 cm

(6)(右図)

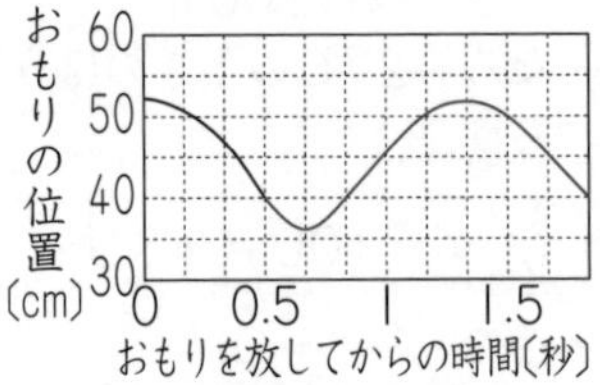

解説

1 (1)ふりこのおもりは、位置A→B→Cとしだいに速くなり、C→D→Eとしだいにおそくなる。つまり、ふりこのおもりは両はしのいちばん高い位置でいっしゅん静止し、おもりが最下点にきたときに最も速くなる。

(2) 10 往復するのにかかる時間をはかって 10 でわると、測定《そくてい》によるご差《さ》を小さくすることができ、1 秒単位でしか時間をはかれない時計を使っても、0.1 秒単位で周期を知ることができるという利点がある。これを何度か行って平均をとると、さらに正確《せいかく》なあたいを得られる。

(3)ふりこが 1 往復する時間は、ふりこの長さによって決まる。おもりの重さや材質《ざいしつ》、ふれはばなどの条件《じょうけん》を変えても、ふりこの長さを変えなければふりこが 1 往復する時間は変わらない。

(4)表より、糸の長さが$\frac{99}{4}$ cm → 99 cm と、

$99\text{ cm} \div \frac{99}{4} = 4$(倍)

になると、1 往復の時間は、1 秒→ 2 秒と、

2 秒÷ 1 秒= 2(倍)

になっている。また、糸の長さが、99cm → 396cm と、

396 cm ÷ 99 cm = 4(倍)

になると、1 往復の時間は、2 秒→ 4 秒と、

4 秒÷ 2 秒= 2(倍)

になっている。これらのことから、糸の長さが 4 倍になると、1 往復の時間は 2 倍になると考えられる。したがって、糸の長さが 44 cm のとき、44 cm は 11 cm の 4 倍なので、1 往復の時間は、11 cm のときの 2 倍の、

$\frac{2}{3}$〔秒〕× 2 =$\frac{4}{3}$〔秒〕

になる。

(5) 1 分間に 180 往復するとき、1 往復の時間は、

60〔秒〕÷ 180 =$\frac{1}{3}$〔秒〕

で、これは$\frac{2}{3}$秒の$\frac{1}{2}$倍になっている。

(4)より、糸の長さが 4 倍になると、1 往復の時間は 2 倍になるので、1 往復の時間を$\frac{1}{2}$倍にするためには、糸の長さを$\frac{1}{4}$倍にすればよいことがわかる。表より、1 往復の時間が$\frac{2}{3}$秒のとき、糸の長さは 11 cm なので、糸の長さを、

11〔cm〕×$\frac{1}{4}$= 2.75〔cm〕

にすれば 1 往復の時間を$\frac{1}{3}$秒にすることができる。

(6)問題にすでにかかれてあるグラフの右はしの点(0.5 秒、40 cm)は、おもりがくぎの真下に来たしゅん間で、このあと、くぎbが支点《してん》になる。くぎbを支点としたふりこは、糸の長さが、

99 cm − 88 cm = 11 cm

なので、くぎの真下から位置Bまで来るのに、

$\frac{2}{3}$〔秒〕÷ 4 =$\frac{1}{6}$〔秒〕

かかる。糸の長さが 99cm のふりこは、位置Aからくぎの真下までの、

2〔秒〕÷ 4 =$\frac{1}{2}$〔秒〕で、

52 cm − 40 cm = 12 cm

動いているので、糸の長さが 11 cm のふりこは$\frac{1}{6}$秒でおよそ、

12 cm ×($\frac{1}{6}$秒÷$\frac{1}{2}$秒) = 4 cm

だけ動いて、おもりの位置が最も小さい位置Bに来る。それからさらに$\frac{1}{6}$秒かかって位置Bからくぎの真下までもどる。図 4 の横じくの 1 目もりは$\frac{1}{6}$秒なので、グラフは、(0.5 秒、40 cm)から右へ 1 目もりでおもりの位置が最も小さくなり、さらに右へ 1 目もりでおもりの位置が 40 cm にもどる。この後は糸の長さが 99 cm のふりこになり、$\frac{1}{2}$秒後(右へ 3 目もり)におもりの位置は 52 cm、さらに$\frac{1}{2}$秒後におもりの位置は 40 cm の位置に来る。

標準レベル 55 日本の国土と気候

社会①

解答

❶ (1)ユーラシア大陸　(2)太平洋

(3)ウ→イ→ア→エ

(4)北―イ　南―ウ　東―エ　西―ア

(5)ウ　(6)エ

(7)(例)短くて、流れが急である。

❷ (1)①オ　②ア　③イ　④ウ　⑤カ　⑥キ

(2)②ア　③エ　(3)琵琶湖《びわ》

(4)A―エ　B―ア　C―オ　D―ウ

E―イ　F―カ

解説

❶ (3)面積比《めんせきひ》はほぼ12：4：2：1である。

(4)択捉島《えとろふとう》は北海道《ほっかいどう》、沖ノ鳥島《おきのとりしま》と南鳥島《みなみとりしま》は東京都《とうきょうと》、与那国島《よなぐにじま》は沖縄《おきなわ》県に属《ぞく》している。

(5)択捉島は国後島《くなしりとう》・歯舞群島《はぼまいぐんとう》・色丹島《しこたんとう》とともに北方領土《ほっぽうりょうど》ともよばれ、現在《げんざい》(2023年11月)はロシア連邦《れんぽう》が占領《せんりょう》している。なお、アは中国(中華人民共和国《ちゅうかじんみんきょうわこく》)、イはアメリカ合衆国《がっしゅうこく》、エは韓国《かんこく》(大韓民国《だいかんみんこく》)の国旗である。

注意　(2)「大平洋」と書かないようにする。

❷ (1)①川の長さ3位、流域《りゅういき》面積2位の川である。

②日本一長い川である。③流域面積が日本一である。

④長良《ながら》川・揖斐《いび》川とともに木曽三川《きそさんせん》とよばれ、くり返し水害を起こしてきた。⑤「日本の背骨《せぼね》」とよばれる。

⑥木曽山脈《さんみゃく》・赤石《あかいし》山脈とともに「日本アルプス」とよばれ、そのうちの「北アルプス」にあたる。

(2)濃尾《のうび》平野は木曽川・揖斐川・長良川、庄内《しょうない》平野は最上《もがみ》川の下流にできた平野である。

(4)Aは北海道の気候、Bは日本海側の気候、Cは太平洋側の気候、Dは中央高地(内陸性《ないりくせい》)の気候、Eは瀬戸内《せとうち》の気候、Fは南西諸島《しょとう》の気候にあたる。

上級レベル 56 日本の国土と気候

社会②

解答

1 (1)A―ウ　B―ア

(2)イ

(3)①沖ノ鳥島《おきのとりしま》　②ウ

2 (1)①季節風　②北西

(2)①オ　②ウ

(3)イ

解説

1 (1)地図中のAはロシア連邦《れんぽう》、Bは中国。なお、イはCの韓国《かんこく》の説明である。

(2)アの尖閣諸島《せんかくしょとう》は沖縄《おきなわ》県に属《ぞく》する島であるが、中国が領有権《りょうゆうけん》を主張《しゅちょう》している。ウの隠岐《おき》諸島は島根《しまね》県、エの対馬《つしま》は長崎《ながさき》県にそれぞれ属している。

2 (1)①モンスーンともいわれる。

(2)①は②に比《くら》べて非常《ひじょう》に降水量《こうすいりょう》が少なく、冬の気温が比較的温暖《ひかくてきおんだん》であることから、瀬戸内《せとうち》の気候の岡山《おかやま》、②は夏の降水量が非常に多く、冬は降水量が少ないことから、太平洋側の気候と判断《はんだん》し、鹿児島《かごしま》を選べばよい。

(3)最上《もがみ》川は山形《やまがた》県を流れる川。なお、アの北上《きたかみ》川は岩手《いわて》県の北上盆地《ぼんち》から宮城《みやぎ》県の仙台《せんだい》平野を流れる。ウの吉野《よしの》川は四国《しこく》を東西に流れる川で、徳島《とくしま》平野に河口《かこう》があるが、水不足に悩《なや》む香川《かがわ》県の讃岐《さぬき》平野に香川用水をつかって水を供給《きょうきゅう》している。エの天竜《てんりゅう》川は長野《ながの》県の諏訪《すわ》湖を源流《げんりゅう》とし、太平洋に注ぐ。

ポイント

季節風は、夏は南東から暖《あたた》かく湿《しめ》った空気を運び、太平洋側を中心に多くの雨をもたらす。冬は北西から冷たく乾燥《かんそう》した空気を運ぶが、日本海を渡《わた》る際《さい》に対馬海流の水蒸気《すいじょうき》をふくみ、日本海側に多くの雪をもたらす。

標準レベル 57 地域の人々とくらし

社会③

解答

❶ (1)①アイヌ(の人々)　②エ

(2)エ

(3)①ウ　②輪中《わじゅう》

(4)①ウ　②さとうきび

(5)B―ウ　C―エ　D―ア

解説

❶ (1)①本州からの移住者による本格《ほんかく》的な開拓《かいたく》は明治《めいじ》時代になってから始まった。

②きくは愛知《あいち》県や沖縄《おきなわ》県で栽培《さいばい》がさかん。

(2)アの消雪パイプは道路に地下水を流し凍結《とうけつ》を防止《ぼうし》する設備《せつび》、イのがんぎは雪が降《ふ》っても通りを行き来できるように軒《のき》を延《の》ばした雪よけの屋根、ウは建物が雪の重みでつぶれないように、屋根に上って雪を落とす作業のことを指す。

(3)①利根《とね》川は関東《かんとう》平野を流れる流域《りゅういき》面積日本一の川。

②「輪中」は、「輸中」「論中」「諭中」などと、「輪」の字を間違《まちが》えることが多いので気をつける。

(4)②日照りや強風に強い農作物。さとうの原料としては、他に北海道《ほっかいどう》で栽培されているてんさい(さとうだいこん・ビート)がある。

(5)アは低い屋根・石垣《いしがき》などの台風対策《たいさく》に特徴《とくちょう》が見られる沖縄《おきなわ》県の家、イは玄関《げんかん》の戸や窓《まど》が二重になっていることから、冬が長く、寒さがきびしい北海道の家、ウは(2)の選択肢《せんたくし》イのがんぎで新潟《にいがた》県の越後《えちご》平野の家、エは高い石垣の上に家が建てられていることから、水害が起きやすい濃尾《のうび》平野の家である。

ポイント

(4)① 1972年の返還《へんかん》後も、アメリカ軍の基地《きち》は沖縄県に多く残されている。

上級レベル 58 地域の人々とくらし

社会④

解答

1 (1)イ　(2)ア

(3)エ　(4)輪作《りんさく》

(5)濃尾《のうび》平野　(6)ウ

(7)①イ　②エ

(8)C→A→D→B

解説

1 (1)Aさんの住む村は、浅間山《あさまやま》のふもと・野菜栽培《さいばい》がさかんということから、キャベツ生産で有名な群馬《ぐんま》県嬬恋《つまごい》村と判断《はんだん》できる。なお、アは暖《あたた》かい太平洋側の地方で見られる促成《そくせい》栽培の説明である。

(2)Bくんの住む町は、台風が多く、アメリカ合衆国《がっしゅうこく》に占《せん》領《りょう》されていたということから、沖縄《おきなわ》県にある町と判断できる。アの二重ガラスの窓《まど》は、断熱効果《だんねつこうか》が高いため、北《ほっ》海道《かいどう》などの寒い地域《ちいき》の家に見られるくふうである。

(4)Cさんの住む地方は、大規模《だいきぼ》に農業を行っているということから、北海道にある地方と判断できる。

(5)Dくんの住む町は、3つの大きな川の下流で、堤防《ていぼう》があるということから岐阜《ぎふ》県海津《かいづ》市の輪中《わじゅう》地帯と判断できる。

(6)治水工事が繰《く》り返され、現在《げんざい》では堤防に囲まれた輪中の数は激減《げきげん》している。

(7)①は1月の気温が10℃以上と非常《ひじょう》に温暖《おんだん》なところから沖縄県のBくん、②は夏の降水量《こうすいりょう》が非常に多いことから、県庁所在《けんちょうしょざい》都市が濃尾《のうび》平野にある岐阜県のDくんのグラフと判断する。

ポイント

(3)沖縄県の面積に占《し》めるアメリカ軍基地《きち》の割合《わりあい》は約10%、沖縄本島に占めるアメリカ軍基地の割合は約15%。混同《こんどう》しないように気をつけたい。

標準レベル 59 日本の農業

社会⑤

解答

1 (1)イ→エ→ウ→ア→(稲刈《いねか》り)　(2)エ

(3)カントリーエレベーター

(4)①ウ　②イ

(5)ア　(6)ア

2 (1)ウ　(2)スマート農業　(3)ウ

解説

1 (1)イの田おこしは、前年の田の土をほりおこし、空気をふくませる作業で、根の生長をうながす。エの代《しろ》かきは、田に水をはって、ていねいにかきまぜて、田の表面を平らにする作業で、苗《なえ》の発育をよくする。

(2)ヘリコプターを使って、空から農薬をまくのは作業が楽な上に、効率《こうりつ》がよい。また、田に入って直接《ちょくせつ》農薬をまくのに比《くら》べて人体への影響《えいきょう》も小さい。ベルトコンベアは物を運ぶ装置《そうち》で、工場の流れ作業などで利用される。コンバインは稲の刈り取りともみのだっこく、わらの処理《しょり》を同時に行う農作業機械である。

(4)①アは宮城《みやぎ》県、イは新潟《にいがた》県、エは秋田《あきた》県の平野と川の組み合わせである。

②アは新潟県、ウとエは宮城県の農業試験場で生まれた米の品種である。コシヒカリは全国一の作付面積をほこっている。ひとめぼれはコシヒカリを品種改良して生まれた。

(5)生産量はその年の気候によって左右されることから判《はん》断《だん》する。

ポイント

(6)生産調整は、米の生産量を制限《せいげん》するための方策《ほうさく》で、減反政策《げんたんせいさく》ともいう。2018年に廃止《はいし》された。

2 (3)食の安全をもとめて、減《げん》農薬や無農薬で農作物を栽《さい》培《ばい》する農家も増《ふ》えている。

上級レベル 60 日本の農業

社会⑥

解答

1 (1)①エ　②イ

(2)イ

(3)ウ

(4)ア

(5)①和歌山《わかやま》(県)　②長野《ながの》(県)　③山梨《やまなし》(県)

(6)イ

(7)地産地消《ちさんちしょう》

解説

1 (1)日本の食生活には、輸入《ゆにゅう》された食料が欠かせなくなっている。これは、この数十年に日本の食生活が大幅《おおはば》に変化してその原料を輸入にたよっていること、国内の農業や漁業の従事者《じゅうじしゃ》が減《へ》り続け、生産量が減っていることなどがその主な理由である。なお、イの肉類は、冷凍《れいとう》船が開発されてから輸入量が増《ふ》え、1991年の牛肉の輸入自由化によって、さらに自給率《じきゅうりつ》は低下した。

(2)かつて日本では、食糧《しょくりょう》管理制度《せいど》によって、政府《せいふ》が主食である米の価格《かかく》や生産量を管理していたが、現在《げんざい》は廃止《はいし》されている。

(3)東京《とうきょう》に季節の野菜を供給《きょうきゅう》しているのは、主に千葉《ちば》県や埼玉《さいたま》県、茨城《いばらき》県などの関東《かんとう》地方の農家である。

(4)トレーサビリティは生産から消費《しょうひ》までの段階《だんかい》を追跡《ついせき》することができるしくみ、モーダルシフトは環境《かんきょう》にやさしい輸送機関に切りかえること、バイオテクノロジー(生命工学)は品種改良などにも役立てられている技術《ぎじゅつ》である。

(6)※の地域《ちいき》は根釧《こんせん》台地で、火山灰土《かざんばいど》におおわれ、夏には濃霧《のうむ》が発生する農業が困難《こんなん》な土地だった。現在は乳牛《にゅうぎゅう》の飼育《しいく》を中心とした酪農《らくのう》がさかんである。

注意 (1)食料自給率は入試でよく出題されるので、万全の準備《じゅんび》をしておきたい。

標準レベル 61 日本の水産業
社会⑦

解答

❶ (1)沖合漁業《おきあい》 (2)イ (3)ア
(4) 200 海里 (5)ウ
(6)栽培漁業《さいばい》 (7)ウ

❷ (1)①一本づり漁法 ②エ
(2)せり

解説

❶ (1) 1980 年代に沖合漁業の漁獲《ぎょかく》量が急増《きゅうぞう》しているのは、当時、いわしの大きな群れが日本近海に現《あらわ》れたことによるものである。現在《げんざい》、いわしの漁獲量は激減《げきげん》している。

(2)アは遠洋漁業、ウは沿岸《えんがん》漁業の説明。

(7)魚を食べる量が減少するということは、魚が売れる量が減少するということで、水産業の衰退《すいたい》を招《まね》く結果となる。

ポイント
(3)漁業専管水域《せんかんすいいき》が 1970 年代に各国で設定《せってい》され、沿岸から 200 海里の水産資源《しげん》の開発は、沿岸国の権利《けんり》となり、それまで世界各地で操業《そうぎょう》していた日本の遠洋漁業船は、大幅《おおはば》に操業水域を減《へ》らすことになった。なお、1990 年代には、この水域は、排他的経済《はいたてきけいざい》水域として地下資源もふくめて沿岸国の権利が認《みと》められるようになった。

❷ (1)①一匹《いっぴき》ずつつり上げることで、網《あみ》でとるより魚体に傷《きず》が少なく、すばやく冷凍《れいとう》できる。その結果、高い価格《かかく》での取り引きが可能となる。

②アのいわしは大群《たいぐん》で回遊するため、まき網漁法で獲《と》られることが多い。イのかにはかご網漁法(足がとれにくい)、ウのたこは伝統《でんとう》的な漁法であるたこつぼ漁法(たこの生態《せいたい》を利用)で獲られる。

上級レベル 62 日本の水産業
社会⑧

解答

1 (1)ウ
(2)①ア ②ウ (3)ウ
(4)①ウ ②ア
(5)①ウ ②マングローブ
(6)①イ ②エ

解説

1 (1)アはベーリング海ではなくオホーツク海である。イは、暖流《だんりゅう》は黒潮《くろしお》(日本海流)、寒流は親潮《おやしお》(千島《ちしま》海流)である。

(2)①かつお類は熱帯《ねったい》・温帯域《いき》に生息し、日本には黒潮にのって回遊してくるため、日本海側での水あげはほとんど見られない。すべての県が太平洋側に位置しており、温暖な県が多いアを選ぶ。

②かに類の主な漁場は、北海道《ほっかいどう》東部の太平洋からオホーツク海にかけてと、日本海中央部から沿岸《えんがん》域にかけて広がっているので、北海道と日本海側の県が多いウを選ぶ。

(3)境《さかい》港は鳥取《とっとり》県の漁港である。

(4)アは底引き網《あみ》漁法(トロール漁法)、イは一本づり漁法、ウはまき網漁法、エは棒《ぼう》受け網漁法である。

(6)Aはサロマ湖、Bは陸奥湾《むつわん》、Cは浜名《はまな》湖、Dは三河《みかわ》湾、Eは志布志《しぶし》湾を指している。アのかきは広島《ひろしま》湾や仙台《せんだい》湾、ウののりは有明《ありあけ》海、オのしんじゅは愛媛《えひめ》県の宇和《うわ》海、三《み》重《え》県の英虞《あご》湾、長崎《ながさき》県の大村《おおむら》湾が養殖《ようしょく》地として有名である。なお、このうなぎの養殖に使われる稚魚《ちぎょ》(シラスウナギ)の漁獲《ぎょかく》量は減少《げんしょう》している。そのため、ニホンウナギは、環境省《かんきょうしょう》や国際《こくさい》自然保護《ほご》連合のレッドリストに絶滅《ぜつめつ》危惧種《きぐしゅ》として選定されている。

注意 (5)②マングローブとは、熱帯や亜熱帯《あねったい》の静かな海岸や河口《かこう》に生育する樹木《じゅもく》の総称《そうしょう》である。

標準レベル 63 いろいろな工業
社会⑨

解答

❶ (1)オ→ウ→ア→イ→エ
(2)関連工場(協力工場) (3)イ
(4)ハイブリッドカー
(5)愛知《あいち》(県)

❷ (1)エ・B (2)ウ
(3)石油(化学)コンビナート
(4)イ
(5)せんい工業

解説

❶ (3)組み立て工場の周辺に多くの関連工場が位置しており、必要な部品を必要なときに必要な数だけ納入《のうにゅう》する体制《たいせい》をとっている。

(4)ガソリンエンジンが放出する排出《はいしゅつ》ガスには、大気汚染《おせん》の原因《げんいん》となるちっ素酸化物《そさんかぶつ》やいおう酸化物、地球温暖化《おんだんか》の原因となる二酸化炭素《にさんかたんそ》などがふくまれている。ハイブリッドカーは必要に応《おう》じて電気モーターとガソリンエンジンを使い分けるため、ガソリン車に比《くら》べて環境《かんきょう》にやさしいといえる。また、燃費《ねんぴ》(ガソリン 1 リットルで走ることのできる距離《きょり》)がよいこともあって、近年、急速に普及《ふきゅう》している。

❷ (2)アルミニウムの原料はボーキサイトという鉱石《こうせき》で、アルミサッシは金属《きんぞく》工業製品《せいひん》である。

(4)うどんの原料は小麦である。大豆《だいず》を原料とする食料品としては、他にとうふや納豆《なっとう》などがある。

ポイント
(3)石油(化学)コンビナートは、原料である石油を輸入《ゆにゅう》にたよっているうえ、工場群《ぐん》が巨大《きょだい》であるために広大な工業用地が必要となることから、新しく開発された工業地域《ちいき》の臨海部《りんかいぶ》に多く見られる。

上級レベル 64 いろいろな工業
社会⑩

解答

1 (1)①イ　②エ　(2)エ
(3)ジャスト・イン・タイム　(4)ウ

2 (1)①ウ　②ア
(2)八幡製鉄所《やはたせいてつじょ》
(3)①ア　②オ

解説

1 (1)②中国(中華人民共和国《ちゅうかじんみんきょうわこく》)は、近年、経済《けいざい》成長がいちじるしいことを考え、エを選ぶ。
(4)事故《じこ》が起きたとき自動車がまったくこわれないと、強いしょうげきが乗っている人にかかってしまう。そのため、自動車がうまくこわれて、しょうとつしたしょうげきをやわらげるように設計《せっけい》されている。

ポイント
(1) 1980 年代後半から日米貿易《ぼうえき》まさつが起こり、1990 年代後半には日本が自動車の輸出《ゆしゅつ》の自主規制《きせい》や現地《げんち》生産に切りかえた。この時期に自動車生産台数の逆転《ぎゃくてん》が再《ふたた》び起こっている。

2 (1)製鉄所と石油コンビナートは太平洋ベルトに集中しており、分布《ぶんぷ》が似《に》ているが、製鉄所は北海道《ほっかいどう》の室蘭《むろらん》に丸印がついていることで見分ける。なお、九州《きゅうしゅう》や瀬戸内《せとうち》地方に丸印が多いイは造船所《ぞうせんじょ》、内陸部にも丸印が多いエは自動車組み立て工場の分布地図である。
(2)明治《めいじ》時代に、日清《にっしん》戦争の賠償金《ばいしょうきん》の一部を使って建設《けんせつ》された。
(3)工業は、せんい工業→鉄鋼《てっこう》業→機械工業と発達してきた。1970 年に比《くら》べて大きく割合《わりあい》を低下させているオがせんい工業、少し割合を低下させているアが鉄鋼業をふくむ金属《きんぞく》工業と判断《はんだん》できる。なお、最も割合が高いイは機械工業、ウは化学工業、エは食料品工業である。

標準レベル 65 工業地域と貿易
社会⑪

解答

❶ (1)①エ・中京《ちゅうきょう》(工業地帯)　②ア・京浜《けいひん》(工業地帯)
③カ・瀬戸内《せとうち》(工業地域)　④ウ・北陸《ほくりく》(工業地域)
(2)太平洋ベルト

❷ (1)加工貿易《ぼうえき》　(2)A—エ　B—イ
(3)ウ　(4)コンテナ

解説

❶ (1)①市町村別の工業生産額《がく》が日本一の豊田《とよた》市は、自動車会社とその関連企業《きぎょう》が産業の大部分を占《し》める企業城下《じょうか》町《まち》である。
②京浜という名称《めいしょう》は中心都市である東京《とうきょう》と横浜《よこはま》から一文字ずつとったもの。
③塩田として利用していた土地や埋《う》め立てによって、広い工業用地を確保《かくほ》した。
④日本海側は雪が多く、冬に農業ができないため、伝統《でんとう》的な手工業が発達した。なお、イは自動車関連工業を中心に発達した関東《かんとう》内陸工業地域《ちいき》、オは戦前から総合《そうごう》工業地帯として発達した阪神《はんしん》工業地帯、キは日本初の近代製《せい》鉄所《てつじょ》である八幡《やはた》製鉄所を中心に発達した北九州《きたきゅうしゅう》工業地域である。

❷ (1) 1980 年代の後半に起きた貿易まさつを回避《かいひ》するための自動車の現地《げんち》生産などによって、工場施設《しせつ》を技術《ぎじゅつ》指導《しどう》とともに輸出《ゆしゅつ》するプラント輸出が近年は活発化し、貿易の形にも変化が見られる。
(4)コンテナは国際《こくさい》的に大きさが決まっており、コンテナ船には数千個《こ》のコンテナが積み込《こ》まれる。

ポイント
(2)日本の最大の貿易相手国は長くアメリカ合衆国《がっしゅうこく》だったが、中国(中華人民共和国)の急速な経済《けいざい》成長によって、今では中国が 1 位となっている。

上級レベル 66 工業地域と貿易
社会⑫

解答

1 (1)①エ　②ア　(2)①イ　②ウ　(3)ウ

2 (1)①エ　②ア　(2)ウ
(3)貿易《ぼうえき》まさつ　(4)ウ

解説

1 (1)①自動車工業がさかんな豊田《とよた》市があることから、機械工業の割合《わりあい》が最も高いエを選ぶ。
②海に面した広い工業用地がある瀬戸内《せとうち》工業地域《ちいき》は、石油化学コンビナートが多いことから、化学工業の割合が他のグラフよりも高いアと考える。なお、イは総合的《そうごうてき》に工業が発達している阪神《はんしん》工業地帯、ウは内陸で自動車関連工業がさかんな関東《かんとう》内陸工業地域である。
(3)石油化学工業の原料となる原油は、ほとんど輸入《ゆにゅう》されていて、タンカーで外国から運ばれてくる。そのため、石油化学コンビナートは港の近くにつくられ、内陸には建設《けんせつ》されない。

2 (1)イは「医薬品《いやくひん》」からアメリカ合衆国《がっしゅうこく》、ウは「衣類」と合計額《がく》が最も多いことから中国と判断《はんだん》する。
(2)航空機は輸送費が高く、運べる量が船に比《くら》べて圧倒《あっとう》的に少ないので、重くて大きな商品(この問題では鉄鋼《てっこう》)の輸送には適《てき》さない。集積回路や医薬品のような小型《こがた》・軽量・高価《こうか》な商品の場合、1 個《こ》あたりの輸送費の割合は小さくてすむ。また、航空機は遠距離《えんきょり》を短い時間で運ぶことができるので、新鮮《しんせん》さが重要な草花や魚を運ぶのにも適している。
(4)失業率《しつぎょうりつ》を減《へ》らす目的で、現地《げんち》の人をやとい、工場を建設し、現地生産を行った。

ポイント
(3)貿易まさつを解消《かいしょう》するため海外に工場を移《うつ》すことで、国内では「産業の空洞化《くうどうか》」がおこった。

標準レベル 67 くらしと情報
社会⑬

☑解答

❶ (1)①エ ②イ ③カ ④ア
⑤ウ ⑥オ ⑦キ
(2)マスメディア
❷ (1)NHK《エヌエイチケー》 (2)ウ
❸ (1)ア (2)ダイレクトメール

解説

❶ (1)①前島密《まえじまひそか》の提案《ていあん》によって、イギリスから制度《せいど》が導入《どうにゅう》された。
②持ち運びできるのはラジオの中でもトランジスタラジオで、主に乾電池《かんでんち》によって電源《でんげん》が確保《かくほ》されるため、災害《さいがい》時《じ》、ライフラインが断《た》たれたときも、正確な情報《じょうほう》を入手するために大きな役割《やくわり》を担《にな》っている。
③携帯《けいたい》電話の普及《ふきゅう》によって、公衆《こうしゅう》電話は激減《げきげん》し、近年は家庭内の固定電話も減少傾向《けいこう》にある。
④新聞の発行部数の減少は、インターネットの普及と関連がある。
⑤インターネットでは個人《こじん》がホームページなどをつくって情報を発信できるが、あやまった情報が混《ま》じる危険性《きけんせい》もある。
⑥デジタル放送に移行《いこう》したことによって、視聴者《しちょうしゃ》も番組に参加できるなど、放送の幅《はば》が広がっている。
(2)新聞や雑誌《ざっし》、テレビ、ラジオなどがある。

注意 (2)マスメディアを通じて情報を伝えることをマスコミュニケーションという。

❷ (1)日本放送協会の略称《りゃくしょう》である。

❸ (1)インターネットは情報伝達のための手段《しゅだん》であって、写真撮影《さつえい》は情報「伝達」にはあてはまらない。
(2)住所や氏名などの個人情報の入手方法が問題になることがある。

上級レベル 68 くらしと情報
社会⑭

☑解答

1 (1)イ (2)イ
(3)報道被害
2 イ
3 ①エ ②イ ③ウ
④ア ⑤オ
4 人工知能《ちのう》(AI《エーアイ》)

解説

1 (1)手話による放送は、これまでのアナログ放送でも実《じっ》施《し》されていた。
(2)利用者が多いほど、広告《こうこく》を出す価値《かち》が上がる。アはテレビ、エはラジオ、急激《きゅうげき》に増加《ぞうか》しているウはインターネットである。

ポイント
(2)グラフの急激な増減《ぞうげん》に注目する。

2 個人《こじん》情報は流出してしまうと、悪用されるおそれがあるので、細心の注意が必要。

3 インターネットによりさまざまなデータが膨大《ぼうだい》に蓄積《ちくせき》されている。このビッグデータをさまざまな産業で活用することが期待されている。
①売れる商品をつくるためのくふうであるから、エである。
②タクシーは人を運ぶものであるからイである。
③動物園や寄《よ》り道スポットは観光地であるからウである。
④病院は医療《いりょう》を行うところなのでアである。
⑤福祉《ふくし》とは幸福な世の中のために行う事業である。保育《ほいく》園《えん》は子どもの福祉に関係するのでオである。

注意 いろいろなものがインターネットでつながることをIoT(アイ・オー・ティー)という。

標準レベル 69 環境問題
社会⑮

☑解答

❶ (1)ウ (2)ウ→ア→エ→イ
❷ (1)①エ ②イ (2)津波《つなみ》
❸ ①イ ②コ ③ケ ④ア
⑤ク ⑥カ ⑦エ ⑧サ
❹ (1)世界遺産《いさん》 (2)SDGs《エスディージーズ》

解説

❶ (1)森林は「緑のダム」ともいわれ、地中に水を保《たも》ち、少しずつ川に流すことで洪水《こうずい》や土砂崩《どしゃくず》れを防《ふせ》いでいる。
(2)アは下草刈《か》り、イは間伐《かんばつ》、ウは植林、エは枝打《えだう》ちといわれる作業である。

❷ (2)※の地域《ちいき》は複雑《ふくざつ》な海岸線をもつリアス海岸のために、津波はより高くなり、堤防《ていぼう》を越《こ》えて、大きな被害《ひがい》をもたらした。

❸ 高度経済《けいざい》成長期に、経済発展《はってん》を優先《ゆうせん》させた結果、日本各地で環境《かんきょう》が悪化し、人体にも影響《えいきょう》がでた。このうち、特に被害が大きかったものを四大公害病という。患者《かんじゃ》たちは公害の原因《げんいん》となった物質《ぶっしつ》を排出《はいしゅつ》した会社や国を相手に裁判《さいばん》を行った。

❹ (1)世界遺産には、自然遺産と文化遺産、自然と文化の両方が関連する複合《ふくごう》遺産の3種類がある。

ポイント
(1)世界自然遺産としては、日本では白神《しらかみ》山地(青《あお》森《もり》県・秋田《あきた》県)、屋久島《やくしま》(鹿児島《かごしま》県)、知床《しれとこ》(北海道《ほっかいどう》)、小笠原諸島《おがさわらしょとう》(東京《とうきょう》都)、奄美大島《あまみおおしま》、徳之島《とくのしま》、沖縄《おきなわ》島北部及び西表島《いりおもてじま》(鹿児《かご》島《しま》県・沖縄県)の5か所が登録されている。世界文化遺産の登録件数《けんすう》は20件あり、最も新しいものは2021年に登録された北海道・北東北《きたとうほく》の縄文遺跡群《じょうもんいせきぐん》である(2023年現在)。

上級レベル 70 環境問題

社会⑯

解答

1 (1)ア　(2)①釧路湿原《くしろしつげん》　②イ

(3)①白神山地《しらかみさんち》　②エ

(4)(例)地球温暖化《おんだんか》を防止《ぼうし》するため。

2 (1)防災《ぼうさい》マップ(ハザードマップ)

(2)ア

(3)ウ

解説

1 (2)② 4 種の鳥はいずれも国の特別天然記念物に指定されている。タンチョウはツルの一種で、ここ 50 年間で個体数《こたいすう》は増加《ぞうか》している。なお、トキは新潟《にいがた》県の佐渡島《さどしま》、コウノトリは兵庫《ひょうご》県の豊岡《とよおか》市で、人工繁殖《はんしょく》に成功している。ライチョウは飛騨《ひだ》山脈や赤石《あかいし》山脈などの高山に生息する鳥である。

(3)②日本の世界自然遺産《いさん》登録地は 5 か所ある。アは鹿《か》児島《ごしま》県の屋久島《やくしま》、イは東京都《とうきょうと》の小笠原諸島《おがさわらしょとう》、ウは北海道《ほっかいどう》の知床《しれとこ》についての説明である。

ポイント

(4)地球温暖化によって、海面上昇《じょうしょう》や洪水《こうずい》、干《かん》ばつ、生態系《せいたいけい》の変化など、地球環境《かんきょう》に大きな影響《えいきょう》をおよぼすことが心配されている。

2 (3)アは東日本大震災《ひがしにほんだいしんさい》に関する説明。阪神《はんしん》・淡路《あわじ》大震災では古い建築物《けんちくぶつ》の倒壊《とうかい》による被害《ひがい》が多く、その後、建築物の安全性《あんぜんせい》を高めるために、何度か建築基準《きじゅん》が見直されている。イは集中豪雨《ごうう》に関する説明。雲仙普賢岳《うんぜんふげんだけ》の噴火《ふんか》で起きたのは土石流ではなく、溶岩《ようがん》や火山灰《かざんばい》などが山の斜面《しゃめん》を高速で下り落ちる火砕流《かさいりゅう》である。エは、台風は上陸すると勢力《せいりょく》は弱まる。また、北海道は台風の影響を受けることが少ない。高潮《たかしお》は、台風の上陸によって気圧《きあつ》が下がり、海水が吸《す》い上げられて発生する。

71 最上級レベル ①

社会⑰

解答

1 (1)イ・ウ〈順不同〉

(2)最上《もがみ》川

(3)ア

(4)C・甲府《こうふ》市

2 (1)イ

(2)厳島《いつくしま》神社・原爆《げんばく》ドーム〈順不同〉

(3)ウ

(4)ア

(5)ア

(6)八幡製鉄所《やはたせいてつじょ》

解説

1 Aは「日本一人口が少ない」「日本最大級の砂丘《さきゅう》」(鳥《とっ》取《とり》砂丘《さきゅう》)などから鳥取県とわかる。Bは「シラス」「南部には 2 つの大きな半島」という情報《じょうほう》から鹿児島《かごしま》県と判断《はんだん》できる。Cは「海に面していない」「富士《ふじ》川によって形成された盆地《ぼんち》」(甲府《こうふ》盆地)ということから、山梨《やまなし》県を導《みちび》き出す。

(1)東側が大隅《おおすみ》半島、西側が薩摩《さつま》半島である。

アの津軽《つがる》半島は青森県の北部の西側にあり、青函《せいかん》トンネルで北海道と結ばれている。エの能登《のと》半島は石川県にある。オの下北半島は青森県の北部の東側にある。

また、鹿児島県については、南部に位置する 2 つの大きな島(東側が種子島《たねがしま》、西側が屋久島《やくしま》)が問われることも多い。他にも、千葉《ちば》県のほぼ全域《ぜんいき》を占《し》める房総《ぼうそう》半島や近畿《きんき》地方の南部を占める紀伊《きい》半島、世界遺産《いさん》に登録された北海道の知床《しれとこ》半島なども覚えておきたい。

(2)最上《もがみ》川と、中部地方の山梨《やまなし》県・静岡県を流れる富士川、九州《きゅうしゅう》地方の熊本県を流れる球磨《くま》川が日本三大急流といわれている。

(3)Aの鳥取県は日本海側に位置しているので、冬の降水《こうすい》量《りょう》が多い日本海側の気候の特徴《とくちょう》を示《しめ》しているア、Bの鹿児島県は日本列島の中でも低緯度《いど》に位置する県で、太平洋に面していることから、他の 2 つのグラフより気温が高く、夏の降水量が非常《ひじょう》に多い太平洋側の気候の特徴を示しているイ、Cの山梨県は海に面していないことから、一年を通して降水量が少なく、夏と冬との気温差が比較的《ひかくてき》大きい内陸性の気候の特徴を示しているウであると判断《はんだん》する。

(4)都道府県名と都道府県庁所在《けんちょうしょざい》都市名が異《こと》なる都道府県は、特別区に都庁がある東京《とうきょう》都を除《のぞ》くと全部で 18 道県ある(埼玉《さいたま》県をふくむ)。県名と県庁所在都市名が異なる県は西日本で少なく、九州地方では、沖縄《おきなわ》県以外はすべて同じである。もし、興味《きょうみ》をもてれば、そうなった理由を調べてみるのもよい。

注意　問題を解く大前提《だいぜんてい》として、各県の文章を読んで、キーワードから県を特定していく。問題を解き進めるうちに判明《はんめい》していく場合もあるので、臨機応変《りんきおうへん》な対応《たいおう》も必要である。

2 (1)人口 50 万以上の市のうちから政令《せいれい》で指定された都市を政令指定都市という。イの中国《ちゅうごく》地方最大の人口を有する政令指定都市は、広島《ひろしま》市。政令指定都市は 2023 年現在《げんざい》 20 都市あり、人口が最も多いのは横浜《よこはま》市で、大《おお》阪《さか》市、名古屋《なごや》市、札幌《さっぽろ》市と続く。政令指定都市が存在《そんざい》しない地方は四国《しこく》地方のみ。ウの瀬戸大橋《せとおおはし》には鉄道の瀬戸大橋線が通っている。エ岡山《おかやま》県ではマスカットをはじめとするぶどうだけではなく、ももの栽培《さいばい》もさかんである。

(2)厳島《いつくしま》神社、原爆《げんばく》ドームはともに 1996 年に世界文化《せかいぶんか》遺産《いさん》に登録された。

(3)かきの養殖《ようしょく》は広島県の生産量が最も多い。仙台湾《せんだいわん》で養殖がさかんな宮城《みやぎ》県が次いで生産量が多かった。しかし、2011 年の東日本大震災《ひがしにほんだいしんさい》で、かきの養殖地も甚大《じんだい》な被《ひ》害《がい》を受けたため、一時生産量が大きく落ちこんだ。

アのほたて貝の養殖は青森県、北海道、宮城県でさかんである。**イ**のうなぎの養殖は鹿児島《かごしま》県や愛知県、宮崎《みやざき》県でさかんである。**エ**のわかめの養殖は岩手県、宮城県、徳島《とくしま》県でさかんである。
(4)伝統的《でんとうてき》工芸品は、法律《ほうりつ》に基《もと》づき経済《けいざい》産業大臣によって指定される工業製品のこと。指定されるためには、①工芸品(工業でつくられる物)であること、②日常《にちじょう》生活で使われる物であること、③主に手でつくられていること、④昔からの方法でつくられていること、⑤昔からの原材料でつくられていること、⑥一定の地域《ちいき》でつくられていること、の６つの条件《じょうけん》を満たしている必要がある。2022 年 11 月現在、240 点が指定されている。**イ**の萩《はぎ》焼は山口《やまぐち》県、**ウ**の久留米《くるめ》がすりは福岡《ふくおか》県、**エ**の熊野《くまの》筆は広島県の伝統的工芸品である。
(5)九州新幹線《しんかんせん》には、博多《はかた》－鹿児島中央《かごしまちゅうおう》間を結ぶ鹿児島ルートと博多－長崎《ながさき》間を結ぶ長崎ルート(西九州新幹線)の２ルートがあり、現在は鹿児島ルートが全線開通している。鹿児島ルートが通っている県は、福岡県、佐賀《さが》県、熊本《くまもと》県、鹿児島県の４県のみ。**ウ**の長崎県を通る長崎ルート(西九州新幹線)は、2022 年９月に長崎－武雄温泉《たけおおんせん》間が開業した。
(6)八幡製鉄所は、日清《にっしん》戦争(1894 ～ 95 年)の賠償金《ばいしょうきん》の一部を使って建設《けんせつ》され、1901 年に操業《そうぎょう》が始まった。製鉄には鉄鉱石《てっこうせき》とともに石炭や石灰石《せっかいせき》が必要である。北《きた》九州《きゅうしゅう》市は、近くに筑豊《ちくほう》炭田があったため、石炭をじゅうぶんに供給《きょうきゅう》できたこと、福岡県・山口県が石灰石の生産地であったことなど、製鉄所建設のための好条件《こうじょうけん》を備《そな》えていた。

72 最上級レベル ②

社会⑱

解答

1 (1)①オ
②ア
③ウ
(2)**イ**—A
オ—E

2 (1)X—信濃《しなの》川
Y—阿賀野《あがの》川
Z—山梨《やまなし》県
(2)①エ
②ウ

解説

1 (1)①は長崎《ながさき》県の対馬《つしま》、②は新潟《にいがた》県の佐渡島《さどしま》、③は兵庫《ひょうご》県の淡路島《あわじしま》である。

(2)**イ**の大島《おおしま》は東京都《とうきょうと》に属《ぞく》しているので、表中で人口が最も多いAとわかる。**オ**の対馬は長崎県に属しているので、表中で最も漁業生産量が多いEと判断《はんだん》できる。統計《とうけい》問題を解《と》くときは、まず、ざっくりとした傾向《けいこう》をつかむようにする。今回の統計表の場合、A～Cは人口が多いので都市部の都県(東京都・神奈川《かながわ》県・福岡《ふくおか》県のいずれか)、D～Fは人口が少ないので地方の県(島根《しまね》県・山口《やまぐち》県・長崎県のいずれか)と大きく二分することができる。続いて、資料《しりょう》の中の特に大きな数字や小さな数字に注目し、各県の特色を考えあわせていくようにする。今回の統計表では、製造品出荷額《せいぞうひんしゅっかがく》が最も多いBは、京浜《けいひん》工業地帯《ちたい》の中心となっている神奈川県、人口が最も少ないFは、過《か》疎化《そか》が深刻《しんこく》な山陰《さんいん》地方に位置する島根県と判断することができる。残りのCとDについては、人口と製造品出荷額を比較《ひかく》することで、Cが福岡県、Dが山口県と判断でき、すべての都県が確定《かくてい》できる。

ポイント

(1)島の形とその位置する都道府県は問われやすいので、整理しておく必要がある。問題中にある島以外では、以下のような島があるので確認《かくにん》しておこう。

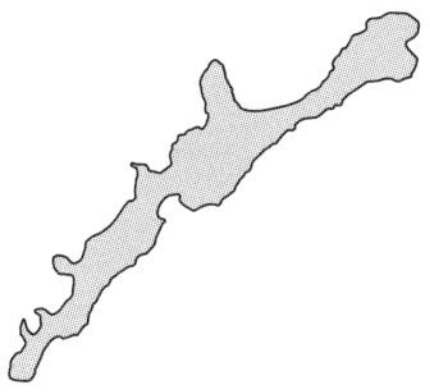

• 択捉島《えとろふとう》(北海道《ほっかいどう》)
日本の最北端《さいほくたん》にあたる、四国の次に面積が広い島。現在《げんざい》(2023年11月)、ロシア連邦《れんぽう》が不法占拠《ふほうせんきょ》している北方領土《ほっぽうりょうど》の一つ。

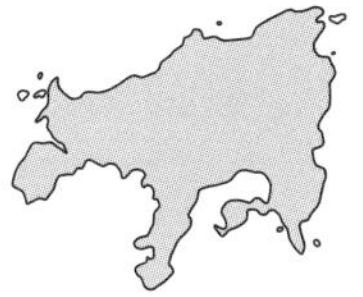

• 小豆島《しょうどしま》(香川《かがわ》県)
瀬戸内海《せとないかい》の島。オリーブの栽培《さいばい》がさかん。

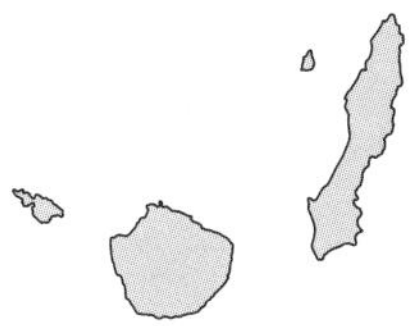

• 西側…屋久島《やくしま》(鹿児島《かごしま》県)
世界自然遺産《いさん》に登録。
• 東側…種子島《たねがしま》(鹿児島県)
宇宙センターがある。鉄《てっ》砲《ぽう》伝来の地でもある。

• 奄美大島《あまみおおしま》(鹿児島県)
世界自然遺産に登録。さとうきびの栽培がさかん。鹿児島県に属するが、琉球《りゅうきゅう》王国の文化圏《ぶんかけん》にあった。

• 沖縄島《おきなわじま》(沖縄県)
1972 年にアメリカ合《がっ》衆国《しゅうこく》から日本に復帰《ふっき》したが、アメリカ軍の基地《きち》は残っており、本島面積の約 15%を占《し》める。

2 (1)Xの信濃川は、源流《げんりゅう》が現在《げんざい》の長野《ながの》県にあることからつけられた名称《めいしょう》であるが、信濃川とよばれるのは新潟県《にいがたけん》域《いき》に限られており、長野県域を流れている間は千曲《ちくま》川とよばれる。Yの阿賀野川の流域《りゅういき》で発生したのは、メチル水銀が原因物質《げんいんぶっしつ》となる新潟水俣《みなまた》病である。Zの富士山《ふじさん》がある山梨県《やまなしけん》は、県庁所在都市《けんちょうしょざいとし》がある甲府盆地《こうふぼんち》でももやぶどうの栽培《さいばい》がさかんである。

(2)①千葉《ちば》県⇒北海道⇒青森《あおもり》県⇒鹿児島県の順に並《なら》んでおり、気候の分布《ぶんぷ》にかたよりがない。②青森県⇒長野県⇒岩手《いわて》県⇒山形《やまがた》県と、冷涼《れいりょう》な気候の県が多い。このように、示《しめ》された都道府県の分布の特徴《とくちょう》を考えながら、選択肢《せんたくし》の農産物の生産量上位都道府県を思い出し、消去法で対処《たいしょ》してもよい。アのキャベツは、高原野菜としてのおそづくりがさかんな群馬《ぐんま》県嬬恋村《つまごいむら》と近郊《きんこう》農業による愛知《あいち》県が上位を占《し》めている。イのたまねぎは、北海道や兵庫県の淡路島が主要な産地である。オのピーマンについては、ビニールハウスを利用して、季節より早く出荷する促成《そくせい》栽培がさかんな高知《こうち》県や宮崎《みやざき》県などが上位をしめることは、テストに出題されることが多い。

ポイント

(1)世界一のものも覚えておくこと。

- 世界一深い湖…バイカル湖、水深 1,741m
- 世界一大きな湖…カスピ海、37.4 万 km^2（日本一は琵琶湖《びわこ》）
- 世界一高い山…エベレスト山(チョモランマ)、8,848m

- 世界一長い川…ナイル川、6,695km
- 世界一流域面積の広い川…アマゾン川、705 万 km^2(日本一は利根《とね》川)
- 世界一広い砂漠《さばく》…サハラ砂漠、907 万 km^2

(2)よくテストで問われる、農産物の生産がさかんな都道府県を覚えておくこと。

- じゃがいも…北海道、長崎県、鹿児島県
  北海道が約８割《わり》をしめる。

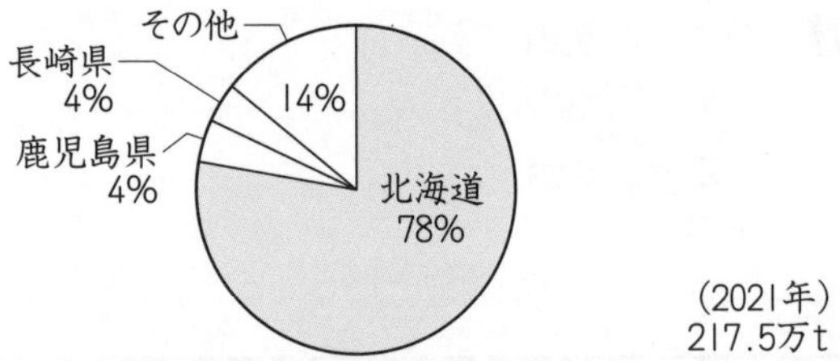

- レタス…長野県、茨城《いばらき》県、群馬県
  キャベツと同様に高原野菜づくりがさかんである長野県、群馬県が上位にあがる。

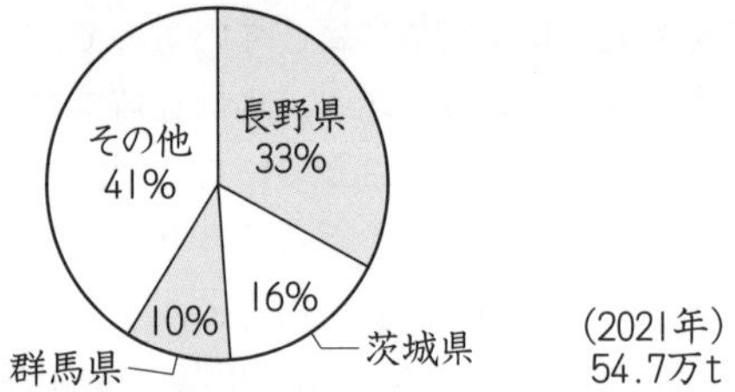

- なす…高知県、熊本《くまもと》県
  野菜の促成栽培がさかんな高知県、トマトづくりがさかんな熊本県が上位にあがる。

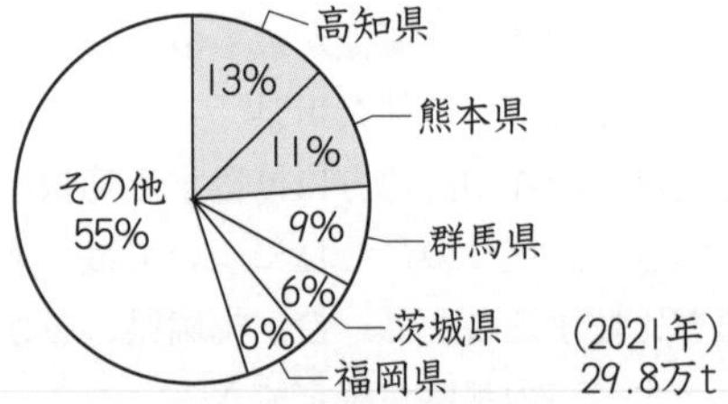

- ぶどう…山梨県、長野県、岡山《おかやま》県、山形県
  山梨県、岡山県が上位にあがる。

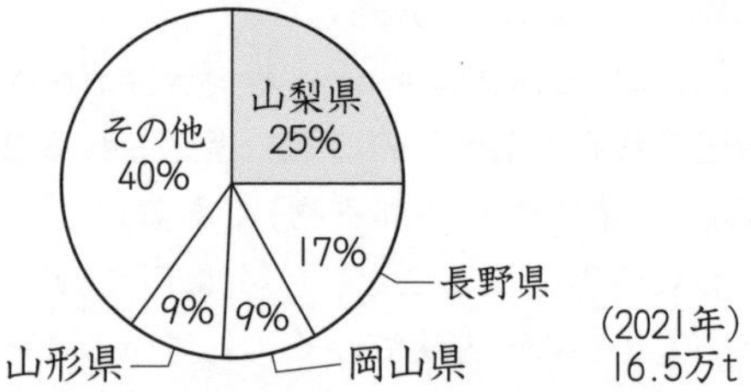

- もも…山梨県、福島県、長野県、和歌山《わかやま》県、山形県
  山梨県、福島県が上位にあがる。

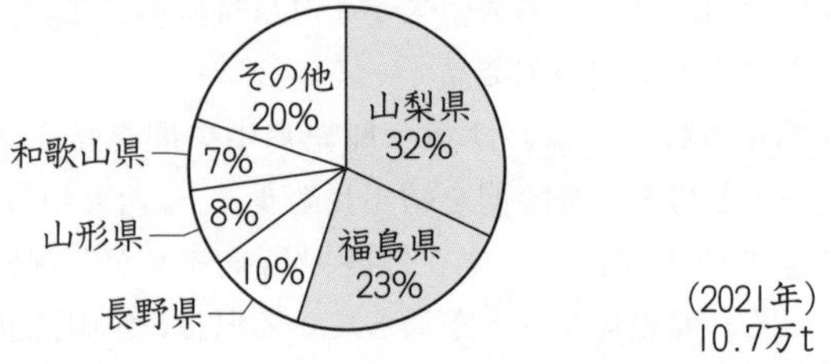

(2023/24年版「日本国勢図会」)

標準レベル 73 アルファベットの練習（大文字と小文字）

英語①

☑解答

❶
A B C D E F G H
I J K L M N O P
Q R S T U V W X
Y Z

a b c d e f g h
i j k l m n o p
q r s t u v w x
y z

❷
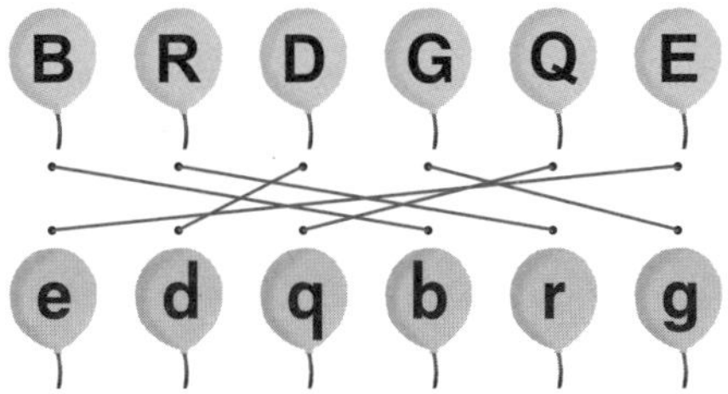
B R D G Q E
e d q b r g

❸
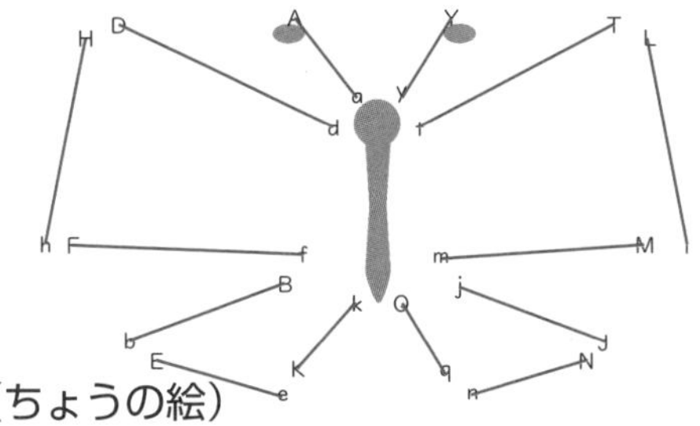
（ちょうの絵）

解説

ポイント

bやd、pやqなど、にているものが間違《まちが》えやすいよ。大文字とセットでしっかり見直しておこう。

上級レベル 74 アルファベットの練習（大文字と小文字）

英語②

☑解答

❶
A a　F f　N n
T t　K k　H h
P p　B b　I i

❷
d D　g G　o O
r R　q Q　e E
y Y　l L　m M

❸
(1) book　(2) orange　(3) carrot
(4) flower　(5) soccer　(6) lettuce
(7) ant　(8) dog　(9) green
(10) shoes

解説

ポイント

声に出して発音し、音とつづりをセットで頭に入れておこう。

標準レベル 75 名前や好きなものを言ってみよう

英語③

☑解答

❶ (1)

I like onions.
I like chocolate.
I like rice balls.

(2)

I like cats.
I like dogs.
I like rabbits.

(3)

I like table tennis.
I like soccer.
I like baseball.

❷ (1) Ben　(2) Kento
(3) Beth　(4) Jacky

解説

❶ I like ～. で「わたしは～が好きです」という意味だね。「～」に入っている英語が表す絵と線で結ぶよ。

❷ (1)カードには「赤が好き。野菜が好きではない」と書いてあるね。あてはまるのは Ben だね。

(2)カードには「赤が好き。野菜が好き」と書いてあるね。あてはまるのは Kento だね。

(3)カードには「黄色が好き。スポーツが好きではない」と書いてあるね。あてはまるのは Beth だね。

(4)カードには「緑色が好き。スポーツが好きではない」と書いてあるね。あてはまるのは Jacky だね。

上級レベル 76 名前や好きなものを言ってみよう 英語④

解答

1 (1) Yes, I do. / No, I don't.

(2) Yes, I do. / No, I don't.

(3) Yes, I do. / No, I don't.

(4) Yes, I do. / No, I don't.

2 (1) I'm[My name is] Mike.
I like animals.

(2) I'm[My name is] Sakura.
I like flowers.

(3) I'm[My name is] Taku.
I like fish.

解説

1 (1) Do you like chocolate? は「あなたはチョコレートは好きですか」という意味。解答のように Yes か No で答えよう。
(2) Do you like blue? は「あなたは青色は好きですか」という意味。

2 「ぼく(わたし)の名前は〜です」は I'm 〜. または My name is 〜. で、「ぼく(わたし)は〜が好きです」は I like 〜. で言うよ。
(3) fish「魚」は単数形でも複数形でも同じだよ。

標準レベル 77 持っているものを言ってみよう 英語⑤

解答

1

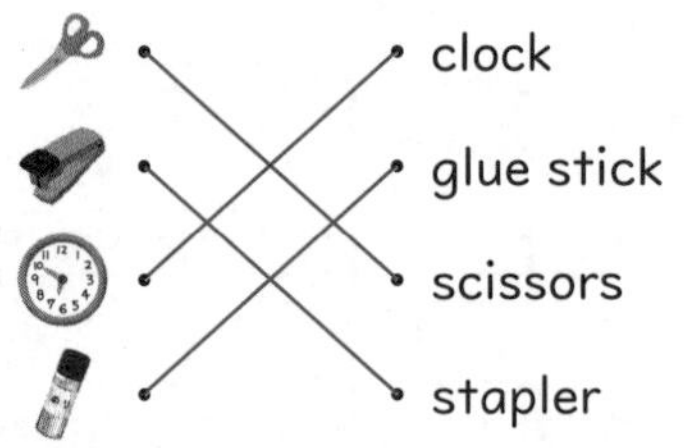

2 (1) eraser (2) ruler
(3) pencil (4) calculator

3 (1) Do you have a pencil?
Yes, I do.

(2) Do you have a ruler?
No, I don't.

(3) Do you have a glue stick?
Yes, I do.

解説

3 (1)男の子が鉛筆《えんぴつ》を想像《そうぞう》しながら質問《しつもん》しているから、Do you have a pencil? と質問すればいいね。女の子のそばに鉛筆があるから、Yes, I do.「はい、持っています」と答えるよ。
(2)女の子のそばに定規《じょうぎ》がないから、No, I don't.「いいえ、持っていません」と答えるよ。

上級レベル 78 持っているものを言ってみよう 英語⑥

解答

1 (1) Yes, I do.

(2) No, I don't.

(3) Yes, I do.

(4) Yes, I do.

(5) No, I don't.

2 (1) I have two sisters.
I have a dog, too.

(2) I have two brothers.
I have a cat, too.

解説

1 カイトが持っているのは定規《じょうぎ》、スティックのり、消しゴム、はさみ、時計だね。それらを持っているか聞かれた場合は Yes, I do.、それら以外を持っているか聞かれた場合は No, I don't. と答えればいいね。

2 (1)女の子が持つ写真にはお姉さんが2人と犬が1匹うつっているから、I have 〜 sisters の〜には two、I have a のあとには dog と書けばいいね。
(2)男の子が持つ写真にはお兄さんと弟、ねこが1匹うつっているから、I have two brothers. I have a cat, too. と書けばいいね。

標準レベル 79 英語⑦ 時間や科目について言ってみよう

解答

❶ 1 one　2 two　3 three
4 four　5 five　6 six
7 seven　8 eight　9 nine
10 ten　11 eleven　12 twelve
15 fifteen　20 twenty　30 thirty

❷ (1) It's three o'clock.
(2) It's eleven o'clock.
(3) It's seven thirty.

❸ (1) I get up at seven o'clock.
(2) I go to school at eight thirty.
(3) I do my homework at five(o'clock).
(4) I have dinner at seven (o'clock).
(5) I go to bed at nine (o'clock).

解説

❷ (1)時間を言うときはIt's ～.で言うよ。時計の絵は「3時」になっているね。英語で「○時ちょうど」は○ o'clockで表すよ。
(3)時計の絵は「7時半」になっているね。英語で「○時□分」は「○　□」の順で数字の英語をならべて言うよ。「7時半(30分)」は「7　30」の順で言うから、seven thirtyだね。

❸ Benの1日をよく見て、質問《しつもん》された行動を何時にしているか英語で答えよう。

上級レベル 80 英語⑧ 時間や科目について言ってみよう

解答

❶

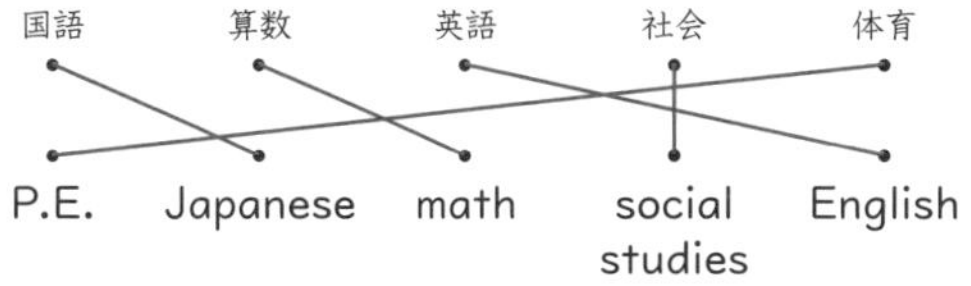

❷ (1)ア　(2)イ　(3)ウ

❸ (1) I'm Ken.
(2) I get up at six (o'clock).
(3) I like science.
(4) No, I don't.

解説

❷ (1)質問《しつもん》の意味は「あなたは月曜日に体育はありますか」。時間割を見ると月曜の4時限目に体育があるから、アが正しいね。
(2)質問の意味は「あなたは木曜日に英語はありますか」。時間割を見て答えよう。
(3)質問の意味は「あなたは水曜日に何がありますか」なので、時間割の水曜を見ると、「国語、算数、体育」だとわかるね。

❸ (2)質問の意味は「あなたは何時に起きますか」。「6時に」は英語でat six (o'clock)。
(3)質問の意味は「あなたは何の教科が好きですか」。理科は英語でscience。

標準レベル 81 英語⑨ できることについて言ってみよう

解答

❶

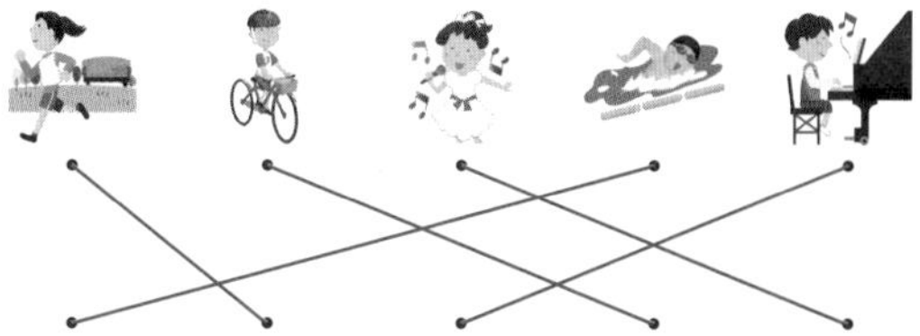

swim　run　play　ride　sing

❷ 速い fast　彼《かれ》は he
上手に well　彼女《かのじょ》は she
高い high　ジャンプする jump

❸ (1) He can run fast.
(2) She can ride a bicycle.
(3) He can jump high.
(4) She can sing well.
(5) He can't play the piano well.

解説

❸ (1)絵を見ると男の子が速く走っていることがわかるから、runを使って、He can run fast.「彼は速く走ることができる」とすればいいね。
(3)絵を見ると男の子が高くジャンプしていることがわかるから、「彼は高くジャンプすることができる」という意味になるように、「ジャンプすることができる」のcan jumpを加えるといいね。
(5)絵を見ると男の子がピアノを上手にひけていない様子がわかるから、「ひくことができない」となるように、can't playを加えるといいね。

上級レベル 82 できることについて言ってみよう
英語⑩

☑解答

1 (1) No, I can't.

(2) Yes, I can.

(3) No, I can't.

(4) Yes, I can.

2 (1) I'm Makoto.

I can ride a unicycle.

I can't run fast.

(2) I'm Yuko.

I can skate well.

I can't play the piano well.

解説

1 絵をよく見て、上手にできていたら Yes, I can. で、上手にできていなかったら No, I can't. で答えよう。質問《しつもん》の意味は、(1)「上手に歌えますか」、(2)「速く走れますか」、(3)「上手にスケートができますか」、(4)「バレーボールはできますか」。

2 (1)特技《とくぎ》は「できること」だから、I can ～ . で表すよ。苦手は「上手にできないこと」だから、I can't ～ (well). で表すよ。

標準レベル 83 したいことを言ってみよう
英語⑪

☑解答

1

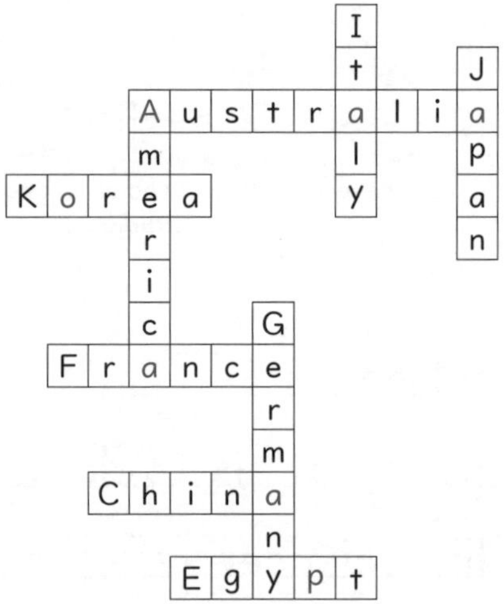

2 (1)ア (2)イ (3)ウ

解説

1 絵と空らん以外のアルファベットをヒントにして考えよう。国名は大文字で始まるので注意しよう。Japan「日本」、Italy「イタリア」、Australia「オーストラリア」、America「アメリカ」、Korea「韓国《かんこく》」、France「フランス」、Germany「ドイツ」、China「中国」、Egypt「エジプト」。

2 (1)質問《しつもん》の意味は「あなたはどこへ行きたいですか」。絵を見ると男の子がフランスを思い浮かべているから、I want to go to France. のアが正解だね。

(2)質問の意味は「あなたは何を買いたいですか」。絵を見るとTシャツを思い浮かべているから、I want to buy a T-shirt. のイが正解だね。

(3)質問の意味は「あなたは何を食べたいですか」。女性がおすしを思い浮かべているから、I want to eat sushi. のウが正解だね。

上級レベル 84 したいことを言ってみよう
英語⑫

☑解答

1 (1) I want to go to the park.

(2) I want to eat pizza.

(3) I want to buy a bag.

(4) I want to eat chocolate.

(5) I want to buy new shoes.

2 (1) I want to go to Okinawa.

I want to swim in the sea there.

(2) I want to go to Australia.

I want to see koalas there.

解説

1 (1)～(5)「～したい」は want to ～で表すことができるよ。

2 (1)男の子のメモを見ると、行きたいところは沖縄と書いてあるから、「ぼくは沖縄に行きたいです」という英文にすればいいね。「～へ行きたい」は want to go to ～で表すよ。さらに「海で泳ぎたい」とあるから、want to swim を使うよ。

(2)女の子のメモを見ると、行きたいところはオーストラリアと書いてあるから、want to go to のあとに Australia と続ければいいね。さらに「コアラに会いたい」とあるから、「会う、見る」の see を使って、want to see koalas とすればいいね。

ポイント

メモの内容《ないよう》を英文にする問題は、まずメモから日本語の文をつくってみて、それを英文にしていくといいよ。

標準レベル 85 漢字の読み・書き
国語①

解答

❶ ①こじ　②こせい
③ごえい　④とっこうやく
⑤せつび　⑥こうぞう
⑦こんざつ　⑧さいがい
⑨さいしゅう　⑩じっさい
⑪しいく　⑫さんせい
⑬しじ　⑭こころざし
⑮しっそ　⑯いしき
⑰せいさく　⑱じゅんじょ
⑲しょうち　⑳つね

❷ ①おさ　②ま　③の
④まね　⑤せ

❸ ①編集　②往復
③損害　④貧血
⑤評判　⑥非力
⑦版画　⑧資料
⑨有能　⑩指導
⑪日程　⑫新築
⑬合唱団　⑭金属
⑮夫婦　⑯造花
⑰祖父母　⑱気絶
⑲直接　⑳成績

❹ ①増える　②絶つ　③断る
④任せる　⑤豊か

解説

❶ ①「故事」は昔あった事実、古くからの言い伝えのこと。
④「特効薬」の「効」の訓読みは（き－く）で特別に効く薬。
⑭「志」とは心の中で立てた目標のことで、「志を立てる」といった使われ方がある。
⑮「質素」はかざりけのない様子のことで、「質素な服《ふく》装《そう》」といった使われ方もする。

❸ ⑨「有能」は能力があるという意味で、「無能」がその反対の意味。
⑱「気絶」は気を失うという意味。「絶」には「絶対」「絶食」などの熟語《じゅくご》がある。

注意 ❸ ②「往復」を「往複」、⑳「成績」を「成積」としないように注意しよう。「複」には「複数」・「複雑」、「積」には「面積」・「体積」などの熟語がある。

上級レベル 86 漢字の読み・書き
国語②

解答

1 ①えいせい　②うおうさおう
③かんぶ　④しゅうかん
⑤がんか　⑥ぎじゅつ
⑦ぎゃっきょう　⑧ゆにゅう
⑨きょうみ　⑩けんあく
⑪しゅつげん　⑫げんかい
⑬ようい　⑭ねつべん
⑮ふくざつ　⑯かんしゃ
⑰はんぷく　⑱はさん
⑲ひんぷ　⑳きじゅつ

2 ①こころよ　②あず
③みちび　④ひき

3 ①伝授　②基準
③温厚　④居間
⑤序列　⑥建設
⑦清潔　⑧考案
⑨門構　⑩益鳥
⑪条例　⑫省略
⑬素質　⑭確信
⑮価格　⑯肥料
⑰際限　⑱規制
⑲結構　⑳過程

4 ①増　②制　③迷

解説

1 ②「右往左往」は右に行ったり、左に行ったりするという意味から、うろたえたりまごついたりしている様子のことである。
⑩「険悪」は、ここでは何か悪いことが起こりそうな様子であるという意味。

3 ⑩「益鳥」の反対は「害鳥」。
⑮「価格」は値段《ねだん》のこと。
⑳「過程」は物が進んでいく順序《じゅんじょ》のことで、同音の熟語《じゅくご》に「もし、〜なら」の意味の「仮定《かてい》」がある。

ポイント
4 答えを頭の中だけで考えるのではなく、実際《じっさい》に手を動かして、それぞれの□の中にその部首を書き入れてみるとよい。

標準レベル 87 漢字の音訓・部首
国語③

解答

❶ ①エイ・いとな(む)
②セイ・いきお(い)
③キョ・い(る)

❷ ①ア　②イ　③ウ
④エ　⑤イ　⑥エ
⑦ウ　⑧ア　⑨ウ
⑩イ　⑪ア　⑫エ
⑬ア　⑭イ

❸ ①価・仮・件
②液・河・演

③領・預・額
④制・則・刊
⑤菜・英・芽
⑥過・逆・述
❹ ①カ ②ウ
③ケ ④イ
⑤シ ⑥ア
⑦コ ⑧オ
⑨キ ⑩サ
⑪ク ⑫エ

解説

❷ ⑥「雨具」(あまぐ)の「雨」(あま)は、特別な読み方で、ほかに「金具」(かなぐ)、「酒屋」(さかや)などがある。
⑬「絵」は「カイ」「エ」二つの音読みを持ち、訓読みを持たない。
⑭「音」は、「おと」も「ね」もともに訓読み。

❸ ⑥「しんにょう」は「しんにゅう」ともいう。また、画数は、2画ではなく3画であることに注意。

注意 ❹ ⑥「ころもへん」に、似《に》ている「しめすへん」に注意する。「神」「祈」などで、衣ではなく神に関係する漢字、画数が1画少ない。

ポイント
新しい漢字を習ったときはその漢字の音・訓の両方を身につけることを心がける。
漢字の部首は「へん」「かんむり」「つくり」「にょう」「たれ」「かまえ」「あし」の7つに分けられる。漢字辞典で読めない漢字を調べるときにはまず、その漢字の部首を知っておく必要があるので、基本的なものはもちろん、あまり耳にしないものもしっかり覚えるようにしよう。

上級レベル 88 漢字の音訓・部首

国語④

解答

1 ①シジョウ・いちば
②シキシ・いろがみ
③タイカ・おおや

2 ①イ ②ウ ③ア
④エ ⑤ウ ⑥エ
⑦イ ⑧ア ⑨イ
⑩エ ⑪ウ ⑫ア
⑬ウ ⑭エ

3 ①いとへん
②しんにょう(しんにゅう)
③たけかんむり
④おのづくり
⑤りっしんべん

4 ①のぎへん
②くにがまえ
③りっしんべん
④つのへん
⑤うかんむり
⑥めへん
⑦つちへん
⑧こざとへん
⑨のぶん(ぼくにょう)
⑩がんだれ

解説

1 同じ漢字で2通りの読み方をもつ二字熟語《じゅくご》は、他に「牧場(ボクジョウ・まきば)」「年月(ネンゲツ・としつき)」「見物(ケンブツ・みもの)」「大事(ダイジ・おおごと)」「草原(ソウゲン・くさはら)」などがある。

2 ⑦「夜」は「ヤ」という音読みと「よる・よ」という訓読みを持つ。
⑭「気」は、「キ」も「ケ」も音読み。漢字の中には、訓読みを持たずに複数の音読みを持つものも数多くあるので、注意すること。

3 ①「統」は「トウ」という音読みがあり、「統計」「統一」「伝統」などの熟語《じゅくご》がある。
②「適」は「テキ」という音読みがあり、「適切」「適度」「最適」などの熟語がある。
③「築」は「チク」という音読みと「きず－く」という訓読みがあり、「建築」などの熟語がある。
④「断」は「ダン」という音読みと「ことわ－る」という訓読みがあり、「判断」「中断」などの熟語がある。
⑤「性」は「セイ」という音読みがあり、「習性」「女性」などの熟語がある。

4 ——線をそれぞれ漢字で表すと次のとおり。
①移 ②因 ③快 ④解 ⑤寄 ⑥眼 ⑦境 ⑧険 ⑨故 ⑩厚
②「かまえ」には、他に「間」などの「もんがまえ」、「気」などの「きがまえ」がある。
⑤「かんむり」には、他に「写」などの「わかんむり」、「花」などの「くさかんむり」がある。
⑩「たれ」には、他に「店」などの「まだれ」、「病」などの「やまいだれ」がある。

注意 ③同じ「心」の意味を持っているが、その位置によって次のように部首が異なる。「性《せい》」などは、「りっしんべん」。「志《し》」などは、「こころ」。「慕《ぼ》」などは、「したごころ」。
⑧「こざとへん」は、2画ではなく3画で書く。また、同じ形の「おおざと」は、漢字の右側の部分だから「へん」ではなく「つくり」である。

標準レベル 89 対義語・類義語・熟語の構成
国語⑤

解答

❶ ①オ　②ア　③カ
④ウ　⑤イ　⑥エ

❷ ①ウ　②オ　③ア
④エ　⑤カ　⑥イ

❸ 売買・勝敗・公私〈順不同〉

❹ ①ウ　②オ　③カ
④ア　⑤イ　⑥エ

❺ ①未　②不　③非
④無　⑤不　⑥非
⑦無　⑧未

解説

❶ 二字の対義語《たいぎご》(反対の意味を持つ言葉)には、
Ⅰ二字ともちがう漢字
Ⅱ一字は同じ漢字、もう一字が対《つい》になっている
Ⅲ一文字目に打ち消しの漢字
と、３通りの作り方がある。
⑤幸運↔不運。不幸ではない。不幸の対義語は「幸福」。

❸ 「買売」ではない。訓読みで「売り買い」というのでその順で覚える。

❹ 熟語《じゅくご》の組み立てを考えるときには、訓読みにし、言葉(てにをは　など)をおぎないながら読んでみるとわかりやすい。

❺ 大まかな覚え方として

不…～ではない
無…～がない
非…～に当てはまらない
未…まだ～していない

を頭に入れておくとともに、数の少ない「非～」「未～」の熟語は、ある程度《ていど》覚えておくのが望ましい。

上級レベル 90 対義語・類義語・熟語の構成
国語⑥

解答

1 ①肉体　②増加
③人工　④合成
⑤過去　⑥許可

2 ①進歩　②無事
③有名　④平等
⑤関心　⑥運命

3 ①ウ　②キ
③ア　④エ
⑤カ　⑥イ
⑦オ　⑧ア
⑨イ　⑩カ

4 ①入院　②必要　③前後

解説

1 ③「自然」の対義語《たいぎご》は、「人間が手を加える」という意味の「人工」。「人口」としないように注意する。
⑥「禁止《きんし》」は「～してはいけない」、「許可《きょか》」は「～しても良い」の意味。

2 ③「高名」「有名」は、どちらも「広く世間に名が知られている」という意味だが、「有名」が良い評判《ひょうばん》・悪い評判どちらの場合にも使われるのに比《くら》べ、「高名」は社会的に良い評判の場合のみに使われる。「著名《ちょめい》」も類《るい》義語《ぎご》。

3 キの「意味を強めたりそえたりする漢字」とは、「性《せい》」(野性・理性)・「然」(平然・整然)・「的」(公的・知的)・「化」(風化・開化)などを指す。

4 ①下から上に返って読むもの
②上の漢字が下の漢字を修飾《しゅうしょく》しているもの
③反対の意味の漢字を組み合わせたもの
となっている。

標準レベル 91 主語・述語・修飾語
国語⑦

解答

❶ ①主語－風が　述語《じゅつご》－ふく
②主語－父は　述語－先生です
③主語－花が　述語－さいている
④主語－博物館が　述語－ある
⑤主語－景色は　述語－美しいなあ
⑥主語－城が　述語－あった

❷ ①美しく　②鳴いている　③なるでしょう
④聞き入った　⑤した　⑥調べた

❸ ①イ　②ア　③ウ

❹ ①
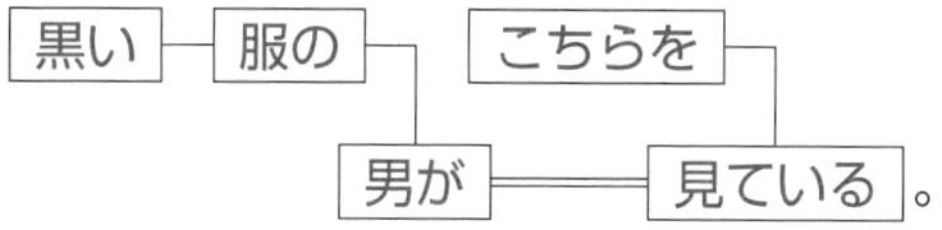

②
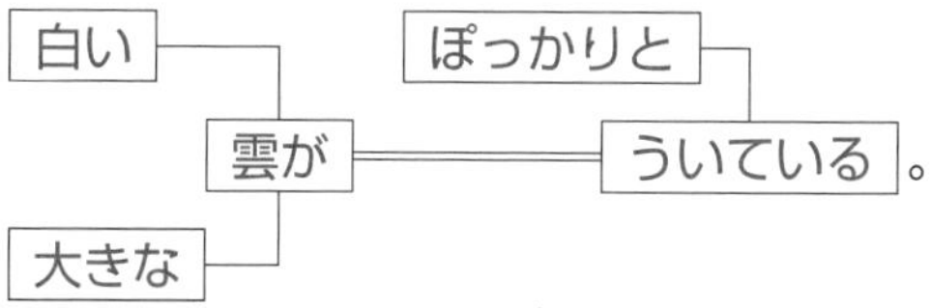

(「白い」と「大きな」は、入れ替《か》わっていても可《か》)

③
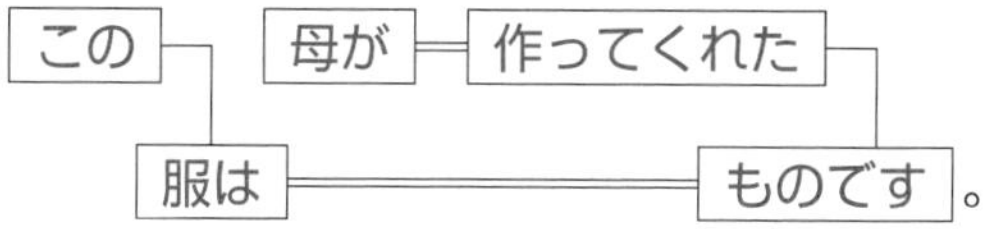

④
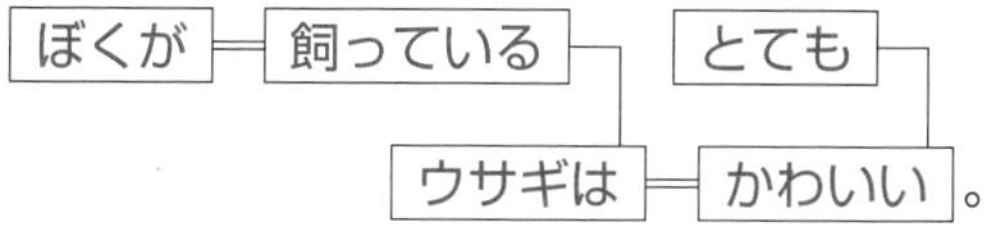

⑤
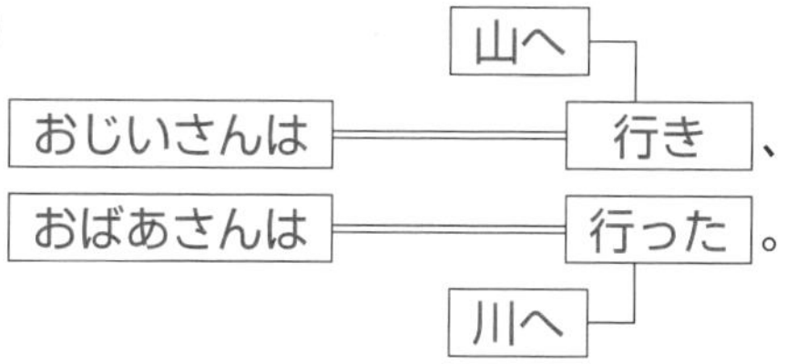

解説

❶ 主語·述語を見つける問題は、先に述語(ふつうは文末)を見つけてから、それにつながる「何が」をさがす。

②先に述語の「先生です」を見つけてから、「だれが先生か」と考えて主語をさがす。文中「父は」となっているが「父が」にしても意味が変わらないことをたしかめる。

④述語「ある」を見つけ、「何があるのか」と考える。「町には」を「町が」に変えると意味が変わってしまい、主語ではないとわかる。

⑤倒置《とうち》の文は、もとの言い方にもどして考える。もとの文は「ここから見える景色は、とても美しいなあ。」

❸ ①「ぼくが」「見つけた」・「石は」「化石だった」と、主語・述語の関係が二つあり、それぞれが対等ではないので複文。

②「わたしは」「とまった」と、主語・述語が一つずつなので単文。

③「父は」「聞き」・「姉は」「読んでいる」と、主語・述語の関係が２つあり、文の中で対等にならんでいるので重文。

ポイント

「単文」主語・述語が一つずつの文。
「複文」主語・述語の関係に当たるものが二つ以上あり、それぞれが対等ではないもの。
「重文」二つ以上の主語・述語が対等にならんでいるもの。

❹ 文全体の主語・述語をまずとらえ、残りの修飾《しゅうしょく》語はどの言葉を修飾しているのか、一つ一つていねいに考えていく。

①文末にある述語「見ている」から、「だれが見ているのか」と考えると「男が」が主語とわかる。そして、残りの修飾語がそれぞれ主語・述語どちらを修飾しているかと考える。

上級レベル 92 主語・述語・修飾語

国語⑧

解答

1 ①主語－救急車が
述語《じゅつご》－通った
②主語－星々が
述語－かがやいていた
③主語－ぼくも
述語－行った
④主語－×
述語－しよう
⑤主語－本は
述語－おもしろかったよ
⑥主語－かれこそ
述語－実力者だ

2 ①ア・ウ・エ
②イ・ウ　③イ・カ
④ア・ウ・エ
⑤イ・ウ　⑥ア・ウ・エ

3 ①ウ　②エ　③ウ　④イ　⑤ア

4 ①ウ　②イ　③エ　④ア

解説

1 ④よびかけの文なので、主語はない。

⑤倒置《とうち》になっている。もとの順番にもどすと、「君から借りたこの本は、本当におもしろかったよ。」となる。

2 ①イ、③オ、④イ、⑥イは、□の部分と意味はつながっていくが、主語・述語の関係になっているので選んではいけない。

3 ②命令文なので、主語はない。

③「ぼくは」「なくした」という文全体の主語・述語のほかに、「姉が」「くれた」という主語・述語の関係もあり、複文《ふくぶん》である。

標準レベル 93 指示語・接続語

国語⑨

解答

❶ ①どちら(どっち)
②それ　③あの
④こちら
⑤どこ(どっち)

❷ ①昨日買った青い服
②一面にさいたレンゲ
③飛行機からおりてきた一人の女性
④倉庫から出てきた古ぼけた箱の中
⑤とかしたバターとさとうを混ぜたところ

❸ ①ア　②カ
③エ　④ウ
⑤イ　⑥オ

❹ ①なぜなら
②だから
③または
④そのうえ

解説

❶ ①二者の選択《せんたく》なので、「どちら」「どっち」がふさわしい。

②「こそあど」のうち、相手の近くにあるものには「そ」(それ・そっち・その　など)を使う。

④目上の人への応対《おうたい》なので、「こっち」「ここ」ではなく「こちら」がふさわしい。

⑤対等な関係で話をしているので、「どちら」ではなく「どこ」がよりふさわしい。

❷ ④「その中」＝「箱の中」。その言葉で終わるように、言葉の順番を入れかえて、「箱の中」に修飾語を付ける。

⑤「そこ」は場所を表す言い方なので、文中にはないが「ところ」をおぎなうのがよい。

上級レベル 94 指示語・接続語

国語⑩

解答

1 ①根元が光りかがやいている一本の竹
②竹の中にいた光りかがやく女の赤ちゃん
③かぐやひめを妻にしたいと思っていた多くの男性の中
④とてもできそうにない、むずかしい課題
⑤例自分のそばに仕えるように、というみかどの命令（22字）
⑥例月を見ては、なげき悲しむこと（14字）

2 ①しかも
②だから
③しかし
④それとも
⑤なぜなら

3 ①例いい点が取れた。
②例ねぼうしてしまったからだ。電車がおくれていたからだ。
③例スポーツもできる。ピアノも上手だ。
④例がんばって食べた。残さず食べた。

解説

1 ③「その中」となっているので、「多くの男性の中」で終わるよう、言葉の順番を入れかえる。
⑥「それ」が指すものは、書きぬきでは当てはまるものがないので、「なげき悲しむ」に「こと」や「様子」などの言葉をおぎなうのがよい。

2 ⑤「なぜなら」という接続語《せつぞくご》は、後ろに「から」「ため」という言葉とともに使われることが多い。**3**②も同様に考える。

3 ③「そのうえ」は前に述《の》べた事柄《ことがら》に加えて、という意味なので、「頭がいい」に加えて、もう一つ、「いいこと」「すごいこと」などを書くのがよい。

標準レベル 95 動詞・形容詞・形容動詞

国語⑪

解答

1 ①イ　②ウ
③ア　④イ
⑤ウ

2 ①イ　②ア
③イ　④イ
⑤イ　⑥ア　⑦ア

3 ①き　②こ
③く　④けれ
⑤かっ　⑥い
⑦なら　⑧だっ（でし）
⑨に　⑩だろ

4 ①建つ　②出る
③解く（解かす）　④育つ
⑤飛ばす　⑥集まる
⑦燃える　⑧落とす

解説

1 ②⑤言い切りの形はそれぞれ「きれいだ」「真《ま》っ赤《か》だ」となる。例文ウの言い切りは「急だ」で、ともに「だ」で終わる、様子や状態《じょうたい》を表す言葉の仲間。

2 アは、「する」－「しない」の関係になっている。イは、「する」－「できない」の関係になっている。

3 例えば①②の「着く」という言葉は「着か（ない）」「着き（ます）」「着け（ば）」「着こ（う）」というように、あとに続く言葉により、もとの言葉が変化をする。そのとき③④⑤「強い」という言葉のように、「強く（なる）」「強けれ（ば）」「強かっ（た）」と、文字数が変化するものもある。

4 上の段《だん》は「～を」という言葉をおぎなえるもの、下の段は「～を」をおぎなえず、「～が」に続くもの、となっている。

上級レベル 96 動詞・形容詞・形容動詞

国語⑫

解答

1 ①イ　②ア
③ウ　④イ
⑤ア

2 ①かすかな（かすかに）
②聞こえ　③多く
④喜ん　⑤おどろい

3 ①く　②か
③に　④な
⑤け　⑥い
⑦え　⑧さ
⑨く　⑩わ

4 ①行ける　②立てる
③引く　④打てる
⑤回る

解説

1 動作を表す言葉ならア、様子や状態《じょうたい》を表す言葉で、言い切りが「い」ならイ、「だ」ならウを選ぶ。③の言い切りは「巨大《きょだい》だ」。

2 「聞こえる」という言葉は、あとに「た」が続くと「聞こえ（た）」となり、もとの文字数よりも減《へ》ってしまう。他に「考える」「生きる」「来る」など、たくさんある。

3 言い切りの形は、それぞれ次のようになる。
②動く、⑤歩く、⑦見える、⑧さす、⑩言う。
①強い、⑥深い、⑨こわい。
③立派《りっぱ》だ、④静かだ。

4 「○○する」－「○○することができる」の関係になっている。

標準レベル 97 文末表現・助詞
国語⑬

解答

❶ ①オ　②エ
③イ　④ウ
⑤ア

❷ ①エ　②ウ
③オ　④ア
⑤イ

❸ ①イ　②イ
③ウ　④ア
⑤ア

❹ ①オ　②イ
③ア　④エ
⑤ウ(④・⑤は逆《ぎゃく》でも可《か》)

解説

❸ ①イは「もし」をおぎなうことができる、仮定《かてい》の言い方。アウは「～したとき」という、ふつうのつながり。
②イは「の」を「こと」に言いかえることができる。アウは「○○の□□(だれ・何の何)」という形になっている。
③ウはすぐ前に場所を表す言葉、アイはすぐ前に「何をどうする」の「何」に当たる言葉がきている。
④イウは、どういう結果になったのかが書かれている文。アは「だれに○○される」という、受け身を表す文になっている。
⑤アは「○○を使って・材料にして」という意味。イウは「どこで」と、場所を表している。

❹ ③ア「さえ」は、だれにでもわかる例をあげて、「だから、ましてほかの場合は言うまでもない」という意味を表す。したがって、④には、ぼくが知っていた「ので」、あるいは、ぼくが知っていた「のに」のいずれも入れることができる。

上級レベル 98 文末表現・助詞
国語⑭

解答

1 ①から　②たり　③ながら
④ほど(だけ)　⑤の

2 ①ウ　②ア　③ア　④イ　⑤ア

3 ①そうだ　②です　③ような
④まい　⑤なけれ

4 ①ウ　②ア　③ウ　④ウ　⑤イ

解説

1 ①前が原因《げんいん》、後ろが結果となっている。
②「～たり、～たり」という形の文にする。
④「～ば～ほど(だけ)」の形にする。

2 ①前の言葉を打ち消している点では共通しているが、アイはそれぞれ「寒い」「おいしい」という様子・状態《じょうたい》を表す言葉に付いて、ウは「書ける」という動作を表す言葉に付いている。
②アの「の」だけ、「が」に置きかえることができる。
③イウはそれぞれ「めずらしい」「すばらしい」という言葉の一部分に線を引いたもの。アは「女性《じょせい》」という言葉について、「○○にふさわしい」という意味を付け加えている。
④アウは「まるで」をおぎなうことができ、たとえ表現として使われている。イは「どうやら」をおぎなうことができ、自分の推測《すいそく》した考えが書かれている。
⑤アは「だけ」という言葉に置きかえることができる。イウは「も」に置きかえることができる。

4 ①動作を表す言葉に付いている「ない」を選ぶ。
②イウは、人から伝え聞いたことを話す言い方。
③「～することができる」という意味のものを選ぶ。
④「どうやら」をおぎなうことのできるものを選ぶ。
⑤「まるで」をおぎなうことのできるものを選ぶ。

標準レベル 99 ことわざ・慣用句
国語⑮

解答

❶ ①ク　②オ
③ア　④ケ
⑤セ　⑥コ
⑦カ　⑧イ
⑨ス　⑩サ
⑪シ　⑫ソ
⑬キ　⑭ウ
⑮エ

❷ ①オ　②イ
③コ　④カ
⑤ウ　⑥キ
⑦ク　⑧エ
⑨ケ　⑩ア

解説

❶ 動物のことわざ問題はよく出題されるので、場面を想《そう》像《ぞう》しながら、意味を覚えていくようにしよう。
①「うまの耳に念仏《ねんぶつ》」③「ねこに小判《こばん》」⑫「ぶたに真珠《しんじゅ》」はほぼ同じ意味で、他に「いぬに論語《ろんご》」「うさぎに祭文(さいもん)」などもある。
②「さるも木から落ちる」④「かっぱの川流れ」はほぼ同じ意味で、他に動物ではないが「弘法(こうぼう)にも筆のあやまり」も有名。
⑥「月とすっぽん」と同じ意味のことわざには「提灯(ちょうちんに)に釣鐘(つりがね)」「雲泥(うんでい)の差」などがある。
⑧「泣きっ面にはち」と同じ意味のことわざには「弱り目にたたり目」などがある。
⑨「あぶはちとらず」と同じ意味のことわざには「二兎(にと)を追うものは一兎(いっと)をも得《え》ず」などがある。

上級レベル 100 ことわざ・慣用句

国語⑯

解答

1 ①ウ　②ク
③キ　④ア
⑤カ

2 ①石　②仏
③大海　④旅
⑤上手　⑥一歩
⑦一生　⑧帯
⑨八方　⑩手
⑪石橋　⑫親
⑬良薬　⑭地　⑮森

3 ①オ　②キ　③ウ　④カ　⑤ア
⑥ウ　⑦エ　⑧ア　⑨キ　⑩オ

解説

1 イは「注意してよく見る」エは「だまって見ていられないほどひどい」オは「見とれて、他のものが目に入らない」という意味。

2 ②「仏」とは、温厚《おんこう》な人・優《やさ》しい人をたとえた言い方。どんなに温厚な人でも、いやなことをくり返されるとおこる、という意味。
⑥「千里」は約3900m。大きなことをするにも、まず手近なことから始めなければならない、という意味。
⑫「すね」とは、ひざからくるぶしまでの間を指し、「お金をかせぐために動き回る大事な足」ととらえられてきた。「親のすねをかじる」とは、自分で生活できないため親に養ってもらう、という意味。

3 「耳がいたい」は「自分の欠点を言われ聞くのがつらい」、「耳をうたがう」は「信じられない」の意味。「耳がつらい」という慣用句《かんようく》はない。「手が足りない」は「働く人が不足している」、「手をぬく」は「いいかげんにする」、「手を打つ」は「話をまとめる」の意味。

標準レベル 101 詩

国語⑰

解答

1 (1)一連－一
二連－二
三連－無数
(2)エ
(3)ざぶーん・ぽこんぽこん
(4)季節は－冬
朝昼夜のうち－夜
それがわかる文は－シグナルの青いランプのところだけ。ぼんやりあかるく。
(5)例シグナルの青いランプに照らされている(から。)

解説

1 (1)一連で一ぴきだけあらわれた「？」は、二連で仲間と出会って、三連では無数の子どもが産まれている。

(2)今の言葉(口語)で、定まった音数でなく、自由な音数で書かれている(自由詩)ので、口語自由詩。

(3)ものの様子を表す言葉で、音が聞こえるのが「擬声語《ぎせいご》」。音がないのが「擬態語《ぎたいご》」である。

(4)シグナル(信号)のランプの部分だけ、雪が降《ふ》っているのが見えるのは、そのほかが夜のやみの中だからである。

(5)書いてあることから、どんな景色《けしき》なのか…、(4)の解説をヒントに想像力《そうぞうりょく》をふくらませよう。

上級レベル 102 詩

国語⑱

解答

1 (1)①貸し切り　②客車
(2)例最初に－向かいの席まで足をとどかせて、ひじかけに頭をのせて昼寝のまねをした。
次に－通路をまたいで立ったまま一息で校歌をうたった。
最後に－川が見えるたびにうつることにきめて、席に腰かけてまわった。
(3)雲
(4)エ

解説

1 (1)「貸《か》し切《き》り」とは、ある特定の人たちだけに一定期間貸すこと。ほかにお客は乗っていないが、本当の「貸し切り」ではない。

(2)「ぼく」の動きに注目して、「電車の中でなければできない遊び」を順番にとらえていこう。

(3)空にぽっかり浮《う》かんでいるところから、クラゲを連想している。

(4)雲を「クラゲ」と表現《ひょうげん》したのは、技法的《ぎほうてき》には比ゆである。「比ゆ」とは、あるものをほかのものにたとえること。

ポイント

【詩の種類】

詩にはいろいろな種類がある。「いそがしい乗客」や「だれの」のような自由詩もあれば、俳句《はいく》や短歌のような定型詩もある。種類は、次のようになる。

●形式で分ける

・定型詩《ていけいし》……音数に一定のきまりがある。

五音・七音・五音が基本《きほん》の俳句、五音・七音・五音・七音・七音が基本の短歌は、定型詩。

・自由詩…音数にきまりはない。「いそがしい乗客」や「だれの」などがその例。

●口語詩……口語は「今の言葉」。「いそがしい乗客」や「だれの」は、今ふだん使っている言葉で書かれているので、口語詩。

●文語詩……文語は「昔の言葉」。ゐ(い)、ゑ(え)などの古いひらがなを使っていたり、カエルを「かはづ」と表現したりするのは、文語詩。

標準レベル 103 短歌・俳句

国語⑲

解答

❶ (1)枕詞・ウ

(2)短歌の定まった音数－五七五七七

音数が多いとき－字余り

音数が少ないとき－字足らず

❷ (1)季語は－てんたう虫

季節は－夏

(2)エ・オ・キ

解説

❶ (1)「枕詞《まくらことば》」は短歌で決まった言葉を導《みちび》き出す役割《やくわり》をする。

(2)短歌の基本《きほん》は五七五七七の三十一音。五音、七音の場所が六音や八音など多くなった場合は「字余《じあま》り」、四音や六音など少なくなった場合は「字足らず」である。

❷ (1)てんとう虫を「てんたう虫」と書くのは、「歴史《れきし》的かなづかい」という、昔のかなの使い方である。

(2)「赤蜻蛉《とんぼ》」は秋の季語である。

ポイント

❶(1)「久方《ひさかた》の光のどけき春の日にしづ心なく花の散るらむ」という短歌の枕詞は、正岡子規の短歌と同じ「久方の」。久方の意味は、「日がさす」とも、「永久《えいきゅう》に確《たし》かな大空」ともいわれているが、たしかなことはわかっていない。ただ、太陽や大空をイメージさせるところから、「天」、「光」、「空」、「雲」、「雨」、「月」を引き出すために使われる。枕詞そのものには意味がほとんどなく、関係のある言葉を引き出す役割を持っている。多くは五音で、短歌の最初の部分に置かれる。

上級レベル 104 短歌・俳句

国語⑳

解答

1 (1)ウ (2)④

(3)エ (4)ウ

2 (1)ア・ウ・エ・カ

(2)切れ字

解説

1 (1)ウ以外の短歌の季節は夏である。

(2)「ゆらりと高し」までが向日葵《ひまわり》の様子をよんでいるので、四句切れである。

(3)白鷺《しらさぎ》という物の名まえで終わっているので、この句が体言止めである。

(4)「木のま」が「木々の間」という意味であることに気づくことが重要。

2 (1)山茶花《さざんか》も椿《つばき》も似《に》たような花であるが、「山茶花」は冬の季語、「椿」は春の季語である。

(2)「切れ字」そのものには意味がないが、すぐ前の言葉を引き立てる働きをする。

ポイント

俳句は、季節感を大切にする日本で生まれた世界で最も短い詩である。十七音を基本とする文字数の中で、どの季節をよんだ句か、短い言葉で季節を感じさせなければならない。そこから、季語が生み出された。「山茶花」は秋の終わりから冬にかけて咲き、「カエル(俳句では“かはづ”と書くこともある)」は春から秋にかけて見られるが、俳句では、山茶花は冬の花、カエルは春の小動物とされている。「天の川」も春・夏・秋・冬いつでも見られるが、最も美しく見える「秋」の季語とされている。俳句を読む時は、こうした季語の約束を理解していないと、作者の心がわからない。

≪春の季語の例≫　卒業式・入学式・うぐいす・ひばり・子猫《こねこ》・雀《すずめ》の子・蝶《ちょう》・桜《さくら》・菜の花など。

≪夏の季語の例≫　立夏・梅雨《つゆ》・夕立・林間学校・蚊《か》・源氏《げんじ》ボタル・ひまわり・麦茶など。

≪秋の季語≫　月・名月・星月夜・運動会・七夕・こおろぎ・すずむし・菊《きく》・さんま・レモンなど。

≪冬の季語≫　師走《しわす》・年の瀬《せ》・大みそか・北風・しもばしら・山茶花・クリスマスなど。

標準レベル 105 物　語 (1)

国語㉑

解答

❶ (1)ウ
(2)山本
(3)父があのよ
(4)エ
(5)→自分(が)おかしかっ(た。)
→母達(を)気の毒(に思った。)

解説

❶ (1)**アイエ**は「テレビ」という機械そのものを指しているが、**ウ**は「テレビ番組」という意味で使われている。

(2)本文３行目に、「山本正二郎」という父親の名まえが出ている。

(3)８～10行目の一文を読むと、今回のような父親のすがたを太郎《たろう》が見るのは「初めて」で、しかも「最後(このあともずっと見なかった)」なのだとわかる。

(4)母親に対しては、「とりなしてくれもしなかった」と不満を述《の》べてはいるが、「テレビが見られなくなった」ことについては後ろに「気の毒《どく》に思った」とある。

(5)最初は、悲しくて――線①のように両親《りょうしん》のことを思った、とある。そして、直後の「しかし」以下の二文に、太郎の気持ちの変化が書かれている。そこから、自分と母達についての気持ちに当たる言葉をそれぞれぬき出して答える。

上級レベル 106 物　語 (1)

国語㉒

解答

1 (1)命
(2)日本酒の名まえ
(3)大手メーカーの日本酒
(4)ウ
(5)新酒あります
(6)からだ～まった

解説

1 (1)人であれ物であれ、「名まえをつける」ことを「命名(する)」という。それを知らなくても、「あたらしく生まれた□」「名づけられた□」「じぶんの□を生きはじめる」とあるので、全体的に考えて答えをみちびいてほしい。
(2)――線①からはなれた部分に答えがありわかりづらいが、本文上段《じょうだん》の最後にある「名づけの話にもどす」という文に注目し、その付近を注意深く読みたい。
(3)おとうの店「島田《しまだ》酒店」の酒のおき方が書かれているところをさがす。「島田酒店」と「ふつうの酒屋」とでは「ゼーンゼンチガウ」のだから、「島田酒店」ですみっこに追いやられているお酒が、ふつうの店では中心にあるのだと考えられる。
(4)――線③の直前に「もっともおとうにいわせると」とあるので、おとうは、ことあるごとに「ゼーンゼンチガウ」という言葉・言い方で、ちがいを強調していたことが考えられる。さらにその前の文に「すこし違《ちが》っている」と書かれていることから、**ウ**の「作者が漢字を知らなかった」というのは明らかにおかしい。
(5)――線④の次の一文に、「酒林というのは…」と、説明されている。
(6)本文３段落《だんらく》目に、「じぶんの名まえの由来を知ったとき」で始まる一文がある。

標準レベル 107 物　語 (2)

国語㉓

解答

❶ (1)教室
(2)①頭がよい　②いろんな国の言葉
③顔がきれい　④おしゃべり
(3)得意そうに
(4)トット～なった
(5)エ

解説

❶ (1)本文６行目に、「ちょうど泰《たい》ちゃんは、教室で、アルコールランプに火をつけたところだった」とある。
(2)①～④はすべて、泰ちゃんのせりふの中にある。「」でかこまれた泰ちゃんのせりふは全部で３つあるので、順番に注意深く読み取る。①だけは、書きぬきでは答えられない。文中に「頭がよくなくちゃ、なれないんだよ」とあるので、それを利用して解答《かいとう》を作る。
(3)はじめ自信のあったトットちゃんは、泰ちゃんの言葉を聞いて、だんだんと自信をなくしていく。自信のある様子は、泰ちゃんが話を始めるよりも前の部分からさがす。
(4)泰ちゃんの言葉を受けて、トットちゃんの様子が変わっていくので、泰ちゃんの会話文の後ろに注目してさがす。すると、「第一…」で始まる泰ちゃんの二つ目のせりふのあとに「目を…床《ゆか》に落とし」「顔も…うつむく」という部分が見つかる。
(5)**ウ**と**エ**でなやむところだが、**エ**を選びたい。泰ちゃんがあまりにも自分のことをよくわかっていて、なぜ自分がスパイになれないかを論理《ろんり》的に話すことに「びっくり」している。これは、泰ちゃんの言うことが「すべて」、自分に当てはまるからである。また**ウ**を選んだ場合、(②)に入れても「かなりが」という、正しくない言い方ができあがってしまうので、そこからも考えられる。

上級レベル 108 物 語 (2)

国語㉔

☑解答

1 (1)先生の家では－ゆったりしたおじいちゃん（12字）
自分の家では－今にも走りだしそうな白い車（13字）
(2)ピアノ・母さん〈順不同〉・(とことん)きらい
(3)エ
(4)オタマジャクシ
(5)エ

解説

1 (1)本文３～７行目に注目する。

(2) 1・2段落《だんらく》それぞれ最初の一文に「もう少しで～とことんきらいになるところだった」とある。それをまとめて、３段落で「二つの『もう少しで』」と書いている。

(3)前半の「白い車」にたとえるところと、後半の父さんのせりふとを考え合わせると、母さんのレッスンは大変きびしいのだということがわかる。洋子のピアノに簡単《かんたん》に拍手《はくしゅ》する父さんに対し、母さんが「きついとんがった声」を出すのだから、「ピアノをほめてはだめ」という内容になるものを選びたい。

(4)楽譜《がくふ》に使われる音符《おんぷ》(♪)は、その形が似《に》ていることから「オタマジャクシ」にたとえられる。

(5)すぐ前に「洋子と自分をとりちがえてるんだ」とある。母さんは、自分の夢《ゆめ》を娘《むすめ》の洋子にたくし、その結果、つい洋子のレッスンにはきびしく接《せっ》してしまうのである。

標準レベル 109 随 筆

国語㉕

☑解答

1 (1)言葉
(2)イ
(3)はじめに言葉ありき
(4)ウ
(5)ウ

解説

筆者の五木寛之《ひろゆき》は、ほんらい小説家だが、多くのエッセイでもベストセラーを出している現役《げんえき》の作家である。この文章では「はじめに言葉ありき」(聖書《せいしょ》の言葉)ではなく、「言葉より先に歌があったのではないか」という筆者自身が経験《けいけん》したエピソードをもとに、感想や考えをわかりやすくまとめている。それも、「二十世紀《せいき》」(実際は二十一世紀だが)の私たちの身近な生活にある流行をとりあげながら興味《きょうみ》深く述《の》べている。

あとに示《しめ》すポイントのように、
・どこからどこまでがエピソード部分か。
・そのエピソードについて、筆者は賛成《さんせい》か・反対か、また、どのように言っているか。
・それについて、どのような具体例をあげて説明しているか。
などを、ていねいに読みながらあとの問いを考えてみよう。

1 (1)すぐ前に「それほど」とあるので、①には前段落《だんらく》で何度も説明された話題が入ると考えられる。

(2)筆者がとりあげたエピソードについて賛成なのか反対なのか。２段落あとに、「ぼくは非常《ひじょう》に新鮮《しんせん》に聞いたのですが、たしかにそうかもしれない」とあり、そのあとからは「歌」に関する説明が続いていく。それから考えると、筆者はゲストの言葉に同意していることがわかる。

(3)「(③)ではなくて、はじめに歌があった」とある。③に入るのは「はじめに言葉があった」という内容《ないよう》だと考えられ、字数に合うように本文中からさがす。「はじめに言葉ありき」という言葉は、本文２行目に出てきている。

(4)「風の吹《ふ》く音」「森のそよぎ」「しらかばの(④)」を、それぞれ「歌」になぞらえて表現している。④に入るのは、しらかばの見せる、ある「様子」に関する言葉だと考えられる。アとイは、すでに「歌」という言葉が出てしまっていて、それをさらに「歌」になぞらえるのはおかしい。

(5)流行のものをいろいろと挙げてみたが、本文の内容が理解できていれば、「歌」に関する言葉が入ると、簡単《かんたん》に考えられる。

ポイント

随筆《ずいひつ》は「エッセイ」とも呼《よ》ばれ、筆者自身が経験《けいけん》したエピソードなどをもとにして、筆者自身の感想や考え方をわかりやすくまとめたものである。
文中には「わたし(ぼく)」として筆者自身が登場し、ある特定のエピソードについての筆者の考えが、賛成・反対の立場をはっきり表して書かれているものが多い。またその考えに正当性《せいとうせい》を持たせるため、たくさんの具体例をもりこむことも多い。
一本筋《すじ》の通った書き方がされているので
・どこからどこまでがエピソード部分か
・そのエピソードについて、筆者はどんな考えを持っているのか
・どんな具体例を使って、どんなことを言いたいのか
を、うまく整理しながら読み進めたい。

上級レベル 110 随筆

国語㉖

解答

1 (1)ウ

(2)ア

(3)風景自〜るから

(4)ア

(5)ア

(6)ウ

解説

筆者の東山魁夷《ひがしやまかいい》は、昭和を代表する有名な日本画家だが、それを知らなくとも、本文中の「私《わたし》が…描《えが》いたのは」「私が好んで描くのは」という表現《ひょうげん》から、画家であることの想像はつくだろう。筆者はどういう風景を好んでいるのか、ていねいに読み取ろう。

1 (2)次の段落《だんらく》に「私が好んで描くのは○○ではなく□□が多い」という形の文がある。1段落目をまとめた言い方なので、②に入るのは「人間の息吹《いぶき》がどこかに感じられる」と同じ意味のものである。

(3)直後に理由が書かれている。筆者が「風景」「人物(人間)」をどのように考えているのかを読み取り、字数に合うように答えをさがす。

(4)⑥のあとに「白い馬の象徴《しょうちょう》する世界を風景が反映《はんえい》している」とある。また⑤の前後を読むと、「小さいけれど、白馬が⑤だ」と読み取れるので、大きさには関係なく、メインは白い馬であることがわかる。

(5)「花」は「外を通る人への親しい挨拶《あいさつ》」の言葉だから、外にいる人が見やすい向きにある。

(6)前半では「風景」「人物」をどのようにとらえ、描《えが》いているかが書かれ、後半では話題を変えて、「小さな町が好き」ということが書かれている。

標準レベル 111 説明文(1)

国語㉗

解答

1 (1)まわりにう

(2)イ

(3)ウ

(4)でたらめ

(5)ウ

解説

1 (1)文章の真ん中は「ピグマリオン効果《こうか》」の話に終始している。筆者の言いたいことは、最初に話題として提示《ていじ》し、最後にまとめとして書かれている。ほしい答えは「ピグマリオン効果」の部分にはない。後半の段落《だんらく》から答えを見つける。——線①と同じ「ほめてくれる人」という言葉の出る文がある。

(2)本文を読むと、「答案は見もしないで」「でたらめ」「答案は見せず、返さず」「根拠《こんきょ》なしに」とにかくほめている様子が書かれている。

(3)③のすぐ前に「前と同じように」、後に「点のついた答案を返し」とある。前段落に「Aのグループには採点《さいてん》した答案を返す」とあるので、③はA、④はその逆《ぎゃく》なのでB。⑤は「ほめていた⑤」なのでB。⑥は⑤と比《くら》べられているものなのでA。

(4)「根拠なしにほめ」ていたのはBグループなので、Bグループに対する教師のやり方を順に見ていくと、「でたらめ」という言葉が見つかる。

(5)直前に「雰囲気《ふんいき》がバカにならない」とあるので、ここでいう「空気」とはもちろん「雰囲気」のこと。本文の内容をふまえ、どういう雰囲気がいいのかを選ぶ。**エ**「なんでも言える」より適切《てきせつ》な、本文で何度もくり返し使われている言葉がある。

上級レベル 112 説明文(1)

国語㉘

解答

1 (1)ベトナム

(2)交友関係そのもの

(3)③ア

④オ

(4)その年〜のもの

(5)ア－○

イ－×

ウ－○

エ－×

解説

1 (1)ベトナムは漢字表記すると「越南《えつなん》」となる。もちろんそれを知らなくてもできる問題で、本文中では順番に韓国《かんこく》・日本・中国・ベトナムの子どもたちの話が書かれている。

(2)——線②のあと日本での「おごり」の話になるが、そのあとまた韓国の話にもどって「おごりあうことは…」と書かれている。

(3)③「つまり」という接続語《せつぞくご》は、前の内容《ないよう》をまとめたり言いかえたりするときに使う。④「ただ」という接続語は、「しかし」「だが」のように、前の文を強く否定《ひてい》するわけではないが、少し注意点や条件《じょうけん》を説明したいときに使う。

(5)ア「おごるためにお小遣《こづか》いをもらい始めるということがある」と本文中にある。

イ「力関係ができたり、相手に負担《ふたん》をかける」と考えているのは、日本の子どもではなく、日本の親である。

ウ(④)のあとに書かれている。

エ「友だち同士《どうし》でお年玉をあげあっている」とは書かれているが、大人からもらっているとは書かれていない。

標準レベル 113 説明文(2)
国語㉙

解答

❶ (1)第二段落《だんらく》－しかし
　第三段落－表記法
(2)日本語の特質
(3)①ア　②イ
(4)[例]日本語以外の世界の言語と比較すること。
(5)校長先生がおっしゃった。
(6)世界に例がない・類がないはずである
(7)[例]足音・本音
(8)イ・ウ

解説

❶ (1)第一段落では、世界の言語における日本語の特性《とくせい》はあるにはあるが、けっして多くはないと述《の》べている。さらに、日本語の特性を、第二段落では問(8)のイ「五種類の文字を使うこと」、第三段落ではウ「日本に住んでいる人が……こと」と述べる。
(2)4行目にある、「特質」(特別な性質)の言葉に注目する。
(4)この場合の「外」とは、日本国外つまり、国外(世界)の言語を指している。あとに、「東南アジアの言語」や「朝《ちょう》鮮語《せんご》」が出てくることからもわかる。
(5)「言う」という動詞《どうし》を使わないで、とあるので、「言われる」ではなく、尊敬《そんけい》の意味を持つ動詞を使って表すこと。
(6)「唯一《ゆいいつ》」とは、「ただ一つ、それ以外にない」という意味である。同じ意味を表す言葉をさがす。
(7)「音」には、「おと・ね・オン・イン」の読みがある。
(8)6行目に「敬語《けいご》は、東南アジアの言語に広く見られるし」とあり、アはまちがい。

上級レベル 114 説明文(2)
国語㉚

解答

❶ (1)十人十色
(2)そのとき、その場
(3)自分の心
(4)⑤オ　⑥ア
(5)ことば
(6)無理に

解説

❶ (1)(①)の前の一文に「十人いれば十人、それぞれに思い方や感じ方がちがう」とあり、その意味になる四字熟語《じゅくご》を考えて書く。「十人十色」は「じゅうにんといろ」と読む。考え方や好みが、人それぞれちがっていること。「三者三様」も同じ意味。
(2)②「どのように思ったらよいか？」は、「そのとき、その場によってちがいます」とあり、③「どのようなとき、どんなことばがよいか」は、「その場になってみなければわからない」とある。「そのとき」や「その場」に応じて、思い方や言葉の使い方はちがっていることが書かれている。
(3)一つ前の文を読むと、「心の動き」や「自分自身が感じるもの」という言葉が見つかる。その中から言葉は生まれるのだが、今回は「ここよりあとの文中」という問いであることに注目。すると、――線をふくむ一文は「ことばもそこから生まれる、詩もまた……生まれる」という形になっていることがわかるので、「……」の部分に答えがあると考える。
(4)イの「歌人」とは、短歌を作る人のこと。歌手などではないので、選ばないように注意する。
(6)「おとなのまねをして詩をつくる」というところから、大人ではない相手に対して書いていることがわかる。

標準レベル 115 論説文(1)
国語㉛

解答

❶ (1)ひとりの人間
(2)イ
(3)じつに感動的
(4)水分や～る養分
(5)二つ目－[2]
　三つ目－[5]

解説

❶ (1)[1]で「生きるということは、じつは大変な努力と労力を要する行為《こうい》です」と話題を提示《ていじ》し、例として「小鳥」「木・雑草《ざっそう》」を挙げている。
　さらに例として、[2]～[4]で「ライ麦」の話をしている。[5]で再《ふたた》び「生きる」話にもどり、「人間」についてふれている。以上をふまえると、「小鳥」「木・雑草」は、「人間」のことを強調するための前ふりであるとわかる。
(2)「およそ信じがたいことですが」と前おきをして、後ろにその内容《ないよう》が書かれているので、――線③の後ろに注目する。
(3)ライ麦の話は[2]～[4]に書かれているので、筆者の感想は、そのまとめとして[4]にある。
(4)――線④のあとに「～を吸《す》いあげつつ生きつづけている」とあるので、同じような言い方をしている部分をさがす。
　すると[3]に「～を必死で吸いあげながら…」という言い方が見つかるので、その前の部分に注目する。
　「糧《かて》」とは、生きるための食べ物のことで、ふつう「食糧《しょくりょう》」という。「精神《せいしん》の糧」「心の糧にする」などと使う。
(5)問(1)でふれたとおり、[1]／[2]～[4]／[5]という三段構成《さんだんこうせい》になっている。

上級レベル 116 論説文(1)

国語㉜

解答

1 (1)エ

(2)音読・言葉同士の「連想」を深める

(3)ウ

(4)そのと〜うこと

(5)アー×　イー○

ウー×　エー○

解説

1 (1)(　①　)の前の段落《だんらく》で述《の》べたことについて、後で具体的に例を挙げて説明している。したがって「例示《れいじ》」を表す「たとえば」が当てはまる。

(2)——②をふくむ段落は、その前の段落の内容《ないよう》を具体例を挙げてくわしく説明している部分。第一段落と第二段落を見比《みくら》べ、音読の効果《こうか》を、音読によって起きることを順に整理してつかむ。

(3)(　③　)の前に、「音として味わった方が素直《すなお》に入ってきます」とある。音という耳からの感覚が理解《りかい》を助けるという文脈《ぶんみゃく》だから、ウ「感覚的」を選ぶ。

(4)——④の前で紹介《しょうかい》した「読書百遍《ひゃっぺん》意《い》自《おの》ずから通ず」の意味を、——④の後でくわしく説明していることをつかみ、説明部分を指定字数で正しくぬき出す。

(5)ア　音にもとづく言葉のつながりの連想により、言葉が持つイメージ世界は広がるとは言っているが、「つながりを理解しないと」「広がらない」とは言っていない。イ　第四段落の内容に合っている。ウ　黙読《もくどく》よりも音読のほうが時間がかかることは最終段落で述べているが、黙読の「方法によっては理解度も上がる」ことはどこにも述べられていない。エ　音読により理解度が上がることは最終段落で述べられている。

標準レベル 117 論説文(2)

国語㉝

解答

1 (1)コンプレックス

(2)ウ

(3)ウ

(4)ウ

(5)ア

解説

1 (1)——線部分を、３行後で「そういう自信のなさ」と言いかえ、その気持ちのことをさらに後ろで「コンプレックス」「劣等感《れっとうかん》」とまとめている。

(2)「はこべ」は春の野にさく小さな花で、そのうち赤いものをイギリスでは「紅《べに》はこべ」とよんでいるようだが、ここでは「英語をはやく読む友だち」のエピソードとして、シャーロック・ホームズと「紅はこべ」が挙げられている。アを選んではいけない。

(3)(④)の次の文に「人間は少年のころに見せた天分とはちがうところで生活しているんだ」とある。その例として、中学のときの、３人の友だちの話を挙げている。③は「数学のよくできた友だち」の例なので、「数学の道に進んでいない」という内容《ないよう》にしたい。同様に④は「文学の道に進んでいない」という内容にしたい。

(4)(⑤)の５行前に「人間は少年のころに見せた天分とはちがうところで生活しているんだ」とある。ちがう天分が育つことの方がふつうだ、ということなので、それに合うものを選ぶ。

(5)直前の「総合競技《そうごうきょうぎ》」と、直後の「いろいろ組み合わせて」がヒント。一種目での争いではない。イ、ウ、エはどれも、一種目の大切さについて書かれているので、まちがい。

上級レベル 118 論説文(2)

国語㉞

解答

1 (1)①エ　③ア

(2)その心〜いる点

(3)ウ

(4)言葉

(5)例人間本来の生活である社会的な生活を営むために、人間と人間の結びつきを細やかにし、協力を進める道具が必要だから。

解説

1 (1)①(　①　)の後の、「細やかな愛情《あいじょう》も形をとるようになりました」をヒントにする。

③「人間らしさを増《ま》してくる」「赤ちゃん」を形容《けいよう》する言葉としてふさわしいものを選ぶ。

(2)——②の後に、「……にあるよりも、……点にあります」という表現《ひょうげん》で、「人間の人間らしさ」はどこにあるかについての筆者の考えが述《の》べられている。

(3)「きりはなすことはできない」のは、赤ちゃんが「人間らしさを増《ま》してくる」ことと「言葉をおぼえてゆく」こと。その理由を筆者は、前の部分で「(他の動物にないような人間の)豊《ゆた》かな世界というものは、言葉のおかげで、また言葉をつうじて、人間の心の中に開かれてきたもの」であると説明している。

(4)——⑤をふくむ文が「それは、……不思議な接着剤《せっちゃくざい》だといえましょう。」となっていることに注目。「それ」の指示内容《しじないよう》をその前の部分から読み取る。

(5)——⑤の後から、「社会的な生活が人間本来の生活」であるという筆者の考えをとらえたうえで、——⑤の前から、その社会的な生活の中の「人間と人間の……協力をとどこおりないものに」するために必要な道具が「言葉」であるという筆者の考えをつかむ。

119 最上級レベル ①

国語㉟

解答

❶ ①イ ②× ③ウ ④ウ ⑤×
⑥イ ⑦ウ ⑧ア ⑨ア ⑩イ

❷ ①イ ②エ ③ア ④ウ ⑤オ

❸ ①ア ②イ ③ウ ④ア ⑤ア
⑥ア ⑦ウ ⑧ウ ⑨ウ ⑩イ

解説

❶ 動作を表す言葉が「動詞《どうし》」。ものの様子や状態《じょうたい》を表す言葉のうち、「い」の音で言い切るものが「形容詞《けいようし》」、「だ」の音で言い切るものが「形容動詞」である。同じ漢字を使っていても、同じ仲間の言葉と限《かぎ》らない。

②(＝広さ)⑤(＝銀世界)は、ものの名まえなどを表し、「が」を付けて主語になれるので「名詞」である。

③「広大だ」⑦「豊《ゆた》かだ」が、それぞれ言い切りの形。

⑧「ある」は動詞、「ない」は形容詞。反対の意味の言葉だが、同じ仲間の言葉ではない。

⑩の言い切りの形は「眠《ねむ》たい」。

❷ ①「蛙《かえる》の面《つら》に小便」とも言う。「面」は顔のことで、カエルの顔に水をかけても全く動じないことから、「どんな仕打ちを受けても平気でいる」という意味で使われる。

④「梨《なし》」は果物のナシのことで、「無し」の意味にかけられている。「つぶて」は投げる小石のこと。投げた小石はもどって来ないことから、「連絡《れんらく》や便りがない」という意味で使われる。

⑤「手前」には「自分の目の前」「自分に近い方」という意味以外に「うで前」「自分の立場」などという意味もあり、また、自分自身を指したり、相手を指したりして「手前(てまえ・てめえ)」と言うこともある。「手前みそ」と言うときの「手前」は「自前」「自家製《じかせい》」という意味で、昔は自分の家で作ったみそをおたがいにほめ合ったことから、自画自賛《じがじさん》するときに「手前みそですが」と前置きをするようになった。

❸ ①アは「食べることができる」という意味。他は「～される」という意味。

②イは「なさけない」という形容詞。他は打ち消しの意味を持っている。

注意 「ない」の見分け方　形容詞なら、「ない」の直前に「は」「や」などがあるか、入れることができる。

③ウは見た感じで「～しそう」だと判断《はんだん》している。他は他人から聞いたことをさらに人に伝える言い方。

④アの「健康」は名詞として使われている。他はそれぞれ「健康な(身体など)」と言えるので形容動詞。

⑤アは接続語《せつぞくご》、他は指示語《しじご》に「に」がついたものである。

⑥アは接続語、他は「もう一度」という意味をもつ言葉。

⑦ウは接続語、他は軽い感じで物事をとりあげる言い方。

⑧ウは「～しない」の意味がある。他はたんじゅんに、「～かなあ」と疑問《ぎもん》に思っている。

⑨ウは「～すると」の意味、他は「○○と△△」というふうに、二つのものをならべている。

⑩イは感動を表している。他は「～をしてはいけない」という意味。

120 最上級レベル ②

国語㊱

解答

❶
(1)イ
(2)五
(3)ウ
(4)ざらっぽい
(5)日
(6)点のからい

解説

❶ (1)「しかし」は、前の内容《ないよう》とは逆《ぎゃく》の内容がくるはずだから、まずはずれる。

「さて」と「ところで」は、同じ「転換《てんかん》」の働きをする接続語《せつぞくご》なので、少しまぎらわしい。

「ところで」は、それまでの話をいったん打ち切って、あるいは急に変えて、次の話題にうつる。

「さて」は、それまでの話を軽く受けて、別の話題にうつる。

それぞれを(　)に入れてみればわかるが、「ところで」のように、それまでの話を打ち切ったり急に変えたりというのは、ここではそぐわない。したがって、それまでの話を軽く受けて、次の話題にうつる「さて」がふさわしい。

(2)四行前に「四人」とあるが、それにまどわされないこと。この「四人」には、金兵衛《きんべえ》氏が入っていない。前の段落《だんらく》を注意深く読もう。長男と長女は家にいないのだから、おくさん・次男・次女・三女の四人に金兵衛氏を足した五人が、食堂《しょくどう》のテーブルにむかい合える人数である。

(3)「かみなり」にはお天気のカミナリを指す以外に、「頭ごなしにどなりつけること」という意味もある。だから「かみなりをおとす」は「大声ではげしくどなりつける」という意味になる。視点《してん》を変えて、「かみなりが落ちる」という言い方もする。

(4)(④)のすぐ前に、「わりがかちすぎているというのは……」と、言葉の説明がなされている。これは金兵衛氏のせりふの中にある、洋菓子《ようがし》作りで使う専門《せんもん》用語を、わかりやすく説明しているものだとわかる。そうすると同様に、④に入る言葉も、金兵衛氏のせりふの中に登場する専門用語のはずだ、と考えられる。うしろに「口のなかがざらつく」とあるのもヒントになる。せりふ「きょうのカステラは…」からさがす。

(5)「目をほそめる」とは、「顔中にほほえみをうかべる」という意味の慣用句《かんようく》。すぐ前に「じょうきげん」とあることからも、金兵衛氏がにこやかな表情《ひょうじょう》をしていることがわかる。

(6)朝の七時から山のように運ばれた洋菓子を食べる、というイベントは、「舌《した》のテスト」と表現《ひょうげん》されている。なかなか合格点《ごうかくてん》を出さない金兵衛氏のことを「点のからい」と書いている。「からい」には、「とうがらしなど、舌を刺激《しげき》するような味」「塩気が多くしょっぱい味」という意味に加えて、「評価《ひょうか》の基準《きじゅん》がきびしい」という意味もある。

ポイント

物語では、①「場」「時」「人」がもっとも大切な三大要素《ようそ》である。

・場…どこが舞台《ぶたい》になっているか。どのような場所か。どのようなふんいきを持っているか。などを考える。
「チョコレート戦争」では、金泉堂《きんせんどう》の食堂からはじまっている。

・時…時代・季節・日時など。すべてが書かれてはいないだろうが、必ずどこかに時を表す言葉があるはずだ。
「チョコレート戦争」では、朝の七時である。

・人…物語でポイントになるのは「人」である。その人物像《じんぶつぞう》や心情《しんじょう》をとらえることが重要だ。
「チョコレート戦争」では、金泉堂の主人・谷川金兵衛氏、おくさんの春代夫人、次男の健二くん、次女のユリ子さん、三女のキク子さん、長男の健太郎《けんたろう》くん、長女のマリ子さん、お手つだいさん、工場長の９人が登場している。
まず、これらのことをしっかりおさえて読むこと。
そのほか物語の読みでは、次のことに注意する。

②事件《じけん》のほったん・クライマックスを明らかにする。
③同じ表現・似《に》た表現(くり返し)に注目する。
④変化していること・ところに注目する。

装丁デザイン　ブックデザイン研究所
本文デザイン　京田クリエーション
図版・イラスト　京都地図研究所　デザインスタジオエキス.
見杉宗則　ユニックス

写真提供
日本かつお・まぐろ漁業協同株式会社　ピクスタ
富士山火山防災対策協議会　Noah Dropkin（CC BY 2.0）　〈敬称略〉